하늘과 땅 그리고 나

舊현대명리실전

하늘과 땅 그리고 나
舊현대명리실전

초판 1쇄 발행 2020년 6월 20일
개정판 1쇄 발행 2024년 8월 9일

지은이 도경 김문식
펴낸이 장길수
펴낸곳 지식과감성#
출판등록 제2012-000081호

교정 김나현
디자인 강샛별
편집 강샛별
검수 김나현, 이현
마케팅 김윤길, 정은혜

주소 서울시 금천구 벚꽃로298 대륭포스트타워6차 1212호
전화 070-4651-3730~4
팩스 070-4325-7006
이메일 ksbookup@naver.com
홈페이지 www.knsbookup.com

ISBN 979-11-392-2060-5(93180)
값 48,000원

- 이 책의 판권은 지은이에게 있습니다.
- 이 책 내용의 전부 또는 일부를 재사용하려면 반드시 지은이의 서면 동의를 받아야 합니다.
- 잘못된 책은 구입하신 곳에서 바꾸어 드립니다.

지식과감성#
홈페이지 바로가기

相生과 相剋

相生은 때에 맞춰 준비하는 정직한 생활이 되며, 相剋은 성실한 생활과 미리미리 준비함으로 인해 나타난 결과와 같다.

목차

1. 명리학이란   6
2. 학습 목차   9
3. 천간의 기운   33
4. 상생의 능력   62
5. 천간의 희기신(喜忌神)   104
6. 天干의 기운과 한난(寒暖)의 기운   138
7. 천간 지지의 기운   166
8. 상생상극(相生相剋) 활용법   193
9. 사계절의 활용법   210
10. 월령의 상생   244

11. 지지(地支) 기운의 이해   256

12. 상생상극의 관점 이해하기   281

13. 상생상극의 이해 넓히기   305

14. 천간(天干) 운용 방법   328

15. 일간의 구조   341

16. 음양의 생극관계   362

17. 오행의 상생상극   388

18. 한난조습(寒暖燥濕)   414

19. 생극(生剋)의 부조화   445

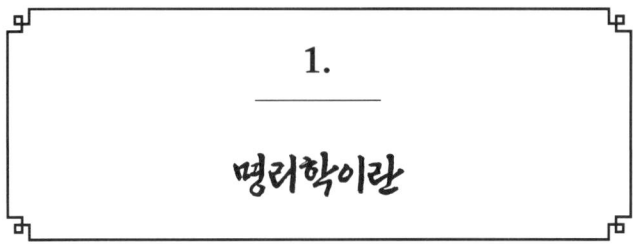

1.
명리학이란

■ 명리학의 사유체계

1) 자연이 인간에게 미치는 영향
  ① 기후 (강우량, 바람, 햇볕의 양 등)
  ② 온도와 습도
  ③ 천재지변
  ④ 지진 등 기타

2) 자연 이외에 사람이 사람에게 미치는 영향
  ① 학문
  ② 종교
  ③ 사상(思想)
  ④ 철학
  ⑤ 이념
  ⑥ 사회학(고려 말부터 조선 세종 때까지 사회체제가 성립되느라 경전에 사회 법치가 성립되는 사회학을 이해해야 한다.)

이 여섯 가지를 골고루 참조하고 살기는 어려우니 그중 어디엔가 하나로 치우치기 마련이다. 그러니 치우친 사고방식을 가지고 명리학을 대하면 안 된다. 검증이나 공유되지 않은 개인의 생각 속에는 범죄가 되는 것도 있다. 열 사람이 한 사람을 돌로 쳐 죽이자고 아홉 사람이 약속하면 그건 어긋난 일이 아니다. 그것이 종교와 사상 등이 어긋나지 않는 사회라는 것이다. 이런 여섯 가지가 인간이 인간에게 미치는 영향이다.

3) 불안한 마음

불안과 싸우는 건 무엇인가? 도대체 불안이란 무엇일까? 여러 용어를 쓸 수 있겠지만, 이를 성리학에서는 사단칠정(四端七情)이란 용어로 감정을 정의(定義)한다. 즉 '희(喜), 노(怒), 애(哀), 구(懼), 애(愛), 오(惡), 욕(欲)'이라 한다. 또 사단(四端)은 측은지심(惻隱之心), 수오지심(羞惡之心), 사양지심(辭讓之心), 시비지심(是非之心)의 네 가지 마음(감정)에서 각각 인(仁), 의(義), 예(禮), 지(智)란 착한 본성은 덕(德)에서 발로되어 나오는 감정이라 정의했다.

동양철학은 사람의 심리상태를 확인하는 데 가장 효과적인 자료다. 1%의 불안감이 99%의 사실을 바꾸어 놓을 수도 있다. 중압감이나 피해 의식, 결과 스트레스, 정신노동, 격한 감정 등은 옆에서 보기에 민망할 정도인데 마치 화병에 걸린 사람과 같다. 이러한 사유체계가 명리학 사유체계로 유입되어야 한다.

위의 여섯 가지 학문체계가 명리학으로 들어와야 하듯, 심리적인 불안체계도 들어와야 한다. 불안한 감정은 미래의 불확실에 대한 두려움에서 시작된다. 확신과 자신감으로 가득한 미래도 있지만, 미래에 대한 불안한 감정도 있으니, 이런 심리적인 요소도 알고 있어야 한다.

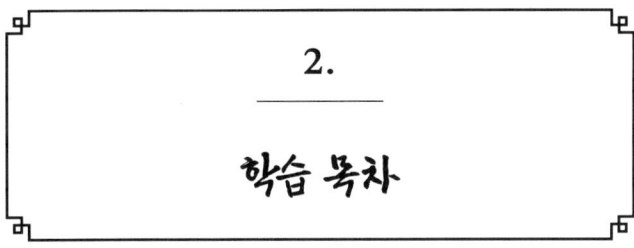

2. 학습 목차

1) 음양(陰陽)

음양을 학습하는 목적은 기운의 변화에 따라 만물이 생겨나는 모양을 알기 위함이다. 음양의 기운이 시간의 질서 속에서 만물을 낳고 죽이는 것을 알고자 함을 목적으로 한다. 전문용어로 기화(氣化)라고 한다.

2) 오행(五行)

오행을 학습하는 목적은 만물이 태어났으니 이를 쓰고 활용하기 위해서다. 만물의 쓰임과 쓰임 이후에 가치를 알기 위해서다. 가치로 전환된 것을 생산이라 한다. 음양과 오행의 판단 근거는 자평 명리학의 상생상극으로 한다. 음양으로 기운을 알고 오행으로 쓰임을 알고 그것을 사람이 써서 어떻게 하느냐를 아는 것이다. 그래서 生과 死를 공부하는 것이고, 그 판단능력은 상생상극으로 하는 것이다.

3) 위와 같은 내용을 실행하는 주인을 일간으로 한다

음양오행을 쓰려면 주인이 있어야 하니 이는 본인이 하는 것이다. 본인의 집행능력을 판단한다. 할 수 있느냐를 판단하는 것이다. 일간의 판단 근거는 자평 명리학의 억부(抑扶)를 사용한다. 모든 걸 제(制)해 주는 건 경쟁력을 강화하려는 행위고, 도와주는 건 생지만 도와주어야지 사(死)한 것을 도와주면 안 된다. 이것이 사유체계고 학술 목차가 된다.

4) 사주명리학

입태로 신(神)을 판단하고 출생으로 정(精)을 본다. 배 속에서 수정이 되는 입태(入胎)를 근거로 부모의 정신이 들어가는 것을 보는 것이다. 출생으로 정(精)을 보니 합해서 정신(精神)이 되는 것이다. 가령 동짓달에 태어났으면 入胎는 봄에 할 수가 있다. 그럼 하는 짓은 차가움이 가득한데 봄에 入胎를 했으니 마음은 온화하겠다. 그런 겉과 속이 다른 것을 1단계, 2단계를 관찰할 수가 있어야 한다. 관찰력을 편하고 쉽게 해야 한다. 그러니 사주를 2개를 뽑아야 한다.

5) 大運

십 년에 한 번씩 바뀌는 걸 大運이라 한다. 자기 성장 프로그램이다. 자칫하면 퇴보가 될 수 있다.

6) 歲運

나이와 태세(太歲)를 보는 것인데 자기 능력의 활용을 보는 것이다. 능력을 활용하려면 매뉴얼이 있어야 한다. 大運에서 활용을 말하면 안 된다. 大運에서 터득하고 세운(歲運)에서 활용하는 것이다. 사주의 시스템은 사주가 둘이니 入胎와 出産이고, 運이 2개인데 大運과 歲運이다. 이렇게 4개를 보는 게 자기 인생이다. 그러니 위에서 말한 여섯 가지 사유체계를 떼고 가야 한다. 일본에 가면, 일본 사회를 인정하지 않으면 안 되듯이 그 나라 문화나 환경을 이해하고, 거기에 맞추어서 사주를 봐야 한다.

■ 명리학은 시간을 보는 것이다

출생에서 죽을 때까지를 보는 학문이다. 운(運)을 논하는 학문을 크게 나누면 점학(占學)이 있는데 이는 시각 학문이다. 육효(六爻)점을 보든, 육임(六任)점을 보든, 아니면 신비점을 보든 관계는 없는데 이는 시각을 보는 것이니 命理로 보는 것과는 다를 수가 있다.

명리학은 시각을 보는 학문이 아니다. 명리학의 시간은 끝없이 연결되어 있지만, 점학은 그 시각을 보니 당장 결론이 나와야 한다. 그러나 명리학은 변화를 보는 것이지 결론을 보는 게 아니다. 그래서 명리는 화(化)를 말하고, 점학은 복(福)을 말한다. 명리학은 시간 학문이기 때문에 과정을 의미하니 설명과 설득, 그리고 수많은 세월 중에 지금이 어느 시점인지 알아야 한다. 마치 지금 당장 인생의 결론이 날 것처럼 말하면 안 된다.

대개 대기업 회장이 된다거나 어느 한 분야에서 장인이 되기 위해서는, 55세 정도까지는 준비하는 과정에 들어가지 목표에 도달한 건 아니다. 목표가 크고 이상이 높으면 그걸 이루기 위해 계속 준비해야 한다. 목표가 클수록 준비하는 과정이 길고 험하다. 마치 20살에 다 준비한 것처럼 말하면 안 된다. 20년을 살았으면 다시 20년을 준비해야 한다. 그래서 명리학을 잘못 배우면 이현령비현령이 된다. 결국 목표 도달을 위해서 열심히 살아야 한다.

대개 밖에서 바라보는 시선으로는 명리학을 알지 못한다. 철학관이든 역학원이든 점집이든 가면 문제가 즉시 해결되어야 한다는 사고방식을 가졌다. 오늘 시작한 것이 내일 결론이 나기를 바란다. 최소한 우리나라 주식(主食)인 벼농사도, 이식(移植)하고 모내기한 후 90일이 걸리는데 그 전에 못자리, 그 전에 무엇 하는 과정들이 다 있다. 90일은 3개월이니 인간은 최소한 30년은 공부를 해야 한다. 벼는 1년생인데 3개월이 걸리는데 우리는 다년생이니 최소한 3년은 해야 한다. 사과도 5년은 지나야 열매가 열리고, 참외도 13번째 마디나 12번째 마디에 가서야 열매가 열린다. 그 마디를 거치는데 얼마나 힘든지, 그 과정 과정을 넘겨 가면서 이루어야 하는 것이 역학이다.

占은 맞추려고 태어난 것이고, 명리학은 인생을 현명하게 넘어가는 방법을 가르치기 위한 것이다. 음양이란 화두를 공부하는 학문이 周易이다. 오행이란 화두를 공부하는 것이 명리학이다. 주역에서 따로 떨어져 나온 것이 수도 없이 종류가 많다. 결론적으로 말하면 하늘의 움직임을 알아차려서 우리가 어떻게 살아야 한다는 것을 아는 것이 周易이다. 지구 밖의 움직임을 보고, 지구에 무슨 일이 벌어졌다는 것이 周易이고, 지구 안에 움직임을 살펴서 우리가 어떻게 살아야 한다는 것이 명리학이다. 이것이 동양철학의 양대 산맥이다. 이처럼 끊을 수 없는 사회의 연결고리가 명리학과 주역이다. 명리학이 나오기 전에 周易이 1200~1500년 정도 음양의 체계가 선 다음에 명리학이 나온 것이다. 그러니 周易에 대한 이해도가 높으면 높을수록 명리학에 대한 이해도도 더 높아진다.

■ 동양철학에서 명리학이 나오기까지는 먼저 우주관이 있었다

이걸 정리한 것이 周易이다. 이런 우주관을 가지고 세상을 바라보는 세계관이 명리학이다. 명리학을 배우는 건 우주관을 생명에 접목한 세계관이니 세상을 보는 방법이다. 음양이란 우주관을 지구 안으로 끌어들여서, 오행이란 세계관까지 가서 그것도 부족해서 六神이란 이론을 만들어서 人命學까지 가게 되었다. 그래서 명리학은 우주관과 세계관과 인명학이란 3개로 나누어져 있다.

그럼 우주관을 먼저 알아야 한다. 세계철학사 속의 우주관 그리고 우주의 기운이 만들어 놓은 세상을 바라보는 우리의 시각, 그러니 명리학을 공부하는 사람은 우주관과 세계관 그리고 인명관을 보는 시각이 있는데 공정한 객관성을 가져야 한다.

만약 이걸 보는 시각이 공정하지 못하면 주관적으로 넘어가게 되니, 우주관을 주관적으로 바라보면 안 된다. 동쪽에서 해가 뜨는데 서쪽을 바라보며 해가 뜬다고 하면 안 된다. 그러니 아주 공정한 객관성으로 우주관을 바라봐야 한다.

세계관을 바라볼 때는 사회학, 철학, 이념 등 여섯 가지를 동원해야 하니 각자의 생각이 서로 다를 수도 있다. 이를 모두 아우를 수 있는 사고방식을 가져야지, 어느 한쪽으로 치우쳐서는 안 된다. 그리고 인명관인 사주를 볼 때는 세계관과 우주관을 공정한 객관성으로 바라본다면 사람들이 아파할 수 있는데 이는 사람들이 그렇게 살지 못하기 때문이다.

하고 싶은 일이 있고 하고 싶지 않은 일이 있으니 자기의 삶에서 자기가 할 일을 자기가 볼 때는 객관성 있게 볼 수 없다. 그러니 인명을 볼 때는 그 사람의 성향을 이해하며 봐야 하는데 그 사람의 성향은 무시하고 우주관을 볼 때처럼 "세상의 이치나 현대 사회가" 하면서 객관성을 가지고 말하거나 세상의 이치나 사회성이란 잣대로 말하게 된다면 그 사람은 참 속이 상할 것이다. 마치 세상이 너만을 위해서 존재하거나 너만을 위해서 세상이 돌아가듯이 말할 수도 있다.

필요에 따른 객관과 주관이 인명관을 오갈 수가 있으니 명리학자만큼은 항상 객관성을 유지해야 한다. 그러지 못하면 자칫 필요악이 될 수도 있다. 인간 충족의 원칙에 의해서 상담할 때는 어느 정도 주관성을 도입해야 하지만, 항상 객관화하는 버릇을 가져야 한다. 왜냐하면 그 사람이 원하는 걸 들어주려니까 주관이 들어가야 하지만, 항상 객관성 있는 사고방식과 객관성 있는 학습방식, 객관성 있는 통변 방식을 택해서 객관성 있는 말만 한다면 틀릴 리가 없다.

그럼 백 퍼센트의 적중률이지만 그걸 듣는 그 사람은 "맞는 말이긴

한데 나는 아닌데요"라고 한다. 그 오차를 극복하려는 두려움에 벗어나서, 자신감 있는 태도와 확신에 찬 태도를 갖추어야 언제든지 옳은 말을 할 수가 있다. 항상 적중률이 높은 사람이 되고 '저 사람 말을 새겨들을 가치가 있다'라는 객관성을 가지게 된다.

손님이 오면 그 사람을 위해서 주관적으로 듣기 좋은 말만 해 준다면 훗날 자신이 유명해졌을 때도, 객관화되지 않은 주관적인 유치한 말을 계속하게 되니 명리학자의 그릇이 더러워진다. 그러니 반드시 인명관도 우주관이나 세계관을 보듯이 객관성을 유지하며 보아야 한다.

■ 우주관

하늘에 하나의 기운이 있었다. 이 기운을 어떤 사람은 道라고 하고, 어떤 사람은 혼(魂)이라 하고, 어떤 사람은 혼돈(混沌)이라 하고, 어떤 사람은 이기(理氣)라 하고, 어떤 사람은 理라고 한다. 명리학적으로 해석을 하면 하나의 一氣가 있었다. 하나의 기운이 있었다. 표시할 단어가 너무 많아서 다른 것으로 말할 수가 없고, 동양철학에서 가장 많이 쓰이는 단어를 하나 대입한다면 진나라 때까지는 혼돈(混沌)이라 했다. 그 후에는 태일(太一)이라 했는데 큰 것이 하나가 있다는 말이다.

이것이 설(說)에 의하면, 우주 폭발로 인해 하나의 기운이 변해서 2개의 기운으로 쓰이게 된다. 태양이 이때부터 생겼다고도 하는데 그 이름을 정하는데 불이(不二)라 했고, 하늘의 우주관으로 볼 때는 음양(陰陽)

인데, 사람들이 지구의 기운으로 음양(陰陽)을 적용시킬 때는 음간(陰干)과 양간(陽干)이라 한다.

　태양의 기운이 생겨나고 지구가 생길 때 음양의 기운이 들어왔는데, 이때 이름을 충기(冲氣)라 명명했다. 지구의 기운이 생기면서 天과 地가 생겨났고 지구는 地가 된다. 이렇게 天地의 조판이 끝났다. 이 우주에는 세 가지의 경계가 있는데 三天이 있고, 一天은 태양계를 의미하고, 二天은 무슨 天인지 확인할 수 없는 암흑의 天이 있는데, 이를 하늘이라 한다. 三天은 北天을 중심으로 은하수가 도는데 좌측 은하수, 우측 은하수 해서 4개의 은하수가 있다고 四端星(사단성)이라 한다.

　그 하나의 성마다 7개의 별이 있는데 이를 七曜星(칠요성)이라 칭한다. 또 북극성(北極星)을 중심으로 28개의 주성(主星)이 있다고 해서 짐승의 이름을 머물러서 28수(獸)라고도 하고 숙(宿)이라고도 한다. 우리의 정신이 머물렀다는 의미이다. 대개 태양계로 몸을 만들었다고 하고, 북극계(北極界)로 정신을 만들었다고 하고, 알 수 없는 또 하나의 하늘이 혼(魂)을 만들었다고 하는 說이다. 이런 내용은 사실 명리학과는 아무런 관계도 없다.

　우주에는 3개의 하늘이 있는데 태양계의 하늘과 북두계의 하늘, 그것을 둘러싼 흑막에너지의 하늘을 말한다. 명리학은 태양계 중심적 사고방식의 학문이다. 陽은 태양계고, 陰은 북두계란 말도 있지만, 이렇게 명리학은 天地가 조판이 된 것이다.

이 우주관을 명리학적 개념으로 정리하면, 하늘에 하나의 기운이 있었다. 그 기운은 說에 의하면 우주 폭발로 인해서 둘로 나누어졌다. 원래 있던 기운과 나누어진 기운을 무극(無極)과 태극(太極)으로 설명이 나누어진다. 그 두 기운이 지구로 왔다. 지구에 오니 지구인들은 이름을 지었는데, 양화(陽火)라 했고 음수(陰水)라 했다. 陽火는 따뜻한 기운이고, 陰水는 차가운 기운으로 왔다고 해서 寒한 기운이라 했다. 그래서 寒暖이 생겼다. 여기까지가 하늘이 만들어 준 지구이다.

　여기에 명리학적 이름을 붙이니 지구의 기운을 戊土라고 하고, 陽火한 기운을 丙火라 하고, 陰水한 기운을 壬水라 한다. 따뜻한 난(暖)한 기운과 차가운 한(寒)한 기운으로 나누어졌다. 지구가 태양의 주위를 돌면서 공전(公轉)주기를 가지고 공전을 하는데 이 길을 황도십이궁(黃道十二宮)이라 한다. 삭망(朔望)을 거쳐 가면서 황도십이궁을 돌면서 춘하추동(春夏秋冬)이 생기게 된다.

　4개의 기운이 상생하기 시작하니, 습(濕)한 기운인 癸水가 동지(冬至)에 시작된다. 戊土는 지구 전체의 기운이고 마치 태양이 산을 깎아서 밭을 만들었듯이 暖한 기운을 丙火로 표시하는데, 戊土가 병화를 머금어서 暖한 기운이 생긴 것이다. 이 기운이 땅을 만나면서 조(燥)한 기운이 나오는데 여기가 하지(夏至)점이 된다. 陰水한 기운인 壬水가 지구의 기운인 무토를 만나면서 땅에 濕氣가 생기게 된다. 癸水가 탄생을 한 것이다. 그래서 4개의 계절이 탄생하는데 여기까지를 한난조습(寒暖燥濕)의 기운(氣運)이라 한다.

이런 寒暖한 기운이 인간의 정신(情神)을 만드는 기운이 되었다. 燥濕한 기운은 精을 조절하는데 몸을 뜻한다. 합해서 精神이라 한다. 몸과 마음을 정신이라 한다. 寒暖은 정신을 만들고 燥濕이 몸을 만들어서 1년 사시사철이 돌아가면서 땅의 조판이 끝나게 된다.

이 한난조습(寒暖燥濕)의 기운이 8개의 만물을 내기 시작하는데, 이를 기화(氣化)라 한다. 그러니 물건이 물건을 낳은 것이 아니라, 생각이 물건을 만들어 낸다. 동지, 춘분, 하지, 추분으로 사계절 기운이 성립되고, 이들이 8개의 물건을 낳기 시작하는데 이 변화 작용을 상생(相生)이라 한다. 여기서부터 상생상극(相生相剋)이 시작된다.

水는 동지가 지나면서 나오게 되는데 水生木이라 한다. 水가 木을 生하는 것이다. 계절로 말하면 봄이란 뜻이고, 기간은 동지부터 춘분까지다. 이 봄의 기준은 하(夏)나라의 易의 원리가 아닌 세계관적 원리이다. 그리고 춘분이 지나면서 하지까지를 木生火라 한다. 여기까지도 명리학의 범주가 아니고, 이 이후부터가 명리학이다.

하지부터 추분까지를 火剋金이라 하는데 火生土 土生金이라 한다. 土를 통해서 金이 나온다. 여기서 번식의 논리를 배우게 된다.

추분부터 동지까지를 金生水라 한다. 여기까지가 음양의 기운을 간지(干支)化 시켜서 설명했는데 여기에 오행의 이름을 넣어야 한다. 춘하추동(春夏秋冬)별로 네 가지 상생을 통해 오행이 탄생하기 시작한다.

동지에서 춘분까지 90일, 춘분부터 하지까지 90일, 하지부터 추분까지 90일, 추분부터 동지까지 90일, 이렇게 넷이니 360일이다. 나머지 5일은 절기에 포함이 되는데 15일짜리 절기가 있고 16일짜리 절기가 있다. 동양철학의 기준은 360일+5일이다. 날짜는 그레고리력이 아니라 절기력으로 계산하니 날짜가 들어왔다 나갔다 한다. 그러면서 기운이 만물을 만들어 내기 시작한다.

水生木란 기운을 뜻하는 것이지, 실제 물이나 나무가 아니다. 모든 만물을 만들어 낼 때는 상생이나 상극이란 이름이 붙는다. 水生木 하는 기간은 동지부터 춘분까지인데 항상 만물은 고정개념으로, 하나의 기운이 2개의 만물을 내게 되는데, 이 만물의 이름을 癸水라 하고 甲木이라 한다.

하절(夏節)은 乙木이라 하고 丙火라 한다. 이는 만물이라 한다. 복잡하지만 하나의 글자에는 기운의 의미가 있고, 만물의 의미가 있다. 또 추절은 하지에서 추분까지 인데 丁火라 하고 庚金이라 한다. 동절은 추분에서 동지까지인데 만물은 辛金이라 하고 壬水라 한다. 동양철학에서 여기에 이름을 붙여 주었는데 周易에서 卦로 붙였고 명리학에서는 만물의 생장수장(生長收藏) 법칙에 따라 이름을 붙였다.

癸水를 뿌리인 根이라 하고, 사람에게 根은 生이라 한다.
甲木인 苗(싹)가 태어난다. 밭에 풀이 났다는 의미이다.
乙木은 가지와 잎이 나오니 枝葉이라 한다.
丙火는 꽃이라 한다. 開花라 한다.

丁火는 번식한다고 한다.
庚金은 열매가 익어 간다는 뜻이다. 열매가 숙성된다고 한다.
辛金은 열매가 익었다는 것은 成이라 한다.
壬水는 종자가 되었다. 가치가 많이 나가게 되었다.
그래서 만물이 8개가 탄생했는데 이를 八稟, 혹은 八風이라 한다.

根은 개구리나 악어 등 파충류 거북이 등이 알을 깨는 시기이다.
꽃이 필 때는 파리나 모기 곤충들이 날개를 돋고 날기 시작한다.
번식의 시기에는 곤충들의 이빨이 나고 한다.
八稟이란 사람으로 소개하니 여덟 가지 예법을 뜻한다.

동지부터 시작인데 봄은 겨울이 만들었다. 봄은 여름을 만든다.
봄이 시작이다. 이렇게 8개로 나누어서 45일씩 쪼갠다.
癸甲 乙丙 丁庚 辛壬으로 나누고, 土는 군데군데 들어가 있다.
土는 들어가야 하니 己土를 쓰고, 나가야 하니 戊土를 쓴다.
根은 나무를 뿌리, 동물로는 알, 사람으로는 생각, 종자로는 씨앗,
이렇게 여덟 단계로 설명하면 된다. 여기까지가 동양철학의 세계관이다.

그 이후로 명리학이 탄생하기 시작한다. 연해자평(淵海子平) 첫 페이지에 하늘에 혼연(渾然)이 만물을 창제하였다. 인간이 그 만물들을 쓰기 위해서 명리학(命理學)을 만든다는 뜻이다. 인간이 만물을 쓰기 위해서 명리학을 만들었다.

■ 기화(氣化)와 출산(出産)

사계절(四季節)의 기운이 8개의 만물을 만드는 걸 氣化작용이라 한다. 이는 인간의 정신이 행위로 나간 것과 같다. 가령 사과나무를 가꾸는데 인간의 정신으로 나무를 기르는 걸 氣化라 하고 나무가 열매를 맺는 건 出産이라 한다. 이렇게 사계절의 기운이 짝을 이루어서 여덟 가지의 만물을 만들어 내는 과정과 결과를 기화와 출산으로 설명한다.

짝을 이루어 물건을 만들기 시작하는데 여기서부터 명리학의 시작이다. 사람이 사과나무를 키우는 과정은 명리학에서 공부하지 않고, 사과나무에 열매가 열리는 출산 과정을 공부하게 된다. 여기서 물건이 나오기 시작한다. 가령 癸甲이 만나서 물건(乙木)이 나오는 이 작용이 出産이다. 즉 무슨 일을 해서 어떤 결과가 나오는지를 알기보다, 왜 만드는지를 아는 것이 氣化를 공부하는 것이다.

癸甲이 乙木을 내려면 그로부터 90일 후에 나오게 된다.
乙丙이 90일 동안 작업을 해서 庚金이 나오고,
丁庚이 90일 동안 작업해서 辛金이 나오고,
辛金이 90일 동안 작업을 해서 甲木이 나오고,
癸甲이 90일 동안 작업을 해서 乙木이 나오는 것을 出産이라 한다.
이 모든 과정이 氣化와 出産이다. 사람으로 말하면 사람의 생각이 무엇을 기르고 가꾼다. 기르고 가꾸니 무슨 물건으로 변했다. 사과나무에서 사과가 열리니 같은 류(類)에서 같은 류(類)가 열린 것이다. 이 물건에서 저 물건을 낸 것이니 이를 出産이라 한다.

내 생각이 사과나무가 아니지만 사과나무를 만들 수는 있다. 이건 氣化이다. 비가 하늘에서 내리면 이는 기운이다. 그 기운이 나무로 들어가서 물이 나무가 되었으니 氣化, 나무가 커서 열매가 열렸으니 出産이다.

명리학에서 出産을 공부하는 것인데, 氣化를 공부하면 이유를 알 수 있다. 저 사람과 내가 같은 類인데 새끼를 낳았으면 出産이다. '왜 낳았는데?'를 아는 것은 氣化이다. 그 氣化를 잘 모르니 이걸 알기 위해 노력도 하고 공부도 한다.

물건이 氣化에서 나왔으니, 정신이 물건을 기르고 가꾸어서 90일 동안 기르고 가꾸니 물건이 나온 것이 出産이다. 동지에서 춘분이 지나면서 乙木이 나오니 같은 類에서 같은 類가 나온 경우다.

丙火가 乙木을 기르면 庚金이란 열매가 나온다. 열매를 계속 기르게 되면 辛金이란 완성된 열매가 나온다. 또 열매를 기르게 되면 뿌리가 나오고, 뿌리를 기르다 보면 가지가 나오듯이 이렇게 네 차례의 과정을 거치면서 물건이 나오게 되는데 이 과정을 사립(四立)이라 한다. 立春 立夏 立秋 立冬 이때 나온다.

요약하면 天地가 조판이 되었다. 天地가 조판된 땅에 기운이 마련되었고, 그 기운이 물건을 만든 것이 氣化이고 이 기운이 물건을 내는 걸 상생상극 판단 근거로 삼아야 하는데 이걸 학문으로 정리를 해 놓은 게 水生木, 木生火, 火生金, 金生水이다. 음양의 상생은 기운이고 여기에서 나온 물건이 출산이다. 이렇게 氣化된 기운이 무슨 물건을 내는 것이 出産인데, 이걸 공부해야 한다.

그리고 이것을 사주로 판단하고 설명해야 하는데 氣化에서 出産까지 보는 데 10초도 걸리지 않아야 한다. 가령 丑月 生이라면 癸甲이고 丙火가 없으면 乙木을 못 낳겠구나 하는 것이 그날 그 사람의 문제가 된다. 子月의 癸水면 癸水 甲木이 있는가? 根을 잘 키우고 苗를 잘 키웠으면 90일 후에 乙木이 나온다. 그러니 사람에 비유하면 대학을 졸업하면, 취업해야 하는 과정이 된다.

그럼 丙火가 있으면 庚金이 나온다. 그럼 능력은 발달되지만 몸은 힘들어진다. 그러면서 나이가 서른이 넘어 마흔이 된다. 그러면서 丁火가 있으면 庚金을 제련하니 辛金이 나온다. 그러면 40~50세에 피곤한 인생이 시작된다. 壬水가 없다면 신금의 가치를 키울 수 없다. 이것이 그 사람 인생의 걸림돌이 된다. 이런 내용이 숙달되도록 계속 연습해야 한다.

조습(燥濕)은 생물을 기르고 가꾸는 분야를 주관하고 생명의 죽고 사는 분야는 한난(寒暖)이 주관한다. 四時(사계절)의 기운은 지구의 땅을 만나 여덟 가지의 만물을 탄생시키는데 이를 8風이라 한다. 여씨춘추(呂氏春秋)와 회남자(淮南子)에 나오는 내용이다. 인간에게 주어지는 품(稟)이라 해서 여덟 가지 의무가 부여된다. 이는 태어났으니 일해야 한다는 뜻이다.

癸甲이면 사람으로 말하면 정신과 지식을 살피란 뜻이다. 癸水는 정신과 지식을 살피란 의미고 丁火는 몸과 기술을 살피라는 의미다. 이를 임무라 해서 稟이라 하는데 예기월령(禮記月令)에 나온 내용이다. 그때 태어났으면 동물은 무엇을 하고 식물은 무엇을 하고 하늘은 무엇을 하고 있으니, 너는 무엇을 해야 한다고 禮記月令에서 12개월에 土를 포함해서 설명한다.

　음양에서 오행으로 넘어오는 과정을 氣化라 하고 氣化를 상생상극으로 설명하니 오행의 기운이다. 동양철학에서 오행만 떼어다가 만물의 기운을 명리학으로 설명한다. 癸水와 甲木이 짝이고 乙木과 丙火가 물건을 낳기 위한 짝이다. 乙丙이 庚金을 낳고 丁庚이 辛金을 낳고 辛壬이 甲木을 낳고 癸甲이 乙木을 낳는다. 이렇게 8개의 기운이 짝을 이루어서 물건을 하나씩 낳으니 이 물건이 바로 甲乙庚辛이다. 丁火 庚金이 짝을 이루면 辛金이 나오는데, 이것을 설명하기 어려우니 庚金이란 돌을 丁火로 녹여서 辛金이란 금반지가 나왔다고 설명한다. 그런데 설명이 쉽긴 한데 응용능력이 떨어진다. 인격화하면 丁火와 庚金이 짝을 이루니 辛金이란 성숙하고 가치 있는 사람이 나왔다는 뜻이다.

　만물이 성장하는 과정을 둘로 나누는데, 먼저 癸甲은 내성을 키우기 위해서 키우는 것이고 甲丙은 외부에 작용하기 위해서 크는 것인데 90일이 걸린다. 그러면서 변화를 한 번 하는데 이때 乙木이 나온다. 그런 다음 컸으면 단단해져야 한다. 달인이나 숙달이 되어야 성체가 된다. 그러니 동지에서 춘분까지는 덩치가 크는 성체이고 춘분부터 하지까지는 성체가 자라고 꽃피우는 성체이다. 대학을 졸업하면 다 컸으니 성체를 이루어야 하고 결혼했으면 50이 넘을 때까지 또 성체를 이루어야 한다. 이 말이 성장 과정에 대한 설명이다.

　그럼 '秋節에 태어났어도 출발은 春節부터 하는 건가요?' 하고 의문이들 수 있는데 당연히 춘절부터 출발해야 한다. 秋節에 태어났다고 태어날 때 완성체를 가지고 태어나는 게 아니다. 春節부터 출발해서 어디까지 가나 연결을 시켜야 한다. 다만 태어난 시작의 품(稟)이 서로 다르니 그 稟을 통해서 적성을 본다. 태어난 달을 기준으로 적성을 보는 것이다. 이것을 암기해라.

戊土가 하늘의 기운을 움켜쥐었다. 아래는 땅이 있는데 己土가 움켜쥐었다. 이것이 늘어났다 줄어들었다 하면서 만물이 생기는 것이다. 戊土는 하늘의 기운을 담고 己土는 땅의 기운을 담았다. 그럼 내려갔다 올라갔다 하는 것이 지구의 기운인데, 이 속에서 土의 중화를 통해 한난조습(寒暖燥濕)이 생긴다. 그래서 만물이 태어난다.

四時란 사계절의 기운이 만물을 내는 것으로 상생상극 식이 나온다. 한난(寒暖)은 쓰임을 만들고 조습(燥濕)은 형태를 만든다. 氣化란 정신이 물건을 기르는 행위이고 길러서 나타난 결과가 出産이다. 이걸 명리학이 도입하였다. 그래서 사계절 12달의 정령(精靈)이 생겨나서 임무가 주어졌다. 이것을 숙달되게 설명할 줄 알아야 한다.

다시 복습하면, 寒暖한 기운은 사람에게는 정신으로 작용하고 물건에는 쓰임의 용도가 된다. 이 寒暖한 기운에서 暖한 기운은 燥를 만들고 寒한 기운은 濕이 되어서 물건을 만들어 내기 시작한다. 이걸 학자들이 설명하기를 濕한 기운인 봄을 한습한 기운이라 하고 水生木이라 했다. 여름의 난습한 기운을 木生火라 했고 가을의 난조한 기운을 火生土 土生金이라 했고 겨울의 한조한 기운을 金生水로 했다.

여기에 간지를 붙여서 지구의 기운을 戊土, 땅의 기운을 己土, 寒한 기운을 壬水, 燥한 기운을 丁火, 濕한 기운을 癸水라 했다. 그래서 지구의 천지가 조판이 되고 지구에 만물을 만드는 四季節이 성립된 것이다. 사계절이 성립되니, 여기서 8개의 만물을 내기 시작하는데, 이것이 45일씩 맡은 바 임무를 다해서 만물을 만드는데, 90일간 만물을 만드는데 두 가지 만물을 만든다.

하늘에서 두 가지 만물을 만들어 내는 이유는 그들도 짝을 이루어서 만물을 낳게 하기 위해서이다. 짝을 이루어서 그들도 물건을 또 낳으라고 이와 같은 8개를 만들었다. 이를 八槀이라 하는데 원래 이름은 팔풍, 또는 팔괘라 했다. 우리말로는 여덟 마디라 한다.

이 물건이 짝을 이루어서 90일간의 작업 끝에 만물을 내고 癸水와 甲木이란 물건이 또 물건을 출산하니 乙木이라 한다. 根과 줄기가 만나서 乙木이란 가지가 나온다. 가지와 꽃이 만나서 열매가 열린다. 열매가 익어 가니 성숙한 결실이 된다. 이 내용을 익숙하게 숙달해야 한다. 이렇게 연습을 하다가 보면 빠지는 게 걸리게 되어 있다. 그럼 자기 생각이 걸리거나 일이 걸리는데, 그 걸리는 부분이 이 사람 인생에 걸림돌이 된다.

12개의 품(稟)은 예기월령(禮記月令)에 그대로 적혀 있는데, 하늘의 움직임을 보고 땅의 식물이 이렇고 동물이 이러하니, 너는 지금부터 무엇을 해야 한다. 지금 밭에 뽕나무가 크니 너는 지금부터 직조기술을 터득하기 위해서 누에를 키워라. 임금이 지시를 내린다. 그 내용이 여기에 있는 것이다.

목화토금수(木火土金水)라고 해서 木이 2개가 나오고 水가 2개가 나온다. 寒한 기운은 壬水, 濕한 기운은 癸水란 의미다. 木도 둘인데 땅속에 있는 木은 甲木이다. 하늘의 우주관은 하나의 기운이 둘로 나누어진 것이고 땅의 세계관은 2개로 나누어진 陰陽이 4개의 기운으로 오행을 만들어서 물건이 나왔으니 여기서부터 사물관, 인명관이라 한다. 물건이 또 물건을 만들어 내는 것을 과학 발전이라 한다. 이것을 天干에 대입하는데 甲乙丙丁 순서대로 대입하게 된다.

　10개의 天干이 출생한 내력을 살펴보면, 壬水 丙火가 출현하면서 癸水 丁火가 출현하고 戊土 己土가 출현한다. 壬水는 寒, 丙火는 暖, 寒暖을 머금는 土는 지구의 기운이고 濕의 이름은 癸水, 燥는 丁火다. 寒暖을 머금는 戊土를 지구의 기운, 燥濕을 먹는 己土를 땅의 기운이라 한다. 공중에서 寒暖의 기운을 머금는 것을 戊土, 땅속에서 燥濕을 머금는 것이 己土다. 그래서 己土를 논밭이라 표현한다. 그리고 甲乙庚辛도 오행의 기운으로 탄생한 것인데, 天干오행이니 기운으로 설명해야 한다. 여기까지가 四時를 만들어 낸 이치이다.

　그다음에 물건을 만들기 시작하는 그 과정을 상생상극으로 만들어 냈다. 그래서 木과 金이 탄생하기 시작한다. 寒濕한 기운과 暖濕한 기운에 의해 木이 탄생하고 성장하게 되는데, 한습한 己土와 癸水가 만들어 낸 것이 甲木이다. 丙火의 난습한 기운이 만든 건 乙木이다. 丁火의 난조(暖燥)한 기운은 庚金을 만들고 한조(寒燥)한 壬水의 기운이 辛金을 만들었다.

그럼 壬水의 寒한 기운은 무엇을 만나야 생명을 탄생시키고 보존하나? 戊土를 만나야 생명을 탄생시킨다. 또 생명을 보존해야 하니 己土를 만나야 한다. 종자를 저장해야 하니 戊土, 봄에 싹이 나야 하니 己土를 만나야 한다. 壬水가 동지를 지나면 癸水로 바뀌는데, 이렇게 여러 기운이 만나서 木을 배란한다.

 調候用神에서도 丙火의 양화(陽火)한 태양 빛을 받아서 나무를 무성하게 기르려면 戊土를 만나야 하고 그 빛으로 열매를 익게 만들려면 己土를 만나야 한다. 조직을 만들어서 키우는 것은 戊土, 그 결과를 내는 것은 己土가 한다. 그럼 직원을 뽑을 때 戊土가 丙火를 만난 사람을 뽑을까? 己土가 丙火를 만난 사람을 뽑을까? 뽑아 놓았는데 戊土가 丙火를 만난 사람은 머리를 잘 굴리고 己土가 있으면 몸을 잘 쓰는 사람이다.

 丙火를 戊土가 머금었으면 정신을 내는 기운을 머금은 것이고 己土인 땅이 머금었으면 물건을 낸다. 그럼 야구선수가 己土라면, 야구를 가르치는 코치나 감독은 戊土가 된다. 둘 다 있으면 배워서 가르치면 된다. 둘 다 없으면 생각 없이 살면 된다. 그럼 燥濕을 조절하는 사람은 己土이니 어디에 쓸까? 寒暖을 조정하는 사람은 戊土이니 어디에 쓸까? 戊土는 기획부로 보내야 하고 己土는 현장으로 보내야 한다.

 寒한 기운을 壬水, 暖한 기운을 丙火, 暖한 기운이 지구의 복사열로 인해 뜨거워진 것을 丁火, 寒한 기운이 땅을 만나서 온난해지면 癸水라 한다. 甲乙庚辛은 물건이고 壬水 丙火는 戊土를 만나야 한난(寒暖)으로 쓰고 癸水 丁火는 己土를 만나야 조습(燥濕)의 기능을 한다. 己土를 만나면 丙火가 丁火로 바뀌고 壬水는 癸水로 바뀌니 정신을 이어서 물질을 만드는 힘으로 바뀐다. 癸水와 丁火를 己土가 하지 않고 戊土가 하면 물건을 정신으로 보게 되니, 정신과 행위의 역할이 서로 바뀌게 된다.

그렇다고 寒暖을 戊土만 조절하고 己土는 조절하지 않는다고 하면 안 된다. 지구의 기운이 머금었나, 땅의 기운이 머금었나 차이인데, 항상 모든 기운은 둘로 나누어야 한다. 무엇을 머금었느냐에 따라서 한난조습의 차이로 본다. 丙戊만 있는 것이 아니라 丁戊도 있다. 그리고 지지(地支)인 땅 공부를 해야 한다. 땅 위에서 기운이 순환하므로 만물이 나왔는데 중원의 학자들이 모여서 세상을 조판했다.

물이 있고 논밭이 있고 산이 있고 산 위에는 공중이 있다. 그래서 지구를 물과 논밭과 산 그리고 공중으로 구분한다. 동지가 지나면 오행으로 水生木이니, 바다에서 생명이 처음 시작된다. 바다에서 물고기가 제일 먼저 깨어난다. 물에서 나온 것이 가장 먼저 생명 활동을 하니, 제일 먼저 보는 것이 도롱뇽 알과 개구리 알 등이다. 고서에는 수달이 물에서 물고기를 잡아서 바위 위에 올려놓으니 제사 지내는 모습처럼 보여서 수달이 제사를 지낸다고 설명해 놓았다.

이런 식으로 설명해 놓은 것을 명리학 방식으로 해설해야 한다. 이 말을 인격화시키면 이때 당시의 농사는 어업이 가장 먼저 시작된다. 그러면서 木生火가 시작된다. 그럼 육지에 풀이 나기 시작한다. 양력 3월, 4월, 5월은 논두렁부터 풀이 나기 시작한다. 5월이 되어야 산에서 풀이 나오는데 이것이 木生火이다. 봄에서 여름으로 가니 춘분이 되고 추분이 되는데 火生土 土生金이라 한다. 이때는 만물이 다 자랐는데 火生土 土生金은 산이니 산에는 짐승이 사는 것을 말한다.

水生木은 물고기가 나오기 시작하니 연못,
木生火는 초목이 자라나니 논밭,
火生土 土生金은 산이니 짐승이 사는 곳이다.

책에 보면 이빨이 성성하다고 했다. 이때부터 곤충이 바위틈에 숨는다. 申月의 휴가철이 지나면 귀뚜라미가 벽에 붙어서 운다. 매미가 운다. 이 소리는 머지않아 천둥 번개가 그친다는 뜻이다. 그러니 소리는 시끄럽게 울지만 속으로 들어가게 운다. 매미와 귀뚜라미가 운다는 것은 천둥 번개가 그친다는 뜻이다. 하늘의 구름이 걷힌다는 의미이니 습기가 내려간다는 뜻이다. 모두 복합적인 의미다.

그리고 金生水가 되고 다시 水生木이 되는데, 金生水는 겨울인데 공중이라 한다. 하늘 동네이다. 새가 되었다고 한다. 새들은 겨울이니 남쪽으로 물고기를 잡아먹으러 간다. 물고기가 산으로 가면 조개가 독수리 되었다고 한다. 독수리가 조개를 잡아먹은 건가, 조개의 기운이 독수리가 된 건가? 왕의 명령으로 백성이 희생된 거냐, 백성이 우러나서 왕에게 희생한 것이냐? 남편이 부인에게 시켜서 일한 것이냐, 부인이 우러나서 남편에게 희생한 것이냐? 이런 충효를 따지기 위한 말로 조개가 독수리가 되었다고 한다. 이렇게 계절에 맞추어서 지역이 편재되어 있다.

명리학은 방위적 개념인 공간적 개념과 시간적 개념 둘로만 나누어져 있다. 이것을 『황제내경(黃帝內經)』의 「영추(靈樞)」, 「소문(素問)」 편에 나오는 몸을 설명할 때도 둘로 나누어서 설명하였다. 몸을 잘 쓰고 못 쓰는 것을 시간으로 나눈다. 몸의 생김새라 하고 이것은 몸을 조율하는 나이로 표시를 한다.

겨울에 새는 활발하게 움직인다. 최대한 움직인다. 만물은 안 움직인다. 사람은 움직인다. 운동을 계속해야 한다. 만물은 겨울에 안 나온다. 여름에는 사람은 안 움직인다. 만물은 움직여야 한다. 만물이 막 움직이는데 사람이 움직이면 만물은 누가 키우나? 농사철에는 사람이 움직이면 안 된다. 왕성한 활동은 만물이 하지만, 사람은 실상 움직이지 않는다. 모든 것은 운동과 부동으로 나눈다.

만물이 動하고 靜하지만, 사람은 靜하고 動하는 것이다.
이런 식으로 봄, 여름, 가을, 겨울로 운동 상태를 본다.
그럼 水生木 봄이니 크다. 성장하다. 가을은 단단해진다.
가을은 단단한 방어력을 보고 여름은 성장촉진 능력을 본다.
봄에 나뭇가지를 자르면 다시 나오지만, 가을에는 자르면 안 큰다.
가을에는 자라지 않으니 단단해진다. 봄에는 자르면 또 나오고 나온다.
이러한 재생력과 방어력을 본다. 水生木은 재생력을 보고 金은 방어력을 본다. 살은 자르면 돋는다. 이것이 水生木이다. 뼈는 부러지면 나지 않으니 火生土 土生金 金生水이다. 이것으로 黃帝內經의 질병론이 완성되었다. 수많은 질병론이 나오는데 정신심리학으로 쓰일 수도 있다. 濕한 水를 정신이라 하는데, 정신도 내적 정신과 외적 정신이 있다. 내가 겉으로 표출한 정신을 壬水, 내가 안으로 터득한 정신은 癸水다. 그래서 壬水와 癸水로 나눈다.

辰中 癸水는 남이 나를 보고 子丑 중에 癸水는 내가 나를 본다. 亥中의 壬水는 남이 나를 보고 申中의 壬水는, 內에서 外를 본다. 소통되는 癸水는 辰中 癸水인데, 申中의 壬水는 外를 받아들이는 內를 말한다. 內外가 소통된 것도 둘이다. 인간의 정신적 교류나, 뜻의 교류나, 마음적 교류나, 생각의 교류가 內가 있고 外가 있다. 이런 것이 다 경영으로 가야 한다.

내 것이 저쪽으로 전달된 교류가 있고 저쪽이 나에게 와서 전달된 교류가 있는데, 내 것이 저쪽으로 간 것은 辰中의 癸水, 저쪽에서 나에게로 온 것을 申中의 壬水이다. 이런 정신 상태를 구분해야 한다. 이것이 측은지심을 보는 방법으로 발전한다. 辛壬은 밖의 마음을 알아보라는 정신인데, 여기에 물건을 넣으니 저 사람이 무슨 물건을 원하는지 알아보는 정신을 마케팅 전략이라 한다.

癸甲은 내적(內的) 정신을 누가 가져간다. 甲木이 가져가니 나에게 장소에 따른 물상의 변화, 물건의 이동 경로 등을 살필 때 쓰고 시간이나 시기에 따르거나, 육체적 질병에 따른 것은 모두 다 설명하게 되었다. 첫출발이 회남자(淮南子)이다. 거기서 바람의 경로, 물상의 경로, 질병, 천재지변 등의 추적이 시작되고 그중 하나가 수많은 세월이 흐른 후에 명리학으로 시작된다.

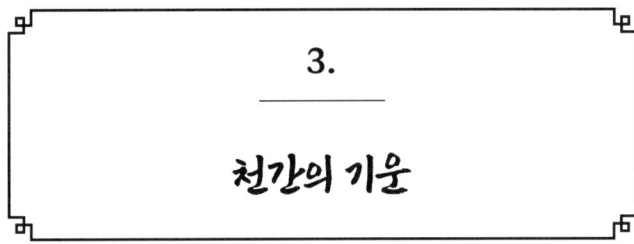

3. 천간의 기운

　태양계에 속한 지구에 음양의 기운을 내렸는데 이 말을 동양철학 용어로 말하면 충기(冲氣)에 의해 사시(四時)가 생겨났다고 한다. 충기란 음양이 만난 것을 충기라 한다. 하늘의 음양의 기운이 땅에 내려와서 四時를 만들었다.

　四時의 한난조습이 沖이 화(化)되어 만물을 만들어 내는 것이다. 충기와 충화(沖化)로 되었다고 한다. 沖氣란 하늘의 음양을 지구의 기운이 머금어서 四時에 걸쳐 놓은 것을 沖氣라 한다.

　命理에서는 沖이라 하면 일단 기분 나빠하는데 이 기운과 저 기운이 부딪쳐서 싸우는 것처럼 생각한다. 그래서 다툴 沖이네 부딪칠 沖이네 하는데, 기운과 기운이 만나서 대립과 공전에 의한 다툼과 화해를 통해서 충화(沖化)가 되었다. 化란 용어는 沖으로 만나서 化로 무엇이 되었나. 中化가 되었다. 그래서 만물이 나왔으니 이 나온 만물 모양을 化라 한다. 이렇게 10개의 천간이 마련되었다.

戊土 丙火 壬水, 己土 癸水 丁火는 四時의 기운으로 春夏秋冬이란 계절의 순환으로 인해 만물이 변화되어 나오게 된다. 春에서는 木이 나오는데 기운으로는 生하는 기운이다. 온도와 습도를 말하면 한습한 기운이다. 生하는 기운도 나중에 또 둘로 나누고 15일로 나누고 또 나눈다. 배 속에서 수정하고 출산까지 또 쪼개고 쪼갠다. 계획을 수립하는 데 기승전결(起承轉結)로 나누어서 해야 한다.

열 가지 天干에 氣와 力, 기운과 기운을 발휘하는 힘에 대해 학습해야 한다. 명리학을 처음에 입문해서 공부하는 것이 외우기인데, 氣와 力의 작용력이 무엇인지 알아야 한다. 그리고 그 기운이 무언지 알고 나면, 이걸 조절해야 한다. 그걸 나중에 생화극제(生化剋制)라 하고 그 조절하는 오행을 유용지신(有用之神)이라 한다.

이때 기운의 특성을 두세 마디씩만 숙지하면 된다.
'壬水라면'을 여러 말을 하기보다는 두세 마디로 조정을 하는데,
① 한난조습(寒暖燥濕)이란 온도와 습도로 먼저 이해를 하고
② 그것이 만물에게 미치는 영향을 두 가지로 구분해서 공부하면 된다.

먼저 木기운은 生하는 기운과 長하는 기운으로 나눈다. 위로 올라가고 옆으로 퍼진다. 이렇게 두 가지로 설정한다.
甲이란 올라가는 기운, 곡직(曲直)에서 直이라 한다.
甲木을 올라가게 하는 것은 丙火이고 甲木의 보호자는 癸水다.
乙木의 보호자는 丙火다. 木氣란 生과 長이다.

金氣는 위에서 밑으로 내려간다.
木氣의 보호자가 水火이고 金氣의 공격자도 水火이다.
庚金은 성(成), 성은 익는다. 익는다는 것은 단단해진다는 뜻이다.
단단하게 하는 것은 한난한 기운과 건조한 기운이다.
辛金의 기운은 이미 익었다는 뜻이다.

■ 壬水

壬水는 한난으로 한기(寒氣)이다. 차가운 기운이다. 시간으로는 하지부터 동지까지인데, 추분이 지나면 기운이 맹렬해진다. 추분이 지나면 壬水가 하늘에서 구름을 싹 거두어 간다. 壬水가 하는 짓은 생명을 끝장을 낸다. 생명을 죽인다. 모든 작업의 끝부분이다.

1번부터 30번까지 모든 과정을 다 마치고 죽는다. 그리고 죽는 종류에는 '多함'을 전하고 죽어야 하니 이어짐, 유전으로 이어짐이 생긴다. 마침과 다음 작업으로 이어짐이 있다. 마치고 다음 작업으로 이어짐이 들어가 있다. 마침과 이어지는 걸 무엇으로 구분하는지 알아야 한다. 이혼했는데 다시는 안 만난다면 끊어짐이지만, 자식들 때문에 만나면 이어짐이다. 차가움이 나중에 추분이 지나 동지가 오면 혹한이라 한다. 이때 甲木이 있으면 다음 세대로 이어진다.

■ 丙火

丙火를 보면 온난이지만 입하가 지나면 온난(溫暖)이 아니라 염상(炎上)이라 한다. 하늘도 뜨겁고 땅도 뜨겁다는 의미다. 炎, 맹열이라 한다. 丙火의 시간은 동지부터 하지까지 180일이고 춘분이 지나면 서서히 뜨거워졌다가 입하가 지나면 맹렬해진다.

壬水는 마침과 죽임인데 씨는 살려 놓는다. 이어짐을 위해서이다. 아버지는 죽이는데 자식은 살려 놓고 나무는 죽이는데 열매는 살려 놓는 이치와 같다. 뿐만 아니라 아버지의 기운을 빼다가 자식인 열매에 주입시켰으니 더 단단하게 해 주는 것이다.

통변할 때 "과거 정리를 냉정하게 하시고 미래로 가세요" 한다. 여기서 아들은 시험 합격하고 옆에 할아버지는 돌아가셨다. 그러니 세대교체라 한다. '마침과 이어짐'이다.

丙火는 초목을 성장을 시켜서 열매를 열리게 함이 목적이다. 키우는 이유는 '써먹으려고'이다. 처음에는 長을 시킨다고만 했는데 키워서 열매를 열리게 하는 것이니 번식이라 한다. 그럼 번식으로 이어지느냐, 거기서 마치느냐이다.

壬水는 세대교체이고 丙火는 내가 내 능력을 번식한다. 丙火는 기르고 가꾸지만, 庚金이 있으면 나중에 번식으로 이어진다. 회사를 운영하다가 상장을 하려면 庚金이 있어야 한다. 가치를 높여 간다는 의미다.

壬水가 甲木이 없으면 자기 세대에서 마친 것이니 능력의 높낮이가 높지 않다. 또 丙火가 庚金이 없으면 번식을 하지 못하니 능력의 높낮이가 좀 부족하다. 능력의 높낮이란 시간적 능력도 있고 능력의 폭도 있다. 길지 않는 굵음은 가짜임을 알아야 한다. 간신은 굵지만 길지는 못하다. 목숨은 길다. 충신의 목숨은 짧지만 역사는 길다. 그러니 길지 않은 굵음은 품질을 인정할 수 없다.

壬水가 미치는 영향은 마치고 이어지게 하는 것이고 丙火가 하는 것은 키우고 이어지는 것이다. 마치려면 1부터 30까지 마쳐야 채워지는 것이다. 丙火는 살리는 기운, 잘 키우는 기운이고 壬水는 죽이는 기운이라 한다. 마무리를 잘하는 기운이라 한다.

■ 癸水

癸水란 습(濕)한 기운을 말한다. 濕이란 차가운 기운에서 나오지만, 얼음덩어리가 물이 되어서 나온 게 濕인데, 濕은 온난한 기운이 만든다. 얼음에서 물이 나왔으니 壬水가 癸水의 어버이가 되지만, 물을 濕氣로 돌리는 작용은 丙火가 한다. 癸水는 壬水라는 부모에게 나와서, 기르는 건 丙火가 기른다. 壬水란 얼음이 丙火에 의해서 물이 되어 흘러간다. 그러니 항상 공간이동을 해야 한다.

그리고 위로 올라가서 木도 이 물을 먹는다. 항상 壬水가 丙火를 보면 癸水로 化해서 공간이동을 한다. 그래서 '객지에 나간다. 먼 곳으로 출사한다. 이민 간다. 유학 간다' 등을 말할 때 써먹는다. 그러나 丙火가 없을 때 이런 말을 하면 안 된다. 壬水가 癸水의 어머니고 丙火가 인도자가 된다.

만약 壬水가 丙火가 있는 사위를 얻어서 딸인 癸水를 천리 먼 길에 내보내도 탈 없이 잘 살 수 있다. 그러나 壬水가 丙火를 못 봤으면 癸水는 산 넘어가다가 얼어붙는다. 그럼 다시 壬水로 돌아와서 집에서 같이 산다. 그래서 시집갔다 돌아와서 산다. 요즘은 돌싱이라 한다.

壬水가 해가 안 뜨면 얼어붙어서 가지도 않았으니 시작도 안 해 봤다. 그러니 壬水의 어미와 丙火의 인도에 의해서 生, 무엇인가를 탄생시키는 기운이다. 탄생이라 하니 배 속에서 아기가 수정되었다. 나무뿌리에서 줄기가 나오듯이, 계란에서 병아리가 나오듯이, 생명이 탄생하는 것을 관장하는 것이 癸水이고 丙火는 그 생명을 키운다. 그래서 처음부터 끝까지 잘 길러서 열매가 열린다. 丙火의 기운은 長하고 癸水의 기운은 生하고 壬水는 마무리를 하는 기운이니 죽이는 기운이다.

癸水는 동지에서 입하까지 습도가 올라가기 시작해서 입추부터 습도가 내려가기 시작한다. 동지부터 춘분까지는 습도가 올라가는 중이니 조(燥)한 기운이 훨씬 더 많다. 그러니 습도가 발생하는 시점이 건조한 기운이 가장 강하니, 불조심 강조 기간이 춘분까지 이어진다. 이것이 미치는 영향은 '무엇을 시작한다, 생각한다, 말한다, 글을 쓴다' 이런 모든 시작은 동지의 癸水부터다.

■ 丁火

丁火는 조(燥)한 기운이다. 하지부터 燥가 시작되어서, 입동부터 燥한 기운이 가장 최대치로 늘어난다. 열(熱)이 가장 필요한 건 추울 때 필요하니 조(燥)하다. 그럼 燥한 기운은 모든 물질을 단단하게 만들어 준다.

癸水가 무엇을 낳고 丙火가 기르고 丁火가 단단하게 만들어야 한다. 그럼 좋은 일보다 나쁜 일이 더 많아야 하니 이때 서리가 내리고 한다. 그래서 서리를 맞아야 다년생 나무가 된다. 서리를 맞지 않으면 다년생이 되지 못한다. 1년생도 서리를 맞아야 숙성되고 저장된다. 서리를 맞지 않으면 저장이 되지 않는다. 그렇다고 봄에 나온 나무를 서리 맞게 하면 사망이다. 서리를 맞아야 완성되니 고생을 징글징글하게 시켜서 숙성시키는데, 이는 단단하게 만들어 주는 과정이니 인간에게 미치는 영향은 경쟁력이 되니 가장 큰 힘의 원천능력을 만들어 준다.

壬水는 마무리에서 다음 세대로 넘기는 기운이고 丙火는 자기 일을 1단계 마무리해서 성숙한 다음 단계로 넘어가도록 유도하고 癸水는 시작을 하고 丁火는 단단하게 하는 기운이다. 癸水는 시작하는 기운이니 부드럽게 평생을 무난하게 살 수는 있지만 큰 인물은 되지 못한다. 丁火는 하나의 단계를 마무리할 때마다 여러가지 문제가 생길 수가 있는데 그런 과정을 통해서 단단해져 간다. 오늘도 말썽, 내일도 말썽이니, 일을 하나 성사하려면 걸리지 않는 게 없다. 구설수와 시비수가 제일 많은 게 丁火인데, 이것이 살아가는 데 지혜가 되니 丁火를 단단하게 만들어 준다. 이렇게 네 가지 기운이 탄생했다.

이들에게 이름을 붙이는데 癸水와 丙火를 만나는 것을 난습이라 하고 丁火와 壬水가 만나는 것을 한조라고 크게 나눈다. 크게 나누면 난조와 한습이 된다. 동지를 기점으로 癸水와 丙火가 있다. 이를 난습이라 한다. 이는 낳고 기르고 가꾸는 기운이다. 癸水는 낳고 병화는 기르고 가꾸는 짝이 된다. 丙火가 없으면 낳은 후에 잘 자라지 못한다. 癸水가 없이 丙火만 가지고 있으면, 낳지는 않고 기르고 가꾸는 것만 있으니 옷을 취급한다면 만들지 않고 팔기만 하는 사람이다.

■ 癸水의 가정교육, 丙火의 학교교육

낳고 기르고 가꾼다. 부모교육과 선생교육 중에는 항상 중복지역이 있는데, 癸水에서 丙火로 넘어갈 때 중복이 되는 지역이 생긴다. 선생은 지식을 가르치지 인성을 가르치지 않는다. 禮는 가르쳐도 仁은 가르치지 못한다. 仁은 부모가 가르치기도 하지만 스스로 타고나기도 한다. 선생도 仁을 가르칠 수는 있지만, 타고난 유전을 바꿔 줄 수는 없다. 기본적인 지식과 더불어 규칙을 가르치거나 법규를 가르친다. 가정과 학교, 인성과 지식, 이렇게 癸水와 丙火가 짝이다. 낳고 기르고 가꾸는 게 한 번에 해결되니 둘을 합한 이름이 난습(暖濕)이다.

濕이 먼저지만 暖이 와서 濕이 된 것이다. 입하부터 하지까지의 丙火가 癸水를 만나러 동지로 온 것이다. 그러니 모든 인생은 시작되는 시점에서 미래에 무엇이 되겠다는 목적의식이 시작된다. 丙火와 壬水가 목적이 된다. 壬水는 단단하게 큰 것을 마치려 하고 丙火는 기르고 가꾸어서 키우려 한다. 그러니 시간은 항상 과거에서 미래로 시작하고 과거는 미래로부터 시작이고 과거를 기준으로 현재를 살아간다.

낳는 것은 운명이고 기르고 가꾸는 것은 노력이다. 현대 사회에서는 낳는 것도 마음대로 하려고 한다. 유전자 DNA 분석을 했으면 마음대로 낳을 수가 있지만, 아직 그 속에 핵의 비밀은 밝혀지지 않았다. 우주의 흑막에너지가 밝혀지면 유전자의 핵도 밝혀질 수 있다.

丁火 壬水가 있다. 이를 燥寒이라 해서 한조라 한다. 단단하게 하는 역할을 하는데 단단하게 만들기 위해서, 하지점의 최고의 熱과 최고의 비, 최고의 바람인 태풍을 견뎌 내야 한다. 이런 삼재팔난(三災八難)과 같은 어려움을 견뎌 내면서 살아남아야 힘이 생기고 단단해진다. 이곳은 치열한 경쟁 사회가 되니 이 경쟁에서 살아남아야 한다. 그러려면 익숙할 때까지 연습해야 한다. 100이 되려면 99를 거쳐야 하듯, 100을 채우려면 반드시 1과 99가 만나야 100이 된다. 끊임없이 반복해서 날갯짓을 하듯 반복된 연습을 99번이라 표현한다. 그럼 숙달되고 달인이 되고 전문가가 되고 끊임없는 연습을 통해서 숙달시키므로 경쟁에서 살아남고 1인자가 되고 지도자가 되기도 한다. 丁火와 壬水의 조화가 잘 맞으면 사회성이 뛰어나고 지도자의 상(象)으로서 외유내강이 성립된다.

그런데 나무는 외강내유(外剛內柔)하니 정신은 강하지 못하다. 싸울 때도 목기(木氣)가 강한 척하지만 자기 정신의 나약함을 내세운 표시이다. 癸水는 낳다. 丙火는 기르고 가꾸다. 丁火는 연습을 통해서 숙달시키다.

한(寒)이란 겨울을 말하는데 寒에 대한 가장 숙달된 용어는 소통이다. 통하다. 흐를 류(流), 흐르다. 새처럼 날다. 소통을 목적으로 한다. 물건으로 소통할 수도 있고 재능이나 정신으로 소통할 수도 있다. 책에서 말하기를 지혜를 이루었다고 한다. 물건을 들고 다니면서 소통을 할 수가 있고 마음으로 소통할 수도 있다. 슬기로울 혜(慧), 물건과 마음이 소통을 이룬 것이라 해서 슬기롭다고 하는데 겨울의 寒한 기운이다. 겨울은 추우니 꼼짝하지 말아야 하는 건 겨울잠을 자는 동물이나 볍씨 등을 말하는 거지, 사람은 소통하고 나누어야 한다. 통(通)한다는 의미는 나눈다는 뜻이다. 그러면서 지혜를 이루는 것이다.

癸는 낳고 丙은 기르고 가꾸고 丁은 연습하여 숙달시키고 그리고 壬은 通하여 나눈다. 癸라는 가정과 丙이란 학교와 사회, 다음은 丁壬으로 다 모아야 하니 통섭(通攝)이 되었다. 가정과 학교와 사회란 3개의 귀(耳)를 이루었다. 마음의 통섭(通攝)도 하고 기술을 통섭(通攝)도 하니, 壬水가 문화와 문명을 통섭(通攝)한다.

壬水의 찬바람은 남의 어려움을 귀담아들으란 의미이지 내가 춥다고 하면 안 된다. 壬水의 시간으로 말하면 亥時와 子時인데, 이는 자기가 이불을 덮고 추위를 면하라는 게 아니라 남을 덮어 주라는 말이다. 자기가 덮는다면 한심(閒心)한 사람이라 한다. 남을 덮어 준다고 생각하면 이불 장사, 난로 장사를 할 수도 있다. 어리숙한 인간들이 남에게 이불을 덮어 준다고 생각하니 속 빈 놈이라 착각하지, 추운 사람 배고픈 사람을 데리고 장사를 한다는 의미다. 무엇을 원할 때 이치에 맞게 정당하게 원하라는 뜻이 들어 있다.

통섭이 되고 동지가 지나면 다시 또 새롭게 시작해야 한다. 명리로는 水生木을 보고 '말과 글을 배우는 말재주가 있구나' 하면, 공부에 도움이 안 되고 '말과 글을 잘해야 하겠구나' 생각해야 한다. 언사(言辭)이니 우리를 얽어매는 사회적인 규칙이다. 水生木 말하는 재주, 木生火 행동하는 재주이다. 합해서 말과 행동이다.

丁火는 말과 행동을 잘했으니 어른으로서 전문가로서 그 직업에 대한 책임자로서 책임을 짐으로써 지도자가 될 수 있다. 모두가 자기의 맡은 책임을 잘 지는지 못 지는지 보는 것은 조(燥)의 역할이다. 燥는 마르게 하는 기운이다. 사회를 건조하게 해야 맡은 책임을 다하게 된다.

습(濕)은 서로 간에 돈독하고 친하게 지내자는 기운인데, 지나친 친목은 규칙이나 책임 의식이 이탈될 수가 있다. 그래서 공무원들이 일가친척을 멀리하는 이유가 법을 위배할까 우려해서이다. 그러므로 건조함 속에는 규칙이란 의미가 들어 있다. 濕해지게 되면 자기 신분이나 직책을 이용해서 월권을 행할 수 있다고 생각한다.

壬水는 당연히 모든 걸 용서할 수 있고 모든 걸 이해할 수 있다. 그러나 앞으로 자라나는 사람들이 배워야 할 점과 배우지 말아야 할 점의 판단력이 된다. 그래서 지혜의 끄트머리라 한다. 옳고 그름을 떠나서 현명하게 판단할 수 있는 능력이다. 어둠과 밝음을 표시하는 힘이 壬水에게 있다. 단순하게 '차갑다, 燥하다, 따뜻하다, 濕하다'는 개념이 아닌, 시간적인 나열로 설명하면 된다. 가정과 학교, 사회와 통섭이다. 말은 濕한 기운, 水生木의 기운은 寒濕하다. 행동은 木生火, 책임과 모범은 火剋金이고 壬水의 金生水는 판단력을 기른다.

사람마다 기운이 水生木, 木生火, 土生金, 金生水로 되어 있는데 한습, 난습, 난조, 한조인데 장소라는 의미도 들어 있다. 장소도 春夏秋冬으로 나누는데 水生木이란 장소는 물에서 육지로, 물 중에서도 水上이라 한다.

동지가 지나면 물속에 있던 고기들이 물 위로 올라온다. 水中은 壬水인 겨울 기운을 뜻한다. 물속으로 들어가고 땅속으로 들어가고 공중으로 날아간다. 물에서 육지는 논과 밭이 된다. 이곳은 육지가 된다. 水生木, 木生火라 한다. 水生木을 물고기, 木生火를 연못과 논이라 한다. 수상식물이 자란다. 수중작물, 논에서 키우는 작물, 논에서 키우는 작물은 양어장이고 벼와 같은 곡식이다.

하지를 넘어가면 산으로 간다. 산에도 밭이 있다. 의식주 생활 중에 산에서 나오는 게 많다. 산나물, 각종 약초, 버섯 등 산에서 나오는 게 많은데 이를 임업이라 한다. 임업에서 나온 물건이 제일 많이 쓰인다. 산에는 짐승도 살고 마을과 가까운 산에는 거주지도 있다. 깊은 산속에는 짐승이 있고 밭 옆에는 임업 농사를 짓고 임업 밑에는 밭이 있고 밭 밑에는 거주지가 있다. 이렇게 가을 기운이 성립된다.

딱딱 떨어지면 水生木은 물, 木生火는 논밭, 火生土는 산이라 하지만, 水生木 木生火로 이어짐이 있어야 한다. 金生水로 가니 水中이 있고 땅속이 있고 공중이 있다. 이렇게 세 가지로 나뉘어서 간다. 땅으로 들어가는 건 저장이라 하고 물수(水) 자가 아니라 남의 수중에 들어가는 걸 수중이라 한다. 피접도 거기에 들어간다. 공중은 사냥, 겨울 사냥, 새들이 공중으로 사냥을 떠난다.

겨울에는 사람이 세 가지 마음이 나온다. 土中(땅속)은 저장해야겠구나, 水中은 투자해야겠구나, 남의 수중에 들어갔으니 계약서를 쓰지 않으면 떼일 수 있다. 공중은 사냥이니 무역을 하러 간다. 가령 추수를 했으니 土中은 저장이니 봄에 씨로 쓸 것, 水中은 자식들 먹으라고 줄 것, 공중은 시장에 내다 팔 것으로 구분한다.

이 세 가지는 春節에 인성을 배웠으니 水中으로 자식들을 먹여야 한다. 가을에도 강하게 하는 것이니 공중으로 팔아야 한다. 土中은 번식을 잘하려면 잘 묻어서 저장해야 한다. 이 세 가지를 모두 잘해야 하니 통섭(通攝)이라 한다.

春節을 수중, 바다, 하천, 연못, 여름은 논과 밭, 가을은 산과 들, 겨울은 공중을 말하는데, 상호 연결된 걸 의미하는데 연결보다 더 중요한 건 경계선이다. 산과 바다의 경계선이 있고 산도 산 아래가 있고 산중이 있다. 산중에는 짐승이 살고 산 아래는 버섯이 산다. 이런 것이 일목요연하게 연결되어 있다.

봄은 어류, 여름은 곡식, 가을은 육류, 겨울은 이걸 모두 모아 놓았으니 시장이다. 水生木하면 생선 장사, 木生火는 나물 장사 밥장사, 火剋金은 고깃집, 金生水는 모두 있는 곳이니 시장이다. 공중은 출장 뷔페 토중(土中)은 땅속에 저장했으니 숙성이다. 土는 뚜껑을 닫으면 항아리가 土다.
水生木은 물과 물고기, 木生火는 논밭과 곡식, 火生土 土生金은 산과 돼지 등 육 고기이다. 곡식과 바퀴벌레는 함께 자란다. 夏節은 곤충이고 春節은 파충류이다. 개구리, 물고기, 골뱅이, 도롱뇽이다. 여름은 날개 달린 짐승이니 곤충이다. 가을은 털 달린 짐승이니 돼지 소 등의 육류, 겨울은 날아다니는 짐승이니 새에 비유하면 닭고기가 된다. 닭고기는 벌이나 메뚜기가 아니다. 벌이나 메뚜기는 夏節에 속한다. 닭은 金生水 구역이다. 겨울에 金生水가 있는 사람은 성질이 급하다. 가장 잘 참는 건 秋節 짐승이다.

이런 계절의 특성을 살려서 직업에 연결하는 것이다.

토(土)

戊土는 머금을 함(含), 己土는 토할 토(吐)이다.
戊土는 머금다. 己土 내뱉다. 戊土 입력하다. 己土 출력하다.
戊土는 壬水와 丙火를 머금고 己土는 癸水와 丁火를 吐해 내는 것이다.

己土가 癸水를 토해 내니 말과 글을 토해 내니 말재주와 글재주가 있다.
戊土가 癸水를 머금으면 말과 글을 머금는 재주가 있으니 지식을 습득하는 재주가 있다.
己土의 내놓는 재주와 戊土의 습득하는 재주가 있다.
戊土가 癸水와 丁火를 머금거나, 己土가 丙火나 壬水를 吐해 낸다면?
戊土가 丁火를 머금으면 丁火는 무언가 단단하게 만드는 기술이니, 물건을 다스리는 재주를 머금었으니, 기술력을 머금는다.
己土가 丁火를 머금으면 기술이 아니라 물건을 내놓는다.
戊土가 癸水를 머금었으니 지식을 머금다.
戊土가 丁火를 머금었으면 기술력을 머금다.

己土가 癸水를 내놓으면 말과 글재주이니 지식을 내놓고
丁火는 기술력을 내놓으니 물건이 생산된다.
戊土의 습득능력과 己土의 발휘능력을 말한다.

戊土가 壬水는 머금으면 한기(寒氣)를 머금으니 따뜻해졌다. 한기를 저장한 것이다. 戊土가 丙火를 머금었으니 난기(亂氣)를 머금었다. 따뜻한 기운을 머금었으니 따뜻한 기운을 차단하고 시원하게 만드는 거다. 寒氣를 머금어서 따뜻하게 만드니 중화작용을 의미한다.

己土가 寒氣인 壬水를 내뱉었다, 丙火의 暖氣를 내뱉었다. 寒氣를 내뱉었으니 차가운 말만 하는 사람이라 한다. 차가운 말이란 '네가 해서 되겠냐?', '지지리 궁상떨고 있네', '그 주제에', '그 나물에 그 밥이라더니' 등 욕이라기보다는 무시하거나 氣를 죽이는 말이다.

壬水 丙火는 원래 머금어야 하는데 내뱉어야 하니, 丙火를 내뱉었으니 "야 너는 미스코리아를 해도 되겠다"라며 능력도 안 되는 사람을 부추긴다. 과장 광고를 한다. 열정을 부추기는 것이다.

己土가 壬水를 내뱉으면 열정을 못 나가게 한다. "네가 그거 할 수 있겠냐?", "생긴 걸 봐서 무얼 하겠어" 이게 己土가 壬水를 내뱉은 말이다.

戊土가 壬水를 머금으면 "와 네가 그 정도만 해도 얼마나 잘하는 거냐", "추운데도 그나마 잘 견디고 있구나", "어려운 중에 정말 잘하고 있구나", "코로나 때문에 모두들 다 죽어 가는데 너는 정말 잘하고 있구나"

戊土가 丙火를 머금었으면 방만하게 확장하고 하지만, "규모에 맞게 잘하고 있구나", "이 불경기에 그래도 빚 없는 게 어디냐?"

丙火가 乙木을 키우는데 戊土가 없으면 지나친 과속도, 지나친 빚, 성급한 행동 등으로 성장을 하지 못하니, 중립을 지키게 하려면 戊土가 丙火를 머금어야 한다. 戊土가 壬水를 머금으면 "너는 혹한을 잘 견뎌서 사업도 잘 유지하고 정도를 지키면서 잘하고 있구나" 하고 정도(定道)를 지키게 하는 것이다.

己土가 壬水를 머금으면 찌그러들게 만들고 氣를 제압하는 것이고 己土가 丙火를 머금으면 부추기는 것이다. 바람을 넣는 것이다.
그래서 己土가 丙火나 壬水를 내뱉으면 잔재주로 세상을 농락하다. 현대에는 타인이야 죽든 말든, 해석은 타고난 경영능력이라 한다.

己土 癸水는 말과 글로 부리는 재주, 己土 丁火는 기술로 부리는 재주, 戊土 癸水는 말과 글을 습득하는 재주, 戊土 丁火는 기술을 습득하는 재주다. 그래서 戊土가 머금어서 己土가 내뱉는 것이다.

그러나 내뱉어서는 안 되고 머금어서 안 되는 경우가 있다. 戊土가 너무 많으면 癸水를 머금었으니 말과 글을 머금었는데 속으로 너무 들어갔다. 그러니 귀머거리 3년, 벙어리 3년, 장님 3년이다. 水를 머금기는 했는데 나오지 못하니 화병이라 한다. 소리 안 나는 총으로 쏴 죽이고 싶은 심정을 지닌 자들이다. 가슴에 항아리를 하나 담아 놓고 거기에 마음과 정신을 썩히는 자들이다.

戊土가 많은데 丁火를 머금으면 우주과학의 꿈을 안고 MIT같은 곳에서 기술을 배웠는데 土가 너무 많다. 그럼 평생 취직도 할 수 없으니 기술을 쓸 수가 없다. 너무 많으면 그런 것이다. 戊戌인데 戌中 丁火가 三合이 없으면 火가 약하니 기술은 배웠는데 써먹지는 못할 기술이다. "배우기는 배웠는데 유행이 지난 것을 배웠나 봐" 이렇게 말해야 한다. 戊土가 너무 많은데 丁火를 머금었으니 기술창고이다. 그러니 자료실, 열람실, 냉동 창고 등이다. 戊土가 너무 많은데 癸水를 머금었으면 도서관이고 戊土가 너무 많은데 丁火를 머금었으면 부품창고 같은 곳이다.

己土는 壬水와 丙火를 내뱉어서는 안 된다. 己土가 丙火를 내뱉었으면 庚金이 가져가고 己土가 壬水를 내뱉었으면 나중에 甲木이 가져가는데 그럼 己土의 쌀쌀맞은 기운을 가져가게 된다. 이때 己土 壬水에게 배우고 익힌 기운으로 甲木을 살리게 되면 잘못된 점을 배워서 잘되게 만드는 경우이다. 장점만 배운다고 좋은 게 아니라 부모님의 잘못된 부분을 배워서, 극복하는 게 성공이다.

孔子는 부모의 잘못을 유산으로 이어받는 것이 최고라 했다. 己壬하면 甲木이 가져가고 己丙하면 庚金이 가져간다. 戊土가 木과 金을 머금을 수 있고 己土도 木과 金을 내뱉을 수 있는데 이들은 물건을 의미하는 것이다. 木은 사람이고 金은 물건이다. 戊土가 木을 머금었으면 사람을 머금은 것이다. 春夏節이면 아카데미와 같은 학교이고 秋冬節이면 산업지역에서 공부를 하는 것이다. 관광을 가서 견학으로 공부하기도 한다.

秋冬節에 戊土가 金을 머금으면 물건을 머금었으니, 터미널과 같은 역할을 한다. 물건만 오가는 거래소나 증권거래소, 비밀거래 등을 말한다. 春夏節에 戊土가 金을 머금었다면 박물관, 가을에 쓰고 남은 것은 박물관으로 가져간다. 박물관은 두 종류가 있는데 쓸 만한 물건을 모아 놓은 곳이 있고 못 쓰는 물건을 모아 놓은 곳이 있는데 이는 고물상을 연상하면 된다. 쓸 만하냐, 못 쓰느냐를 구분하는 것은 丁火가 있었느냐 없었느냐다.

 春夏節은 박물관, 秋冬節은 거래소와 같고 春夏節은 학교와 같고 秋冬節은 관광호텔과 같다. 공부하러 갔느냐 여행을 갔느냐이다. 정동진을 갔다면 戊土가 木을 머금은 것이다.

 春夏節에 己土가 木을 내뱉었다면 사람거래이니 교육, 컨설팅, 영업 등, 春夏節에 金을 내뱉었다면 물건이니 의식주 상품을 진열해 놓았다. 사람거래는 인력시장과 같으니 헤드헌터, 각종 시험장, 金을 내뱉었다면 상품 진열장, 백화점과 같다. 己土가 秋冬節에 木을 내뱉었다면 추워서 얼어 죽는 형상이니 얼어 죽은 사람이 모이는 곳은 병원, 약국, 각종 재활, 재교육이다. 죽는다는 건 실제로 목숨이 죽는 걸 말하는 게 아니다.

 秋冬節에 己土가 金을 내뱉었다면 산업상품, 박람회, 엑스포 등이다. 己土가 木金 중에 공연장은 春夏節에 木을 내놓은 것이다. 연극 영화는 모두 木에서 나왔다. 이들은 모두 교육을 받고 나왔다. 매니지먼트, 엔터테인먼트, 연구발표 등 예술성이다. 모든 명리학 중심에 戊己土가 있어서 머금고 내뱉는다. 그러니 土를 중심으로 해석하려는 노력을 많이 해야 한다.

■ 甲木은 오르다, 乙木은 퍼지다

甲木은 주(主)적인 개념이 있고 乙木은 다(多)적인 개념이 있다. 乙木이 사주에 하나만 있어도 많다고 판단해야 한다. 甲木이 2개가 있으면 무척 많은 것이니 간벌(間伐)이 필요하다. 乙木이 2개만 있어도 빽빽하게 무성하다. 辛金으로 절지(折枝)를 해야 한다. 그럼 多는 主를 만나야 하고 主는 多를 만나야 하니 甲乙관계는 짝이다. 甲이 없이 乙만 있으면 오합지졸이 되고 乙이 없고 甲만 있으면 능력을 활용할 수 없다.

乙이 甲이 있으려면 癸水만 있으면 甲이 있는 것이다. 甲이 있으면 자기 주체가 있고 甲만 있고 癸水가 없으면 썩은 뭉치를 부여잡은 乙木이니 반드시 癸水가 있어야 한다. 甲은 乙이 없으면, 丙火만 있으면 乙木이 있는 것과 똑같이 활용한다.

乙木은 퍼지다. 甲木은 오르다. 오를 때는 좌측으로 오른다. 하지가 지나면 木이 金으로 바뀌니 우측으로 내린다. 좌측으로 오르고 우측으로 내린다. 좌측으로 퍼진다는 의미다. 甲木은 오른다는 개념상 편파적인 성격은 없다. 좌측으로 오른다는 뜻은 동서남북이란 태양고도를 말하고 左右는 자기중심을 기준한다. 二分二至를 東西南北으로 알아야 한다.

다만 甲木은 癸水라는 차가운 기운을 통해 위로 오르니, 한습한데 丙火가 너무 많으면 甲木은 휘어져서 오른다. 甲木은 뜨거우면 굴곡이 된다. 丙火로 인해서 乙木이 나오는 건 좋지만, 자체적으로는 휘어지니, 甲木이 乙木보다 못한 지리멸렬, 노심초사 그리고 변화무쌍하게 된다.

튼튼하게 자기관리를 하지 못하고 이리저리 흔들린다. 甲木이 丙火가 많으면 乙木처럼 지리멸렬하니 좌우를 결정하지 못하는 사람이 된다.

乙木은 丙火의 운동에 의해서 뻗게 되는데 경쟁력이 최고가 된다. 이때 癸水가 너무 많으면 쭉 뻗지 못하고 구부리게 된다. 그럼 심상(心狀)의 불안감 때문에, 결과 스트레스나 서비스 스트레스 때문에, 대결 스트레스나 검증 스트레스 또는 대인공포증 때문에, 뭔가 경쟁에 참여하는 걸 두려워한다. 시험 보러 가서 떨다가 시험을 망치고 온다. 궁통보감(窮通寶鑑)에 의하면 뿌리는 너무 무성하고 가지는 수그렸다는 뜻이다. 습지에서 자라는 미나리 같은 식물은 뿌리는 튼튼한데, 가지가 뻗지 못하니 수생식물이 아니라, 습지식물이 되니 마음의 무게가 매우 크다.

甲木은 丙火가 있으면 되고 乙木은 金生水가 있으면 되는데 이는 有用之神이 된다. 모든 능력을 하나로 튼튼하게 하는 것이 甲木이고 하나를 가지고 여러 개로 쓰는 것이 乙木이다. 이것이 乙木이 성공하는 이유다. 甲木은 한 사람에게 설득하는 건 잘하지만, 乙木은 대중을 세워놓고 연설을 잘하는 장점이 있다.

잘못되는 경우 甲木이 丙火를 너무 많이 보면, 乙木처럼 좌우로 왔다 갔다 하니, 하나를 꾸준하게 해야 하는데 이것저것 손을 대니 잘못되게 된다. 乙木이 癸水가 너무 많으면 가지가 구부러져서 똘똘 뭉쳐져서 여러 개 쓸 것을 못 쓰고 경쟁력이 흐트러지게 된다.

庚金은 원재료가 된다. 金을 내기 위한 돌, 밀가루를 내기 위한 밀,

원재료를 의미한다. 가공 이전, 상품이 나오기 이전의 모습이다. 그러나 甲木과 乙木, 庚金과 辛金의 관계는 그 종류에서 그 종류가 나오지, 다른 종류가 나오지 않는다. 木에는 木만 나오고 金에는 金만 나온다. 庚金 자체도 원재료가 되기 위해서 수많은 세월을 거쳤다. 일곱 번의 고비를 넘겨서 庚金이 되었으니 수많은 시간과 고비를 통해서 庚金이 되었다. 그러나 활용해 본 건 아니다. 원기(元氣)를 이루었으니 庚金을 가공해야 辛金이 상품이 된다. 한 알의 콩을 빻으니 여러 개 가루가 나오듯이 辛金도 多적인 개념이다.

庚金은 경험이 풍부하지만 甲木은 이제 막 시작을 했다. 그럼 甲木의 경험이 많아지려면 丙火가 있어야 한다. 또 庚金이 상품으로 가느냐, 안 가느냐는 丁火가 있어야 한다. 만약 庚金이 丙火가 없이 丁火만 있으면 많은 경험을 하지 않고 출시된 상품과 같다. 무자격자 출시, 무허가, 낙하산, 사기꾼 등이 된다. 庚金이 丙火가 있으면 살아가는 데는 더 나쁜지도 모른다. 왜냐하면 수많은 세월 동안 경험을 만들어 내놓기에는 너무 많은 노력이 필요하다. 그러니 유사한 이야기를 듣고 와서 자기가 경험을 다 한 것처럼 말하면 된다. 庚金이 丁火를 보면 LA를 안 가 보고 가 본 것처럼 들은 풍월로 훤하다. 주마간산이라 하는데 이런 자들이 최고가 된다.

만약 丙丁火가 없고 그냥 庚金이 壬水만 있다면 원재료만 파는 자와 같으니 도매업자라 한다. 밭떼기, 인신매매, 도매, 유통센터, 중간상인, 에이전시, 스카우트, 원단장사, 커피콩 도매상, M&A, 날강도 등이다. 庚金이 丙丁火가 없이 癸水만 있으면 말과 글이니, 원재료에 대한 가르침이다. 원재료 연구원이 된다. 자원연구, 에너지 연구, 개발이 아니라 연구만 하는 것이다.

辛金은 상품으로 나왔는데 丙火, 丁火, 壬水, 癸水가 들어간다. 辛金이 丙火가 있으면 기르고 가꾸는 것이니 木일 경우이고 金이니 광고 마케팅 전략, 쓸고 닦기, 잘 보존하기, 홍보, 전술, 이미지 트레이닝, 꾸미기 등이다. 丙火가 너무 많으면 남의 눈을 가린 과장 광고라 한다. 허풍, 홈쇼핑 등이다. 그러나 乙木이 丙火가 있으면 햇빛이 잘 드니 가지가 많이 나온다. 그렇지만 辛金은 가치가 최고라는 뜻이니 최신 유행이라 하는데, 이때 丙火가 있으면 몇 년 전에 나온 상품이 된다. 고속도로 휴게소나 버스에서 영업하는 사람 등이 丙火가 많은 사람이다. 丙火가 辛金에게 광고하는 것을 丙辛合이라 하는데 이 말은 情을 이용해서 먹는다는 뜻이다. 거짓말로 진짜 情이 있는 것처럼 말한다. "손님을 보니 마치 죽은 남편과 같아서, 여기 오니까 고향에 온 듯하고 부모를 만난 듯하고 어릴 때 먹던 맛이 그대로 있습니다" 이런 말은 丙辛合이 있어야 할 수 있다.

辛金이 丁火를 쓰면 기술력을 발휘하는 것이다. 辛金은 완성품인데 왜 기술력을 발휘하느냐 하면, 완성품이 하자가 있으니 A/S라 하고 신개발이라 하고 업그레이드, 신제품 출시 등인데 대개가 A/S에 들어간다.

辛金이 壬水가 있으면 직접 유통이다. 辛金이 癸水가 있으면 영업 전략, 경영 전략 같은 전략이다. 甲木까지 있으면 경영교육, 통상교육이라 한다.

春夏節 辛金의 金剋木은 의사의 진료와 같고 헤어디자이너의 미용과 같다. 살아 있는 걸 자른다. 플라워 아티스트, 꽃집 등 살리기 위해서 죽이는 작업이다. 농촌의 농약과 같다.

秋冬節의 辛金이 乙木을 자르는 건 재단과 같고 요리와 같고 제작과 같다. 인테리어 등이다. 인테리어도 급수가 있는데, 酉中 辛金이 하는 일과 天干 辛金으로 하는 일이 다르다. 庚金으로 乙木을 자르는 건 도끼로 지푸라기를 자르는 모양과 같다.

辛金으로 甲木을 자르는 건 면도날로 통나무를 자르니 안 되는 일을 하고 있다. 그러니 辛金으로 甲木을 자르면 조각가, 조형 예술가이다. 통나무를 면도칼로 자르면 조각가라 한다.

■ 四時의 기운

입동부터 춘분까지는 토수합일(土水合一)이라 해서 戊土가 癸水와 合하고 己土가 일을 해서 출생단계를 의미하고 입하부터 입추까지는 화토동근(火土同根)이라 해서, 戊土가 同을 하고 己土가 根을 해서 동근을 해서 출생과 번식을 의미한다. 춘분점에서는 甲木에서 乙木으로 바뀌니 형태 변화라 하고 이때는 甲乙木이 같이 있어야지 헤어지면 안 된다.

추분에는 庚金과 辛金이 분리되는 시기이니, 형(形)과 질(質)이 변화를 한다. 추분에는 庚金과 辛金이 붙어 있으면 안 되고 춘분에는 甲木

과 乙木은 떨어지면 안 되고 붙어 있어야 한다. 辛金은 붙는 성질이 아니고 떨어지는 성질이니 이별의 성질이고 양과 질, 실용성 때문에 그렇다. 乙木은 붙는 성질이니 착 달라붙고 섞이는 성질이 있다. 辛金은 다 익어서 붙어 있을 이유가 끝났으니 떨어져 나가야 한다. 그러니 실용적이다. 그대로 있으면 실용적이지 못하니, 독립정신이 강하다. 그러나 춘분에 乙木이 착 달라붙는 이유는 기르고 가꿀 때니 자기가 길러지고 가꾸어져야 할 시기니 달라붙는 것이다. 성장목적 때문에 甲木의 고혈을 빨아먹어야 한다.

乙木이 辛金을 만나면 성장하다 말고 떨어져 나간다. 크다 말고 중간에 辛金이 와서 꼬시니 자기가 다 큰 어른인 줄 알고 떨어져 나간다. 酉金이 오면 시간이 왔으니 때가 다 된 줄 알고 간 것이다. 辛金이 오면 乙木이 자기가 다 자란 줄 알고 간 것이다.

그러나 辛金에게 乙木이 오면 독립할 때가 되었으니 떨어져야 하는데 붙어 있는 것이다. 골칫덩어리다. 나이가 마흔 살이 넘었는데 독립도 하지 않고 시집도 가지 않는다. 가을에는 乙木이 辛金에게 왔고 여름에는 辛金이 乙木에게 온다. 乙木에게 辛金이 왔으면, 고등학교 졸업자이니 떨어져 나가지 말아야 하는데 떨어져 나간다. 가을에 辛金에게 乙木이 왔으면 아직도 자기가 길러져야 하는 줄 안다. 학원 30년이다. 木과 金의 행위적인 모습만 맞추고 水火를 별도로 맞추는 건 의미가 없다. 水火는 행위로 맞추는 게 아니라, 성질 대 성질로 맞추어야 한다.

우주의 기운이 땅에 내려와서 사시(四時)가 되었다. 四時가 마련되면

天干이 마련된 것인데 이걸 해석할 때, 너무 많은 해석을 하려 하지 말고 한난과 조습, 戊土는 후(厚)하다. 두텁다. 己土는 윤(潤)하다. 농사짓는 땅과 같다. 甲木은 위로 올라가고 乙木은 옆으로 퍼지고 庚金은 견(堅)하다. 辛金은 고(固)하다. 曲直과 堅固이다. 이걸 알고 나서 대입해야 한다. 목차만 알면 대입은 쉽다. 春夏秋冬, 가정, 학교, 사회 등을 시대별 나이별로 생각한다. 水生木, 木生火, 土生金, 金生水 상생이 있다고 생각하고 인의예지(仁義禮智)로 설명해서 어떤 상태인가를 봐야 한다.

癸水, 丙火, 丁火, 壬水 春夏秋冬의 戊土는 머금는 것이고 己土는 내뱉는 것이다. 戊土가 癸水를 머금었다고 하면 손님이 못 알아들으니, 말과 글을 하는 재주를 머금었다고 하고 己土가 癸水를 내뱉으면 말과 글을 하는 재주를 내뱉었다고 하고 癸水가 甲木을 키운다고 했다. 그럼 학교지식이지만 甲木이 없는데 그냥 내뱉었다면 픽션 작가이다. 상상에서 나온 말이다. 가장 중요한 이것만이라도 좀 알면 된다.

戊土가 머금었다. 己土가 내뱉었다고 습관적으로만 해도 좋다. 왜 戊己土가 중요하냐 하면 戊土는 세상이 돌아가는 사상이나, 돌아가는 생각들이나, 돌아가는 지식 등을 머금는다. 己土는 물건이 돌아다니는 것을 알아차린다. 그러니 실용 생활은 己土가 주관하고 정신적인 것은 戊土가 주관한다. 배불리 먹고살려면 己土를 잘 보고 행복하게 살려면 戊土를 잘 보면 된다. 불행하게 되려면 戊土를 또 보면 된다. 戊土가 많으면 머금지 못했거나, 너무 많이 머금어서 뱉어 내지 못했으면 불행하다. 그럼 마인드가 잘못된다. 그러니 정신적 삶과 육체의 삶을 둘 다 유연하게 행한다고 생각해라.

원래 戊土는 癸水와 丁火를 머금으면 안 된다. 자칫하면 옹알이가 걸릴 수 있다. 못 나오고 끌어당기기만 하기 때문이다. 그래서 戊土가 癸水 丁火를 머금은 사람을 보면 목소리가 터지지 않았다. 머금어서 알고는 있는데 나오지를 않는다. 박자는 아는데 노래는 안 된다. 己土는 壬水와 丙火를 내뱉으면 안 된다. 그렇지만 둘 다 머금고 내뱉는다고 인정은 해야 한다.

이렇게 머금고 내뱉는 것이 우리 인간 생활에 무엇을 뜻하는지 알아야 한다. 戊土가 癸水를 머금으면 말하는 재주와 글 쓰는 재주를 머금었고 丁火를 머금으면 기술을 머금었다. 기술이란 재주를 머금었다. 사주에 있으면 그렇게 타고난 것이고 運에서 이런 것을 만나면 그럴 기회를 얻는다고 한다.

戊土가 壬水를 머금으면 찬 기운을 머금어서 온화하게 한다. 세상에 물건이 돌아다니는 동향을 파악하고 물건의 유통경로나 동향을 파악한다. 戊土가 丙火를 머금었으면 세상 사람들의 동향을 파악한다.

戊土가 壬水를 머금으니 사람인가 물건인가?
戊土가 丙火를 머금으면 사람인가 물건인가 구분해야 한다.
戊土가 壬水와 丙火를 머금으면 癸水와 丁火는 머금지 않아도 된다.
사람을 알고 물건을 아는데 뭐 하러 재주를 또 만드나? 재주는 남이 부리면 된다. 己土가 癸水를 내뱉으면 지식을 내뱉었다. 정신적 상식이나, 지혜 등을 내뱉은 거니 말과 글재주를 내뱉었다.

己土가 丁火를 내뱉었으면 기술력을 내뱉었다.

己土가 癸水를 내뱉었으면 너 지금 무슨 생각을 하느냐고 하고

己土가 丁火를 내뱉었으면 옷매무새가 좀 풀렸네 하면 이것도 기술이다.

기술이라니까 모두 연장을 들었다고 생각하면 안 된다. 딱 보면 기술인지 지식인지 알아야 한다.

己土가 丁火를 내뱉으면 편집을 할 수 있고 조율도 할 수 있다. 己土가 癸水를 내뱉으면 작가를 할 수 있다. 己土가 壬水를 내뱉으면 물건을 내뱉었는데, 안 되는 걸 내뱉었으니 오히려 장사는 잘된다. 빨리하고 정리해야 하지만 장사는 잘된다. 경매부동산, 악의적 M&A, 어리숙한 사람이나 장애인들을 이용하면 된다. 그런데 속은 사람들만 속지 않았다고 생각한다.

물건을 내뱉었으면 사람으로 보이면 안 되고 사람이 물건으로 보여야 판다. 거기에 모든 재주를 부려서 물건을 홍수 나듯이 풀어서 판다는 뜻이지만, 좀 있으면 넘쳐서 가뭄이 든다. 그래서 오래 하지는 못한다.

己土가 丙火를 내뱉으면 丙火는 기르고 가꾸는데, 해가 떠서 다 죽었으니 미완성 상품을 팔면 된다. 丙火는 사람을 팔고 인력을 파니, 공연장과 같고 매니지먼트와 같다. 己土 壬水는 시장에 물건을 내다 팔지만, 己土 丙火가 있으면 사람 장사를 할 수 있다. 사람 장사라면 낯선 용어인데 인력만을 사용하는 직업이 다 사람 장사. 병원은 기술 장사, 변호사는 사람 장사에 속한다. 도필(刀筆)이니 사람 장사다. 회사에

가면 인사과가 있는데 사람 정리를 하는 곳이다. 구매과와 인사과가 다르다. 丙火냐, 壬水냐에 따라 다르다.

　戊土 己土의 기운만을 자꾸 읽는다. 별도로 壬水 丙火의 기운만 자꾸 읽지 말고 戊土에 들어갔다 나오는 순간 변해서 바뀐다고 생각하고 여기에 木金을 넣었으니 春夏秋冬으로 바뀐다고 생각하고 甲乙庚辛, 甲乙은 붙어야 하고 庚辛은 떨어져야 하는데 乙과 辛이 간혹 가다 만난다. 머리카락은 머리에 붙어 있어야 하나 떨어져야 하나? 떨어져야 한다. 그럼 酉의 金이 가서 卯의 木을 딱 치면 머리카락 뿌리가 떨어진 것이니 대머리가 된다. 天干의 辛金이 가서 乙木을 치면 헤어디자이너가 된다. 天干에서 깎느냐, 뿌리에서 뽑느냐가 다르다. 그러니 하늘의 기운과 땅의 기운이 아닌 인간 대 인간의 기운이 만나는 것이 있다. 봄에 잘 자라는 乙木을 辛金이 가서 잘라 내면, 사람으로 말하면 카바레 영업부장이 된다.

　乙木이 딱 떨어지니 남편은 사우디 돈 벌러 가고 아내는 카바레 간다. 여자가 유혹되면 영업부장은 제비가 된다. 이별을 권장하고 이간질하는 직업이 있다. 붙어 있는 걸 붙지 못하게 부모 자식 사이를 이간질하는 직업이 있다. 대남 방송, 대북 방송은 이런 것에 속한다. 회유에 속한다. 이간질 정책이라 한다. 좋게 말하면 선교 활동이나 포교 활동, 유치한다고 한다. 현수막 붙이고 광고지 나누어 주면서 유치한다. VVIP, VIP를 유치하다 안 되니까 V를 하나 더 붙여서 한다. 이런 게 유치작전이다.

옆집이 장사가 잘되는데 어떻게든 골려 먹으려면 방법이 있어야 한다. 온갖 방해를 해야 한다. 모든 지혜는 오행의 속삭임에 들어 있다고 했다. 그러나 이건 運으로 되는 게 아니고 자기가 그 꾀를 만들어 내야 한다. 그러나 天干의 辛金과 乙木은, 乙木을 유혹해서 남편을 버리고 제비에게 충성을 다하도록 정신을 잡는다. 地支에서 하면 정신을 잡는 게 아니라 몸을 잡는다. 인질과 납치이다. 몸으로 유혹하는 것도 무섭다. 干支가 상통해서 만나는데 몸과 정신을 다 버리고 따라온다. 연예인들을 따라다니는 광팬, 박사모, 대깨문, 이런 용어들은 地支의 酉나 辛金이 있어야 불나방처럼 광팬이 되어 따라다닌다. 이런 모양들도 다 출산의 기운에 의해서 나타나게 된다.

출산이란 '내가 태어나서 어떻게 산다'인데 태어나서 내가 내 업적을 더 만들 수가 있다. 태어난 대로 그대로 사는 게 아니라 내가 업적을 남기는 것을 出産이라 한다. 氣化해서 만물을 내니, 그 만물이 다시 出産을 해서 더 큰 업적을 만드는 모양인데, 이걸 설명하면 아주 간단하다.

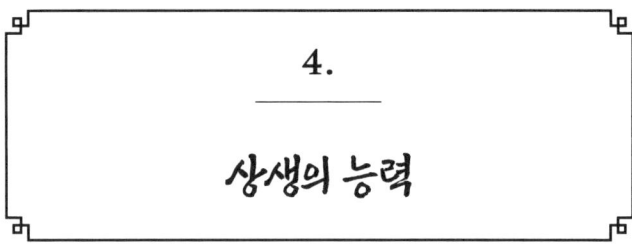

4.
상생의 능력

상생상극이 1, 2, 3, 4로 구성되어 있다.

■ 상생상극(相生相剋)

서론 1)

　상생과 상극의 문맥을 논했다. 기질(氣質) 중에서 四時(사계절)의 기운을 표시하는 방합(方合)을 기후라 이름하였으며, 四時마다 用으로 쓰이는 삼합(三合)을 有用이라 이름하였다. 설명하고자 하는 중요 내용은 기후를 얻음과 用을 얻음이 각기 다른 역할수행을 한다는 의미다. 기후란 시간적 표시를 방합이라 이름을 바꿨다. 자신이 직접 쓰는 것은 삼합인데 이를 有用이라 하였다. 이 내용으로 상생상극을 관찰하고 통변은 임상을 이루고 나서 하기로 한다.

서론 2)

　四時(사계절)를 순환하는 상생상극의 과정을 논했다. 열거 방법은 四

時마다 상생의 논리를 설명하였고 상생의 시초(始初)마다 상극이 개입되어 변화를 주도하는 모습을 담았다. 水生木, 木生火, 火生土, 土生金, 金生水 후 土剋水, 水生木의 순환을 설명하였다. 이런 학습방식을 통해 상생상극에 대한 전체를 보는 시각을 만들기 바란다. 상생을 이끄는 대표적인 것은 木生火와 金生水다. 봄, 여름이 木生火, 가을, 겨울이 金生水다.

그럼 사람의 행동을 볼 때는 木生火부터 하고 그 사람의 생각부터 볼 때는 金生水부터 한다. 金生水는 土剋水 水生木으로 이어져서 木生火로 되고 木生火는 火生土 土生金으로 변화되어서 金生水가 된다. 그 全 과정을 설명했는데 상생 20개를 모두 담았는데 전체를 보는 시각을 가져야 한다. 水生木 木生火는 木生火를 하려고 水生木을 한다. 그럼 土生金은 金生水를 하려고 土生金을 한다. 木生火라는 사회생활을 하려고 水生木으로 공부를 하고 金生水로 자기 가치를 팔기 위해 土生金으로 가치를 높인다. 이런 전체를 보는 시각을 길러야 하다.

서론 3)

상생상극의 가치를 논했다. 수원(水源)이란 金生水를 통해서 정신과 지식 문명이 이루어 놓은 사회체제를 이어 감과, 인화(引火)라는 물질과 과학문명을 통해 발전시킨 관계를 설명하고 있다. 이런 이어감이 지속적인 발전을 거듭하기 위해서는 단련(鍛鍊)이란 인본주의에 입각한 자기 상승과, 제련(製鍊)이란 과학기술에 입각한 선진화된 능력을 설명한다. 그리고 방만과 불필요를 제거하여, 유효적절하고 실용적인 방법으로 자기의 능력을 전문화시키는 벽갑(劈甲)과 절지(折枝)를 설명하고 있다. 이는 상생상극의 능력을 〈서론 1〉에서 공부하고 상생상극 전체를 평생 주기로 잡아서 논하고 〈서론 3〉에서는 가치가 높나 낮나, 가치를 높이고 낮추는 방법을 세 가지로 설명해 놓았다. 따로 2개씩 6개로 가치의 높낮이를 공부해야 한다.

서론 4)

팔품(八稟)의 질서에 당령(當令)한 甲乙丙丁 戊己 庚辛壬癸를 기준으로 희기신(喜忌神)의 상생상극을 논하였다. 이런 喜忌神의 상생상극은 자연의 변화에 맞추어 살아가는 사람의 실제적 생활사이다. 이에 맞는 학습을 위해서는 서론 1, 2, 3의 生剋의 가치를 먼저 익혀야 한다.

八稟에서 當令한 8개의 天干을 월령용신(月令用神)이라 하고 일진(日辰)이 머무는 자리를 사령용신(司令用神)이라 부르는데, 이 月令用神을 중심으로 한 喜忌神의 상생상극을 통하여 사람의 실생활에 어떠한 방법으로 쓰이는가를 연구한 내용이다. 직업 활동을 위주로 설명하고 있으며, 간혹 보이는 글 중에서 책임과 의무 중에 사람의 기준을 나타내는 단어들은 삶의 의지를 부여하고자 하니 외워 두기 바란다. 喜忌神은 자기가 하는 행위다. 내가 어떤 행위를 하고 있다는 것을 찾아내는 것이다. 서론 1, 2, 3이 끝난 다음에 결정하는 것이다.

명리를 하기 위해

八棄	子丑	寅卯	卯辰	巳午	午未	申酉	酉戌	亥子
月令用神	癸	甲	乙	丙	丁	己庚	辛	壬
用神能력	정신	지식	사람 적용	조직 운영	기술	개발	상품 운용	경영 능력
喜神 배합	己辛癸甲丙	庚癸乙丙戊庚		乙丁己庚壬		甲丁戊辛壬甲		
忌神	戊庚壬乙丁	辛壬甲丁己辛		甲丙戊辛癸		乙丙己庚癸乙		
	水生木	木生火		火生土 土生金		金生水		

用神인 癸 甲 乙 丙 丁 庚 辛 壬 癸 8개의 月令用神을 배웠다.
癸水는 정신, 甲木은 지식, 乙木은 사람 적용, 丙火는 조직 운영,
丁火는 기술, 庚金은 개발, 辛金은 개발되어 나온 상품 운영능력,
壬水는 기업을 경영하는 능력이다.
癸甲 상생을 水生木, 乙丙은 木生火다.
丁庚은 합쳐서 火生金이라 했고 辛壬은 金生水다.

두 번째 상생에서 입하에서 입추를 넘어가는 부분을 火生土 土生金으로 설명하고 있다. 그리고 水에서 木으로 넘어가는 과정은 土剋水 水生木으로 설명했다. 火生土 土生金을 火土同根이나 金火交易이라 했고 土水合一은 山澤通氣란 주역 용어로 설명했다.

이와 같은 내용을 통변하는데 水生木을 자기계발이라 했고 火生土 土

4. 상생의 능력 65

生金은 가치개발이다. 자기계발을 했으면 활용해야 하니 木生火로 사회에 나를 적용(운영)시킨다. 火生土 土生金에서 가치개발을 했으면 金生水로 가치를 운용시킨다. 이것이 통변 내용이다.

그다음에 喜神이 붙는다. 己辛癸甲丙이 喜神인데 여기에 해당하고 있는 글자가 있으면 喜神역할을 한다. 그리고 忌神이 붙는다. 戊庚壬乙丁은 己辛癸甲丙의 忌神이다. 남을 이기기 위해서 하는 자기 기술이다. 喜神은 나를 이기기 위해서 세상에 적합한 인물이 되기 위해 하는 짓이고 忌神은 남을 이기기 위해서 하는 짓이다. 그러니 '喜神은 성공률이 희박하고 忌神은 이길 확률이 희박하다'라는 마음으로 공부하면 된다. 이런 마인드가 중요하니 어떻게 이런 마인드를 먹을까가 중요하다.

상생상극은 癸甲, 乙丙, 丁己庚, 辛壬이 상생의 네 가지 틀이다.
그러니 水生木 木生火 火生土 土生金 金生水로 되어 있다.
그리고 木生火를 하기 위해서 水生木을 하는 것이고
金生水를 하기 위해서 火生土 土生金(火生金)을 하는 것이다.
내가 사회에 적합해야 하니, 나는 능력을 만들고(水生木 木生火), 가치를 운용하기 위해서 새로운 가치를 더 만드는 것이다.(火生金 金生水)
* 火生土 土生金 = 火剋金 혹은 火生金이라 한다.

그럼 상생상극이 잘 되나 안 되나, 실제 하나 안 하나를 배워야 한다. 癸水를 배웠는데 癸水가 甲木을 생하는 걸 통변하면 정신으로 지식을 만든다. 이를 水生木이라 한다. 水生木이 되면 자기 실력이 개발된다. 그런데 癸水가 있어도 甲木을 상생하지 않을 수가 있다. 그럼 자기계발을 하지 않는다. 그럼 남이 개발해 놓은 걸 가져다 써야 한다. 이런 반대적 의미를 잘 알아야 한다. 반대적 의미를 해석하지 못하면 고객을 억울하게 만들 우려가 있다. '힘들게 자기계발을 왜 해? 남이 개발해 놓은 걸 가져다 쓰면 되지' 하면 된다. 그러니 지식인을 채용하거나 데려다 쓰면 된다. 교육행정, 각종 사무, 경영지원 등에 필요한 사람을 데려온다. 자기계발을 한 사람들이 수두룩하다. 자질개발을 한 사람은 자기가 개발한 능력을 남을 위해 쓴다.

사무실이나 공장을 운영하는데, 자기가 없어도 잘 돌아가는 사람이 있고 자기가 꼭 있어야 돌아가는 사람이 있다. 의사는 자기가 꼭 있어야 돌아가니 불쌍한 사람이다. 원인은 자기계발을 했기 때문이다. 자기계발을 하지 않았으면 남을 채용하거나 데려다 쓰면 된다. 여자들도 자기계발을 했으면 계발한 것을 써야 한다. 그럼 '남편 대신 가장 역할 하다'인데 만약 자기계발을 하지 않았으면 주부다. 그러니 어느 것이 좋다, 나쁘다는 용어를 쓰면 안 된다.

辛金은 상품을 운영하는 것이고 庚金은 상품을 개발하는 것이고
乙木은 사람을 거느리는 것이고 甲木은 지식을 계발하는 것이고
戊己土는 用神이 아니다. 8개 당령(當令)만 월령用神이다.

상생상극 능력을 검사해 본다. 기준은 月슈이니, 상생상극 능력은 月슈에 있다.
① 月슈用神은 환경이 기준이다.
② 司슈用神은 자기 임무가 기준이다. 임무가 중요해 보이지만 사실

은 환경이 더 중요하다. 99.9%가 月支다. 환경을 무시하고 자기가 하고 싶은 대로 열심히 노력한다고 자기가 원하는 성공을 얻을 수 있을 것 같지만, 결국은 환경에 맞춰야 한다. 그러니 月令用神 8개(癸 甲 乙 丙 丁 庚 辛 壬)에 맞추어야 한다. 거기에 상생상극 능력을 넣는다.

③ 六神에 의거한다. 그동안 다른 곳에서 배운 六神을 버리지 않으면 공부가 안 된다. 일간을 生하는 건 내가 쓸 것을 준비하는 능력이다. 일간이 生하는 건 준비한 것을 활용하는 능력이다. 일간을 剋하는 건 남이 나를 쓰는 행위이고 일간이 剋하는 건 내가 남을 쓰는 행위이고 일간과 같은 同氣오행은 경험으로 새롭게 준비한 능력이다. 식신이니 상관이니 이런 말은 몰라도 된다.

임상방법은 사주를 볼 때는 무슨 일간이 몇 月인지만 알면 된다. 丙火가 午月 하지(夏至) 이후라면

① 月令用神은 丁火이니 기술환경이니 예체능, 과학기술 등이다.

② 司令用神은 丁火라면 그럼 주변은 기술력을 기반한 환경에 살고 이 사람은 기술자가 되어야 한다. 그것으로 제품을 개발해야 한다. 그럼 丁火가 木生火를 받거나, 火生土 土生金을 해야 하는데 이 丁火가 木生火를 받고 있나, 火剋金을 하고 있나, 아니면 둘 다를 하느냐다. 巳午未를 얻었으면 木生火를 하는 것이고 寅午戌을 얻었으면 火剋金을 한다. 그럼 午를 기준으로 巳午未를 얻었으면 木生火를 해야 하고 寅午戌을 얻었으면 火剋金을 해야 한다. 둘 다 얻었으면 둘 다 해야 한다. 그럼 둘 다를 얻으면 좋은 것이 아니라, 그럼 둘 다를 하지 않으면 임무를 하지 않는 사람이다. 午月에 태어나서 巳午未면 木生火를 해야 한다. 寅午戌을 얻었으면 火剋金도 해야 한다. 그럼 木生火의 뜻을 알면 되는

데, 午月이니 木이 木生火 하는 게 아니라 火가 木生火를 받는 것이다.

木이 火를 生하는 것은 개발한 지식을 활용하여 사람에게 써야 하는데 火가 木生火를 하는 것은 丁火가 기준이니 기술이다. 그럼 木을 써야 하니 甲木을 쓰면 지식을 쓰고 乙木을 쓰면 경험을 했으니 경험자를 쓴다. 그러니 기술을 발휘해서 무얼 하려면 먼저 사람을 쓸 줄 알아야 한다. 그리고 나서 火剋金을 해야 하니 金을 제련해야 한다. 그럼 그 능력을 통해 가치를 개발하는 것이다.

그런데 寅午戌로 구성이 되었다면 火剋金을 해야 하는데, 午月이니 방합과 삼합을 둘 다 해야 한다. 만약 巳午未가 없으면 사람을 쓸 줄 모르니, 기술로 개발만 해야 한다. 그런데 甲木이나 乙木이 運에서 왔으면 사람을 써 본 경험이 없으니 쓸 줄을 모른다. 그럼 대인관계나 인맥 관계가 부족함이 드러난다. 그러니 사람 옆에 사람이 있는 불편해진다. 그러면 사람이 불편해서 사람과 어울리지 못하는 運에 온 것이다. 원래 子午卯酉가 있으면 항상 두 가지를 다 해야 한다. 사람이 옆에 있는데 사람이 불편해서 어울리지 못하면 아무것도 하지 못하게 된다. 그러니 子午卯酉는 둘 다 해야 한다.

巳午未는 방합이니 계절을 얻은 것인데, 그럼 巳午未를 기후라고도 하고 시간의 경과라고도 한다. 寅卯辰 巳午未 申酉戌 亥子丑이란 마치 호봉제 직원들은 때가 되면 저절로 호봉이 오르듯이 시간이 지나면 해결되는 구조다. 그러나 삼합은 用이니 자신이 직접 계발해야 한다. 그러니 寅卯辰의 寅과, 寅午戌의 寅을 타고났다면 寅午戌의 寅은 '당신이

해야 할 일'이고 寅卯辰의 寅은 '제발 건들지 말고 놔두세요' 해야 한다. 만약 자식이 寅卯辰으로 되었으면 그냥 놔두어야 한다. 寅午戌이면 권유를 하거나 독촉을 하거나, 상호소통 교환을 해야 한다.

　방합은 시간이 가면 해결이 된다. 삼합은 지금 즉시 움직이고 노력하거나 행동하지 않으면 이루어지지 않는다. 그럼 寅午戌은 노력해서 일구어야 하는 스타일이다. 방합은 참고 인내하면 된다. 방합은 내일 할 일을 오늘 하면 안 된다. '그냥 두면 되는데 왜 하느냐'이다. 삼합은 빨리 빨리 처리해야 할 일들이다. 그러니 해야 할 일이 있고 놔두어야 할 일이 있다. 子午卯酉月은 삼합과 방합이 교차를 하니 둘 다 해야 한다. 甲乙木이 사주에 없으면 사람 쓰는 일을 잘 하지 않으니 사람을 쓸 줄 모르는 사람이 된다.

　木이 없으면 金은 있게 된다. 庚金이 있으면 가치가 개발된 제품과 같으니 숙달된 능력을 갖춘 사람이다. 사람에게 그런 말을 하면 안 되고 숙달된 전문가라고 해야 한다. 그런데 대인관계를 잘하지 않아서 원만한 운영을 하지 못한다.

　사주에 木이 없는 사람에게 木 運이 오면 문제를 일으키게 된다. 해결되지 않은 미진한 문제가 있는데, 작년에 그 문제가 해결되지 않았으면 올해 運이 와도 쓰지 못하니 시간만 가게 된다. 방합은 시간만 가면 해결이 되지만 삼합이면 시간만 간다고 해결되지 않는다. 방합은 하루만 더 기다리면 되는데 하루를 참지 못해 문제를 일으키면 만사 무효가 된다. 삼합은 자기가 직접 해야 하는데, 시간이 지나면 되는 줄 알고 하루를 넘겨 버리면 시간 초과에 걸리니 이것도 무효가 된다.

 시간을 기다려야 하는 사람이 있고 시간을 기다려도 해결이 안 되는 사람이 있는데, 이는 일간을 봐야 한다. 중요도가 1%도 안 되는 것 때문에 중요한 99%를 망쳐 버릴 수도 있으니 일간의 인품을 봐야 한다. 1초도 안 되는 짧은 순간에 전체를 망치는 방법이 있다. 상생이란 귀중한 인간관계를 1초 만에 딱 뭉개 버리는 사람이 있다. 말 한마디로 순식간에 물거품을 만들어 버린다. 그런 걸 봐야 한다.

 月令用神과 司令用神을 통해서 상생과 상극 어느 쪽이냐를 봐야 한다. 삼합을 有用이라 하고 방합을 기후(氣候)라고 하면 된다. 삼합이란 때가 간다고 되는 것이 아니라 일머리를 알아서 처리할 줄 알아야 한다. 삼합에게 때라는 건 일머리의 순서의 때다.

 방합은 때가 중요하니, 시간이 되면 해결된다. 어차피 방합은 자기가 할 일이 아닌지도 모른다. 그러나 자기가 할 일이 아닌 건 없다. 방합이 가장 중요한 것은 인내다. 들은 체 만 체 하고 관여하지 말아야 한다. 그런데 그것이 가장 힘들다. 방합이 있으면 그게 잘 안 된다. 子午卯酉가 한 글자만 있으면 자기가 할 일이라 생각하고 일머리도 모르면서 성질로 뛰어들게 된다.

 사주에 木이 없으면 木生火가 안 되는 것이 아니라 하지 않은 거다. 午月이면 木生火가 안 되는 건 아니다. 木이 없으면 본인이 木生火를 안 한 것이다. 寅午戌로 되어 있어야 火剋金이 된다. 해야 하는데 안 하는 것과, 있는데 못 하는 건 다르다. 대인관계를 안 한 것과, 만나는 사람마다 모두 원수를 만들고 다닌 건 다른 문제다. 이런 사람이 돈 받을 게 있으면, 얄미워서 있어도 안 준다. 火剋金이 되었으면 열심히 일은 했지만, 木이 없으면 대인관계가 안 되었으니 돈은 못 받았다.

午月인데 寅午戌이 있으면 火剋金이란 자질은 가지고 있는데, 사주에 庚金이 없으면 자기가 일을 하지 않았다. 그러나 巳午未란 火가 있는데, 庚金이 없으면 일거리를 만나지 못한 것이다.

戌月의 戊土라면
月令用神은 하늘에서 나에게 辛金이란 환경을 주었다.
司令用神은 나에게 무엇을 하라는 임무를 주었다.
그럼 상품을 잘 운영할 줄 알아야 한다.
庚金은 개발을 해야 하니, 제작기술을 가져야 하고
辛金은 상품을 운영할 줄 알아야 한다.
그러니 사람도 상품처럼 값어치가 있는 사람이 되어야 하고
물건도 가치가 있는 상품을 취급해야 한다.

커피 열매는 제품이다. 커피가 나와야 최종 상품이라 한다. 그럼 戌月생이 상품 운용을 가장 못할 수도 있다. 이런 반대말을 써야 한다. 자기가 타고난 걸 제일 잘 못할 수 있다. 그리고 戌月생이면 사람을 볼때는 그 사람의 가치를 봐야지 왜 사람의 성품을 보느냐이다. 만약 군대 연대장이라면 싸움 잘하는 사람을 봐야지 인품이 좋은 사람을 보면 안 된다. 그러니 반대말을 알아야 한다. 辛金의 정반대는 乙木이니 사

람을 보는 것이다. 이런 내용을 알아야 한다. '사람을 보는 버릇을 고쳐야 합니다' 하고 정반대 말로 하면 잘 맞는다는 소리를 들을 수 있다. 왜냐하면 사람들은 자기가 타고난 일이나, 해야 할 일은 하지 않고 남이 해야 할 일을 한다. 그 누구도 예외로 빠져나갈 수가 없다. 만 명 중에 하나 정도만 똑바로 산다. 戌月생은 사람을 볼 때는 그 사람의 가치를 봐야지, 그 사람의 성품이 어떤지는 볼 필요가 없다.

戌月에 戊土가 司令이라면 辛金이란 상품을 운용하는데, 내가 할 일은 그들에게 어떤 상품이 필요한지 조사해서 그들을 인도하는 일이다. 이런 상품이 있으니, 그 상품의 쓰임을 조사해 주어야 한다. 그 사람의 능력을 알고 그 사람의 가치가 세상에 나가 쓰일 수 있도록 해 줘야 하니 전달해 주어야 할 의무가 있다.

그렇지 않으면 망한 상품들이 재고로 남아 있으니, 戊土가 하는 일은 壬水를 부는 것이니 세상에 나가서 이 상품이 어떻게 쓰이는지 인도자가 되어야 한다. 그럼 먼저 用神에 맞춰서 壬水를 가져다 쓰면, 辛金이 하는 일이 金生水를 해야 하니, 辛壬하는 金生水가 있고 辛癸를 하는 金生水가 있다. 辛癸는 水生木을 하는 水를 水源하는 것이고 壬水는 상품을 전달하는 역할이다. 그럼 申酉戌에 根을 하면 壬水를 生하는데, 시간이 가면 金生水가 저절로 해결된다. 때가 되면 나의 상품 가치를 세상에 알리는 일이 생긴다. 그럼 시간만 가도록 가만히 있으면 안 되고 열심히 노력해야 한다.

그런데 사주에 壬水가 없으면 때가 오면 자기 가치가 잘 알려지도록 노력하지 않았다. 그럼 시간이 도착하면 힘겨움을 맞이하게 된다. 그럼 申酉戌이 온다고 해도, 그때까지 오도록 아무 노력도 하지 않았다. 나이에 맞추어서, 자기 지위에 맞추어서, 그와 같은 행위를 하지 않았기 때문에 지적을 당하게 된다.

寅午戌을 얻었다면, 申酉戌은 金이지만, 寅午戌의 火剋金은 단련(鍛鍊)과 제련(製鍊)인데 木을 취하기 위해서다. 그런데 戌의 방합은 申酉戌, 삼합은 寅午戌이니 戌중 金이란 끼가 있는데 이것이 어떻게 움직이는지 가늠을 해야 한다. 戌은 子午卯酉처럼 양쪽을 할 수 없고 합을 둘 다 얻었으면 둘 다 하지만, 하나밖에 할 수 없다. 寅午戌은 火剋金을 하니, 金生水로 癸水를 生할 수가 있는 것이다.

申酉戌은 나를 세상에 맞추어야 한다. 그럼 壬水로 내 능력을 사갈 사람을 기다려야 한다. 방합이니 억지로 되는 게 아니라 시간이 되어야 한다. 그런데 壬水가 없으면 내 능력을 세상에 맞추려고 노력하지 않았다. 그리고 申酉戌 運이 오면 나는 세상에 맞출 노력은 안 했고 金生水 할 능력은 생겼다. 능력은 생겼고 내 능력을 사 줄 곳은 없는 운이다. 그럼 내 능력을 60%만 인정해 주는 곳으로 가면 된다. 100% 팔 수는 없기 때문이다. 누구나 내 능력을 다 인정받고 싶어 하지만 되지는 않는다.

庚辛金은 巳酉丑이 되면 金生水로 癸水를 生한다. 그런데 寅午戌은 火이니, 火剋金을 하려면 木生火가 되어야 한다.

삼합과 방합이 만난 것은 會合이라 한다. 그럼 방합과 삼합이 결합되면 會合의 능력이다. 會合해서 둘 다 응용하려면 子午卯酉가 있어야 한다. 月令기준 子午卯酉를 얻으면 삼합과 방합을 다 운영해야 한다. 子午卯酉 月令에 태어났는데 삼합과 방합 중에 하나라도 활용하지 않으면 소홀히 한 사람이고 책임을 다하지 않은 사람이고 의무를 다하지 않은 사람이다.

子月 壬水에 났다면 亥子丑으로 태어난 것이고 申辰이 없으면 삼합으로는 태어나지 않았다. 그럼 子란 會合의 우두머리니 다 갖추어야 한다. 申子辰 중 申子로 水生木이 되는 癸甲을 이끌든지, 子辰으로 癸乙을 하든지 해야 한다. 그런데 申과 辰을 얻지 못했으면 甲乙木을 키우는 의무를 소홀히 한 사람이다. 子午卯酉는 자기 권리를 주장하면 안 된다. 잘해도 칭찬은 받을 수가 없지만, 잘못하면 감옥을 간다. 수옥살이라 한다. 그러니 욕을 먹는 사람은 모두 子午卯酉 月令이고 욕을 하는 사람은 寅申巳亥 月令이고 모르는 척하고 치부책에 적어 놓고 보관하고 있는 건 辰戌丑未 月令이다. 권리를 주장하는 사람은 寅申巳亥 月令이다. 자기에게 권리가 있다고 생각한다.

지금 상생상극에 대한 능력 검사를 하는 중이다. 亥子丑 中 亥子로 되었냐, 子丑으로 되었느냐에 따라 다른데, 亥子로 되었으면 庚金이 壬水를 生하고 子丑으로 되었으면 辛金으로 壬水를 生한다. 그런데 사주에 木도 없고 巳酉丑도 없으면 癸水를 生하지 않는다. 그럼 자라나는 사람들에게 도움을 주지 않는다. 자기 성장을 위해 노력하는 사람이나 자기 능력을 세상에 알리고자 하는 사람에게 도움을 주진 않는다. 능력향상이나 제품개발을 하고자 하는 사람에게 도움을 주지 않는다. 제품개발이나 능력향상에는 관심이 없다. 능력이 있고 없고는 관심이 없고 '능력을 잘 팔아 먹나 못 팔아 먹나'에만 관심이 있다.

그런데 어느 날 甲木이 運에 오면 사람들에게 능력을 주라는 運이다. 그럼 자기 능력을 만들고 싶은 사람이나, 자기 능력을 쓰고 싶은 사람에게 주어야 하는데, 한 번도 능력을 줘 보지 않았는데 준다는 건 말이 안 된다. 그럼 내가 능력을 준다는 게 아니라 능력을 달라는 사람이 온 것이다. 그럼 능력을 줄지 안 줄지는 내가 결정해야 하는데, 그건 일간이 삼합이기 때문이다. 삼합은 자기가 결정해야 하고 방합은 때가 되어야 한다. 그럼 그런 運이 올 때마다 줄 건지 말 건지 갈등해야 한다.

壬水로 태어나면 상품을 운용해야 하니 이윤을 남기기 위한 자기 재능이나 최고의 상품 가치를 만들어야 한다. 그러나 亥子丑이면 실제가 그런 것이니 누가 와서 부탁한다 해도 자기 능력이나 가치를 전달하거나 전수해 주지 않는다. 運에서 전수하라고 해도 하지 않는다.

子月생이면 전수를 해야 하는데 하지 않으니 욕을 먹는다. 만약 亥月이나 丑月이면 누가 요구하지도 않는다. 그런데 삼합인 用은 시간이 간다고 알 수 있는 게 아니라, 자기가 노력하지 않으면 안 된다. 木이 전혀 없으면 갈고 닦은 가치가 있어도 가져갈 사람이 없다. 그런데 甲乙木이 大運에서 온다고 해서 木生火를 하느냐이다. 丙火를 본 甲木은 水生木을 하고 亥卯未의 木은 木生火만 하지, 水生木은 하지 않는다. 자기 사주에 寅卯辰을 가지고 있어야 丙火로 가고자 할 때 水生木이 되는 것이다. 그러니 배우고자 하는 사람은 나타나지 않을 거란 생각을 한다.

그럼 子月이니 자기 가치를 넘기고자 하는 마음은 있을 수가 있다. 이는 木이 없으니 癸甲으로 전수하지 않고 그냥 넘기고자 해도 그것조차 안 된다. 그럼 申子辰이 오면 子가 水生木을 하고자 하는 마음이 있다면 그냥 누구를 지정하지 않고 아무나 가지라고 유튜브나 네이버 등을 통해 대중들에게 줘 버린다. 申子辰이란 물이 있으면 누가 가져갈 사람이 없으니 그냥 흘려보내는 것이다. 子月이면 金生水도 하고 水生木도 해야 하는데, 木이 없으니 할 곳도 없고 할 마음도 없는 것이다. 그런데 申辰이란 것이 오면 줄 마음이 있어도 받을 사람이 없다. 그러니 그냥 흘려보내는 것뿐이다. 만약 木이 하나만 있어도 지정을 해 주는 것이다. 木이 없으니 공유의 원칙을 지키지 않는 것이 없다.

子午卯酉는 삼합과 방합을 다 해야 한다. 子月인 경우 水生木을 할 마음이 있으려면 申子辰이 있어야 하고 水生木을 하려면 水生木을 받을 甲木이 있어야 한다. 둘 다 없으니 줄 마음도 없고 받을 사람도 없으니 그냥 흘려보낸다. 그냥 인연이 흘러갔을 뿐이다.

이 내용을 가지고 六神으로 넘어가야 한다.

癸水는 있고 甲木이 없으면 자질은 있는데 자질계발은 안 되었다. 亥子丑이 있으면 辛壬 金生水는 한다. 내가 상품인데 자질까지 개발해야 하느냐고 하면 안 된다. 상품 가치가 좋은 사람도 얼마든지 자질계발을 해도 된다. 癸甲을 하려면 배우기 위해 학교로 간다. 辛壬으로 팔아 보기만 했는데, 辛癸로 계발을 한다. 辛壬이 되었으니, 만약 辛金이 일간이면 비견과 상관인 壬水가 있다. 그럼 金生水는 잘 된다. 그럼 나머지는 가져다 붙이면 된다.

辛金일간이 生하는 것은 '내가 준비한 능력을 쓰다'다. 辛金비견은 일간과 동기(同氣)이니 경험을 통하여 새롭게 갖춘 능력이다. 그럼 경험을 능력화해야 한다. 타고난 능력뿐만 아니라 경험을 능력화해서 쓰다. 그러나 甲木이 없으니 水生木은 되지 않으니 자기계발은 하지 못했다. 그런데 木도 없고 申子辰도 없었는데 木運이 와서 자기계발을 한다고 하면 사람들은 딴짓하러 간다고 하는 것이다. 그러니 이 사람의 자질계발은 딴짓이 된다. 그럼 자질계발을 드러내지 말고 해야 한다. 이런 걸 숨겨야 하는 사주가 있고 자랑스럽게 말하는 사주가 있다. 원래 사주에 없는 걸 하면 주위에 인정받지 못하니 숨기고 한다.

乙丙과 辛壬은 내가 아는 걸 내놓는 것이 아니라 고객이 원하는 걸 내놔야 한다. 자기가 좋다고 아무거나 내놓으면 안 된다. 火가 巳午未에 있으면 木生火하는 능력이 있고 寅午戌이 있으면 火剋金하는 능력이 있다. 午가 있으면 둘 다 해야 한다. 그럼 실제로 하느냐 하지 않느냐는 삼합을 만나느냐, 방합을 만나느냐에 따라 실제 하느냐 하지 않느냐가 다르다.

癸水가 木을 生하려면 申子辰, 木이 癸水의 生을 받으려면 寅卯辰이다. 子丑月에 태어나면 癸水다. 그럼 申子辰이 되어야 水生木을 한다. 水源을 하려면 巳酉丑을 가지고 있어야 한다. 그냥 天干 庚金만 있으면

水源을 하지 않는다. 巳酉丑이 있느냐 없느냐에 따라 능력이 다르다. 능력의 차이는 자영업자 사장과 대기업 사장 정도 차이라고 보면 된다. 이들이 오너로 사장이 되는데 10년이 채 걸리지 않는다. 카카오 사장이 그 자리까지 오르는 데 얼마나 걸렸을까? 아무리 넉넉하게 따져 봐도 2000년 이후다. 巳午未를 가졌으면 木生火가 된 것이다.

亥子丑에 壬水가 司令이면, 壬水를 기준으로 봐야 한다. 그럼 壬水가 申子辰 했나, 亥子丑했나 보고 申子辰을 했으면 木을 생하는 水生木이니 癸水로 본다. 亥子丑을 했으면 壬水이니 시간의 질서 속에 亥子丑이 할 일은 金生水다. 이것이 있고 없고 차이가 슈퍼마켓 사장과 카카오 사장만큼이나 엄청나다. 성공을 한 모든 사람은 상생이 1개나 2개밖에 없다. 火生土 土生金하는데, 金生水 水生木이 있으면 다 해야 하니 '너나 하라'라고 한다. 상생은 능력이 중요하니 완벽하게 하나만 해야 한다. 甲乙木이 寅卯辰하면 丙火를 生하고 亥卯未하면 丁火를 生한다. 寅卯辰하면 丙火를 生하니 水生木도 된다. 木의 성장을 보는 것이다.

亥卯未하면 丁火를 生하니 이는 火剋金을 하기 위한 목적이다. 거기에 丙丁火가 있는데, 巳午未가 있으면 木生火 한다. 그럼 木生火를 하니 火剋金이 아니라, 火生土 土生金을 하게 된다. 木生火된 것의 가치를 높이러 가기 때문이다. 그러나 丙丁火가 寅午戌이면 火剋金을 한다는 뜻이다. 그럼 木生火를 發生으로 받는 게 아니라, 引火로 받아야 한다. 火剋金에 필요해서 木生火 하기 때문이다.

庚辛金은 申酉戌하면 壬水로 金生水가 된다. 그럼 상품 가치를 세상에 알리는 행위이니 金剋木도 되어야 한다. 상품을 가져다 팔려면, 金이 木을 잘라 와야 하니 金剋木을 한다는 의미다. 申酉戌 金이면 壬水를 生하니 상품을 팔아야 하니 木을 잘라야 파는 것이다. 金이 할 일은 木을 채취하는 거니 折枝를 해야 한다. 잘라왔으면 木장사, 나무장사다. 그러나 火剋金을 하고 木을 잘랐으면 木장사가 아니라 능력이나 기술을 판다.

亥子丑하면 金生水를 한다. 그럼 金生水 했으면 火를 다스려야 하니 水剋火를 해야 한다. 申子辰 水는 水生木을 하니 木生火를 해야 한다. 亥子丑 水로 태어났으면 金을 보호하기 위해서 水剋火를 한다는 뜻이다. 그럼 없어도 하는 게 있고 있어도 하지 않는 경우가 있다. 亥子丑에 태어나서 金生水를 해야 하는데, 완성된 金을 망치는 게 火剋金이다. 그럼 자동으로 水剋火를 해야 한다. 내 생활 권역의 상품 가치를 하락시키려고 하면 水剋火를 한다는 뜻이다. 그러니 亥子丑 水가 水剋火를 한다는 의미가 무엇인지 알아야 한다. 申子辰 水가 水剋火를 하는 것은 水生木으로 木을 키우려고 하는 행위다. 申子辰 水와 亥子丑 水가 무엇인지 알아야 한다.

木이 寅卯辰 했으면 丙火로 木生火해서 木을 生長시킨다. 그럼 수재(秀才)가 되어 등과(登科)한다는 뜻이다. 요즘 말로 국비 장학생이 된다는 의미다. 亥卯未가 되면 丁火를 生한다. 丁火를 生하는 이유는 火剋金이다. 寅卯辰해서 丙火를 生하는 이유는 水生木이다. 水가 없어도 된다. 水生木을 해야 수재가 되고 木生火가 되어야 등과를 한다. 이때 水가 있는데 亥子丑 水를 하고 있으면 없는 편이 더 낫다. 있어서 딴짓하기보다 차라리 없는 게 더 낫다.

巳午未하면 木을 生化한다는 뜻이다. 火生土 土生金을 하니 경험을 살려서 가치를 더 상승시키겠다는 의미다. 巳午未는 火生土 土生金으로 가는 것이다. 火剋金으로 직접 가면 안 된다.

火가 寅午戌 하면 火剋金을 하러 가니 제련(製鍊)과 단련(鍛鍊)이다. 이 火剋金은 木를 취하기 위해서 하는 것이다. 그럼 巳午未의 火는 木을 키우려 한다. 그럼 이걸 六神에 대입해 보자.

火일간으로 태어났는데 巳午未에 근을 했으면 木을 키워야 한다. 인성(印星)으로 木을 키웠으니 火生土 土生金까지 갔다. 그럼 식상생재까지 갔으니 재생관이 다 된다. 그럼 일반 사람이다. 그 아주 당연한 일반 사람이 왜 국장급이고 차관급이냐 하면 일반 사람이 그렇게 많지 않다는 뜻이다. 그렇다면 일반 사람이 학과과정을 일반적으로 때에 맞추어 겪었고 나이에 맞게 보편타당한 과정을 밟은 것이 왜 특별한 사람이 되어야 하느냐이다.

역학(易學)에서는 일반 사람에 지나지 않는다고 했는데 그들은 차관급이다. 역학에서는 '의식이 족하매'라고 쓰여 있다. 요즘 사람들은 얼마나 공부를 하지 않고 자기 시간을 내지 않고 자기 발전을 하지 않았으면 그런 일반 사람이 차관급이 되느냐이다. 그러니 보통 사람은 일반적이지 못한 사람이니 앞으로 일반적인 사람의 四柱는 차관급이라 하면 된다.

丙丁火일간이 寅午戌을 했다면 火剋金을 하려고 한다. 그럼 재성(財星)이다. 재성을 잘 달래서 木을 취하려고 한다. 丙火일간이 인성을 통해서

食傷生財로 가는 과정과, 丙火일간이 재성으로 바로 財剋印을 통해 인성으로 가는 財와 印의 과정이 다르다. 그것을 六神에 넣으면 된다.

그럼 상생 1, 2번을 이해하지 못하면 3, 4는 넘어가지 못한다. 만약 戊土 일간이면 첫째 壬水라는 재성이나 丙火라는 인성을 품어야 한다. 그럼 壬水란 재성을 품었나, 丙火란 인성을 품었느냐이다. 戊土가 丙火 인성을 품었으면 당연히 官을 내야 한다. 그럼 乙木 丙火 戊土 관인상생이다. 만약 戊土가 壬水를 품었다면 당연히 상관생재를 해야 한다. 그럼 상관을 원하느냐, 官을 원하느냐, 둘을 공유할 수는 없다. 그런데 丙火를 품고 壬水도 품었다면 內的으로 서로 갈등하고 싸우게 된다.

戊土일간이 壬水를 품으라니까 壬水는 못 품고 癸水를 품은 사람이 있다. 壬水를 품었으면 辛金을 내면 되는데, 癸水를 품었으니 甲木을 내야 한다. 그럼 財生殺을 하면 된다. 그런데 戊土가 癸水를 품었으면 甲木을 내지 않고 식신을 내게 되어 있다. 庚金이 有用之神이기 때문이다. 그럼 戊土가 癸水계절에 甲木이 아니라 庚金이다. 원래는 殺을 소중하게 여기고 殺을 가까이 대해야 하는데, 殺을 가장 멀리하게 되니 남편이 바뀐 게 아니고 자기가 바뀐 건데 남편이 바뀌었다고 말한다. 자기가 바뀌었으면서 남편이 변했다고 말하는 것이다.

戊土일간이 丙火를 품으라고 했는데 丁火를 품었다. 丙火를 품었으면 乙木 정관을 내니 乙丙戊로 관인상생 하면 된다. 그런데 丁火까지 품었으니 乙木을 내지 못하고 甲木을 내야 한다. 그럼 丁火가 하는 일은 庚金을 내야 하는데 정반대인 甲木을 내야 한다. 그럼 자식을 버리고 새로운 남자, 새로운 인연에게 행복을 찾아가는 모양이다. 여인이 행복하려고 자식을 버리는 모양이다. 결국 젊어서 그들이 하는 짓은 자기들이 다 가진 것처럼 말하지만, 나이를 먹어 보니 자기가 자기 조작을 해서 자기 합리화시킨 걸 정당하다고 주장하고 있다. 네가 너를 합리화한 건 너의 조작품일 뿐이지, 四柱의 삶은 아니다.

다시 金이 申酉戌 金이면 壬水를 生하는 상품으로 산다. 그러려면 木을 가져와야 하니 金剋木 벽갑(劈甲)을 한다고 되어 있다. 다시 庚辛金이 巳酉丑 金을 하면 癸水를 生하는 金生水니 木을 키우는 수원(水源)과 같다. 壬癸水는 亥子丑을 만나면 金生水를 한다. 그럼 金을 보호하기 위해서 水剋火를 하는데, 이런 사람은 조심해야 한다. 방어를 위해서 水剋火한다. 방어하는 사람은 내색 없이 인정받은 걸 지키기 위함이다.

壬癸水가 申子辰을 타고났으면 木을 生하는 水生木이다. 그럼 丙火를 위한 일을 한다. 그럼 亥子丑을 하는 水와, 申子辰을 만난 水가 火를 대하는 모습이 다르다. 水도 金을 보호하려고 水剋火하는 것과, 木을 보호하기 위해서 水剋火하는 모습이 다르다.

未月이면 用神이 丁火다. 언제 태어난 건 다음 단계다.
未는 巳午未와 亥卯未다. 그럼 巳午未는 木生火를 한다.
亥卯未는 引丁이다. 그럼 공부를 해야 한다.
丙火가 巳午未로 木生火로 하는 것은 지위로 가려 하고
丁火가 亥卯未로 木生火를 하는 것은 돈을 벌려고 한다.

가령 戊土일간이 未月이면 巳午未로 木生火가 된 것이라면 관인상생을 한다는 뜻이다. 그럼 未月이니 官보다는 印이 먼저이다. 乙丁이면 乙木 官에 丁火 인성이니 학원 강사 사주다. 巳午未는 引火이다. 未月은 丁火가 木의 生을 받는다. 인성에서 官이 필요하니, 자기가 필요해서 官을 이용한 것이다. 亥卯未로 되었으면 木生火를 해야 하는데 이는 引丁이다. 丁火를 생해야 한다. 그럼 木이 火를 生하니 官이 중심이다. 이건 乙木이 丁火를 生하는 것이니 官에게 필요한 印을 만드는 모양이다. 또 未月은 丁火이니 寅午戌을 한 사람은 火剋金을 하기 위함이다.

未月이 巳午未면 木이 引火를 받아야 한다. 月令은 月의 合만 맞추고 일간을 할 때는 일간의 合에 맞추면 된다. 未月은 子午卯酉가 아니므로 合된 것에 끌려가게 된다. 巳午未로 되었으면, 木을 引火하기 위해 끌려간다. 먼저 引火란 인성으로 경력을 쌓아서 사람을 써야 한다. 그럼 경력자를 쓰는 직업 분야로 가야 한다. 그리고 그걸 가지고 火剋金으로 가야 한다. 巳午未는 印星중심의 관인상생이다. 引火를 했으니 火生土 土生金을 하러 가야 한다. 火剋金으로 직접 가면 안 된다. 그럼 배우고 익힌 걸 갈무리한다는 뜻이니, 가치를 높이기 위해서 火生土 土生金으로 가야 한다. 그럼 인비식(印比食), 인아식(印我食)이 되면 프리랜서로 넘어간다. 未月생의 丁火이니 火剋金으로 바로 갈 확률이 높은데, 丁火가 戊土가 많으면 庚金이 아니라 甲木으로 바뀌게 된다.

'상생이 된다, 안 된다'는 구분을 하고 살아야 한다. 물론 상극도 마찬가지다. 亥子丑 水는 水剋火를 해서 金을 보호해야 하고 申酉戌 金은 金剋木으로 木을 취해야 한다. 巳午未 火는 火生土 土生金으로 가야지, 火

剋金을 하지 않는다. 寅午戌 火는 火剋金을 하는데 金剋木을 하기 위함이다. 그러니 제련(製鍊)과 단련(鍛鍊)은 寅午戌 火가 하는 거지, 巳午未 火가 할 수는 없다. 거기에 제련과 단련을 하면 신분 상승을 한다니까 丙丁火가 庚金만 보면 다 火剋金을 한다고 하면 안 된다. 丙火가 庚金을 제련하는 것과, 丁火가 辛金을 제련하는 것이 다 다르다. 아무거나 다 하는 게 아니다.

火가 합숙 훈련을 한다면 모두 火剋金이다. 훈련은 火剋金이다. 자율 학습은 土剋水 水生木이다. 그런데 巳午未로 된 사람에게 火剋金을 시키면 반드시 불평불만을 하게 되고 끝날 때 꼭 싸움도 일어난다. 火剋金을 할 줄 모르기 때문이다.

土剋水 水生木은 생각하는 학습이다. 자기 머리로 생각해서 창조하는 학습이다. 그런데 亥子丑의 水에게 창조를 하라고 하면, 3달 후에 金生水를 해야 하는데, 안 가르쳐 주었다고 한다. 그런 사람은 힘든 일을 시키면 힘들다고 한다. 그러나 申子辰으로 水生木을 한다면, 자기계발을 하는데 자율적으로 해 나간다. 끝난 다음에 그럼 고맙다고 인사를 한다. "선생님이 자세히 가르쳐 주셨지만 제가 깨닫지 못했습니다" 한다. 그들은 불만이 없다. 생각이 돌아갈 줄 아는 사람은 불만이 없다. 이 내용을 수십 가지로 활용해서 써먹을 내용이다. 그래서 임상하지 않고 함부로 말하지 말고 비워 두라고 했다. 이 차이가 얼마나 큰지 알아야 한다.

水는 辛壬으로 金生水밖에 할 수 없지만, 金은 癸水에서 木을 생할 수도 있고 金은 金生水 水生木을 할 줄 안다. 일간은 金生水 水生木을 하는데, 환경은 金生水밖에 안 한다면, 이 차이를 알아야 한다. 金일간이 巳酉丑을 했으면, 木을 生하는 水源을 할 수 있지만, 申酉戌 月令은 辛壬 金生水 외에 하지 않는다. 그러니 일간과 月令이 맞지 않는다. 月令은 나를 장사꾼으로밖에 취급하지 않고 나는 지식인이 되고자 노력을 한다. 생각이 맞지 않는다.

辛金일간이 亥子丑月이면 辛壬이다. 그럼 상품운용으로 모든 환경은 나를 상품으로만 취급하지만, 일간이 巳酉丑 삼합이면 하고 싶은 것은 水生木을 돕고 싶다. 그럼 주위에서는 나를 장사꾼 취급밖에 하지 않지만 일간은 水生木으로 지식의 삶을 살고 있다. 壬水가 환경에서 辛金을 상품으로 여기는 환경에서 타고났다. 일간은 巳酉丑으로 태어났으면 상품 취급을 받지 않고 나는 金生水 水生木으로 木을 生하는 것으로 살고 싶다. 그러나 그것이 용납되지 않는다. 일간의 의지가 月令을 넘어설 수 없기 때문이다. 그 누가 타고난 주어진 환경을 극복하고 걸어갈 수 있다고 생각하나?

그러니 상생의 능력이 어디에 있느냐이다. 일간이 추구하는 그 무엇이 있다고 해도 月令의 지배를 받을 뿐이지 月令에서 벗어나면 그 무엇도 성공할 수가 없다. 당신은 나를 상품으로 보는데, 나는 상품이 아니라 인품이 있는 사람이라고 아무리 말해도 주변에서 믿지 않는다. 지금은 상생능력의 능력을 보는 중이다.

戌月의 辛金도 壬水를 生했는지, 火剋金을 했는지, 金剋木을 했는지 따져 봐야 한다. 일간의 상생상극 능력으로 자신의 역량을 알아야 하고 月支의 상생상극 능력을 통해 환경에서 요구하는 자신의 역할을 알아야 한다.

■ 甲乙木

甲木은 寅卯辰 기후를 얻으면 丙火로 발생된다. 그리고 亥卯未를 얻으면 丁火로 인정(引丁)된다. 결국 甲木이 일간일 수도 있고 甲木이 寅卯辰에 있으면 木生火이고 丁火를 상생하는 것도 木生火는 같은데, 甲木이 丙火를 상생하는 건 水生木 木生火이다. 癸甲丙이다. 그리고 甲木이 亥卯未를 얻으면 丁火를 생하니 引丁이라 하는데 이는 재능을 살리는 것에 속한다. 재능이란 예체능, 기술, 금융, 상경까지가 모두 재능 분야에 속한다. 人文과 社會 이외에는 모두 甲丁이다. 예능인지, 과학 기술인지, 금융인지 구분해야 한다. 木生火 火剋金까지 甲丁辛, 乙丁庚, 甲丁은 辛이고 乙丁은 庚, 乙木이 引火하면 庚金을 제련하고 甲木이 引火하면 辛金을 제련한다.

癸水는 정신, 甲木은 지식, 乙木은 사람운용, 丙火는 조직운용, 丁火는 과학 기술, 庚金은 개발, 辛金은 상품운용, 壬水는 경영통상, 甲丁했으면 丁火가 기준이다. 그럼 과학 기술을 발휘해서 辛金을 만든다는 것은 말이 안 된다. 辛金은 만들어진 것인데 또 만든다는 건 말이 안 된다. 甲丁은 상품을 운용하는 기술이다. 그럼 공장이 아니라 백화점에 근무한다. 생산MD, 패션MD, 마케팅, 기획, 영업MD 등.

■ 丙丁火

丙火의 巳午未는 丙火가 木生火를 하니 발생(發生)이라 한다. 그런데 甲乙木이 寅卯辰에서 丙火를 生하는 木生火나, 丙丁火가 巳午未에서 하는 木生火가 다르다. 만약 甲乙木이 丙火를 生하면 지식을 통해 조직에 적합한 사람이 되지만, 丙火가 巳午未를 얻어서 甲乙木의 生을 받는다면, 조직을 운영하기 위해서 지식을 가지거나, 지식을 가진 사람들이 필요하다는 뜻이다. 그러니 丙丁火가 巳午未를 얻으면 木生火를 한다. 그럼 水生木이 필요하다. 그런데 甲木과 乙木의 寅卯辰을 얻었을 때는 木을 기준해서 水生木 木生火가 필요하고 火가 巳午未를 얻었을 때는 火를 기준해서 水生木 木生火가 필요하다.

丁火의 巳午未는 引火, 乙丁이니 이것은 금융이다. 春夏節의 亥卯未 引火는 예체능이다. 木을 기준해서 丁火를 生하는 것은 예능, 火를 기준해서 巳午未가 丁火를 生하는 것은 引火라 해서 금융이다. 甲丁, 乙丁으로 丁火를 生하는 것은, 木이 亥卯未를 얻어서 丁火를 生하는 건 예능, 丁火가 巳午未를 얻어서 甲木이나 乙木의 生을 받는 건 금융이다. 乙丁은 2개인데 木기준의 乙丁이 있고 火기준에 乙丁이 있는데, 火 기준으로 丁火가 巳午未에서 乙丁했으면 庚金이니, 생산에 필요한 금융이다. 庚金은 제품개발이니 개발금융이다.

丁火 춘하절 亥卯未 인화	丁火 巳午未 인화
예체능	금융

巳午未의 乙丁이 金生水 水源하는 庚金을 引火하고 제련하면, 농업금융, 생산금융, 농협근무자, 자산관리 하는 사람 등이 나온다. 금융이란 산업금융, 농업금융, 유통금융도 있듯이 여러 가지 금융이 있는데 경영에 필요한 금융도 있다.

戊己土
戊壬은 辛金, 戊辛壬
戊丙은 乙木, 戊乙丙
己丁은 庚金, 己丁庚
己癸는 甲木, 己癸甲
戊癸는 庚金, 戊癸庚, 甲木에서 庚金으로 변화
戊丁은 甲木, 戊丁甲, 庚金에서 甲木으로 변화

己丙은 庚金, 己丙庚
己壬은 甲木, 己壬甲

壬水 丙火가 戊土로 하지 않고 己土로 하면 甲木 庚金이다.
하나를 했으면 하나만 하고 3개를 했으면 3개를 다 하면 된다.

■ 庚辛金

申酉戌을 얻었으면 壬水를 生하고 巳酉丑을 얻었으면 癸水를 생한다. 그럼 申酉戌을 얻었을 때 壬水를 生한다는 의미는 金剋木으로 벽갑까지

한다는 의미다. 庚金이든 辛金이든 金生水에 木까지 써야 하니 庚壬乙, 辛壬甲이다. 申酉戌을 얻었으면 金生水로 壬水를 생하는데 木도 자랄 수가 있으니 庚壬乙을 쓰고 辛壬은 甲을 벽갑(劈甲)을 한다는 의미다.

그리고 庚辛金이 巳酉丑을 얻었으면 木을 생하니 기준은 木이 된다. 그럼 庚金이 巳酉丑을 얻었으면 癸水를 생하는데, 乙木이니 庚癸乙이라 하면 된다. 辛金이 巳酉丑을 얻었으면 辛癸로 甲木을 생하니 辛癸甲이다. 金이 巳酉丑을 얻으면 木이 기준이고 金이 申酉戌을 얻으면 金이 기준이다.

■ 壬癸水

壬癸水가 亥子丑을 얻었으면 壬水를 생한다. 그러니 金生水를 해야 하니 亥子丑이면 辛壬이다. 申子辰을 하면 水生木이다. 申子는 甲木을 생한다. 子辰은 乙木을 생한다. 지식계발과 지식 활용을 통해 자신의 목적을 이루고자 한다. 水生木에도 두 가지가 있는데 壬水가 木을 생하는 게 있고 癸水가 木을 생하는 것이 있다.

癸甲은 己癸로 계발한 지식이고 壬甲은 癸甲의 자기계발과는 다른 면을 지니고 있다. 인간의 생활이 윤택해지기 위해 문화와 문명을 꾸준히 개발해 왔고 정착된 관습과 전통, 조상들의 얼을 이어받은 것과 같다. 癸甲과의 분명한 구분은 자신의 실력을 만들기 위해서 자질을 계발하는 경우와, 壬甲이란 흡수의 차이가 있음을 분명히 한다. 癸甲은 자신의 내재된 자질을 계발하는 경우고 壬甲은 계승, 흡수 등을 통하여 왔다. 결국 癸甲은 자신의 자질을 스스로 계발한다면, 壬甲은 외부 교류를 통해서 습득한다고 보면 된다.

혹 天干에 있는 壬甲과 지장간 子中의 壬甲이 무엇이 다른지 궁금할 수 있다. 亥中에도 壬水가 있고 申中에도 壬水가 있다. 子中의 壬水는 인간이 터득하여 발전한 누구나 알고 있는 보편적 가치라면, 天干은 자신이 스스로 알아내야 한다. 책을 읽고 알아내든, 연구해서 알아내든 반드시 스스로 개발해야 한다.

여기에는 은유(隱喩)가 들어가 있다. 묻기를, "그것이 우리네 생활에서 어떻게 다르게 나타납니까?" 답하기를, "아는 것과 경영하는 것이 다르다" 암장의 壬水로 아는 것은 '이미 누구나 아는 보편적 가치이니 배워야 아는 것'이고 天干에 있는 壬水로 아는 건 '스스로 알아낸 지식이다' 그러니 지식이라기보다 자신감에 가깝다. 자신감과 두려움이 함께 존재한다고 생각하면 된다. 수다목부(水多木浮)란 부류(浮流)는 자기가 자신감이 없어서 불안을 만들고 있음을 안다.

그리고 일간과 月令에 대한 연습을 계속해야 한다.
喜忌神으로 가면 내가 할 일, 내가 하지 않을 일을 구분하는데,
月令用神의 역할, 月令用神에 대한 忌神의 역할,
司令用神의 역할, 司令用神에 대한 忌神의 역할,
喜神의 역할과, 喜神에 대한 忌神의 역할을 공부해야 한다.

水生木, 木生火 火生土生金, 金生水, 4개의 상생이다.
그럼 水生木에는 金生水가 필요하고 木生火가 필요하다.
또 水生木을 잘하려면 金生水, 水生木, 잘 쓰려면 水生木 木生火다.
木生火를 잘하려면 水生木, 木生火된 걸 잘 쓰려면 火生土 土生金이다.
火生土 土生金을 잘하려면 木生火, 그리고 잘 쓰려면 金生水
金生水를 잘 하려면 火生土生金, 金生水를 잘 쓰려면 水生木이다.
水生木인데 그냥 水生木이 아니라 土剋水 水生木이다.
여기까지 염두에 두고 시작해야 한다.

申月에 출생한 丙火일간의 예를 들면, 丙火일간의 능력을 먼저 보려면 月令과 관계없이 巳午未를 얻었나, 寅午戌을 얻었나 봐야 한다. 일간이 巳午未를 얻었으면 丙火를 생하니 癸乙丙형이 된다. 그럼 조직을 만들어 운영하기 위해서는 사람의 쓰임을 알아야 한다. 그 사람의 쓰임을 아는데 품질은 癸水가 있으면 품질이 좋은 사람, 癸水가 없으면 품질이 낮은 사람이다. 그럼 丙火가 巳午未를 얻었으면 해야 할 일은 조직을 만들어서 사람을 쓰는 게 할 일이다.

사람을 적재적소에 쓸 줄 알아야 한다. 만약 丙火가 寅午戌을 했으면 火剋金으로 쓴다. 이는 단련(鍛鍊)에 들어간다. 庚金을 火剋金해야 한다. 丙火가 庚金을 단련하니 기술개발의 제련이 아니고 기술개발에 필요한 조직을 운영해야 한다. 丙火는 사람을 적용해서 쓰는 조직 운영인데, 庚金을 단련하니 제품을 개발하기 위한 조직을 운영한다.

그럼 寅午戌을 한 丙火가 사람을 볼 때는 그 사람의 미래가치나 성장력을 보기보다 그 사람이 지금 바로 쓸 수 있는 능력 기준으로 가치판단을 하게 된다. 그 사람을 키우는 게 목적이 아니라 그 사람의 능력으로 조직을 운영하고자 하는 것이 목적이다. 寅午戌 했으니 火剋金을 하는 사람이란 뜻이다. 인맥을 쌓아서 산업 가치를 만든다.

丙火가 寅午戌의 用을 얻으면 사람을 유익하게 하기보다는 시장에 개입하여 수요와 공급에 관한 분야에서 기득권을 상승시켜 나가게 된다. 다시 말해 사람을 유익하게 하는 것이 아니라 사람의 능력을 시장에 팔아먹는다는 의미다. 이 사람은 부인을 얻을 때 능력을 우선으로 본다. 丙庚의 단련작용은 사회적 활동을 구하여 신분과 인맥을 형성한 후에 이를 바탕으로 이권에 개입하여 기득권을 확보하여 상승작용을 이룬다. 그러니 먼저 사람을 알아야 한다.

전공별로 나누어 보면 丙火는 사회계열이다. 寅卯는 인문계열이고 午未는 이학계열, 申酉는 이공계열이다. 丙火일간이 乙丙을 해야 하나, 丙庚을 해야 하나 먼저 판단해야 한다. 申月은 乙丙은 안 되니 이과 공부를 해야 하나, 사회계열을 공부해야 하나? '너는 理科에 가서 工學을 전공하는 게 좋지만, 너는 공학도가 아니라 그 조직을 운영하는 관리자다' 이런 이야기를 해 주어야 한다. 그럼 기술을 배우는 게 아니라, 사회계열을 배우고 나서 쓸 때는 이과계통에 가서 쓰게 된다. 그럼 丙火일간이 할 일은 조직 생활을 해 보고 조직운영에 대한 공부한 후 申月이란 제품을 생산하는 분야에 가서 조직업무를 보게 된다. 丙火일간 기준이다.

다음은 申月이란 환경을 기준으로 보자. 환경은 申月이니, 申酉戌을 하든지 申子辰을 하든지 해야 한다. 申酉戌을 했으면 壬水를 생하는 것이고 金剋木을 해야 한다. 그럼 庚金으로 乙木을 잘라야 하니 그럼 환경으로는 당연히 이과를 가야 한다. 나는 丙火이니 사회계열을 갔지만, 환경은 이과로 타고났다.

申子辰을 타고나면 水生木으로 木을 생한다. 그럼 癸水가 되어서 甲木을 생하거나, 壬水가 되어서 甲木을 생해야 한다. 申酉戌은 壬水이니 시장에 맞춘다. 그럼 기업경영에 필요한 생산 분야이다. 申이 申酉戌에서 출발했기 때문에 생산 분야이다. 생산 분야에 근무하기 위해서 조직운영을 배우게 된다. 그럼 이과에 가서 경영을 전공해야 한다. 그럼 경영은 이윤이 목적이고 운용은 사람이 목적이다. 그러니 壬水의 경영과 丙火의 경영은 경영방침이 다르다. 사람에게는 인격(人格)이 들어가야 하고 경영에는 이윤이 들어가야 한다.

일간은 丙火이고 환경은 申月이면, 사람은 환경에 맞추어야 한다. 특히 남자는 환경이 우선이지 자신에게 맞추지 않는다. 여자는 성품상 월령을 무시하고 일간으로 봐도 된다. 자기에게 필요한 환경을 먼저 만들기 때문이다.

■ 六神의 목적과 방법

※ 육신을 공부하는 이유는 인간관계를 보기 위함이다.

1) 六神에는 목적과 방법으로 구성되었다

正(방법)+印(목적): 印이란 목적을 달성하기 위해서 正이라는 방법을 선택한다. 正이란 배우는 것으로 지위를 얻고자 택한 방법이고 정관이면 官이 목적이고 正은 방법론이다. 官으로 가기 위해서, 正이란 방법을 선택하는 것이다.

偏(방법)+印(목적): 부모나 선생 혹은 지도자가 되기 위해 또는 배운 사람이 되기 위해(印), 배움보다는 자기주장을 실현하는 방법(偏)을 선택하니, **偏**은 자기주장이 우선이다.

2) 六神의 특징

(1) 관성(官星)
① 일간과의 관계: 일간을 상극하다.
② 통변: 누가 나에게 일을 시키다.

관성은 나에게 시킨다. 관성(官星)이 나에게 무엇을 하라고 시키면 나는 그 임무를 인성(印星), 비겁(比劫), 식상(食傷)으로 수행한다. 사주에 관성이 없으면 나에게 일 시킬 사람이 없는 것이니 내가 일을 스스로 만들어서 해야 한다. 관성이 나에게 일을 시킨다는 말속에는 '나를 인정해서' 시킨다는 의미가 들어 있다.

(2) 재성(財星)
① 일간과의 관계: 일간이 상극하다.
② 통변: 내가 남에게 일을 시키다.

재성은 내가 남에게 시키는 것인데 인성(印星), 비겁(比劫), 식상(食傷)으로 시키는 것이다. 사주에 재성이 없으면 일 시킬 사람이 없으니 내가 혼자서 다 해야 한다. 내가 남에게 일을 시킨다는 말속에는 '소유하기 위해서' 일을 시킨다는 의미가 들어 있다.

(3) 인성(印星)

① 일간과의 관계: 일간을 상생하다.
② 통변: 관성(남이 시킨 것)이나, 재성(내가 시킨 것)의 일을 하기 위해서 준비하는 것이다.

인성은 무작정 준비하는 것이 아니라, 관성과 재성에 맞게 준비해야 한다. 印의 의미는 도장, 계약, 언약, 받다, 주다 등의 의미가 있다.

(4) 식상(食傷)

① 일간과의 관계: 일간이 상생하다.
② 통변: 배우고 익힌 것을 쓰다, 재성과 관성에 맞게 활용하다.

食은 기르다, 준비된 능력을 활용하다, 연구하다, 생명 활동을 하다, 주는 행위 등을 말한다. 傷은 큰 인물, 바꾸다(개혁과 혁신), 상처를 당하다, 상처를 주다, 죽을힘을 다하다 등의 의미가 있다.

(5) 비겁(比劫)

① 일간과의 관계: 일간과 동기오행(同氣오행)으로 된 것.
② 통변: 경험을 하여 새롭게 갖춘 능력이다.

比는 같다, 갖추다, 대신하다 등의 의미가 있다. 劫은 부지런하다, 빼앗다, 나가다 등의 의미가 있다. 비겁(比劫) 속에는 관성(官星), 재성(財

星), 인성(印星), 식상(食傷)의 경험이 들어 있다. 비겁이 없으면 누가 나에게 시킨 내용(관성)이 없고 내가 남에게 시켜 본 것(재성)도 없고 내가 준비한 것(인성)도 들어 있지 않고 활용해 본 것(식상)도 들어 있지 않다. 이는 비겁이 없으면 경험은 있으나 경력으로 인정하지 못한다는 말이다. 경력에는 좋은 경험만 있는 게 아니라 나쁜 경험도 들어가 있을 수 있다.

■ 六神의 상생식

1) 관인상생(官印相生), 살인상생(殺印相生)
2) 식신생재(食神生財), 상관생재(傷官生財)
3) 인아식(印我食), 인아상(印我傷), 인비식(印比食), 인겁상(印劫傷)
4) 재생관(財生官), 재생살(財生殺)

(1) 관인상생

　남(관)이 나(일간)에게 일을 시키면 인성으로 임무를 수행한다.
　관인상생식에 인비식과 재생관의 상생식(相生式)이 겸하게 된다.

관인상생 (시키다 + 임무수행)	+인비식: 印은 준비한 것, 비겁은 경험한 것, 식상은 활용해 본 것이니 인비식은 경험자이고 전문가다.
	+재생관: 책임자, 소속책임자.

(2) 식상생재

내가 남에게 일을 시킨 것을 말하는데 내가 남에게 시킨 임무수행 내용은 식상이다.

* 식상생재에 인비식과 재생관의 상생식이 겸하게 된다.
* 먼저 관인상생이나 식상생재의 상생식부터 먼저 찾고 그다음에 인비식(印比食)과 재생관의 상생식을 찾아 봐야 한다.
* 관인상생이나 식상생재가 없이, 인비식이나 재생관으로만 이루어진 상생식도 있다.
* 상생식이 잘 안되면 상극식(相剋式)으로 넘어간다.
* 상극식이 잘 안되면 상합식(相合式)으로 넘어간다.

식상생재 (일을 시키다+임무수행)	+인비식: 경험자, 전문가
	+재생관: 책임자

(예) 관인상생

辛(정관)⇒ 癸(정인)⇒ 甲(일간)

辛(정관): 나한테 무엇을 시키다.

癸(正印): 辛(정관)에 맞춰 준비하다.

※ 官이 시킨 일의 내용

癸	甲	乙	丙	丁	庚	辛	壬
인성	지식	적용	운영	기술	개발	운용	경영

官이 상품을 운용(辛)하라고 시켰으니 이를 마음을 다하는 근본(癸)으로 운용하기로 했다.
* 辛이 癸를 생하려면 巳酉丑이 있어야 하고
* 癸가 甲을 생하려면 申子辰이 있어야 한다.
* 만약 辛이 申酉戌로 되었으면 亥子丑으로 준비해야 한다.

(예) 식상생재
　辛(정관), 甲(일간) ⇒ 丁(상관)
　癸로 준비하지 않고 丁火로 활용하는 것인데, 이것은 官이 시킨 일을 내 능력만큼 하는 것이다. 辛이 상품 운용을 하라고 시키니 나는 기술(丁)로 그 상품을 운용하는 것이다.

■ 오행(五行)의 상생

1) 火生土, 土生金
　水生木으로 배우고 익혀서 木生火로 활용해 본 가치를 더 높이기 위해서 火生土 土生金을 해야 한다. 火生土에는 지난 경험이 많이 들어 있고 土生金으로 그 가치가 훨씬 높아진 것이다.

2) 水生木
　壬의 水生木: 환경을 통해 유입된 지식 체계다.
　癸의 水生木: 부모에게 물려받은 자질을 계발한 지식이다.

3) 木生火

丙의 木生火: 지위적인 것.

丁의 木生火: 개인적 능력이다.

상생을 실제로 드러나게 하는 것은 土가 담당한다.

4) 土의 생극

土는 順行과 逆行으로 나눈다.

(1) 土의 순행

戊壬하면 戊壬辛, 己癸甲으로 순행하여 土生金, 金生水, 水生木까지 한다. 戊丙하면 戊乙丙, 己丁庚으로 순행하여 木生火, 火生土, 土生金까지 한다.

(2) 土의 역행

戊癸하면 戊庚癸로 역행한다: 癸는 水生木을 해야 하는데 甲木대신 庚金을 한다. 즉, 지식 대신 상품 제작으로 바뀐다.

戊丁하면 戊甲丁으로 역행한다: 丁이 戊를 만났으니 庚대신 甲을 쓴다. 丁火의 기술을 써야 하는데 공부하러 간다.

己癸로 생한다는 것은 진실을 말해서 甲이 진실을 습득한다는 뜻이다.

己癸는 己癸甲⇒ 戊乙丙으로 발전해서 그 진실을 가지고 사람을 적합하게 대한다는 의미다.

己壬甲은 진실로 대하지 않는다. 己壬은 상생을 잘 하지 않는 게 아니라, 己癸와는 다른 방법을 쓴다.

(오행상생의 예)

辛은 申酉戌로 되어 있는데 癸는 申子辰으로 되어 있으면 金生水가 안 된다. 金은 壬水를 생했는데 水는 癸水를 쓰려고 하니 맞지 않는다.

甲 甲 辛 癸 坤
子 申 酉 酉
辛金이 申酉戌이니 辛壬형이므로 癸水를 쓸 수 없다. 酉月의 申酉戌 방합형이니 辛金이 癸水를 생하지 않기 때문이다.

이는 관성은 인성을 생하려고 하는데, 인성은 관성의 生을 안 받는 것이니 관인상생이 안 되는 것이다. 관인상생이 안 되니 누가 나한테 일을 시키지 않는다. 그러니 내가 나한테 일을 시키고 내가 일해야 한다. 결국은 인아상(印我傷)이나 인비식(印比食)형태로 가야 한다.

* 辛이 있는데 巳酉丑도 없고 申酉戌도 없다면 辛金의 용도는 壬水가 결정한다. 壬水가 辛金의 용도를 결정하니 이윤에 따라 쓰임이 달라진다. 만약 水도 없다면 金의 용도를 火가 결정한다.
* 壬水가 亥子丑이 있으면 辛壬으로 사용하고 壬水가 申子辰이 있으면 辛癸를 하는 것이다.
* 寅午가 있으면 丙火가 金의 용도를 결정하고 午戌이면 丁火가 金의 용도를 결정한다. 丙火가 결정했으면 조직의 운영 상태를 통한 결정이고 丁火가 결정했으면 체력에 따른 결정이다.

※ 육신의 상생 복습

官을 기준하면 관인상생이고 財를 기준한 것은 식상생재다. 인성과 식상과 비겁의 최종목적은 官과 財로 가기 위함이다. 官의 목적은 조직 운영자가 되기 위함이고 이를 이루려면 재생관이 되어야 한다. 財를 목적으로 하면 기업경영인데 이를 이루려면 재생관이 되어야 한다.

※ 관성이란 무엇인가?

관성을 이해하려면 일간이 신왕해야 한다. 이 말은 외부의 모든 작용을 이해하려면 신왕해야 한다는 의미다. 신왕해야 한다는 말은 신태왕(身太旺), 신약(身弱), 신태약(身太弱)하면 안 된다는 뜻이다. 신태왕하면 官을 무시하게 되니 나에게 무시당한 官이 있다. 신약하면 내가 감당하지 못할 官이 있다(임무수행을 못 한 적이 있다). 신태약하면 나를 힘들게 만드는 官이 있다. 임무수행 중에 과중과로나 중압감에 시달린 경험이 있다.

신왕하면 나를 인정하는 官이 있는 것이다. 官은 상생을 목적으로 하고 殺은 상극을 목적으로 한다. 정관이 갖고 싶은 것이 있으면 오늘 일하고 내일도 일해서 가지면 되고 편관은 그것을 가진 놈을 내 부하로 만들면 된다. 관성은 나에게 임무를 주는 것이고(관인상생) 재성은 내가 남에게 임무를 주는 것이다.(식상생재) 내가 스스로 나에게 임무를 주고 행하게 만드는 것은 印我食인데 이는 자기가 전문가가 되는 것이다.

재생관은 누가 나에게 임무를 주기도 하고 내가 남에게 임무를 주기도 한다. 이를 대행이라 한다. 재생관이 되어서 비겁을 制하면 대행기관이 되고 재성이 없으면 개인이 된다. 인아식으로 관살을 制하면 전문기관이라는 조직이 된다. 식상생재는 내가 남을 시켜서 경제활동을 하고 財가 印을 상극하면 상장기업이 된다. 관인상생으로 재생관하여 비겁을 制하여 다시 재생관이 살아나면 허가기관, 결제기관 등 권력기관이 된다.

官은 상하가 있는 균형을 주장하고 비견(比肩)은 상하가 없는 균형을 주장한다. 官과 比肩이 合이 되면 의견이 달라서 다툼이 생기는데, 재생관으로 官의 힘이 세질 때와, 비견이 식상을 生할 때 다툼이 생긴다.

※ 일간의 왕쇠강약(旺衰强弱)

일간의 왕쇠(旺衰)는 인성과 식상으로 맞추어 본다.
왕(旺) - 현명하다. 쇠(衰) - 어리석다.
일간의 강약은 관성과 재성으로 맞추어 본다.
강(强) - 강하다. 약(弱) - 나약하다

일간이 왕(旺)하다는 건 준비가 되었다.
일간이 쇠(衰)하다는 것은 활용능력이 있다.
일간이 약(弱)하다는 것은 적응능력이 있다.
일간이 강(强)하다는 것은 지도력이 있다는 의미다.

合은 삼합을 칭하는데 만물을 대상으로 사람이 무엇을 한다는 뜻이고 방합(方合)은 무슨 만물이 있다는 뜻이다. 만물의 존재는 방합으로 표시하고 삼합(三合)은 그 만물을 상대로 내가 하는 행위를 말한다.
삼합의 상충(相沖)은 그런 행위를 안 하고 다른 행위를 한다는 뜻이고 방합의 상충은 그 만물이 있어야 하는데 없다는 의미이니 비었다는 의미다. 삼합은 하는 행위가 비었다는 의미고 방합은 그 만물을 뜻하는데 만물이 비었다는 뜻이다. 이는 月支를 기준으로 봐야 한다.

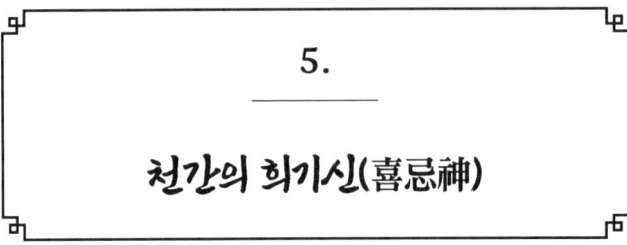

■ 기화(氣化), 생성(生成)

氣化는 둘이 있는데, 우주에서 氣化해서 지구가 생겼고(天地가 조판이 되었고) 天地가 氣化해서 만물이 생겼다는 뜻이다. 만물이 생긴 것을 음양(陰陽)이 氣化했다고 한다. 음양은 1년에 두 번을 만나는데, 남방에서 만나는 건 여름을 이롭게 하기 위함이다. 이는 하지(夏至)를 기점으로 만나는 것으로, 입하(立夏)에서 하지까지 45일, 하지에서 입추(立秋)까지 45일, 모두 90일간에 걸쳐서 세상에 변화를 주기 위해 하늘과 땅이 만나게 된다. 하늘이 땅으로 내려왔다는 뜻인데, 동지(冬至)에 음양이 내려오고 하지에도 음양이 내려온다는 의미다.

또한 북방에서 만나는 건 겨울을 이롭게 하기 위함으로, 이는 입동(立冬)에서 동지까지 45일, 동지에서 입춘(立春)까지 45일, 모두 90일간이다. 이렇게 동지와 하지에 음양이 만나게 된다. 겨울은 만물의 기운을 죽이는 기운인데, 이때 음양이 만나는 법칙은, 죽은 걸 살리기 위함이다.

여름인 하지(夏至)에 오는 것은 산 것을 살리기 위함이다. 즉 하지에 오는 건 나무에서 열매가 맺게 하기 위함이니 출산(出産)을 시키기 위해서이고 동지에 오는 것은 나무가 씨로 되었으니 생성(生成)을 하기 위함이다. 첫 번째 生成이 동지이고 하지에는 出産이라 한다. 낳은 것이 또 낳는 것을 출산이라 한다. 예를 들어 동지에 출생한 나무가 하지에 열매를 번식하니 낳은 것이 또 낳는다고 말한다.

金木과 水火는 각기 주관하는 것이 있으니, 오행(五行)이란 金木水火土란 글자는 음양(陰陽)이 아니라 음양이 만들어 놓은 오행이란 의미다. 음양에서 기인한 것들이다. 공(功)은 오행이 세우지만, 일은 음양이 시키는 것이다. 그래서 음양은 정신 속에 있고 오행은 행위 속에 있으니 사람이 하는 짓을 보고 그 사람을 판단하지 말고 그 사람이 하는 짓을 보고 무슨 생각을 하나 판단하니, 이를 격물치지(格物致知)라 한다. 하는 행동을 보고 그 사람이 어떤 사람인지 판단하는 걸 말한다.

소양(少陽)은 木이 일어나는 것으로 봄에 나온다는 뜻이다.
少陽은 命理용어가 아니라 봄이란 뜻이다.
태양(太陽)은 火가 일어나는 것이니 여름이란 의미다.
命理에서 동지에서 춘분까지는 한(寒)하고 습(濕)하니 한습이라 한다.
춘분에서 하지까지는 난습(暖濕)이라 한다.
동지에서 춘분까지 90일은 한습(寒濕)이라 한다.
춘분에서 하지까지 90일을 난습(暖濕)이고
하지에서 추분까지는 난조(暖燥)이고 소음(少陰)이라 한다.
추분에서 동지까지를 한조(寒燥), 태음(太陰)이라 한다.

이렇게 시간적 기운을 표시한다.

少陰은 金이 일어나는 것으로 가을에 일어난다. 난조라 한다.
太陰은 水가 일어나는 겨울에 숨는 것을 돕는다.
한습 난습, 난조 한조, 이는 四時의 기운을 설명하는 말이다.

이 말을 명리학적으로 보면 하늘에 하나의 기운이 생겨났다. 이 말은 우주가 기화(氣化)한 것이고 天地간에는 음양의 두 기운이 있으니, 두 기운은 동지와 하지로 나누어서 서로 만나는데, 이를 한난(寒暖)이 나누어질 때라고 한다.

이를 크게 나누면 暖과 寒으로 180일씩 나누어야 한다. 1년을 360일로 나누고 5일은 절기에서 더하기도 하고 빼기도 한다. 暖을 丙火, 寒을 壬水라 한다. 또 한습한 기운을 癸水라 하는데 寒한 壬水에서 나왔다. 暖은 丙火가 동지로 내려온다. 난(暖)에서 난(暖)으로 가니 丙火는 난습한 기운으로 쓰지만, 난조(暖燥)한 기운은 丁火로 쓴다. 그리고 寒한 기운은 壬水로 쓴다. 한난조습(寒暖燥濕)으로 춘하(春夏)는 癸丙이 180일을 쓰고 추동절(秋冬節)은 180일을 丁壬이 관할한다.

寒暖은 하늘에서 오는 기운이고 燥濕은 땅에서 발생시키는 기운이다. 이 둘은 동지와 하지로 나누어 서로 만나 寒暖으로 구분한다. 暖은 양화(陽火)한 기운으로 생화지기(生火之氣)를 지니고 있으니 만물을 낳고 기르는 역할을 하고 寒은 음수(陰水)한 기운으로 멸화지기(滅火之氣)를 지니고 있으니 火를 누르는 역할을 한다.

暖은 낳고 기르는 것을 주관한다. 生하는 기운은 낳는 기운, 長하는 기운 크는 기운을 말한다. 燥한 기운은 견고하게 단단해지는 기운이니 성숙한 기운, 익는 기운이라 한다. 成, 익을 숙(熟)자를 쓴다. 사람에게는 열심히 연습해서 튼튼해지고 실력이 늘어난다는 의미로 쓴다. 이때는 키가 크는 게 아니라 능력이 큰다는 의미다. 生하는 기운은 甲인데 하늘에서 뿌리가 내리는 게 아니라 땅에서 내린 것이니 직(直), 곧을 直이라 한다.

乙木은 가지가 나온다. 長한다고 한다. 그래서 木을 곡직(曲直)이라 하며 生長을 주관한다. 그래서 乙木을 보면 長하는 기운, 기르는 기운이고 甲木은 무언가 탄생시키는 기운이니 기획이나 정신적인 아이템 등 무언가 시작하는 기운에 해당한다. 단단하고 경험을 쌓는 것은 庚이라 한다. 경험을 많이 쌓을 庚이라 한다. 이것은 경험을 쌓느라 힘이 많이 드니 지쳤다는 말도 되고 단단하다는 말도 된다.

辛金은 멸(滅)이라 한다. 滅火라 한다. 이는 火를 눌렀다고 해서 滅이라 하지, 목숨을 잘랐다는 것이 아니다. 漢字는 중국 한자가 기준이지, 한국 한자 기준이 아니다. 네가 가져갔다. 내가 주었다. 네가 가져갔나? 내가 주었나? 만약 네가 가져갔는데 내가 안 줬다고 하면 도둑이 된다. 동양철학은 하나의 주제를 가지고 둘로 나누어 쓰는데, 똑같은 말이다. 水가 왕해졌다는 말이나 火가 눌러졌다는 말이나 같은 말이다. 그러나 기준은 火가 기준이다. 火가 생명을 낳기 때문이다. 이렇게 기운이 탄생해서 10개의 天干이 나왔다.

이런 寒暖의 기운은 대립과 공전을 거치며, 노소(老小)작용에 의해서, 老小란 점점점 추워진다. 점점점 더워진다는 '점점점'을 의미한다. 어느 날 갑자기 추워지거나 더워지는 것이 아니라, 점점 뜨거워지거나 점점 추워진다는 뜻이다.

　조습(燥濕)은 춘분과 추분을 나누어 만물의 생명작용을 돕는다. 이처럼 천지간에 하늘의 기운인 寒暖과 땅의 기운인 燥濕이 생겨나 사계절을 이룬다. 이런 四時(사계절)의 한난조습이 기화(氣化)하여 만물을 낳는다.

　燥濕한 기운이란, 濕한 기운이 甲木을 키우니 땅으로 올라와서 위로 올라가다가 춘분이 지나면 乙木이 옆으로 나오는 것이다. 그러니 濕한 기운은 물질의 형체(形體)를 바꾸어 주는 기운이다. 가을은 나무가 크다가 열매가 땅으로 떨어지니 형체가 달라진다. 그러니 燥한 기운은 형질(形質)을 변화시킨다. 그러니 형(形)과 체(體)는 같은 말은 같은데 體와 質은 다른 말이다. 형체가 質的으로 유용한가, 실용적인가 이런 의미가 있다. 얼마나 가치를 가졌느냐가 質을 말한다.

■ **기화생성론(氣化生成論)**

　만물이 생겨나는 것을 氣化 生成論이라 한다. 天地를 원기(元氣)라고도 하고 아무것도 없었던 지구 밖의 기운인데 우주의 변화에 의해 어둠과 밝음인 음양의 기운이 생겨나서, 지구가 그 기운을 머금었다고 해서 머금을 함(含)자이다. 하늘의 기운을, 하늘의 명령을 머금었다는 것이다. 그래서 어두운 것은 寒한 기운이고 밝은 것은 暖한 기운으로 갔다.

그리고 지구 안에 생긴 寒暖의 기운을 땅이 머금었는데 토(吐)하려고 먹었다. 토할 토(吐), 그래서 戊土는 입과 같고 己土는 항문과 같다. 戊土란 머금기만 하는 게 아니라 토(吐)하기도 하니, 입에서 말도 나온다. 癸水로는 어학을 가르치는 말이 나오고 丁火로는 기술을 가르치는 말이 나온다. 가수는 丁火를 통해야 한다. 가수의 노래는 기술인가 어학인가? 기술이다. 손톱 패션도 기술이다. 드라마 작가는 癸水이다. 이런 사고방식을 뒤집을 수도 있고 사고력을 감지할 수도 있다. 이렇게 土氣에서 燥濕이 나왔다. 여기까지가 하늘과 땅에 마련된 기운인데 시간대별로 정리하니, 四時란 것은 사계절이란 말인데, 봄이란 동지부터 춘분까지인데 生春이라 한다.

봄	여름	가을	겨울
生	長	成	滅
한습	난습	난조	한조
甲	乙	庚	辛
水生木	木生火	火生土生金	金生水

봄을 상생으로 하니 水生木 구역이고 장소로는 물에서 뭍으로, 얼음에서 물로, 木生火는 연못에서 논이 된다. 이것이 木의 탄생지역이다. 그리고 하지부터 추분까지는 火生土生金, 하지에는 항상 기운이 넘어간다. 넘어가게 하는 기운을 火生土라 한다. 나중에 火土同根이라 한다.

火와 土는 한가지란 의미다. 火의 기운을 땅이 흡수해서 복사열을 낸 것이다. 이를 同根이라 한다.

그리고 추분點인데 동지까지를 상생으로 金生水라 한다. 그러면서 동지에서 또 기운이 넘어가야 한다. 하지에는 뜨거운 기운을 땅이 먹었으니 火生土가 되었는데, 차가운 기운도 땅이 먹었으니 土와 水가 만났다고 해서, 땅이 모든 것을 다 머금고 하나를 낼 준비가 되었다고 해서 土水合一이라 한다. 여기까지가 동양철학이다. 동양철학에서 명리학으로 넘어오면서 상생과 상극을 모두 오행으로 설명하기 시작한다.

春節은 연못이니 수중인 물이 된 것이다. 여름은 논과 밭이 생겼고 물건으로 말하면 春節은 어류이고 파충류이다. 물에서도 살고 땅에서도 산다. 악어, 개구리 뱀, 수달 등인데 냉혈동물이라 한다.

여름은 논밭이니 작물이 된다. 그러나 다 작물이 되는 것이 아니고 火가 있으면 작물이고 火가 없으면 잡초가 된다. 하지로 가면 산이 되는데, 하지의 산에 가기 전에 밭이 있다. 산족들, 천존 族이라 한다. 하늘에서 제(祭)를 지내니, 모든 농토는 산 아래에 있다. 산 아래 작물이 있고 산과 농토를 왔다 갔다 하는 토끼와 노루가 있다. 그러니 夏節은 식물성 동물이 왔다 갔다 한다. 夏節에 태어난 사람이 金剋木을 하면, 노루나 소, 돼지, 쥐 등 초식동물이라 한다. 수달은 고기를 잡아먹고 살고 개구리는 벌레나, 날파리 등을 먹고산다. 그리고 산 밑에는 밭이 있고 인간 거주지가 있다.

바다에서 달려오면 육지를 만나고 질퍽한 땅을 만나고 논을 만나고 밭을 만나고 산을 만나고 산과 밭 사이에 거주지에 있다. 밭은 원래 산 옆에 있고 산 밑에 거주지가 있다. 그래서 DOWN타운, UP타운이란 말이 있다. 다운타운이 더 부자냐, 업타운이 더 부자냐? 대개 우리나라는 산꼭대기에서 살지 않고 산 밑에서 산다. 그러나 LA나 비버리힐스는 언덕에 있다. 서양과 우리 생활 문화는 좀 다르다. 산을 만났으니 산에서 공중으로 간다. 여기는 호랑이가 소를 잡아먹으니 육식동물이라 한다.

지구상 가장 개체 수가 많은 것이 어류이다. 동지에서 봄으로 넘어갈 때 다시 바다로 간다. 바다에서 다시 연못으로 간다. 그럼 새가 어장으로 간다. 육식동물을 새가 잡아먹는다. 약한 새는 고기를 잡아먹으러 간다. 추운 지방이니 새는 이동이 빈번하니 겨울은 왕성한 이동이 벌어지는 때라 한다. 이렇게 공간과 먹이사슬을 공부해야 한다.

冬節에 태어났다면 조상이 어부고 春節에 태어났다면 조상이 농부다. 수달은 고기를 키우는 게 아니라 먹는다. 고기 장사다. 가운데 환절기가 있으니 농부가 된다. 하지 이후 산에는 모든 것이 천막을 치고 있으니 군인 경찰들이다. 산에 가면 호랑이가 잡아먹으니 호랑이가 군인이다. 이빨이 팔, 발톱은 무기(武器)다. 군인, 호랑이는 육식동물이니 군인, 경찰이다. 이때 농사를 지으면 임업이다. 농축산업이라 한다. 겨울은 새가 사는 동네이니 무역이다. 유통이라 한다. 새 팔자는 유통, 호랑이 팔자는 군인 경찰, 육식 등을 의미한다.

子丑은 어린아이, 寅卯는 초중등학교다. 卯辰은 사회로 가는 길이니 시험을 보는 곳, 고등학교, 대학교이다. 巳午는 사회로 나가는 것이다. 午未는 가정교육을 배웠으니 실습을 해야 한다. 부모 교육기를 거쳐야 한다. 酉戌 지역이면 노인을 상대하는 곳이다. 이런 식으로 8개를 나이별로 구분해야겠다. 동지 前 子月의 마인드는 동물로 보면 새와 같다. 사람으로 말하면 무역이나 통상이다. 이를 통해서 적성을 본다고 한다. 먼저 자기 환경이 마련되니 그 환경에서 자신이 일을 하는 것이지, '난 이걸 할 거야' 하고 환경을 찾지는 않는다.

8개의 당령(當令) 아래 환경이 생겼다. 만물이 생겨났다는 뜻이다. 그럼 子丑은 根, 가정교육, 寅卯는 苗, 초등교육, 卯辰은 枝, 고등교육, 巳午는 花, 초기 사회교육, 午未는 實, 자식 낳기, 사회적으로는 부하가 생긴다. 申酉는 熟成으로 자기 가치 만들기, 학부형 되기다. 酉戌은 成種, 노후대비, 亥子는 滅, 은퇴해야 한다. 여기까지가 팔품이다.

干支로 가져다 놓으니
한습에는 癸水가 있으니 甲木이 있다. 癸甲,
난습에는 乙木과 丙火가 있으니 乙丙,
난조에는 丁火와 庚金이 있으니 丁庚,
한조는 응결과 滅하는 기운이니 辛壬이라 한다.
이렇게 水生木 木生火 火生金 金生水로 표시한다.

■ **백물지산(百物之産)**

내가 무언가를 낳았으면 내가 살아생전 무엇인가 업적을 남겨야 한다는 의미다. 그 업적을 남겨야 하는데 그 업적을 남기는 것이 무엇이냐? 이다.

■ **水源과 引火**

四時의 기운이 氣化하여 八稟에서 만물이 생성되었다.
8개가 生成되었다. 癸甲 乙丙 丁庚 辛壬
癸는 根, 甲은 苗, 乙은 枝, 丙은 花, 이것을 氣化生成이라 한다.
이것은 하늘과 땅의 기운이 만물을 생산하는 모양이다.

다음은 이런 만물이 자신과 같은 종류의 만물을 낳는 걸 出産이라 한다. 水生木하는 기운이 根을 낳았다. 甲은 苗, 乙은 枝, 丙은 花, 丁은 熟, 庚은 成, 辛은 種, 壬은 滅이 된다고 한다. 그런데 이 행위가 또 무슨 업적을 내야 하니, 업적을 남겼나, 유지만 했나, 더 떨어졌나? 내가 태어난 것은 生成이라 하고 지위든 돈이든 살면서 무엇을 남기고 가는 걸 出産이라 한다.

자신이 살면서 무언가를 내놓은 게 出産이니, 그럼 物이 物을 낳는다. 甲木이란 物이 다른 物을 낳으려면, 辛金이란 物을 낳아야 甲木이란 物이 나오는 것이다. 그러니 水生木이 되려면 金生水가 되어야 한다. 그래서 辛癸甲이면 甲木이란 物은 辛金이란 종자의 기운에서부터 온다. 그럼 오늘 일을 마무리한다고 아주 끝나는 게 아니라, 내일 무엇을 낳기 위함이다. 결혼하면 결혼식만 할 건가? 자식도 낳을 건가? 문제다. 출산능력이 없이 태어났으면 결혼만 한다. 엄마 노릇을 하지 못하거나, 자식을 낳기만 하고 엄마 역할은 하지 못하는 경우다.

辛金이란 성숙한 종자의 기운이 나중에 훌륭한 나무 기둥을 만든다. 乙木은 丙火를 통해서 庚金을 낳는다. 내가 태어난 이유가 자식을 낳기 위함이라면 나는 미래를 위해 존재한다고 할 수 있겠다. 내가 태어난 것은 과거에 부모가 나를 낳았기 때문이다. 그러니 甲은 과거로부터 와서 존재한다면, 乙木은 庚金이란 미래를 낳기 위해 존재한다. 甲木은 과거로부터 현재이고 乙木은 현재로부터 미래가 성립된다. 丁庚은 여름에서 온 乙木이 庚金을 낳아야 한다. 이는 살아생전 업적으로부터 가치가 나온다는 뜻이다.

辛壬甲은 出産이다. 일반적으로 아는 상식은 한쪽은 과거로부터 와야 현재를 낳게 되고 한쪽은 현재를 잘해야 미래를 낳게 된다. 辛壬甲은 과거를 잘해야, 현재를 잘하는 것이다. 그러니 과거 속에는 미래가 들어간다. 辛癸甲은 현재를 잘해야 미래가 생긴다는 뜻이다. 그럼 현재 甲에서 미래인 乙이 나오고 과거에서는 현재가 나오게 된다. 辛癸甲의 과거는 부모로부터 나에게 왔고 乙丁庚의 과거는 내가 공부하고 경험한 과거에서 현재로 왔다. 그리고 辛壬甲은 과거로부터 현재로 왔으니 지금의 나의 모습이다. 先代부터 나에게 전달되었다. 그러니 과거와 현재가 순환하면서 출산을 한다. 그러니 이런 과정을 주관하는 지도자가 되려면, 하늘과 땅의 기운을 알아차리는 사람이 되어야 한다.

그러기 위해 土가 들어가기 시작한다. 그럼 품질이 좋게 잘 태어나야 하는 이유는, 원숭이는 원숭이를 낳고 사람은 사람을 낳으니 태어날 때 잘 태어나야 한다. 잘 태어나려면 甲木은 己土가 있어야 하고 乙木은 戊土가 있어야 한다. 庚金이 잘 태어나려면 己土가 있어야 하고 辛金은 잘 태어나려면 戊土가 있어야 한다.

태어났으면 운영을 잘해야 하니 己土 다음에 戊土가 있어야 한다. 그러니 살아생전에 잘해야 한다. 土는 잘 태어나고 운영도 잘해서, 모든 이들의 주관자, 운영자, 경영자가 된다. 그냥 土만 있고 잘 태어나지 못하면, 사업을 잘하더라도 큰 경영자는 되지 못한다. 그러니 잘 태어나야 하고 운영도 잘해야 한다. 그럼 잘 태어나려면 甲木 己土, 乙木 戊土, 庚金 己土, 辛金 戊土가 있으면 품질이 좋게 태어난다. 土가 없으면 품질이 좋지 않게 태어났다. 戊土가 있으면 우성인자(優性因子)이고, 戊土가 없으면 열성인자(劣性因子)이다.

그럼 태어났으면 업적을 남겨야 하니 春節에는 辛金, 夏節은 庚金, 秋節은 乙木, 冬節은 甲木이 있어야 한다. 겨울에는 잘 태어나야 하니 戊土가 있어야 하고 살아생전 잘해야 하니 甲木이 있어야, 죽어서 이름을 남기게 된다. 여름에도 잘 태어나야 하니 戊土가 있어야 하고 가치가 나와야 하니 庚金이 있어야, 업적을 남긴다.

'잘 못한다'라는 말은 '열심히 하시라'라는 말과 같은 뜻이다. '잘 못한다'라고 하지 말고 '열심히 하시라'라고 해야 한다. 말하는 것부터 배워야 한다. 기본 입문이 부족하면 30년을 공부해도 헤매게 된다.

四時의 기운은 열 가지 정도 방법으로 참고한다.
暖한 기운, 寒한 기운, 濕한 기운, 燥한 기운,
生하는 기운, 長하는 기운, 成하는 기운, 滅하는 기운,
甲乙庚辛은 質의 기운이다.
氣質의 기운이 만나서 여덟 가지의 물건이 나왔다.
나올 때 때에 맞춰서 잘 나와야 하니 己土, 戊土가 생겼다.
土는 기운에 맞추어 잘 나오게 해 주는 역할을 한다.
만약 乙木이 戊土가 없으면 여름에 새카맣게 타서 생김새가 잘 못 나온다. 甲木이 己土가 없으니 땅에서 나올 때 머리가 나쁘게 나왔다. 무슨 말을 하면 한참 후에 이해를 한다. 春節은 머리가 좋게 잘 나와야 하고 夏節은 생김새가 잘 나와야 한다. 둘 다 좋게 잘 나오려면, 己癸, 戊丙이 좋아야 한다.

계속 잘해 나가야 업적을 남기니 辛金을 우물, 水源이라 한다. 물이 나누어지는 곳이라 해서 수분(水分)이라 한다. 물이 땅속에서 땅 위로 올라오는 걸 수분이라 한다. 조그만 물이 계속 흘러가는 모양을 장계(長溪)라 하고 흘러가다가 큰 냇가를 만나게 되면 하천(河川)이라 한다. 그 하천이 모여서 강이 되는데 수십 개의 하천이 모여서 하나의 강을 만든다. 그 강이 한참 내려가면 바다와 합쳐진다. 이렇게 모든 물은 바다에서 나왔으니 바다에 어미 母자를 쓴다. 海, 물은 원래 땅에서 나온 게 아니다. 물이 육지로 오게 하는 건 차가운 기운과 더운 기운이다. 뜨거운 기운은 바다의 물을 하늘로 올려서 구름으로 내린다. 그러니 근본적인 물의 어머니는 바다가 된다.

유불선(儒佛仙), 불교를 보면 생사대해를 건넌다는 말이 있다. 바다를 건넌다는 말이다. 모든 생명체는 바다에서 나왔기 때문이다. 그러니 순서대로 잘 잡아야 한다. 辛金은 땅에서 나온 물이고 庚金은 하늘에서 내려온 물이니 구름, 해양이라 한다. 辛金은 땅을 통해서 오는 수원이다. 그러니 庚金은 이동성이 있고 辛金은 고정성이 있다.

乙木의 성질은 수십 가지로 나타난다. 먼저 상대에 비위를 맞추어야 한다. 열심히 설명해야 한다. 서비스를 잘해야 한다. 한 나무에 267개가 열렸으니 나에게 267개의 요구사항이 들어오니 모두 잘 맞추어야 한다. 그러니 대인관계성 스트레스를 받는다.

庚金이란 넓게 보는 시각, 미래를 보는 시각이라 하고 辛金은 깊게 보는 시각, 과거를 보는 시각이라 한다. 辛金이 봄에 태어나면 자기 자신에게 자기 스스로 필요한 자질을 배운다. 내가 타고난 곳에서 배우는 것이다. 庚金은 타인이나 고객에게 배우는 것이다. 水生木은 자신에게 배운다. 木生火는 고객에게 배운다. 그러니 고객이 스승이고 辛金은 나를 낳아 준 사람이 스승이다.

木生火 인화(引火)는 나를 만들어 준 것이니 경험이다. 지난 과거에서 春夏를 경험해 봤다. 그러나 乙木이 없으면 지난 과거를 살리지 못한다. 乙木이 없으면 만학도라 하고 乙木이 있으면 전문가라 한다. 乙木이 없으면 지난 시절의 경험을 쓸 수 없으니 만학도이다. 冬節 甲木의 인화(引火)는 자신의 가치를 남겨야 한다. 이름이나 브랜드를 남겨야 한다.

四時의 기운이 만든 8개의 만물을 기화생성(氣化生成)이라 한다. 이 8개의 만물이 金과 木에 의해서 자기 업적을 내는 것을 출산(出産)이라 한다. 여기에 土를 붙이니, 戊土, 己土를 붙이니 잘 태어나고 잘한다는 뜻이고 업적만 남기는 게 아니라 운영자나 통솔자도 된다. 그래서 土를 적당하게 잘 갖춘 사람을 신령스러운 사람, 통솔능력을 갖춘 사람이라 한다.

土만 있고 水火가 없으면 통솔자는 통솔자인데 실속 없는 통솔자이다. 산이 있는데 설산(雪山)이다. 인걸(人傑)이 없다. 호걸(豪傑)이 없는 설산이다. 그럼 새와 짐승이 사는 동네에 새가 날아오지 않는다. 새가 안 날아오는 이유는 나무에 먹을 열매가 없기 때문이다. 먹을 것이 없으니 날아오지 않는다. 나무가 없으니 황무지만 있다. 그런데 지도자다. 텅 빈 성을 지키는 팔자이다. 묘지기이다. 산지기, 제사상 지키기, 무녀팔자. 혼(魂)을 지키는 사람이다. 이 天干의 기운을 확실하게 반복해서 숙지해야 한다. 그리고 24개의 기운에 대해서도 습득해야 한다. 천간 목차에서 甲乙 丙丁 戊己 庚辛 壬癸를 총론이라 한다. 木火土金水가 나오고 일간과 月令이 나오는데, 10개의 天干 오행으로 구성되었다.

壬丙癸丁戊己甲乙庚辛 순서로 한다.
壬水는 寒, 丙火는 暖, 癸水는 濕, 丁火는 燥,
戊己土는 중화, 머금을 중, 내뱉을 화이다.
甲乙庚辛에서 癸는 生, 丙은 長, 丁은 成, 壬은 滅의 기운이라 한다.
壬丙癸丁까지가 氣가 된다. 戊己는 中和가 되고 甲乙庚辛은 質이 된다.
氣가 中和하고 質이 나온 것이다.

氣인 壬丙癸丁은 정신으로 가고 質인 甲乙庚辛은 형체의 기운으로 간다. 사람으로 말하면 甲乙庚辛은 정(精)이라 해서, 몸을 만들어 낸다. 戊己가 精과 神을 만나게 해서 氣質이 생긴다. 神은 네 가지이고 몸도 네 가지이다. 둘이 만나서 精神이 된다. 水火를 神과 氣, 木金을 精과 質, 土를 中和라 한다. 그러니 마음과 행동, 사이에는 항상 중화가 있다. 마음이 무엇인지 알아차리는 건 戊土가 하고 행동은 己土가 한다. 무얼 만질 때 느낌을 촉각이라 하는데 이걸 해석하는 건 戊土고 해석해서 행동으로 나오는 건 己土가 한다.

氣는 세 가지로 구분이 되는데, 소리로 알아듣느냐, 마음으로 알아듣느냐, 氣로 알아듣느냐다. 내가 누구인지 알아차리는 것과, 밖에 누가 있는지 알아차리는 게 있다. 氣는 한난조습, 質은 생장성멸, 土는 중화, 머금고 내뱉는다는 의미다. 그래서 氣는 神이 되고 질(質)은 정(精)이 되니 인간에게 정신이 되었다.

이걸 시간으로 정리를 하니, 壬水는 하지에서 동지까지, 丙火는 동지부터 하지까지 그 힘이 있다. 그러면서 壬水는 丙火를 눌러서 暖을 누르니 濕이 사라진다. 그래서 한조를 만들고 丙火는 또 寒을 누르니 暖과 濕이 생긴다. 이렇게 시간표가 나오게 된다. 壬水, 丙火의 시간은 모두 동일하다. 暖은 濕을 만들고 寒은 燥를 만든다. 寒을 暖이 누르니 濕이 생기고 寒이 暖을 누르니 燥가 생겼다. 濕을 만든 것은 丙火지만, 濕이 나온 건 寒이다.

그리고 戊己土는 시간개념으로 보지 않는다. 동지에서 춘분까지는 甲

의 시간이고 乙의 시간은 춘분부터 하지까지다. 庚金은 하지부터 추분, 辛金은 추분부터 동지까지이다. 質의 기운은 1년에 네 번을 차지하니 90일씩 차지한다. 甲木이 90일, 乙木이 90일, 庚金이 90일, 辛金이 90일이고 壬水가 180일, 丙火가 180일이다. 또 癸水와 丁火도 공동 관리 구역이 180일씩이니 壬丙과 항상 같이 다닌다. 기운은 한난조습, 중화, 생장성멸이다.

동지부터 춘분까지
기운을 寒暖으로 말하면 丙火,
燥濕으로 말하면 癸水, 質로 말하면 甲木,
동지부터 춘분까지 한난으로 구분하면 暖, 暖의 기운이 점점 상승한다.
寒한 기운이 많고 丙火의 暖한 기운은 적지만 온도는 점점 상승한다.
습도는 癸水이고 오행의 質로는 甲木이다.
中和로 말하면 己土이다. 이들이 한 짝이다.

* 만약 춘분인데 丁火가 있다면, 丁火는 하지부터 동지에 있어야 할 燥한 기운이 甲木의 구역에 와 있는 이유는 濕한 기운을 막기 위함이다. 濕하면 붙는 성질인데 丁火는 떨어지게 하는 것이다. 붙어야 하는데 떨어지게 한다. 그럼 立春을 기준으로, 立春 전에 丁火가 오면 배 속에서 아기가 크는 중이고 알에서 악어가 크는 중인데 떨어지게 했으니 유산이다.

立春 후에는 학교에 갈 시기지만, 立春 전에 부모 자식이 떨어지는 건 유산이다. 그러나 立春 이후 춘분까지는 濕이니 붙어야 하는데 丁火

가 와서 떨어지게 하였으니, 학교 공부와 자기가 하고 싶은 것이 서로 다를 수가 있다. 학교에서 가르치는 공부보다 자기가 좋아하는 일에 더 몰두할 수 있으니 진로 적성이 엉킬 수가 있다. 그럼 어떻게 해야 할지 알기 위해서는 이걸 알아야 한다. 이를 기운의 섞임이라 한다.

왜 기운의 섞임을 공부해야 하느냐 하면 그 시간에, 그 시대에, 그 당시에 그 장소에서 해야 할 일이 있다. 학교면 학교, 가정이면 가정에서 필요한 것이 있다. 퇴근 후 집에 와서도 일하는 사람이 있다. 밖에서 할 일을 집에서 한다. 집과 직장의 명확한 구분이 없다. 이건 기운이 섞여서 그렇다. 그러니 기운이 섞이지 않도록 노력해야 한다.

丙은 暖, 癸는 濕, 甲은 生, 己는 中化다. 化이니 내뱉어야 한다. 그럼 배 속의 아기를 낳아야지 계속 두면 안 된다. 아기가 성장하면 학교에서 공부도 해야 한다. 공부하는 이유는 습득하려고 하는 게 아니라 쓰기 위해서다. 만약 여기에 己土가 아니라 戊土가 있다면 쓰지는 않고 배우기만 한다. 학교에서는 배워야 하니 나중에 戊土와 己土가 나누어진다. 立春 전은 己土, 立春 이후는 戊土다. 己土는 낳는다. 戊土는 배운다. 이런 식으로 나누어진다.

이렇게 기운이 나누어지게 되는데, 계속 나누는 연습을 해야 사주를 간명할 때 편집하는 능력이 생기게 된다. 회사를 운영하는 사람들은 안건이 들어오면 회장은 寒暖으로 두 토막을 낸다. 밑에 사장은 한습, 난습, 난조, 한조로 네 토막을 낸다. 그 밑에 임원은 8개로 또 나누게 되고 그 밑에는 12개로 나뉘게 되고 후에 24개로 또 나누게 된다. 이것이 기업의 방침이고 기승전결(起承轉結) 방식이라 한다. 그러니 회장은 회사 업무를 다 할 필요가 없다. 하나의 기운인 壬水 丙火만 알면 된다. 이익이 남았나, 안 남았나만 알면 되지, 공장이 어떻게 돌아가는 건 알 필요가 없다. 이런 것은 기업의 기승전결의 절차, 기안서의 시작과 중간 절차 등을 말한다. 출발하기 전에 절차가 많다. 이것이 동지이다. 그럼 子丑月令이 된다. 그리고 立春이 되면 출발하게 된다.

동지부터 立春까지 준비하고 立春에서 춘분까지는 출발 기간이다. 나무가 나오려면 종자가 땅 위에까지 올라오는데 이를 목대라 하고 立春이 되면 위로 나오는데 새싹이라 한다. 그러니 甲木은 새싹이니 세상에서 가장 짧고 튼튼한 나무가 甲木이라 한다. 그런데 甲木이 크다고 착각하면 안 된다. 甲木은 옆으로 벌어지고 짧다. 옆으로 확장하는 사업 수단도 별로 없다. 시간은 壬丙이 180일+癸丁이 180일 하니 360일인데, 土는 사계(四季)에 들어 있는 것이지, 시간으로 나누지 않는다. 四時, 四季에 있으니 시간을 배분하지 않는데, 명리학에서만 시간을 배분한다. 이유는 甲乙庚辛에 18일씩 배분을 하는데, 이건 명리학을 공부하는 사람들에게만 해당 사항이 있다.

水火는 정신구역인데 특히 壬丙은 정신구역이다. 壬水의 寒한 기운은 가난한 마음을 가졌다고 한다. 진짜 가난한 게 아니라 가난한 마음이지만, 시간이 亥子가 오면 정말로 가난하다. 가난한 마음이 생겼으니 寒의 정반대는 暖이다. 해가 떴다. 暖은 경쟁하다. 다툴 爭, 경쟁할 爭이다. 많은 사람이 치열한 경쟁도 하고 협조도 하니 부자 마음이 생긴 것이다.

그럼 寒은 부자 마음이 생겨야 하고 暖의 부자 마음은 자칫하면 큰일이다. 만 원만 있어도 만 원씩이나 있다고 해서 한 달 내내 일을 안 한다. '부자 마음이 생겼다'이지 정말 부자가 된 건 아니다. 寒은 가난한 마음이 생긴 거지, 실제 가난한 건 아니다. 집에 백억 원이 있다고 해도 친구가 자신보다 십억 원만 더 있어도 자신은 매우 가난한 것이다. 그러나 丙火는 친구가 백억 원이 있고 자신은 십억 원밖에 없어도 가난하다는 생각을 하지 않는다. 부자 마음이기 때문이다. 이렇게 마음이란 실제와 다른 것이다. 부자 마음과 가난한 마음이란 많고 적음을 논하는 것이 아니다. 그러니 부자 마음에는 가난한 마음이 섞여야 하고 가난한 마음에는 부자 마음이 섞여야 적당하게 중화가 된다.

그럼 이들이 섞여서 적당한 마음이 생겼으면, 寒은 가난한 마음을 갖지 말고 부자의 마음을 가져야 하고 暖은 부자 마음을 갖지 말고 가난한 마음을 가져야지 겸손해진다. 가난한 마음은 부자 마음을 가져야 희망을 가지고 부자 마음은 가난한 마음을 가져야 겸손해진다. 그러나 실제 상황이 아니라 오로지 정신이다.

내가 가는 길(모든 행위)은 누가 시킨 게 아니라 내 마음이 시켰다. 그러니 내가 길을 가는데 내 마음이 시켜서 가는 것이지, 다른 누가 시킨 게 아니다. 이런 걸 설명하니 신주(神主), 정신이 주인 된 것이다. 형종(形從), 몸은 정신을 따라간다. 정신을 따라서 몸이 움직이니 정신이 주인이고 행동은 정신인 주인을 따른다. 그래서 神主形從이라 한다.

壬丙을 둘로 나누자면, 寒은 물(物)을 생각하는 마음이고 暖은 위(位)라고 해서 지위, 계급, 품위를 생각하는 마음이다. 壬水는 부자나 가난한 마음, 丙火는 지위나 명예를 생각하는 마음이니 둘을 합해서 부귀(富貴)로 설명한다. 丙火는 부자 마음, 壬水는 가난한 마음인데, 丙火는 지위를 높이고자 하는 마음, 壬水는 물질을 많이 갖고자 하는 마음이니, 寒이 슬퍼하면 물질 때문에 슬프고 暖이 슬퍼하면 신분이 낮아서 자존심이 상해서 슬프다. 그러니 丙火의 기운을 타고나면 '나를 무시했어' 하고 성질내니 丙火는 사람을 아랫것으로 보는 습관이 있다. 또 실용정신이 별로 없으니 丙火는 체면을 생각하는 선비정신을 고쳐야 한다.

丙火 壬水 둘이 만나면 지위와 재물을 동시에 취하고자 하는 마음이 있다. 만약 寒한 마음을 계속 가지고 있으면, 자기 마음이 가난에 찌든 것처럼 느껴진다. 그래서 자기 분수를 알고 세상 이치를 알아야 한다. '그래도 내가 누구보다는 가난하지 않구나' 하는 마음이 생겨나야 한다. 丙火도 그대로 두면 지위만 높아지려 하고 신분 상승만 추구하다 보면 자기는 늘 무시당하고 산다는 느낌을 받는다. 丙火가 왕한 사람들은 남들을 무시하면서 무시당하고 산다고 생각한다. 회장이 와도 '새끼, 돈이 회장이지 네가 인품이 되냐'라고 무시한다. 그런 마음을 자제하고 공평하고 평범한 세상의 이치를 아는 사람으로 만들어 주어야 한다.

인간은 분수를 깨닫고 남과 더불어 사는 공평함을 알아야 한다. 이것을 土가 세상을 알게 해 주고 나를 알게 해 준다. 壬水에 戊土가 들어가면 '다른 사람은 모두 부자고 나만 가난하다'라는 생각을 공평한 마음으로 자제시켜 준다. 제(制)는 '가지런히 자르다'라는 의미다. 철공장에 가면 용광로에 집어넣어서 달군 후에 다시 물에 집어넣어서 부는 것을 마름질이라 한다. '가지런하게 하다', '자제하다'라는 의미다. 자제를 통해서 분수를 깨닫게 하는 건 戊土가 해 주는 것이다.

戊土가 너무 많으면 해를 가려 버리니 치사한 인간이 된다. 壬水를 너무 구박하면 寒氣를 전혀 못 느끼니 가난해도 가난하다는 생각을 하지 않는다. 그러니 戊土는 적당해야 한다. 모든 것은 중화가 맞아야 한다. 가난한 마음을 자제해서 자기의 분수를 깨닫고 '내가 왜 가난하냐' 하고 마음을 평화롭게 만들어 준다. 戊土가 자제를 통해서 평화를 주지만, 너무 많으면 평화가 깨지고 너무 심하게 자신을 자제할 수 있다.

戊土가 너무 작으면 자제하려고 애를 써도 밤만 되면 성질이 나온다. 그건 亥子가 들어오기 때문이고 戊土가 작아서 丙火를 못 다스리면 점심시간만 되면 투덜거리느라 밥을 먹는지 담는지 모른다. 그래서 가진 게 가진 게 아니고 높은 게 높은 게 아니라는 것을 가르쳐 주는 것이 戊土다. 그러니 내가 만족의 범위를 알아야 가진 것이고 높은 것이란 걸 가르쳐 준다.

만약 戊土가 많아서 자제를 너무 많이 했으면 승도지명(僧徒之命)이라 해서 속세를 떠난 사람이 된다. 또 戊土가 너무 작으면 자제가 안 되니 자제를 하고 있는데 사기 전화가 오면 순식간에 보이스피싱에 걸리게 된다. 순간적으로 깜빡 잊고 당한 후에 왜 그랬을까 후회한다. 그러니 자제를 잘해야 한다. 戊土가 적다는 것은 壬水나 丙火가 너무 많다는 뜻이다. 왕쇠강약으로 壬水나 丙火가 너무 많아도 戊土가 막지 못한다.

만약 己土가 寒暖을 조율하면 알아차려서 조율하려는 것이 아니라 내 마음을 내뱉어서 조율하게 된다. 그러니 寒暖을 알아차려서 평화를 이루는 자제된 마음과 己土가 가서 己壬으로 壬水를 알아차리면 내가 주관적으로 알아차린 건데, 이는 壬水의 가난한 마음을 己土가 알아차려서 자제하는 게 아니라, 써먹기 위해 알아차린 것이니 가난한 마음을 이용해서 이득을 취한다. 壬水가 있고 己土가 있으면 자기가 가난한 마음이 되었으니 부자가 되려고 분수에 없는 욕심을 내니 '너 부자 될 수 있어' 하고 다가오니 기다리고 기다리던 마음이니 즉시 유혹을 당한다. 자기가 당할 수도 있지만 자기가 타인을 해먹기도 한다. 나쁜 말로 하면 가난한 마음을 이용하는 사람이 되고 가난한 마음을 가져서 이용당하는 사람이 된다. 그럼 객체가 되느냐 주체가 되느냐 알아야 한다.

만약 丙火를 戊土가 알아차렸다면 신분의 높낮이가 크게 중요하지 않고 마음의 품격이 중요하다고 느끼겠지만, 己土는 '사람이란 신분 상승에 대한 욕망을 가졌구나' 하고 그런 사람을 이용한다. 신분 상승의 욕구가 대단하니 즉시 己土가 丙火를 알아차리고 브로커가 될 수 있다. 그러나 반대로 자기가 당할 수도 있다.

첫째 壬水를 丙火가 조율하고 丙火는 壬水가 조율해서 寒暖을 고르게 해야 한다. 가난한 마음, 지위가 높은 마음을 조율해서 戊土로 중화를 이룬다면 세상의 이치를 아는 사람이 되고 실제로 중화를 이루었다면 이 사람은 진정한 선비가 될 수가 있다.

壬水가 丙火를 조절하고 丙火는 壬水가 조절하면, 한심한 사람이 될 수는 있지만, 성균관은 가지 못한다. '부자도 싫다, 지위도 싫다, 세상과 노닐겠다'가 壬水 丙火의 조율이다. 화성남자, 금성여자, 우주의 평화

이런 생각을 한다. 그걸 알아차려서 분수를 깨닫겠다면 평화로운 마음이 아닌, 己土가 가서 알아차리면 그런 사람을 이용하는 사람이 된다. 가난해서 돈 욕심을 내는 사람을 사용하는 인물이 된다. 이 사람에게 걸리면 갑자기 프랜차이즈 사업을 시작하기도 한다. 己土가 丙火를 알아차리면 지위와 신분이 높아지고 싶은 사람에게 속을 수도 있음을 알면 된다.

그럼 주체와 객체가 壬水에게는 辛金이 있는 사람, 甲木이 있는 사람, 丙火에게는 乙木이 있는 사람, 庚金(己庚)이 있는 사람이냐 없는 사람이냐에 따라, 가난한 마음(辛壬)을 이용하는 사람(己甲)이냐, 당하는 사람이냐를 구분한다. 있으면 이용하고 없으면 당하는 사람이다.

그러니 寒이란 가난한 마음을 조정하는데, 丙火를 통해 '돈이 중요한 것이 아니라 네 품격이 중요한 것이야' 하거나, 丙火의 높은 마음을 壬水기 가서 '품격도 좋지만 먹고사는 것이 최고야' 하고 둘이 조절해서 평화롭게 사는 방법이 있다. 내가 내 분수를 깨달아서 세상의 이치에 맞게 마음의 평화를 유지하는 방법이 있고 己土로 내 가난을 채우기 위해서 남을 이용하거나 내 지위를 채우기 위해서 남을 이용하는 마음이 있다.

첫 번째 壬水는 丙火가, 丙火는 壬水가 조율하고 두 번째는 戊土로 한(寒)한 임수를 자제해서, '가난한 마음이 아니라 마음이 부자면 되지', 丙火를 자제하면 '남들이 보는 건 중요한 게 아니고 내가 품격을 갖추는 게 중요하지' 하고 살면 된다.

壬水를 戊土가 조율하면 아껴 쓰면 된다. 백화점에서 살 것 아울렛에서 사면 된다. 丙火가 戊土가 조절하면 '지위가 높으면 뭔데, 지위 높은 사람들 별거냐, 내가 품격을 높이면 되지' 하면 된다.

이건 하나의 戊土가 壬水丙火를 자제하여 자기 삶에 대한 자긍심을 만드는 역할을 한다. 내 삶을 내가 귀하게 여기고 평화롭게 여기는 자긍심을 만들어 준다. 그 자긍심이 얼마나 높으면 깰 수도 없는 자긍심이라고 해서 戊土를 돈후(敦厚)라 한다. 두텁고 후(厚)하다. 그럼 말로 후덕하게 한다. 그렇지만 戊土가 너무 약해서 壬水나 丙火가 너무 많으면, 햇빛이 슬슬 삐쳐 나오니 '내가 별수 없이 이렇게 살아야지' 하다가도 백화점 한 바퀴 돌고 나면 성질이 나온다. 대개 午時와 子時만 되면 성질이 나온다.

己土로 조절하면 내가 가난한 마음을 벗어나기 위해서 스스로 자제하는 게 아니라 남의 걸 가지러 가게 된다. 그래서 부자가 되고 내가 신분이 낮은 사람이나 높은 사람의 마음을 이용해서 내가 또 취하게 된다. 이렇게 남을 이용하는 방법과 나를 이용하는 방법으로 戊己土를 나눈다. 어느 방법이 더 좋으냐? 하면 '너는 그거 해라, 나는 이걸 할게' 한다. 戊土는 항상 자제하지 못해서 미안한 마음으로 살고 己土는 항상 부족한 마음으로 산다. '더 해야 하는데 못 했다'이다. 이런 마음을 행동으로 옮긴다.

丙火를 壬水로 조절하거나 壬水를 丙火로 조절하는 걸 인본주의 마음이라 하는데 가장 힘들다. 본질주의 마음이라 한다. 戊土는 아(我) 나를 알다. 己土는 '내가 써먹을 대중들을 알다'이다. 丙火 壬水는 本을 알다. 근본을 알다. 그러니 戊土는 분명히 노는 사람이다. 己土는 실제 부자지만 사회적인 지탄을 받을 수 있다. 戊土는 가난한 사람이지만 남에게 피해를 준 적이 없다. 그러나 실제 화를 많이 내는 성질이 있다. '저 사람 저렇게 살아도 돼?' 하고 성질을 가끔 낸다.

 己土는 사람들의 동향을 알아야 한다. 책에서는 칭찬하지 않지만 실용적이고 戊土는 책에서는 칭찬하지만 道 닦은 사람이다. 너무 많으면 승도지명이다. 道란 아무것도 없는 세상으로 간다는 것이다. 壬丙은 화평한 사람이다. 己土 부자, 戊土 현실 인식, 壬丙는 통달한 자, 戊土는 지구를 통달한 자, 己土는 사람을 아는 자, 실제 실용에서 己土를 경영자라 한다. 戊土는 사람을 지도하거나 세상을 운영하는 사람이라 한다. 壬丙을 한심한 한량이라 한다.

 인간의 품성으로 따지면 壬丙, 戊, 己의 순이고 부자의 척도를 따지면 己 戊 壬丙이다. 壬丙을 얻으면 먹여 살려 줘야 하고 戊土는 온종일 잔소리다. 무엇이든 자제하라는 잔소리를 계속한다. 남녀가 둘 다 戊土가 있으면 둘 다 자제하는 것으로 싸움을 한다. 집안에 戊土가 너무 많으면 자제, 자제뿐이다. 己土가 많은 집안에 戊土가 한 사람이 있으면 혼자 꼰대가 된다. 己土가 볼 때 戊土는 바보처럼 보이고 戊土가 己土를 볼 때는 문제아처럼 보인다. 그런데 누가 많으냐의 문제이지, 각자의 개성이지 문제는 아니다.

 壬丙이 볼 때, 戊己를 보고 '다들 먹고사느라고 바쁘네?' 하고 평가는 하지 않는다. 己土가 있으면 남편을 일꾼으로 보면 된다. 戊土는 자제를 하고 살면 된다. 戊土가 있는 사람은 사람을 사람으로 보고 己土는 사람을 보면 '월급이 얼만데?' 한다. 戊土가 있는 사람은 항상 '사람을 봐야 돼' 한다. 그럼 돈은 누가 버나? 己土가 있는 사람은 조건을 본다. 壬丙은 '이 세상에 머무를 까닭이 뭐가 있다고' 하고 가면 안 온다. 己土가 너무 작으면 완벽한 사기꾼, 己土가 왕하면 정도는 지킬 줄 안다. 戊土가 너무 왕하면 道 쪽으로 막 간다. 이것이 寒暖을 조율하는 법이다.

壬水丙火를 土가 가만히 두면, 寒을 가만두면 얼어 터지니 재물손상이 되고 丙火를 가만두면 나무가 타서 죽으니 사람이 손상된다. 壬水가 너무 많으면 金을 관장하는 구역이니 재물이 손상된다. 부도가 난다. 丙火를 가만두면 이혼을 한다. 이런 생각을 하면서 봐야 한다.

사람 복이 없는 것은 丙火가 戊土가 없어서 사람이 타 죽었다. 壬水를 가만두니 동파(冬波)를 한다. 丙火는 사람 사는 길을 밝히고 壬水는 물건의 길을 밝히지만, 너무 지나치게 많으면, 사람이 죽고 물건이 죽는다. 그래서 따뜻한 기운은 사람을 키우고 차가운 기운은 물건을 단단하게 만든다. 따뜻한 기운은 인화 단결을 말하니 甲木 乙木이 붙어 있다. 金은 물건이 견고해야 한다. 견고하고 딱딱할수록 물건이 비싸다.

만약 壬水가 있는데 戊土가 있다면 재물 보존이 잘된다. 평생 잘 먹고 살 수 있다. 壬水에 己土가 있다면 보존보다는 악착같이 벌어야 한다. 壬水가 있고 己土가 있으면 버는 팔자, 壬水가 있고 戊土가 있으면

壬水를 막으니 보존이 된다. 지적재산권을 소유하게 된다. 壬水가 있고 己土가 있으면 버는 팔자이니, 지적재산권이 없으니 벌어야 하고 戊土가 壬水는 지적재산권을 가지고 있으니 보존이 된다. 그러니 戊土가 있으면 갑작스런 부자가 되거나 갑작스럽게 망하는 일은 절대 없다. 己土가 있으면 어느 날 갑자기 천금을 벌었다가 어느 날 갑자기 망하기도 한다.

丙火가 있는데 戊土가 있으면 사람이 보존되니 전체를 통솔하는 사람이다. 己土가 丙火가 있으면 사람을 나가게 한다. 사람을 물건으로 보니, 일 시켜 먹는 마음이 다르니 사람이 자주 바뀐다. 그런데 戊土 丙火는 한번 들어오면 안 나가니 수집해 놓고 안 쓰는 게 있다. 쓰레기도 모아 놓고 안 나가니 그대로 둔다. 戊土가 너무 많아서 수집광도 문제가 된다. 壬水 丙火, 戊土, 己土 속에는 1년 내내 해도 부족할 정도의 정보가 다 들어 있다. 壬水 丙火를 그대로 맞추기, 戊土로 맞추기, 己土로 맞추기, 이 모든 壬水 丙火가 첫 번째 근본을 이룬다.

계절이 바뀌어도 戊土 己土는 들어오지 않고 반드시 天干에 있어야 한다. 運에서 天干으로 戊己土가 들어오면 사람의 마음이 바뀐다. 사주에 壬水가 있고 戊土가 없다면 가난한 마음을 자제하지 못하고 '나는 왜 이렇게 가난해, 나는 왜 이렇게 가난해?' 한다. 그런데 運에서 戊土가 들어왔다면 가난한 마음을 자제하고 '내가 이만하면 되었지' 하는 마음이 생긴다고 생각하면, 인간을 너무 귀한 취급 하는 게 된다. 丙火나 壬水가 戊土를 만난다고 사람이 물건처럼 달라져 나올까? 의문을 품어 봐야 한다. 大運에서는 틀림없이 되겠지만 年運에서 될까? '왜 나한테 가난한 마음을 자제하라고 해?' 하며 성질만 부릴 것이다.

戊土가 丙火를 갑자기 누르면 '왜 내가 무시받고 살아야 하느냐'라고 절규를 할지도 모른다. 이런 마음으로 보면 그럼 大運도 믿기가 힘들다. 오히려 더 성질내지 않을까 하는 생각도 한다. 물론 丙火가 있고 大運과 年運에서 동시에 戊土를 만나면 나이가 많건 적건 자기 신분 상승 탈출 기회가 온다. 壬水가 戊土를 만났다면 가난을 벗어날 기회가 찾아온 것이다. 그러나 대운과 세운(歲運)에서 壬水가 己土를 만났다면 드디어 남을 써먹을 기회가 온 것이다. 그러니 戊土는 나를 써먹고 己土는 남을 써먹는다. 戊土는 밖을 알아보는 능력이고 己土는 나를 알아보는 능력이다.

■ 동양철학과 서양철학의 상대성

동양철학과 서양철학은 사물을 보는 관점이 반대이니 서양에서 戊土는 나를 보는 것이고 己土는 남을 본다고 한다. 동양철학은 1인칭은 안 되고 2인칭, 3인칭이 된다. 양면성을 인정하지 않으면 안 된다. 서양철학은 하루를 하나로 바라보지만, 동양철학은 하루를 둘로 나눈다. 한나절과 온종일이 다르다. 서양철학은 '죽어' 하면 죽으란 말이다. 동양철학은 '죽어 이 급살 맞을 놈아' 하면 정신을 차리란 말이다. 이렇게 동양철학과 서양철학이 다르다.

서양철학은 음식을 먹을 때 맛있으면 '맛있다'라고 하지만, 동양철학은 음식이 맛있어도 맛있다는 말은 하지 않고 '잘 먹었습니다, 고생했네, 애썼네' 한다. 예의범절의 표현방법이 다르다. 서양철학은 악수를 하거나 볼을 비빈다. 동양에서는 내 손을 내가 잡는다. 그리고 마음을 끄집어낸다. 상대를 높인다는 뜻이다. 철학사가 다르니 행동사도 다르다. 서양철학은 자유 선택의지 스타일이니 자기가 선택을 한다. 통치개념이 자유 선택을 독재로 한다. 서양철학은 자유의지로 선택하고 교육하지만 통치 수단은 독재이다. 神이란 것을 내려놓고 이 神을 절대 벗어나지 못하게 하면서, 자유 선택을 시킨다. 통치는 독재고 개인은 자유다. 선을 벗어나지 않게 한다. 그래서 믿는 자와 믿지 않는 자를 구분해서 서로 총칼을 맞대고 죽인다.

동양철학은 자유 선택을 금지하면서 통치는 선택에 맡긴다. 일본인들이 가장 많이 쓰는 말인데, 동양의 실용주의 사상은 일본에 가 있고 생성(生成) 사상은 중국에 있는데, 우리는 그 길 가운데에 가 있다. 명령과 복종은 운명으로 결정되어 있으니 선택할 방법이 없다. 그러니 편하다.

그런데 주인을 잃었을 때는 선택을 스스로 해야 하니 사무라이 시대에서 명치(明治)시대로 넘어가는 중간에 낭인(浪人)들이 물러나고 명치유신(明治維新) 중간에 나온 말인데, 주인이 없으니 결정을 내가 하고 명령은 내가 나한테 해야 하니 갈 길을 잃는다. 스스로 선택하지 못한다. 명령과 복종으로 선택된 삶을 살다 보니 자기가 결정할 일이 없으니 너무 편하다. 그렇다가 주인이 사라졌으니 내 갈 길을 내가 스스로 선택을 해야 하니 자유 선택 논리에 너무나 힘이 들다.

그러나 서양 사람들은 조금도 생각할 필요가 없다. 神이 시킨 것이니 독재다. 그러면서 자유롭게 하면서 독재를 하니 독재의 범위가 좁아졌다. 동양에서는 복종을 가르치면서, 통치는 네가 와서 각자 해라. 전 인민의 무장화, 전 인민의 계급화이다. 연대장이 죽으면 대대장이 해야 하고 대대장이 죽으면 중대장이 해야 한다. 이렇게 자유로운 선택을 각자가 해야 한다. 자유는 동양이 많지만, 통제는 서양이 많다. 그래서 동양철학과 서양철학은 정반대로 되어 있다.

먹는 것도 서양은 물을 빼서 먹고 동양을 물을 들여서 먹는다. 서양은 구워서 먹고 동양을 숙성을 시켜서 먹는다. 서양은 국물 있는 음식이 별로 없다. 서양에서는 비가 많이 오는 것을 노아라 하고 그것을 피해 가는 걸 방주라 한다. 동양에서는 비가 많이 오는 것을 홍수라 한다. 홍수를 피해 가는 법은 없다. 비가 많이 왔을 때 서양은 방주가 있으니 무슨 어려운 일이 있을 때 피해 가는 방법이 있다. 방주로 가면 되는데 동양은 천재지변이 발생했을 때 피해 가는 방법을 연구하지 않았다. 그럼 천지지변을 인정하면 된다.

동양은 氣가 만들었으니, 자연이 우리를 만들었으니, 자연이 가져간다는데 그냥 주면 된다. 홍수란 비가 많이 왔다는 말이 아니라, 홍수라는 神이 있다. 클홍(洪) 자이다. 神의 이름이다. 가장 많이 쓰는 홍수도 가장 흔히 나오는 神의 이름이다. 단어 하나마다 神들의 이름으로 되어 있다.

寒 춥다. 가난한 마음이다. 暖 따뜻하다. 신분을 높게 하고 싶은 마음이다. 부자 마음, 지위 마음, 둘이 만나서 해결하는 방법이 있고 戊土를

만나서 해결하는 방법이 있고 己土를 만나서 해결하는 방법이 있다. 이런 것들을 삶에 적용시키는 것들이 마음이고 공부하는 것은 학술이다.

天干에 丙火도 壬水도 없는 사람도 있고 壬水 丙火가 있는 사람도 있다. 丙火나 壬水 하나씩 있는 사람, 2개 다 있는 사람, 2개 다 없는 사람이 있다. 丙火 壬水가 있는 사람의 마음은 가난한 마음이나 지위가 높아지고 싶은 마음을 가지고 있다. '이런들 어떠하리, 저런들 어떠하리'가 아니다. 있으니 우울증도 쉽게 걸릴 수가 있다.

丙火 壬水가 있으니 戊土로 막네, 己土로 막네 하지만, 丙火 壬水가 없으면 아무 일이 없다. 없으면 신분 상승이든 가난한 마음이든 그런 마음이 없는 것이다. 없다고 하는 장점도 있고 있다고 하는 단점도 있다. 天干에 戊土가 있을 수도 있고 없을 수도 있는데, 戊土가 있으면 잘해야지, 잘해야지 하다가 나중에 옹심(擁心)이 생긴다. 울화병의 원인이 될 수가 있다. 항상 戊土가 있는 사람들은 "말 못 할 일이 있었어", "당신이 나를 알아?" 이런다. 戊土가 없는 사람은 그냥 지나갔는데 어제 일이 생각이 안 난다. 그러니 恨이 줄어든다. 戊土가 있는 사람은 늘 자제를 하니 반대말은 恨이다. 자제를 너무 해서 恨이 생겼다. 화가 난 것은 절대 잊어 먹지 않는다. 이 속에 오묘한 철학이 들어 있다.

己土가 있으면 남을 써먹는데, 없으면 남을 어떻게 써먹는지 모르니 자기가 써먹음을 당한다. 戊己土가 없으면 이용을 당한다. 그럼 이 사람은 징크스가 생긴다. 자기만의 노하우나 징크스가 있다. '자라 보고 놀란 가슴 솥뚜껑 보고 놀란다' 자기만의 억울하게 당한 이미지를 구성한다.

■ 巳午월의 丙火와 亥子월의 壬水

巳午月이나 亥子月은 戊土가 막아야 하는데 잘 막을 수 없으니, 己土로 써야 할지 戊土로 막아야 할지 알지 못한다. 그러니 巳午月과 亥子月 生이 戊土만 있고 己土가 없으면 써먹지 못하니, '다른 사람들은 다 써먹는데 나는 써먹지 못한다'라고 불평한다. 있는 것과 없는 것의 차이가 있으니 좋다, 없으니 나쁘다가 아니라, 있어서 나쁠 수도 있고 없어서 좋을 수도 있다. 없어서 인식하지 못할 수도 있고 있어서 인식하게 되니 힘든 것이 더 좋지 않을 수도 있다.

부인은 戊土가 있고 남편이 己土가 있으면, 남편은 잘 벌어 오고 부인은 보전을 잘한다. 거꾸로 부인에게 己土가 있다면 물이 흘러나갔으니 나가서 일해야 한다. 남편에게 戊土가 있으면 선비처럼 자제해야 한다. 돈 버는 걸 자제한다. 이런 문제가 있다. 己土는 잘 벌어 온다. 戊土는 자제를 통해서 자기 능력을 꾸준히 만들어서 유지한다. 있을 수도 있고 없을 수도 있는데, 없는 것에 대해서 너무 서운해하지 마라. 天干에 壬水丙火가 있으면 戊土 己土를 따져야 한다. 그러나 壬水는 亥子 구역에 살고 丙火는 巳午구역에 사니 이때는 戊土 己土만 있는 게 아니라, 己土가 있으면 남을 써먹는다. 戊土가 있으면 나를 써먹는다고 생각해라.

亥子월에 출생해서 戊己土가 없으면 자기 능력을 다 쓰지 못한다. 환경이 亥子인데도 남을 부려 먹지 못한다. 환경은 좋으나 나도 내 능력을 다 못 써먹고 환경도 다 이용하지 못하는 사람이다. 巳午月에 태어나서 戊土가 있으면 내 능력을 만들어 써먹고 己土가 있으면 남의 능력을 이용해서 써먹어야 한다. 그럼 巳午月 生에 天干에 丙火가 있으면, 자기가 능력을 만들어 자기가 써야 하지만, 남을 써먹지 못하니 이 사람은 己土가 없는 게 恨이 된다. 戊土가 있는 사람은 己土가 있기를 원하고 己土가 있는 자는 戊土가 있기를 원한다.

6.
天干의 기운과 한난(寒暖)의 기운

■ 오행을 궁리(窮理)하는 방법

　물건이 나오는 것을 우선으로 할지, 물건이 나오기 전에 기운이 흘러가는 것을 우선으로 할지 먼저 결정을 해야 한다. 오행의 순서를 궁리할 때 추운 겨울은 가을로부터 오는 것인데 계절 순서로 할까? 기운이 생성된 순서로 할까? 물건을 위주로 하지 않고 기운이 흘러가는 순서로 하면 기운에 따라 물건이 나온다. 그럼 기운의 생성순서로 할까? 봄, 여름, 가을, 겨울이란 계절의 이미지로 할까? 결정해야 한다.

　木이란 물건이 나오게 전에 水라는 氣가 있는데 동양철학은 여기서부터 시작이다. 명리학은 木火土金水부터 시작한다. 동양철학에서는 水火木金土라고 한다. 水火가 木을 만들고 金을 만든다. 木金을 만드는데 土가 모두 포함된다고 하는 것이 동양철학이다. 공부할 때 물건이 나왔는데 木火土金水부터 공부를 할래? 水火木金土로 할래? 이다. 명리학이 탄생하기 이전에 東洋哲學이 있었는데, 거기에 익숙한 자들은 木火土金水를 하지 못했다. 木이란 물건이 나왔다. 이것이 출생이다. '그럼 어떻게 살아야 해?'가 木火土金水이다. 그러나 水火金木土는 기운이니 세상의 기운이 돌아다니는데, '내가 저 기운을 언제 가져다 쓸래?' 하는 것이 시점이다. 水火金木土도 좋지만, 물건이 나온 실제 순서대로 한다면 木이 먼저이니 水火木金土라 해야 하지만, 나중에 상극의 순서는 水火金木土가 된다. 이렇게 외우면 나중에 도움이 된다. 이것을 상승(上昇)이라 하고 상생이라 한다. 나중에 상극이란 용어로 바뀌게 된다.

풀이나 꽃이 있는데 물을 주어서 잘 키우는 것을 상생이라 한다. 그러니 나무는 水로 키워야 한다. 木火土金水 하면 木 바로 옆에 水가 있다. 그런데 나무를 불로 데워서 죽이려 하면, 죽지 않고 물을 더 많이 빨아 먹는다. 그래서 더 잘 큰다. 이것을 상생이라 하는데 물론 木이 죽을 수도 있다. 땅이 있고 그 속에 나무의 씨가 들었는데, 물을 잘 주어야 나올까? 햇빛을 주어야 나올까? 이 논쟁을 끝없이 하다가 천년 후에 둘 다 있어야 한다고 결론이 나왔다. 물도 주고 햇빛도 쬐어야 한다고 해서 수회기제(水火旣濟)라 한다 현대 동양철학은 둘 다 있어야 木이 큰다는 것이다. 땅에 보면 나무도 있고 돌이 있는데, 물과 불이 둘 다 필요하다고 했으니 물건을 물에 집어넣고 불로 끓이거나, 불에 집어넣고 달구어서 물에 다시 집어넣으면, 땅에서 나무가 나왔듯이 쓸 만한 물건이 나온다.

물건은 木의 종류와 金의 종류인데, 나무를 물에 넣고 불로 끓이고 金의 종류는 불에 넣고 달구어서 물에 넣어서 각종 물건을 만들고 한다. 나무는 물에 넣어서 불로 끓여서 옷도 만들고 종이나 먹을 것도 만드니, 이것이 하늘과 땅이 합작한 걸 알아서, 인간이 이렇게 만든 것이다. 唐나라 시절에 이렇게 하는 것이라고 나왔다. 물론 그전에 유럽 쪽에서 연금술사라는 말이 있었는데 이 말은 메소포타미아에서 나온 말이다. 그때부터 이런 기술은 있었는데 이론화를 시키지 못했을 뿐이다.

그럼 金을 만들든, 木을 만들든 水火가 필요하다. 그래서 水火는 온도와 습도가 된다. 온도는 뜨거운 온도와 차가운 온도가 있고 濕度란 대기 중에 포함된 수증기의 양(量)을 말하는데, 온도의 높낮이에 따라 변하는 것을 포화(飽和)습도라 한다. 일단 습도가 65% 이상이면 습도가 높다고 하고 60% 미만이면 습도가 낮다고 한다. 그러나 습도 0%란 존재하지 않는다. 여기는 지구이기 때문이다. 화성에 가면 습도 0%가 존재할지 몰라도 지구에는 없다. 지구에는 물이 존재하므로 濕度가 0이라는 건 말이 안 된다. 온도에 의해 습도가 올라갔다 내려갔다 한다. 그럼 습도를 자꾸 만들어 놓으면 지구가 포화되어서 터지겠네? 이런 걱정은 하지 않아도 된다. 왜냐하면 일정한 부피와 일정한 질량만이 항상 존재하기 때문이다. 일정한 온도가 지구에 존재하니 망할 염려는 하지 마라. 지구는 항상 일정한 온도와 일정한 습도를 유지해야 한다. 이 온도와 습도가 빠져나가지 못하도록 막아 주는 역할을 하는 게 대기권이다.

대기권이 하는 일은 온실효과를 일으킨다. 水星에는 대기권이 얕다. 그러니 태양이 뜨면 水星이 부글부글 끓어 온도가 상승한다. 그리고 태양이 수성의 반대쪽으로 가면 열이 다 빠져나간다. 그럼 온도가 저장이 안 되니 태양이 수성의 반대편에 있을 때는 얼음이 언다. 그리고 水星은 온도가 없으니 빛이 반사가 안 되므로 보이지 않는다. 그래서 水星

이 눈으로는 거의 관찰되지 않는다. 그리고 水星은 퍼지는 특징이 있다.

그리고 金星은 대기층이 매우 두껍다. 태양에서 빛이 들어오면 열을 받는데, 열이 빠져나가지를 못해서 빛이 반짝반짝 빛난다. 그래서 샛별이라 한다. 지구에서 볼 때 가장 빛나고 크다고 해서 태백이라 한다. 그렇듯이 지구도 적당한 온도와 습도를 유지시켜 주는 대기층이 있다. 지구를 감싸서 온도를 보존해 주는 걸 土라고 한다. 그런데 바람을 막아 주는 벽(壁)도 土라고 한다. 최고의 벽은 땅이다. 땅속의 온도 습도를 유지해 주기 때문이다. 논은 물을 담아서 유지한다. 그러니 계속 보충을 해 주어야 하지만, 밭은 고랑을 높이 올려서 습도를 유지한다. 그래서 땅은 온도와 습도를 보존시켜 주는 최고의 벽이다.

우리는 옷을 2개를 입고 있다. 대기란 옷과 땅이란 옷을 입는데 벽도 土라고 한다. 그래서 戊土를 지구의 土, 己土를 우리가 밟고 있는 벽과 같은 土이다. 戊土와 己土는 온도와 습도를 조정하는 것이다. 나중에 戊土가 하는 일과 己土가 하는 일을 별도로 공부해야 한다. 지구에 있는 모든 걸 알고 있는 건 戊土고 온도가 올라갔다 내려왔다 하고 지구 중에 물건들이 들어왔다 나갔다 한다. 온도는 戊土에게 물어보고 습도는 己土에게 물어봐라. 만물이 들어갔다 나왔다 하는 것은 온도에 의한 습도 때문이다. 그러니 己土는 습도조절, 戊土는 온도조절이다. 그러니 습도에 의해서 만물이 들어왔다 나갔다 하는 것이다. 모든 형체를 띤 것이 들어갔다 나왔다 하니 이 만물을 형(形)이라 한다.

그다음에 온도는 사람에게 정신이 되고 만물에게는 쓰임이 되어 준다. 만물은 쓰임이 있는데, 그 만물의 쓰임을 파악하는 것으로 戊土가 쓰인다. 만물의 쓰임을 보는 건 온도이다. 己土는 습도를 조정하니 기감(氣感)이 좋다. 戊土는 영감(靈感)이 좋다. 戊土는 神, 정신을 알아차린다.

木火土金水는 상생이라 한다. 水火金木土는 상극이라 하는데 상승작용을 말한다. 나무는 잘라야 잘 크지, 계속 물만 주면 상승이 안 되고 죽게 된다. 상승과 상극과 상생은 트라이앵글처럼 살고 죽는다. 상극에서 뚝 떨어지면 치료, 상승이 뚝 떨어지면 취직이라 한다.

첫째 戊土는 온도를 조절하고 己土는 습도를 조절하고 戊土는 정신을 조절하고 모든 물건의 쓰임을 알게 해 준다. 물건을 직접 만질 필요는 없고 쓰임만 알면 된다. 그럼 저 사람은 어디다 쓰는 사람인지 파악할 줄 안다. 그 대신 몸을 쓸 줄은 모른다. 나중에 마음이 아프다고 하면 戊土고 몸이 아프다고 하면 己土 이야기이다. 몸의 상처는 己土가 더 받고 마음의 상처는 戊土가 잘 받는다.

그럼 土에 맞추어서 온도는 壬水, 丙火라 한다. 오행으로는 水火라 한다. 하늘에서 임무를 내려 주었다. 壬水에게 너는 사람을 다스려라. 丙火에게는 지구에 딱딱한 나무가 나오니 지팡이를 만들어라. 丁을 지팡이 정, 丙은 자루 柄이라 한다. 壬水 丙火인데 任水에게 사람을 다스리는 임무를 주었고 柄에게는 물건을 다스리는 임무를 주었다.

그러니 丙火는 지구에서 물건을 만들어야 한다. 壬水는 만들어진 물건을 사람이 쓰게 해야 한다. 사람이 물건을 쓰게 하는 걸 말한다. 丙火는 물건을 만들러 왔는데 높은 온도를 들고 왔다. 丙火는 높은 온도, 壬水는 낮은 온도이다. 온도가 높으면 물건이 부드럽고 낮은 온도는 물건을 딱딱하게 만든다. 그래서 壬水는 온도가 낮고 丙火는 온도가 높다. 그러나 지나치게 높으면 불이 나고 지나치게 낮으면 얼어붙으니 조절을 해야 한다. 壬水를 막아서 지나치게 온도가 낮아지지 않게 하는 것을 지구의 기운인 戊土의 보온이라 한다. 丙火가 너무 높으면 乙木이 다 타니 戊土의 보온작용으로 낮은 온도로 떨어뜨리는 게 아니라 일정한 온도로 유지를 시켜 준다. 낮은 온도로부터 보온은 壬水, 높은 온도로부터 보온이니 丙火이다.

그럼 壬水는 사람들이 물건을 잘 알아서 쓰도록 유도를 한다. 丙火는 높은 온도를 사용해서 물건을 만든다. 그런 후에 물건이 나오면 사람이 물건을 잘 써야 하니, 壬水가 낮은 온도를 사용해서 냉정하게 판단해서, 丙火가 쓸데없이 많이 만든 것 중에서 하나만 쓰게 한다는 뜻이다. 그래서 임수는 임무라는 뜻이고 丙火는 물건을 만든다는 의미다.

癸水의 습도라 한다. 땅인 己土가 일정한 온도의 높낮이에 따라 습도를 조정한다. 온도가 높으면 습도가 올라가고 온도가 낮으면 습도가 내려가고 높은 온도와 낮은 온도가 부딪치면 비가 온다. 낮은 온도에서 높은 온도로 막 올라갈 때 비가 온다. 낮은 온도가 높은 온도를 괴롭히면 폭풍이 온다. 바람을 동반한다. 높은 온도가 낮은 온도를 공격하면 천둥 번개가 발생한다. 뇌성이 발생한다. 번개와 천둥이라 한다. 뇌성벽력이란 말은 아니다. 낮은 온도가 높은 온도를 공격하는 시기는 양력

8월경인데, 이때 높은 온도가 성질을 부리는데, 높은 온도는 퍼지는 속도가 있으니 바람을 몰고 다닌다. 그것을 남태평양 열대성 폭풍이라 하며 우리는 이를 태풍이라 한다. 낮은 온도가 높은 온도를 공격하면 그렇다. 그럼 丙火란 높은 온도를 壬水가 가서 공격하면 폭풍이 일어나고 낮은 온도를 높은 온도가 공격하면 뇌성이다. 이런 것이 무슨 차이인지 알아야 한다.

壬水를 유통이라 한다. 물건을 전한다. 사람들에게 물건을 판다. 동양철학에 壬水는 사람을 위한다고 했는데, 명리학에서는 壬水가 물건을 취급한다고 했다. 이는 실용철학과 가설철학이 다르기 때문이다. 땅이 습도를 머금는데 습도가 빠져나가지 못하게 온실로 하우스도 하고 솥뚜껑도 닫는다. 정신이 이상한 사람을 다루는 법과 몸이 이상한 사람을 다루는 법이 다르듯이, 라면은 뚜껑을 열고 끓이지만, 밥은 뚜껑을 닫고 짓는 이치이다. 이런 걸 아는 것이 壬水이다. 그리고 그걸 癸水에게 지시를 한다.

丙火가 물건을 아는데 丁火에게 지시했다. 내가 물건을 키울 테니 네가 물건을 만들어라. 壬水는 내가 사람에게 필요한 게 무언지 알아 올 테니, 癸水 네가 가서 만들어라. 그러니 물건은 癸水와 丙火가 만든다. 온도와 습도가 만나서 서로 상의를 하며 작업한다. 그래서 습도를 癸水와 丁火라 한다. 癸水는 습도가 높다. 丁火는 습도가 낮다. 이 습도가 높고 낮은 것이 왜 중요하냐 하면 물건을 저장했다 뺐다 하니 물건이 중요하기 때문이다. 땅에서 씨를 저장했다가 싹이 솟아오르니 丙火가 키우게 된다. 그러다가 나무 위에 씨가 열리니 떨어지지 않게 잘 보관

해야 한다. 곧 추워지니 씨앗을 잘 저장해야 한다. 밤껍질을 쌓듯 싸는 것도 己土고 옷을 껴입는 것도 己土이다. 己土가 濕度를 조율한다. 丁火는 지나치게 습도가 낮아지지 않도록, 癸水는 지나치게 습도가 높아지지 않도록 조절하는 게 己土다. 癸水는 물건을 만든다. 丙火도 물건을 만든다. 丙火는 온도로 만들고 癸水는 습도로 만든다. 습도를 점점 높여 가면서 만드는 것이다.

壬水는 물건을 사람이 잘 쓰게 만든다. 癸水와 丙火는 사람이 잘 쓰든 안 쓰든 그냥 만든다. 풀과 벼를 구별하지 않는다. 개와 사람을 구분하지 않고 다 키운다. 그럼 사람에게는 안 좋다. 그래서 丙火와 癸水가 있는 사람의 논에 가 보면 벼와 피가 50%씩 있다. 壬水가 보면 癸水 丙火의 이름을 천하에 제일 게으른 사람이라 하지만, 癸水와 丙火가 인품으로는 최고이다. 丙火가 교장 선생이라면 1등 하는 학생과 꼴찌 하는 학생을 구분하지 않고 같이 앉혀서 공부를 시키니 모두 똑같아진다.

壬水는 사람에게 필요한 걸 해라. 그러니 癸水가 물건을 만들지만, 丁火는 습도를 낮춰 가면서 사람에게 필요한 물건만 만든다. 癸水는 습도를 높여 가면서 다 키우니 아무한테나 가서 붙는다. 丁火는 濕度가 낮으니 필요 없는 건 잘라 내면서 키운다. 마루를 닦을 때는 젖은 걸레로 닦아야 잘 닦이지만, 마당을 쓸 때는 마른 빗자루로 쓸어야 잘 쓸린다. 그러니 濕度가 낮은 곳에서 키운다고 하면, 안 좋은 것만 키우게 된다. 마당을 젖은 빗자루로 쓸면 안 좋은 것만 붙는다. 안 좋은 것만 키운다는 것과 같다.

丁火는 습도를 낮추어서 사람에게 필요한 물건을 만들어 낸다. 壬水와 丁火는 사람에게 필요한 걸 내고 癸水와 丙火는 모두에게 필요한 걸을 낸다. 壬水와 丙火는 온도로서, 癸水와 丁火는 습도로서, 壬水와 丙火는 생각으로서, 癸水와 丁火는 행위와 실무로서 내놓는다. 실제 행위를 함으로써 내놓으니 생각과 행동이다.

만약 癸水가 있는데 己土가 없다면, 濕度가 한없이 높아져서 물건을 키우는 것이 아니라 물건을 물러 터지게 만든다. 속담에 예쁜 사람은 매 한 대 더 때리고 미운 사람은 밥 한 숟가락 더 주라고 했다. 계속 밥을 주면 죽어 버리니 조절을 해야 한다. 丁火도 己土가 없으면 습도가 계속 말라 버려서 죽어 버린다. 그러니 조율을 해야 한다. 그 조율 때문에 命理가 힘들어진다.

丙火는 물건을 만들고 癸水도 물건을 만든다. 丙火는 온도로 癸水는 습도로 만든다. 丙火의 온도가 지나치면 물건을 만들다 죽이니, 戊土로 조율을 해야 하고 癸水가 또 濕度가 너무 지나치게 많으면 물건이 물러 터져 죽는다. 딱 달라붙어서 독립하지 못하니 己土로 조율해서 독립하게 한다. 壬水는 사람에게 필요한 물건을 만든다. 그런데 壬水가 戊土가 없으면 먹을 것을 구하러 산으로 보냈는데 戊土가 없으니 사람에게 필요한 것이 무엇인지 모르니 딸기를 따 오는 게 아니라 가시를 따다 주는 것과 같다. 戊土가 없으면 사람에게 필요한 게 무언지 모르는 것이다.

壬水는 있는데 戊土가 없는 사람을 만났다면 쌀과 보리쌀을 구분하지 못하는 사람과 같다. 그래서 개에게는 부드러운 소고기를 주고 시아버지한테는 질긴 고기를 끓여 준다. 또 친정아버지는 치아가 약하니 부드러운 것을 먹어야 하고 시아버지는 이가 약하니까 단단해지라고 질긴 것을 준다.

癸와 丙, 水火가 봄여름에 만나서 만물을 키우니 生長이라 한다. 낳고 기른다. 잡초나 알곡을 가리지 않고 다 기른다. 다 기르니 인자한 분이라 한다. 어질 인(仁), 어진 사람이라 한다. 그럼 丁火와 壬水는 다 키우면 안 되니 필요한 것만 채취해서 써야 한다. 쓰지 못할 사람은 버려야 한다. 그럼 귀양 보낼 사람, 사형을 받을 사람, 감옥 갈 사람, 이렇게 셋으로 구분한다. 丁火를 成이라 하고 壬水를 멸(滅)이라 한다. 구분해서 필요한 곳에 써야 한다. 그래서 壬水를 머리가 잘 돌아갈 지(智)라고 한다. 癸丙은 어질다. 仁, 배우자를 만난다면 머리 좋은 사람과 어진 사람 중에 어느 쪽을 택할까? 서로 장단점이 있다. 丁壬은 쓸 것과 못 쓸 것, 구분을 잘해서 쓸데없는 낭비가 없으니 좋긴 하지만 본인이 당해 봐야 안다. 슬기 지(智)의 머리글자는 화살 맞아 죽을 矢자다. 활 궁(弓) 자와 같은 의미다. 그러니 한번 당해 봐야 안다.

癸丙도 사람을 죽인다. 너무 잘해 줘도 사람이 미친다. 못해 줘야 말이 통하는데 잘해 주니 무슨 말이 통하나? 너무 잘해 주면 아무것도 안 된다. 규율도 안 선다. 그러니 癸丙은 무조건 전부 키운다고 생각하면 된다. 丁壬은 秋冬節에 하는 행위이고 春夏節은 모두를 공정하게 대하는 인품이 있어야 하고 秋冬節은 필요와 불필요, 무용(無用)과 유용(有用)으로 구분한다. 土가 양쪽을 조절해야 한다. 戊土는 정신적인 부분을 조율하고 己土는 물질적인 요소를 조율한다. 그래서 土를 감지 기능이라 한다. 戊土는 정신을 감지하고 己土는 물건의 용도를 감지한다. 戊土가 있는 사람은 상대방의 정신이나 영감(靈感)을 감지하려는 특징이 있고 己土는 물건의 움직임을 감지하려는 특징이 있는 것이다.

戊土는 壬丙의 정신을 감지한다 했고 己土는 癸丁인 물건을 감지해야 하는데, 丙火의 정신을 己土가 감지하거나, 혹은 癸丁을 己土가 하지 않고 戊土가 감지를 하는 경우가 있다. 癸丁의 물건을 정신으로 감지하니 문제가 있다. 국화꽃이란 물건이 있는데 戊土가 꽃을 감지했다면 아름답다. 마음이 훈훈해졌다지만, 己土가 감지했다면 저걸 말려서 국화차를 만들면 몸이 따뜻해지겠구나, 이렇게 戊己土는 인간에게 인식의 틀이 되는데, 모든 사물을 내가 어떻게 인식하느냐, 기쁨으로 인식하느냐 슬픔으로 인식하느냐? 물건으로 인식하느냐, 생각으로 인식하느냐? 하는 인식의 틀이 된다.

戊己土는 동양철학으로 보면 세상을 바라보는 세계관의 다름으로 나타난다. 지구 밖의 평화로운 모습의 우주관과, 우리가 바라보는 현상계의 세계를 세계관이라 하는데, 인식이 달라지면 세계관이 달라진다. 인식을 어떻게 했느냐에 따라 다르다. 예쁜 여자를 바라보려면 己土, 좋은 여자를 보려면 戊土이다. 가령 미스코리아 심사위원을 하려면 己土가 가서 모양을 보고 戊土가 가서 심상도 봐야 하니 둘 다 필요하다. 예쁘기는 한데 성품이 아름답지 못하다면 떨어뜨려야 한다. 土는 이런 인식의 틀을 담당한다.

습도가 높으면 몸이 아프고 바이러스가 나온다. 또 습도가 지나치게 낮으면 바이러스가 없는 대신 근육조직이 안 좋으니 신경통이 걸릴 수 있다. 이런 질병도 여기서 찾아야 한다. 지나치게 젖어도 안 되고 지나치게 말라도 안 되니 습도가 인체에 미치는 영향이 매우 예민하다.

뜨거운 丁火의 열기와 뜨거운 땅이 만난 것을 화로(火爐), 색깔이 붉다고 해서 홍로(紅爐)라 한다. 사람에게 중요한 인체의 화로는 배꼽에 있다. 癸水의 己癸를 땅과 물이라 하니 윤택(潤澤)이라 한다. 연못, 논밭이라 한다. 윤택한 땅이라 한다. 이는 머리, 뇌(腦)에 해당된다. 용어로는 지혜로움, 지식 등을 주관한다. 丁火는 힘을 주관한다. 홍로(紅爐)는 힘이다. 동양철학에서는 지금도 癸水가 우선이냐, 丁火가 우선이냐 싸우고 있다. 그러니 癸水에서 인간의 근본이 나온다는 주장과, 紅爐란 화로에서 熱이 모든 운명을 주관한다고 지금도 싸우고 있다. 癸水로 주관하는 것을 인격화시키니 己癸를 성(性)이라 한다. 心性이라 한다. 그러니 癸水는 己十를 만나면 심성이 좋은 사람이 된다. 모든 걸 정신적인 발로로부터 시작한다. 생각으로부터 모든 게 시작된다.

己丁은 화로이니 격물(格物)이다. 물건을 보고 심상(心象)이 시작된다. 물건을 보고 어디서 시작이 되었나, 쓰임을 조사하는 것이다. 사람은 물건이 아니다. 癸水는 사람을 보는 것이고 丁火는 물건을 보는 것이다. 그럼 사주 天干에 丁火가 있으면 물건을 보는 시각이 크다. 그 사람이 학교 선생이라면 물건 선생을 해야 하니 특기생 예체능이라 한다. 癸水는 인품이나 정신적 가치관을 주관한다. 丁火가 있다고 인품이 나쁘다는 의미가 아니고 癸水가 있으니 사람이 좋다는 의미도 아니다. 그렇게 인도가 되었다는 의미다.

丙火는 온도, 壬水도 온도인데 둘 다 실제가 아니라 정신이지만, 丁火 癸水는 실체인 것이다. 그러니 壬水 丙火는 사상을 본다. 丁火 癸水는 행동을 본다. 그러니 丙火는 癸水를 일으켜야 실제가 나오고 壬水는 丁火를 끌어야 물건이 나온다. 생각과 행동이 나온다. 丙火의 키우는 기운과 계수의 낳는 기운이 모여야 실제가 나온다. 또 壬水의 파는 기운은 丁火의 생산 기술을 만나야 물건을 만들고 파는 행동이 된다.

癸水는 다 키워도 己土가 없으면 왜 키우는지 모르고 키운다. 癸水가 없고 己土만 있으면 다 키우자고 했으나 행동을 안 했으니 사상가라 한다. 癸水가 다 키워서 甲木이 나왔다. 이것을 '낳다'라고 한다. 癸水 丙火에게 계란을 맡겨 놓으면 계란프라이를 하지 않고 병아리를 부화한다. 이런 癸水 丙火가 있는 할머니가 있으면 보릿고개 때 밥을 안 준다. 씨앗이니 먹으면 안 된다고 해서 굶어 죽는 것이다. 그리고 丙火는 다 키우자고 했으니 乙木이 나왔다. 癸水 丙火 甲木은으로 낳는 기운이 되고 丙火 癸水 乙木은으로 키우는 기운이 된다. 병화는 모든 것을 다 키우는 기운이고 임수는 쓸 만한 것만 응결(凝結)하는 기운이다.

만약 회사가 있는데 丙火에게 맡길까, 壬水에게 맡길까? 당연히 壬水에게 맡겨야 한다. 그런데 학교 교장 선생이라면 丙火여야 한다. 만약 壬水가 학교 교장이라면 특수반도 만들고 못쓰는 학생은 화장실 청소도 시키고 한다. 癸丙에게 네가 죽음으로써 조직이 산다고 해도 아무도 죽지 않으려 한다. 모두가 크자고 했으니 여기는 희생양이 없다. 누구도 희생하려 하지 않는다, 다 같이 살자고만 했으니 어질 인(仁) 자는 급할 때는 써먹지 못한다.

사람의 운명이 春夏節 癸丙으로 태어날 사람이 秋冬節에 가 있거나, 丁壬으로 秋冬節에 태어날 사람이 春夏節에 가서 나면 안 된다. 회사에 부실한 사람은 잘라야 하는데 그런 일은 壬丁으로 해야 하고 뽑는 일은 丙癸를 해야 한다. 부인이나 남편은 癸丙을 만나면 좋겠지만 장단점이 있다. 壬水와 丁火의 필요한 것만 기르자고 해서 庚金이 나온 것이다. 끈덕지게 견디고 늘어질 사람을 말한다. 필요한 것과 견뎌 내는 것만 골라내는 작업이다. 성숙시키기, 필요한 것만 익히기이다.

■ 土의 인식기능

요즘은 모든 일을 사람이 인공으로 보호하고 씌우는 것이니, 사람을 잘못 만나면 인생 끝나는 것이다. 한신(韓信)도 다 잘하고 마지막에는 사람을 잘못 만나 맞아 죽었다. 그럼 壬水가 丁火와 만나서 필요한 것만 생산하고 응결함으로써 辛金이 나왔다. '따 오다. 채취해 오다. 가져오다.' 성숙된 것을 따 오는 것이다. 그런데 壬水와 丁火가 아무리 작전을 짜 봤자, 壬水에게 戊土가 없거나, 丁火에게 己土가 없으면, 필요한 것만 키우고 필요한 것만 구입하라고 했더니, 丁火가 己土가 없는 사람이 가면 무엇이 필요한지 모른다.

壬水가 있고 戊土가 없으면 필요한 게 있는데 무엇이 필요한지 모르니 丁火에게 알아서 하라고 한다. 그럼 丁火가 좋다니까 좋은 줄 안다. 그러니 土가 없는 게 좋은지, 있는 게 좋은지 모른다. 己土가 없는 丁火가 상품을 골라 오면 壬水가 클레임을 놓는다. 그러나 丁火 壬水에게

戊己土가 둘 다 없으면 기가 막힌 궁합이다. 필요한 것만 골라 오라고 했는데 丁火가 아무거나 골라 오니 필요한 것인 줄 알고 먹는다. 그래서 사기꾼도 나오게 된다. 필요한 걸 조사하지 않았기 때문이다. 인식하지 못하면 못할수록 필요한 걸 조사하지 않았으니 사기꾼이 된다. 그래서 土의 인식기능이 매우 중요하다.

甲木은 태어나는 것을 주관하고 乙木은 기르는 것을 주관하고 庚金은 필요한 물건이 되려고 익어 가는 중이고 辛金은 필요한 물건이다. 그럼 사주에 甲木이 하나가 있다면, 甲木이 하나가 아니라 여러 개다. 壬水가 丁火에게 필요한 것만 만들라고 하니 辛金이 사주에 3개, 4개가 있어도 하나만 있는 것이다. 사주에 金이 여러 개라도 하나밖에 없는 거니, 다른 직업을 할 수가 없다. 나머지 金은 뭡니까? 하면 하나의 金을 완성하기 위해서 이거 갖다 붙이고 저걸 갖다 붙인 것이다.

木은 하나가 여러 개가 될 수 있지만, 金은 여러 개 중에 하나다. 木은 하나만 있어도 수십 개로 갈 수가 있고 金은 여러 개가 있어도 하나이다. 사주에 金이 아무리 여러 개 있어도 '하나'이다. 하나를 고르는 것이니 여러 개가 있어야 그중에서 하나를 고르지, 하나에서 하나를 고르면 그건 고른 것이 아니다. 시장에서 하나밖에 없다고 골라 온 건 골라 온 게 아니다.

사주를 본다는 건 생김새를 보는 건데, 동양철학을 위배하고 命理가 가지고 있는 것만 보고 따지니, 金이 2개이니 '큰마누라, 작은마누라' 하고 앉아 있다. 동양철학에는 여자를 모욕(侮辱)하면 안 되고 남자는 모욕을 당하면 큰 인물이 된다고 했다. 사주에 庚金도 있고 辛金도 있으니 관살 혼잡이니 결혼을 늦게 하란다. 일도 저지르기 전에 매도를 당하는 것이다. 불안이 가져다주는 시기상조이다. 이렇게 만드는 사람은 명리를 하는 사람들이다. 시작도 하지 않고 확인도 안 해 보고 나쁜 사람으로 몰아세우기가 만연하다 보니 그것이 굳어져 버려서 지금은 고치기도 힘들다.

丙火는 높은 온도를 뜻하고 壬水는 낮은 온도를 뜻한다. 戊土는 인간의 생각을 조율한다. 癸水는 습도가 높아짐, 丁火는 습도가 낮아짐을 관장하고 물건을 관장한다. 정신을 관장하는 것은 戊土가 가서 대항해 주어야 하고 물건을 관장하는 것은 己土가 가서 대항해야 한다. 그래서 생각과 행위로 나눈다. 丙火가 '다 낳아' 했더니 癸水가 甲木을 보면 다 낳는다. 그럼 사주에 甲木이 하나만 있어도 여러 개인 줄 알아야 한다. 木이 하나만 있어도 경쟁의 치열함을 알라, 암장에 하나만 있어도 여러 사람과 조직 생활을 하는 것임을 알아야 한다. 乙木은 하나만 있어도 많다. 암장에 을목 하나만 있어도 뿌리가 엉킬 정도로 많이 벌려 놓은 것이다.

그럼 甲乙木의 마음을 읽어 보면, 癸水가 己土가 없으면 습도가 매우 높다. 그럼 甲木이나 乙木이 하나만 나왔어도 여러 개가 나온 것이다. 그럼 생각할 문제가 하나만 생겨도, 여러 가지의 생각을 하니 복잡해진다. 여러 가지 추론을 하게 되니 가상에 빠진다. 다음에 현실로 가니 가상현실이 된다. 그래서 우울증에 빠지고 의심에 빠지고 신경쇠약에 빠진다. 그런데 壬水가 丁火에게 '사람들에게 필요한 물건만 만들라'라고 하니, 사주에 庚金이 여러 개가 있어도 필요한 것 하나만 골라 쓴다. 그럼 열개를 가져다 놓아도 하나, 100개 가져다 놓아도 하나이지만, 甲乙木은 하나를 가져다 놓으면 264개를 만들고 庚辛金은 264개를 가져다주면 하나만 가지고 온다. 모두 다 가지고 와서 선별작업을 여러 차례 하는 木과, 현장에서 선별해서 하나만 가지고 오는 庚辛金이 다르다. 성향이 다르고 기운도 다르다. 그러니 하나가 있으면 하나지만, 둘이 있다고 둘이라 하면 안 된다. 성향도 다르고 기운도 다르기 때문이다. 하나만 있어도 여러 개가 있고 여러 개가 있어도 하나만 있는 경우도 있다.

그럼 天干 10개를 순서에 맞게 자기 고향을 지정해 주어야 한다. 壬水의 기운은 시간적 고향은 亥子月, 45일, 立冬부터 동지까지가 고향이다. 그러니 亥子月은 춥다. 壬水는 추운 기운이다. 壬水 때문에 옷을 껴입는 게 아니다. 壬水는 사람에게 필요한 물건만 고르니, 얼마나 쌀쌀맞고 냉랭한 기운이냐? 매우 차가운 기운을 지녔다. 그럼 壬水는 추운 기운이니 옆에 있는 사람 중에 亥나 子가 있는 사람이 있다면 이런 사람들에게 따뜻하게 대해 주어야 한다. 옷도 주고 매우 따뜻하게 대해 주어야 한다.

1) 亥子月생의 배합

① 丙火라는 따뜻한 마음으로 희망을 주어야 한다. 亥子는 정말 춥기 때문인데 이는 정신적인 걸 의미한다.

② 甲木으로 가난이나 어려움에서 벗어나 새로 태어나는 기분으로 노력해야 한다. 이는 행위적인 것이다. 亥子는 丙火가 오면 희망을 가지게

되고 甲木운이 오면 실제 새로운 세상을 살기 위해 행위를 한다.
　③ 戊土로 자제하다.(보온) 정말 추운데 안 춥다고 인내하고 참는다.

2) 壬水의 배합
　① 戊土이다. 壬水는 정말 춥다기보다는 가난한 마음이니 자제하라.
　② 丁火이다. 가서 행위를 해야 하니 열심히 일해야 한다. 가난하다고 한숨만 쉬지 말고 가서 일해라.
　③ 金이 들어가야 한다. 丁火가 없으면 일을 하지 말고 물건을 가져와야 한다. 丁火가 있으면 일을 해야 하고 庚辛金이 있으면 물건을 가져와라. 그리고 팔아라. 그러니 庚辛金을 유통하다. 이렇게 나눈다.

　만약 亥子에 戊土가 없이 甲木이 도착하면 자제하지 않는 행위이니 그럼 자기가 원래 가난한 사람인 줄 모르고 백억, 이백억 하면서, 감당하지 못할 행위를 하니 가산탕진을 한다. 戊土란 나와 남의 분수를 알아차리는 기능이다.

　壬水란 天干의 기운은 시간적으로 고향이 亥子月이니, 亥子月에는 항상 壬水가 있고 壬水 속에는 亥子월의 고향이 있으니 이 둘이 만나면 힘이 아주 강력하다. 추운 기운이 자기보다 더 추운 기운을 만났으니 파괴력이 아주 강하다. 이렇게 된 것을 용어로 왕(旺)이라 한다.

　사주에 亥子가 있고 天干에 丙火가 있으면 마음을 따뜻하게 해 주는 사람이다. 실제로 따뜻하게 한다. 壬水가 있는데 丙火가 있으면 몸을 덮어 주는 사람이 아니라, 마음을 따뜻하게 하는 사람이다. 壬水는 추운 마음, 가난한 마음이니 戊土로 자제해라, 추운 마음을 갖지 말라는 뜻이고 丁火로 일을 해라. 丁火가 없으면 일을 할 수 없으니 庚辛金으로 물건을 골라 오라. 행위를 할 수 없으니 행위를 하지 않은 물건을 골라 왔으면 그 물건이 무엇인지 알아야 한다. 행위를 안 한 물건은 아이디어, 창의력 등이 들어가 있다. 그럼 그런 창의력 등을 가져와야 한다. 亥子월생이 아니더라도 壬水와 亥子가 따로따로 있으면 이렇게 해야 한다.

3) 丙火

丙火는 따뜻한 기운으로서 모든 생명을 탄생시키고 성장시키는 기운이다. 丙火의 고향은 巳午月인데, 입하(立夏)부터 하지(夏至)까지 45일간 뜨거운 기운이며, 戊土가 있으면 필요한 것만 키우게 된다. 논에 난 잡초까지 키우면 안 된다. 戊土가 있으면 자제를 하는데, 戊土가 너무 많으면 자제를 너무 많이 해서 만물이 성장하지 못한다. 그러나 戊土가 없으면 생명체들이 성장하려면 癸水라도 있어야 한다. 그러니 戊土도 있고 癸水도 있으면 더 좋다. 癸水가 없으면 키우란 뜻이 아니라, 키워 놓은 것만 가져오라는 의미다. 그래서 甲 乙木이 필요하다. 丙火는 다 키우는 기운, 戊土는 자제인데, 다 키우는 게 아니라 쓸 만한 것들만 키우라는 뜻이다. 쓸 만한 것에만 혜택을 주라는 뜻이다. 이때 癸水는 다 키우는 기운이니 甲乙木이 다 크게 된다.

그럼 戊土가 없으면 癸水라도 있어야 하고 癸水가 없으면 甲乙木이라도 있어야 한다. 甲木은 다 낳은 것을 가져오는 것이고 乙木은 다 자란 걸 가져오는 것이다. 이 말이 무슨 말인지 알아야 한다. 甲乙 중에 밀가루 장사는 甲木이고 칼국수 장사는 乙木이다. 밀을 키우는 사람은 癸水이다. 戊土가 있으면 행위적인 능력은 가질 수 없어도, 조직 운영은 할 수가 있다. 행위보다 인식이 돈을 더 벌 수도 있다. 丙 戊 癸가 다 있으면 세 가지를 다 고려하다 보니 20년을 고민할지 50년을 고민할지 모른다. 甲 乙木이 없이 癸水와 戊土만 있으면 나는 뭘 하는 사람인가 공상만 하니 작가가 된다.

丙火의 고향은 巳午月이니 매우 온도가 높으니 壬水가 있어야 한다. 그런데 이 말을 선뜻 수긍할 수 없는 것은 지구의 생명은 따뜻해야 한다는 게 기본개념인데, 온도가 유지되어야 생명체가 유지되고 추우면 생명을 거두어 가니 亥子月에 丙火가 필요하다. 그러므로 더운 기운을 완전히 누르면 절대 안 된다. 그냥 따뜻하게 놔두어야 하므로 壬水를 쓰면 안 되는 것이다. 기본개념이 있는 것이다. 더워서 죽겠다고 거기에 에어컨을 켜면 안 된다. 환기를 시켜서 바람을 불게 하는 방법은 있다. 그러니 더우면 그늘을 만들어 주어야 하니 戊土가 있어야 한다.

이론적으로는 巳午月은 더우니 壬水가 필요하지만, 壬水는 차가운 기운이니 원래는 쓰지 못하는 기운이다. 그러나 책에는 壬水를 써야 한다고 했다. 뜨거운 태양을 가리는 것이 아니라, 차양을 해야 하니 그늘막 작용이 필요하다. 戊土는 丙火에게는 자제가 되고 巳午月에는 그늘막 작용이 된다. 뜨거우니 戊土를 응달과 양달로 조율한다. 추위는 완전히 가려야 한다. 亥子에는 인덕이 있어야 하니 甲木이 필요하지만, 巳午月에도 인덕이 있어야 하니 庚金이 필요하다. 뜨거우니까 쓸 만한 것을 고르라는 의미다. 庚金이 없으면 양달에 가서 고르는 격이니, 양달 성향은 다 키우는 성향이고 응달 성향은 쓸 만한 것만 골라서 키우는 성향이다.

이때 己土는 뜨거우니 온도를 조율할 자질은 없고 습도는 조율해야 하니 너는 일만 하라는 뜻이다. 세상을 알려고 하지 말고 지시하는 일만 하라는 의미다. 그러니 뜨거운 뙤약볕에서 고생해야 한다. 己土는 남이 시키는 일만 한다. 완전히 피동적이다.

丙火는 다 키우는 기운인데, 癸水란 습기와 행위를 한다. 합해서 따뜻하다는 의미이니 난습이라 한다. 그리고 다 키운다는 생각은 丙火, 다 키우는 행위는 癸水이니 거기서 甲木과 乙木이 나온다. 甲木의 낳다와 乙木의 자라다가 짝이다. 그럼 癸水는 항상 다 키워야 한다는 생각을 만나야 하고 丙火는 다 기르는 행위를 만나야 한다. 丙火의 생각과 癸水의 행위라 한다.

사주에 甲木이 있으면 낳으려면 癸水를 만나야 하고 크려면 丙火를 만나야 한다. 다 키운다는 생각 丙火, 다 키운다는 행위 癸水, 그럼 甲木이 나오려면 癸水를 만나야 하고 나온 것이 잘 자라려면 丙火를 만나야 한다. 丙癸를 다 만나면 나오고 자라다 이다. 사람이 낳기만 하고 자라지 않을 수도 있다. 또 낳지는 않고 자라게만 할 수도 있다. 癸水는 선천적 자질이 풍부함을 말하고 丙火는 후천적인 노력이 풍부해야 함을 뜻한다. 둘 다 있으면 선천적 자질과 후천적 노력을 둘 다 타고났다고 한다. 天干에 丙火도 없고 癸水도 없는 사람이 많은데, 무엇을 낳거나 무엇을 기른 적이 없는 사람이다.

선천적으로나 후천적으로 낳고 기른 적이 없으니 가져왔다는 뜻이다. 그럼 집을 사려면 돈을 열심히 모아서 제값 주고 살 건가, 경매 같은 걸 받아서 살 것인가? 말하지 않아도 자신이 생긴 대로 할 것이다.

열심히 사람을 낳고 기르는 일을 할 건가? 의사들처럼 병이 들거나 다친 사람을 치료할 것인가? 의사들은 낳고 기르는 것이니 사주가 생긴 것이 다르다. '낳다'는 '개발하다'이고 '기르다'는 '생산하다'이다. 사주를 볼 때 丙火를 보면 癸水가 생각나고 癸水를 보면 丙火가 생각나야 한다. 그래서 水火金木土 방식으로 암기한 후, 먼저 水火를 맞추어야 다 낳고 다 기르는 행위를 하게 된다.

■ 생각이 행위로 넘어가지 못하면

丙火 癸水가 없으면, 甲木만 보면 癸水를 생각해야 한다. 먼저 생각부터 하고 행위를 통해 甲木을 낳았나? 甲木을 보고 癸水를 깨달았느냐다. 먼저 했나, 나중에 했나 차이일 뿐이다. 또 乙木을 보면 丙火를 생각해야 한다. 다 자란 아이들이 보인다. 그럼 자라게 하는 기운은 丙火이니, 사주에 丙火가 있으면, 자라는 아이들을 더 잘 자라게 해 주어야지 생각하게 된다. 그러니 다 자란 아이들을 보고 나도 저렇게 키워야지 하는 것과, 처음부터 키우려고 생각하고 키우는 건 다르다. 乙木을 보고 丙火를 생각하느냐, 丙火가 있고 乙木을 보느냐 선후의 차이를 말한다.

壬水는 사람에게 필요한 것만 취급한다. 이는 실용적으로 하라는 뜻이다. 그럼 실천해야 하는 건 丁火이다. 그럼 丁火가 庚金도 낳고 辛金도 골라 온다. 庚金을 잘 다듬고 辛金인 완성품까지 골라 온다. 그런데 壬水가 없이 태어났다면, 혹은 壬水가 있어도 土가 없으면 쓰지 못한다.

庚金은 익히다. 익숙하게 하다. 단단하게 하다. 辛金은 완성되다.
庚金은 丁火가 있어야 한다. 丁火로 훈련(제련)을 받아야 한다.
癸水는 낮게 하는 기운이다. 庚金은 익숙하게 하는 것이다.
丁火만 만나면 庚金은 경력자가 되고 숙달되는 것이다.
乙木은 丙火를 만나면 아는 것이다. 아는 것과 숙달되는 건 다르다.
아는 것은 다 아는 것이지만, 숙달되는 건 전문가를 의미한다.

辛金은 壬水를 만나야 팔리게 된다. 그러니 庚金 辛金이란 물건이 있어야 壬水가 '이렇게 팔아야겠구나' 하고 실천하게 된다. 庚金이란 전문가가 되고 싶은 사람을 만났고 辛金인 완성품인 물건을 만났다. 원단을 만난 것과 원단으로 만들어진 패션을 만난 것은 다르지만, 가져다 팔면 된다. 丁火로 庚金은 만들다. 辛金은 壬水로 판다. 庚金이 丁火를 만나지 못하면 가치가 낮은 물건이다. 또 庚金이 己土가 없다면 원산지가 없는 물건과 같다. 출처가 분명하지 않다. 戊土가 없다면 '손님은 오겠어?' 하면서 안 하고 30년이 지나간다. 辛金이 土가 너무 많으면 '내 친구가 장사하다 망했대' 하면서 부정적인 말부터 한다. 庚金이 己土가 너무 많으면 '전문가 되어 봤자 뼛골만 빠지고 쓸 곳은 별로 없대' 하고 부정적인 것만 들이댄다. 안 되는 이유만 찾는다.

辛金만 다(多)하고 水火가 하나도 없으면, 완성품만 많으니 가져다 팔면 된다. 숙달 과정을 거치지 않고 타고날 때부터 완성품이다. 水火가 없으면 그냥 신선을 하면 되는 것인데, 運에서 水火가 오면 그때부터 완성품 과정을 거치게 된다. 그러니 신세가 고달파진다. 壬水가 있으면 팔면 된다. 戊土가 있으면 구매자와 구매 욕구를 안다. 金은 여러 개가 있더라도 하나이다. 그러니 辛金은 아무리 졸라도 하나밖에 주지 않는다. 乙木이라면 쫙 펼쳐서 여러 가지 이야기를 해 주니 집에 가면 생각이 안 나게 한다. 天干은 마인드인데, 水火의 기운이 없으면 사회적인 지도자가 될 수가 없고 암장에 있는 건 실제 상황이다.

그러니 구분을 해야 한다. 丙癸가 있고 甲乙庚辛을 만나느냐, 丙癸가 둘 다 없이 甲乙庚辛이 무엇을 바라보느냐이다. 그럼 丁壬인 생각과 행동을 타고났으면, 그럼 가서 일만 하면 된다. 丁壬을 타고 나지 못했으면 격물치지(格物致知), 물건을 보고 느끼고 세상을 보고 느껴야 한다. 그럼 후천적으로 주변 환경에서 무엇을 가지게 된다. 그럼 그것으로 환경을 이용해서 키워나가라. 어느 게 더 나은지는 따지지 마라.

丙壬과 癸丁으로 생각과 행위를 타고나서 金木을 만들어 가는 게 나을까? 다 만들어 놓은 상품을 가지고 어떻게든지 자기가 만든 상품처럼 하는 게 더 나을까? 삶이 각기 다른 거지 어떤 삶이 더 낫다는 건 없다. 다만 巳午月令과 亥子月令에 태어났으면 丙火 壬水가 天干에 없어도 있는 것이다. 立夏부터 하지까지, 立冬에서 동지까지 태어났으면 없어도 있는 것이다. 그 기운의 고향을 가졌기 때문이다.

巳午月 45일, 亥子월 45일, 90일간에 태어난 사람은 생각할 줄 알아야 한다. 巳午月에 태어난 사람은 인자하게 모든 것을 다 키운다는 생각을 해야 하고 亥子月에 태어난 사람은 쓸 만한 것만 키운다는 생각을 해야 한다. 그런데 癸丁이 없으면 행위를 하지 못하니, 甲乙庚辛이란 물건을 보고 행위를 하는 것이다.

그래서 巳午月令과 亥子月令은 타고날 때 이미 우성인자를 가지고 타고난 것이다. 그 우성인자 때문에 못 써먹을 확률이 더 높아지는데, 이는 생각하는 기간이 길어서 실무로 얼른 넘어가지 못하기 때문이다. 그것을 모두 배제하고 水火가 없으면 金木인 물건을 보고 생각하라는 의미다. 이를 동양철학 용어로 궁리라 한다. 거경궁리(居敬窮理)라 한다. 甲乙庚辛은 格物이라 한다. 격물치지(格物致知)라 한다. 居敬窮理, 格物致知라 한다. 궁리, 생각하고 또 생각해라. 어느 것이 더 낫다는 뜻이 아니다. 이런 방법으로 인생을 살아간다는 뜻이다.

벌어진 상황을 보고 생각하는 사람이 있다. '내가 무엇을 할까'가 아닌 '여기에 무엇이 있으니까 무엇을 한다'라는 사람이 있고 '내가 무엇을 하기 위해서' 가게를 얻으러 가는 사람이 있고 가게를 먼저 보고 '저기에 무엇을 하겠다'라는 사람이 있다. 水火가 있는 사람은 나는 무엇을 하기 위해서 어떻게 해야겠다고 생각하는 데 시간이 오래 걸린다. 甲乙庚辛은 눈에 보이니 그냥 하면 된다. 자기가 무얼 하겠다는 생각은 하지 말아야 한다. 주변에 누가 하면 따라서 하면 된다. 그러나 이게 부끄럽거나 체면이 깎인다는 생각이 들면 하지 못한다. 甲乙庚辛으로 태어난 사람은 당신 옆에 분명히 사람이 있으니 그 사람을 따라서 하면 되고 당신 앞에 손에 잡으면 되는 물건이 있으니 그 물건을 취급하면 된다.

그러니 甲乙庚辛은 눈을 뜨고 손을 잡아야 하는데, 하지 말아야 할 것은 생각이다. 생각 때문에 망가지는 것이다. 金木은 水火로 생각을 하지 말아야 하고 水火로 태어난 사람은 金木을 보지 말고 눈감고 나는 누구인가 생각을 해야 한다. 그럼 金木이 탄생한다. 水火는 관리자 사주이다. 甲乙庚辛은 실무자이다. 관리자가 더 낫다, 실무자가 더 낫다는 경쟁적 시각은 갖지 마라. 누가 더 낫다는 말은 하지 마라. 그럼 주변 환경에 있는 것을 다 버려 놓고 주변 사람들과 배척하는 것도 이 안에 있다. 너무 긍정적인 것만 이야기하면 안 된다.

甲乙庚辛은 주변 환경이니 물건도 있고 사람도 있으니, 水火가 없어서 잘못되는 사람이 있고 土가 없어서 인식 착오로 잘못되는 사람도 있다. 甲乙庚辛은 주변 물건이 되기도 하고 주변 사람이기도 하다. 그럼 水火로 가서 金木으로 기여를 해야 내 일이 되는데, 그러려면 土로 인식을 해야 하는데 土가 없어서 인식하지 못해서 잘못되거나, 丁癸로 일 처리 실수로 잘못될 수가 있는데, 그럼 인간관계나 일 처리 미숙으로 배척을 당할 확률이 매우 높다. 그러니 주변을 보고 '그것을 해' 그런다고 다 되는 게 아니고 그것 때문에 망하게 되는 경우가 더 많다.

土는 인식이 잘못되어서 오해를 불러들이게 되고 癸丙丁壬은 일 처리를 잘못하는 것이다. 甲木에게는 癸水가 있어야 하는데 丙火가 있다면, 甲木이 원하는 건 낳는 것인데, 丙火의 용도는 기르는 것이니, 애를 보라고 했더니, 아이에게 일을 시키고 있다. 보는 것과 시키는 건 다르다. 그러니 시키는 일을 못 한다고 아이를 때린다.

癸水는 乙木에게 기르는 게 아니라 낳는 역할이다. 그러니 '오냐 오냐' 하는 것이다. 甲木에게 丁火가 들어가니 癸水는 낳으라 했는데, 丁火는 죽이는 기운이니, 낳아야 하는데 죽이고 있다. 그러니 계란 장사와 같다. 그럼 낳으란 말인가 죽이란 말인가? 낳은 것을 죽이는 것이다. 새끼 돼지는 길러야 하나, 잡아먹어야 하나? 丁火는 식기 전에 먹는다. 癸水가 산부인과를 가면 아기를 낳지만, 丁火가 산부인과를 가면 아기를 낳기보다 장사를 한다. 의미가 다르다. 그러니 긍정적으로만 보지 말고 부정적인 의미도 생각해 봐라. 水火에 土가 없으면 얼마나 부정적인가 생각해 봐라.

동양철학에서 水火를 공부해서 사고력 키우기를 해야 하고 甲乙庚辛을 공부해서 실무능력 키우기를 해야 한다. 丙壬은 사고력의 성숙도를 판단하는 분야이고 甲乙庚辛은 일의 성숙도를 판단하는 분야이다. 길흉은 甲乙庚辛에서 나오고 水火는 행복도를 판단하는 방법이 된다. 사고력은 행복과 불행을 낳고 甲乙庚辛은 만족과 불만족을 낳는다. 그러니 金木으로 길흉을 판단하고 水火는 貴한 법을 가져오고 金木은 富한 법을 가져온다. 이렇게 貴와 富를 나누는 것이다.

사주에 丙火가 없는데 運에서 丙火가 오면 고향을 떠나게 된다. 이것은 運 때문에 떠나는 것이니 선천적인 요건이 아니라 후천적인 요건이다. 運이 올 때 사주에 조금이라도 있는 것이 오면 완전히 후천적이 아니다. 그러니 어느 정도 氣라도 사주에 있어야 한다.

天干에 壬水가 있으면 시장조사를 해서 필요한 물건을 가져다 놓는다. 天干에 壬水가 없고 庚辛金만 있으면 먼저 물건을 본 다음에 팔 시장을 보러 가니 내용이 다르다. 辛金 뿐만 아니라 庚金도 壬水가 얼마든지 판다. 만약 乙木으로 태어나거나 辛金으로 태어났으면 일단 초보자가 아니다. 앞에 과정이란 것이 빠졌지만 완성이 되었기 때문인데, 이 사람들은 자기 스스로 자기 능력을 간파하지 않는다. 학교로 가지 않고 그냥 현장으로 가서 쓰면 되는데 안 한다. 이 나라 인식이 유교 때부터 먼저 학교에서 공부부터 해야 한다는 의식이다. 안 배워도 실력이 있다는 걸 인식해야 하는데 인식하지 않는다.

춘분 이후에 태어났으면 그냥 하면 된다. 추분 이후에 태어나도 그냥 개업하면 된다. 타고났으니 배운 것보다 낫다. 추분 이후 辛金과 춘분 이후에 乙木이 배운다는 것은 사치다. 그러나 춘분 前이나 추분 전에 태어난 사람은 배우지 않고 쓰면 안 된다. 반드시 배워야 한다. 그러니 열심히 배우는 사람은 항상 乙木과 辛金이다. 거꾸로 행동한다는 걸 알아야 한다. 甲木과 庚金은 배워야 하는데 그냥 하는 것이다. 그래서 잘못되는 길을 철저히 택해서 가는 것이다. 그러므로 공부와 통변은 좀 다르다.

辛金과 乙木은 일단 세상에 나가서 필요한 걸 먼저 체험부터 하고 공부해라. 甲木과 庚金은 배우고 나서 나가야 한다. 乙木과 辛金은 모르니까 배워서 나간다고 한다. 乙辛은 체험해 보고 필요한 걸 공부해야 한다, 甲庚은 공부부터 하고 나가야 한다. 이 둘의 행위가 다르다. 丙火는 생각하다. 壬水도 생각하다. 壬水는 키우는 생각이 아니라, 나가서 일하는 생각이다. 癸水 丁火는 '일하다'이니 가서 일해야 한다. 그런데 이게 안 된다.

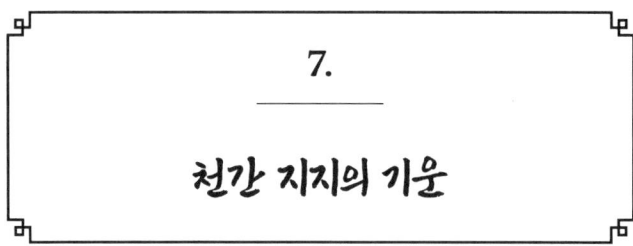

7.
천간 지지의 기운

저쪽 먼 하늘에 하나의 기운이 있었다. 그 기운은 모든 걸 다 가지고 있으나 아직은 아무것도 내놓지 않은 기운인데 그걸 동양철학에서는 壬水라 했다. 그 기운이 와서 지구라는 기운과 만난다. 지구의 기운을 戊土라 하고 이 기운을 5번이라 한다. 1번인 壬水가 와서 5번의 戊土를 만난 것이다. 그래서 생명을 내기 시작한다. 그 생명을 내는 기운을 癸水라 하고 6번이라 한다. 이 癸水는 1번인 壬水와 5번인 戊土의 합성으로 태어났다. 그래서 하늘의 덮개를 썼다고 해서 天干 癸水라 한다. 壬水가 지구의 기운인 戊土를 만나서 癸水라는 생명의 기운이 생겼다.

하늘의 보이지 않는 곳에 火의 기운이 있었는데 이를 丙火라 한다. 壬水가 원래 있었고 丙火가 나중에 나타난 하늘의 기운이다. 이것이 또 5번인 戊土의 기운을 만나서 우리들의 생명을 기르는 기운을 내었다. 이를 7번이라 한다. 丙火가 丁火의 기운을 내었는데 2번의 기운이 나왔다.

만물에게 丙火는 생명작용을 하였고 정신과 육체 중에 생명을 기르고 가꾸는 작용을 했었는데 丁火는 생명을 더욱 단단하게 하는 작용을 하였다. 丙火는 정신적 생명을 말하니, 육체에게 지시하는 생명체로 갔고 丁火는 몸으로 갔으니 형(形)으로 갔다고 해서 형신(刑神)이 생긴 것이다. 이렇게 지구의 생명이 생긴 것이다.

壬水를 북두계 자미성에서 왔다고 하고 丙火를 태양계에서 왔다고 한다. 우리가 공부할 때에 숫자도 알아야 하고 天干 오행의 탄생경로도 알아야 한다. 글자가 먼저 나온 것이 아니라, 처음에는 숫자가 나왔다.

1이 땅에 내려와서 5를 만나서 6을 내었고 여기까지 오는 동안 2, 3, 4라는 과정이 빠져 있는데 나중에 이것을 넣어야 한다. 두 번째 나온 丙火는 5를 만나서 7을 내었다. 숫자적인 개념도 알아야 한다. 그러니 가장 많이 알고 있는 것이 1번이다. 다 가지고 있으나 나타내지 않았다. 다 알고 있으나 행위는 하지 않는다. 모든 인류의 가장 큰 희망사항은 1로 간다 이를 귀소본능이라 해서, 태어난 곳으로 돌아가는 것이다.

강하게 키운다. 육체적인 힘은 丁火이고 정신적인 힘은 丙火이다. 丙火의 丙은 자루 柄자에서 나왔다. 나무에 열매가 열렸으니 자루처럼 생겼다고 해서 자루柄이라 한다. 무성하게 무엇이 열렸다는 뜻이다.

癸水생명은 뿌리부터 자라서 커지는 생명이고 丙火의 생명은 다 큰 생명이 다음 생명을 번식시키는 생명이다. 그럼 내가 크는 생명체는 癸水부터 시작하고 내가 남을 키우는 생명체는 丙火부터 시작한다. 癸水는 혼자지만, 丙火는 나와 내가 키우는 것 둘이 있는 것이다. 그럼 내 실력은 癸水로 증명하고 丙火는 내가 쌓은 실력을 내놓은 것을 말하니 癸水는 있고 丙火가 없으면 쌓은 실력은 있는데 내놓은 것은 없는 것이다.

생명이 시작된다고 하면 癸水, 자란다고 하면 丙火다. 무언가 나고 자란다는 의미가 담겨 있다. 이렇게 돌고 돌고 돌았는데 무수히 많은 시간을 돌고 수많은 세월을 지구가 돌아서 그 내력이 땅에 스며들기 시작한다. 그러니 땅은 그 많은 내력을 모두 가지고 있다. 하늘에서 지구로 내려온 모든 내력을 알고 있다고 해서 己土를 10번이라 한다. 그동안의 모든 내력과 땅의 이치를 모두 알고 있다고 해서 땅은 6번인 癸水를 품게 된다. 癸水는 1+5에서 나왔으니, 癸水 속에는 壬水도 있고 戊土도 있다.

戊土는 지구의 기운이고 壬水는 하늘에서 온 기운이니 이걸 癸水가 품고 있다. 그래서 여기에서 甲木이 나오게 되니 3이라 한다. 그런데 甲木은 1번과 5번의 내력이 담긴 甲木이 있고 10번과 6번을 통해 생산된 甲木이 있다. 그러니 甲木이란 건 다 알고 있는 곳에서 나온 거지, 황무지에서 나온 게 아니다.

그러니 戊壬에서 나온 甲木과, 己癸에서 나온 甲木이 다르다. 그럼 戊土에서 나온 甲木은 하늘에서 나온 것이고 己土에서 나온 甲木은 땅에서 나온 것이다. 차이점은 하늘에서 나온 것은 지금부터 30억 년이란 과정을 겪고 나온 것이지만, 己土에서 나온 甲木은 땅에서 직접 나왔다. 그러니 戊土에서 나온 甲木은 경험과 경험이 쌓여서 나온 것이니 하늘에서 온 기운을 지구의 기운이 내려받은 것이니 天氣를 얻었다고 해서, 이를 상상력과 창조력이라 하고 己土는 그동안 했던 것을 답습한 것이다.

그럼 壬戌를 가진 사람이 甲木을 내려면 생각을 해야 하고 己癸를 가진 사람이 甲木을 내려면 공부를 해야 한다. 하던 것을 답습해서 계속 공부를 해야 한다. 이렇게 甲木이 나오고 그다음에 乙木이 나온다.

지금 水生木에 대한 두 가지 종류를 말했다. 1번 壬水를 戊土가 받아서 癸水를 내었으니 壬水의 水生木은 창의적 水生木, 새로운 시스템을 받아들이는 水生木이다. 그동안 하던 것이나 답습을 하는 게 아니라 새로운 문화를 만들어 내는 水生木이다. 새로운 문화와 새로운 사조(思潮)를 만들어 내는 水生木이다. 癸水의 水生木은 그동안에 이어지고 이어지던 지식의 水生木을 말한다. 그것을 내 것으로 만들고 내 몸에 담으려면 壬水의 水生木은 戊土가 있어야 하고 癸水의 水生木은 己土가 있어야 한다.

모든 책은 제목을 상생상극으로 달아 놓고 본문에는 상생상극이란 용어가 나오지 않는다. 하늘에 壬水인 1이 있으니 지구인 5를 만나서 6이 되니 癸水가 나온다. 이것이 끝이다. 여기서 생명이 싹튼다. 그럼 생명을 내었으니 甲木이라 하고 壬水가 甲木을 生하면 생명을 낳는 것이다. 이 생명은 몸 생명이 아니라 정신 생명이다. 壬水의 정신 생명을 받아들이려면 戊土가 중간에 있어야 한다. 이 작용은 癸水와 같다는 것이다. 이런 절차를 거친 癸水는 정신 생명이 된다.

수많은 세월이 흐르면서 1+5=3(甲木)이 되었으니, 수많은 세월이 흘러서 땅에 흔적이 남아 있으니, 해가 안 떠도 저절로 싹이 날지도 모른다. 그런데 원래 지구 땅속에는 이런 흔적이 없었는데 수많은 세월이 흐르면서 땅속에 생명의 기운이 생겼으니 이를 癸水, 거기에서 생명이 나온 것을 甲木이라 한다. 그럼 하늘에서 생명이 나온 것과, 땅에서 생명이 나온 것이 다르니 癸를 지식이라 하고 壬을 정신이라 한다. 정신도 창의적 정신과, 배워서 익힌 지식적 정신이 다르다. 그러니 지식적 정신은 己土란 땅에서 나온 것이다. 이름을 붙이니 壬水를 창의적 정신, 새로운 문화적 정신, 癸水는 지식이라 한다.

壬水의 고향은 立冬부터 立春까지,
癸水의 고향은 冬至에서 立春까지다.
그것이 水生木으로 바뀌는 것인데 상생으로 말하니 水生木이다.
壬水와 癸水가 甲木을 生한다.
壬水의 水生木은 정신이고 癸水의 水生木은 지식이다.
그러니 지지리도 공부를 못하는 水生木은 癸水의 水生木이고
정신이 나가서 우울증이 걸리는 건 壬水의 水生木이다.
정신이 나간 것도 새로운 정신으로 간 것이니,
미친 것도 새로운 정신세계를 받아들인 것이다.
그래서 壬水를 어리숙한 사람, 癸水를 어리석은 사람이라 한다.
책만 보면 잠이 오는 사람은 癸水이고
마음이 찢어지게 아픈 사람은 壬水다.
壬水는 무의식 속에서 존재하고 癸水는 의식 속에서 존재한다.
이런 걸 자기 것으로 만들려면 土가 있어야 한다.

壬水의 고향은 亥子丑월이다. 그러니 亥子丑 月生만이 누릴 수 있는 혜택이다. 생각이나 행동이 모자라는 바보들도 더 성숙해질 수 있기 때문이다. 亥子丑月 生이 戊土가 없으면 인식을 하지 못했으니 머리가 복잡하거나 아프지 않다. 답답하고 복잡하려면 무엇을 알아야 복잡한 법이다.

寅卯辰 月생이 마음이 아프다면, 사람 사이에서 사람 때문에 아프다. 근본적으로 '나는 누구인가'가 아니라, 사람 사이에서 '내가 누구인가'이다. 寅卯辰 申酉戌 생이 아프면 칭찬을 해 주면 되지만, 亥子丑 巳午未월생은 칭찬해서 되는 게 아니라 자기가 스스로 인식해야 한다. 이 사람들을 설득시키는 건 골초가 담배 끊는 일보다 더 어렵다. 의식과 무의식을 말하는 것이니 즉, 정신세계를 말하는 것이다.

바로 머리 위에 밝은 태양이 있다. 이는 丙火인데 壬水는 어둠이다. 어둠을 기준하면 丙火는 너무 밝은 빛이다. 그러니 어둠은 안으로 들어갔으니 정신이 되었고 밝음은 몸이 되었다. 몸이나 겉으로 보이는 행동은 丙火를 보는 것이다. '저 사람 왜 저리 쌀쌀맞나?' 하면 壬水를 보는 것이다. '저 사람은 언제나 저런 행동을 해' 하면 癸水를 보는 것이다. 새로운 것이 아니고 늘, 언제나이니 癸水다.

하나의 기운이 있었는데 丙火는 2번이다. 원래 출발은 어두운 것이 1번이다. 그러니 여름보다 겨울이 먼저이니, 겨울에서 봄이 온 거지, 가을에서 겨울이 온 게 아니라 시작은 겨울인 1번이다. 그러니 모르는 게 1번이고 아는 건 2번이다. 안 보이는 건 1번이고 보이는 건 2번이다.

그 2번의 기운이 지구로 내려와서 5번인 지구를 만났다. 그래서 2+5는 7번이니 丙火는 몸뚱이를 만드는 기운이다. 그 몸뚱이를 만드는 기운이 땅속에 들어가 있는데 己土에 丁火가 들어가 있는 기운이다.

己土에서 나온 庚金이 있고 戊土에서 나온 庚金이 있다. 두 기운이 서로 다르다. 戊土에서 나온 庚金은 호흡과 같고 己土에서 나온 庚金은 영양을 먹는 것과 같다. 戊土에서 나온 庚金은 마음과 숨쉬기를 만들어 주는 큰 지도자이다. 땅에서 사는 동물들은 숨 쉬는 것이 공짜다. 4는 辛金이니 어둠을 안다. 9는 庚金이다. 金은 火生土 土生金이다.

春夏節은 土剋水 水生木이다. 土剋水를 하지 않은 水生木은 세월이 그렇게 간다는 뜻이고 土剋水를 하면 그 세월을 내가 부여잡은 것이다. 책방에 있는 책이 水生木인데, 土剋水가 되면 내가 그 지식을 머릿속에다 집어넣었다. 마음 문이란 세계가 지나가는데, 내가 그 마음을 딱 잡는 것이다. 만약 土剋水가 안 되면 팔만대장경이 있어도 그건 글자일 뿐이다.

金도 火生土 土生金은 따로 있다. 木은 土剋水로 담았고 金은 火生土로 담았다. 火生土로 담아야 土生金으로 나오게 된다. 土生金만 하면 공기가 그냥 지나가는 것일 뿐이다. 土生金이 있어야 숨을 쉬는 것이다. 己土의 土生金은 영양분으로 먹는 것이다. 火生土 土生金에서 己土의 土生金은 몸이 발달되고 戊土의 土生金은 내공이 튼튼해진다. 몸이 아프다면 己土는 약을 먹어야 하고 戊土는 마음을 다스리면 된다. 戊土에서 나온 庚金은 마음의 내공, 己土의 庚金은 몸의 내공이다. 己土 辛金

은 몸의 외공, 戊土 辛金은 지식의 외공으로 나눈다. 100m 뛰기는 己土가 더 잘 뛸 것이고 장거리 마라톤은 戊土가 더 잘 뛸 것이다. 이렇게 天干이 모두 탄생한 것이다.

甲乙 庚辛이 무슨 절차로 만들어졌는지만 알면 된다. 그 만들어진 내력을 보면, 만약 乙木이 壬水로 만들어졌다면 정신세계로 만들어졌으니 내공이 대단한 것이다. 癸水로 만들어졌다면 지식으로 만들어진 것이다. 乙木과 辛金이 같고 甲木과 庚金이 같은 의미다.

丙火의 고향은 巳午未月이다. 立夏부터 立秋까지 90일간이 丙火의 고향이 된다. 이 사람들은 혜택을 받은 것이다. 대개 숨을 못 쉬어서 죽는 사람은 木이 되고 몸이 아파서 죽는 사람은 金이 된다. 폐결핵은 金이다. 몸에는 공기가 지나가는 자리가 있고 음식이 지나가는 자리가 있다. 심장은 공기가 지나가고 위장은 음식이 지나간다. 심장, 신장과 뇌는 물체로 보지 않고 기운으로 본다. 春夏節과 秋冬節로 나누는 것이다.

戌月生이면 辛金이 當令의 기운이다. 辛金이 있으면 어느 기운에서 탄생했는지 순서를 밟아야 한다. ① 丙火냐, 丁火냐이다. 그리고 ② 戊土냐, 己土냐 봐야 한다. 丙火가 없고 丁火가 있으면 몸 이야기를 해야 한다. 내공이 아니라 외공이다. 土는 戌中에 戊土이다. 그럼 내공을 동경하는 형이다. 그러니 알아차리는 건 내공을 알아차리니 숨쉬기가 중요하다. 마음의 인식이 중요하다고 하면서, 하는 짓은 몸으로 하는 것이다. 土로 알아차렸으니, 못 하는 것이 아니라 안 하는 것이다. 그럼 내공이 강해지고 마음의 인식체계를 알아들었으면 돈으로 이 사람을 어떻게 할 수가 없는 것이다.

天干에 있는 土는 현명한 사람이라 하고 地支의 土는 실무자급이다. 그럼 丙火 運에 오면 내공이 생기니 세상의 이치를 알아야 하니 내공을 통해서 숨을 쉬겠다. 天干에 己土가 없으면 내공 외공을 다 해야 한다. 마음을 집중하고 몸으로 시연도 하고 숨도 잘 쉬어야 한다. 戌中戊土는 丙火를 인식하지는 못하고 壬水를 인식한다. 외공이 있고 내공은 마음을 잘 먹는 것으로 해야 한다. 숨부터 잘 쉬려고 하지 말고 마음을 잘 먹으면 숨을 잘 쉬게 된다. 戌中 戊土로 인식하는 건 전체를 인식하는 게 아니라 壬水부분만 인식하는 것인데, 天干 戊土는 丙火도 인식하고 壬水도 인식한다.

　未月은 丁火가 當令이다. 그럼 인식체계는 戊土냐 己土냐 봐야 한다. 둘 다 있으면 戊土로 丙火를 인식하고 己土로 丁火를 인식하면 된다. 원칙상 丁火月令이니 己土로 인식한다. 그럼 하늘의 기운을 인식하는 내공이 아니라, 실무를 빨리 익혀 전문가가 되면 좋겠다고 생각한다. 丙火가 없으면 인식하고 싶은 마음은 있지만 인식하지는 못한다. 그럼 이런 사람은 丁火이니 직업적 실무를 먼저 인식해야 한다. 실전, 직업 행위를 먼저 인식해야 한다.

　戊土는 내공을 계속 쌓고 싶어 하지만, 丙火가 없으면 내공이 쌓이지는 않는다. 戊土가 壬水를 보거나 丙火를 보는 것은 다 마음 이야기를 하는 것이다. 숨 쉬는 것도 마음 이야기이다. 내공 이야기는 정신과 호흡이다. 마음을 잘 먹으면 숨이 잘 쉬어지고 숨을 잘 쉬면 마음이 잘 먹어진다. 그런 걸 인식해야 현명한 사람이 된다. 土가 있으면 인식할 수 있으니, 丙火가 올 때 인식하면 된다. 그런데 丙火만 있고 土가 없으면 인식할 정신 상태가 되지 않으니, 戊土가 運에서 와도 인식하지 못하니 달라지지 않는다.

甲乙木의 고향은 寅卯辰, 庚辛金의 고향은 申酉戌인데, 庚辛金에게는 火生土 土生金이 필요하고 木에게는 土剋水 水生木이 필요하다. 인식체계를 어떻게 가지느냐에 따라, 추구하는 삶이 각기 다르고 그 사람의 강건함의 차이도 다르다.

癸水가 없으면 지식이 없는 것이다. 그러니 누가 지식인 대우를 해주지 않는다. 또 己土가 있어야 물건화된 것, 사실화된 것을 말한다. 그러나 戊土가 항상 가격이 더 비싸다. 戊土가 30억 년이 되었다면, 己土는 600만 년밖에 안 되었기 때문이다. 첨에 지구에 물건이 먼저 있었던 것이 아니라 물건을 만드는 정신이 먼저 있었기 때문이다.

논문을 써도 己土는 베껴서 쓰면 되는데, 戊土는 증명되지 않은 것만 쓰니 통과되기 어렵다. 증명되지 않는 그 무엇이 증명된 사실을 좌지우지하고 있음을 알아야 한다. 하나님 말씀이 증명되지 않았고 부처님 말씀이 증명되지 않았듯이, 그런 것이다.

丙火는 춘분부터 추분까지, 壬水는 추분부터 춘분까지 나누어서 설명하면 된다. 그리고 서양 논리에 의하면, 하늘의 木火土金水라는 오행성(五行星)인 水金地火木土가 오행이다. 木을 木星이라 한다. 태양을 바라보고 있는 木은 甲木, 태양을 등진 木星은 乙木이라 했다. 이것은 서양 논리이다. 그리고 칠요(七曜)라고 해서 칠요일(七曜日)이라 해서 일주일이 七日인데 그들은 신화나 설화를 좋아해서 온 세상을 신화의 세상으로 몰고 가는데 칠요성은 28주성(主星)을 말하고 서양에서는 해와 달을 일요일과 월요일, 그리고 木火土金水를 오행성으로 나누었다. 은하수의 칠요성(七曜星)은 동양, 서양은 태양계(太陽系)를 기준해서 나갔다.

■ 생수(生數)와 성수(成數)로 보는 운명법

일간이 辛金이면 숫자가 4이다.
月令이 壬水이면 1번이다.
더하면 5이니 그럼 일간과 환경은 5번으로 합의가 된 것이다.
모든 것은 生數가 있고 成數가 있는데,
生은 일어난 것이고 成은 이루는 것이다.
그래서 成은 항상 0이나 5로 끝나야 한다.
그럼 이루게 된다. 이루고 가는 것이다.

丁火일간은 2번인데 月令이 癸水라면 6번이다.
합하면 8이 되니 +2를 하든지 +7을 하든지,
-3을 하든지 -8을 하든지 해야 성수(成數)가 된다.
成數가 이루어지지 않으면 승도지명(僧徒之命)이라 한다.
그러니 5나 0으로 맞추어야 한다.

15번은 성수(成數)가 되는 것이다.
이 숫자를 맞추는 건 土와는 관계가 없다.

0이나 5로 끝나면 土로 맞추면 된다.
맞추었다는 것은 이루었다는 뜻이다.
7이면 丙火로 이루겠다는 것이다.
그럼 7번인 丙火를 가지고 사람의 인생을 말할 수가 있다.
이를 유용지신(有用之神)이라 한다.
내 인생을 丙火로 살겠다는 것이다.
7번 丙火로 살겠다는 것은, 기운을 부리는 것이 내공인데
2번 丁火면 체력을 기르니 육체의 내공을 길러 주는 것으로 살겠다.

만약 일간이 癸水면 6번이고 月令이 戌月이면 辛金당령이니 4번이다.
그럼 0으로 성수가 되니 이미 전문가가 된 것이다.
丁火 運이 오면 2번이 오니 +3이나 +8을 하든지,
-2를 하든지 해야 한다. 그럼 마이너스는 원하는 걸 하지 말라는 뜻이고
플러스는 원하는 일을 하라는 의미이다.
항상 -와 +를 따로따로 말해 주어야 한다.
그럼 甲木의 대한 이야기를 해 주면 되고
乙木에 대한 이야기를 해 주면 된다.
이것이 무엇인지 이야기해 주면 그것이 한 해의 운세가 된다.
0과 5로 마지막 숫자로 끝나는 것이 土다.
이것을 얻기 위해서 어떤 행위를 해 주어야 한다.
-2인 丁火의 행위를 하지 말고 甲木이나 乙木의 행위를 해라.
六神으로 보면 丁火가 偏財이니, 영역확장을 위한 투자를 삼가거나 조심하고 +3은 甲木인 상관이나, +8은 乙木식신이니 상대에게 맞추거나, 자기 능력을 성실하게 활용해야 한다. 이것이 통변내용이다.

또 庚金일간이 酉 月令이면 9와 4이니 완성수가 성립되지 않았다. 그럼 완성수로 만들어야 한다. 13이니 완성하려면 +2를 하든지, 포기하는 방법도 완성하는 법이니 원하는 걸 하지 않아도 완성되니 -3이 된다. 그리고 +7을 해도 되니 丙火, +2는 丁火, -3은 甲木이다. 그럼 사주가 완성수가 된다. 그럼 완성되려면 -는 졸업한다는 말이고 +는 입학한다는 말이다. 丙火는 지난 2016년과 17년이 완성수이다. 그럼 2로 완성하는 것이 있고 7로 완성하는 것이 있는데 酉月생이면 丁火로 완성을 하는 것이 더 낫다. 그럼 이론이 아니라 기술이다. 이렇게 완성을 하고 나서 年運도 봐야 한다. -8도 적용이 되니 乙木은 포기하는 것이 좋다는 것이다. 사주를 보기는 쉽지만 말하기는 껄끄럽다. 이것은 日辰으로 볼 때도 거의 백발백중이다. 사주에서 고칠 것과 運에서 고치는 것을 알아야 한다.

■ 천간 오행

天干 10개의 뜻을 이해하고 배합을 해야 한다. 壬水의 짝은 戊土고 癸水의 짝은 己土다. 丙火는 戊土, 丁火는 己土다. 그리고 생산물을 내야 하니 甲乙庚辛이다. 그럼 마음으로 낸 것이냐, 몸으로 낸 것이냐. 디자이너는 壬水 丙火냐, 癸水 丁火냐? 창의적인 것은 壬水 丙火고 기술적인 것은 丁火 癸水다. 지식을 답습하는 것은 癸水 丁火다. 만약 공장 직원이 壬水 丙火를 戊土가 머금었다면 일하면서 딴생각을 자주 하니 사고가 날 수도 있다.

■ 지지(地支) 오행

地支의 戊土는 天干의 丙火를 인식할 수는 없다. 지나가는 계절의 따뜻함만 인식하는 것이다. 寅中 戊土는 계절 丙火의 온난한 기운을 인식하고 巳中의 戊土는 이미 육양(六陽)의 뜨거운 기운을 인식했으니 차가운 일음(一陰)의 기운도 인식하는 것이다. 좀 있으면 식는다는 것을 인식한 것이다. 그러니 六陽이 되면 식어야 하니 차가워지는 것을 인식한다. 寅中 戊土는 三陽을 인식한다. 申中戊土는 三陰을 인식한 것이고 亥中戊土는 六陰을 인식했으니 一陽을 아는 것이다. 丙火를 인식하는 것과는 다른 것이다. 대부분이 丙火와 壬水를 모르면서 즉시 戊土로 넘어갔으니 모를 수밖에 없다. 地支의 시간마다 변화하는 온도와 습도를 戊己土가 인식을 하는 것이다.

■ 천지의 조판

하늘에 하나의 기운이 있었다. 이것을 기(气)라고 해서 기운 氣에서 쌀 미(米) 자를 뺀다. 이 기운은 우주의 어떤 변화로 인해 어둠에서 밝음이 생겼다. 그래서 양의(兩儀)를 한다. 하나는 陽으로 가고 하나는 陰으로 간 것이다. 이로 인해 지구가 생겼는데, 이 지구는 陽과 陰을 머금었으니 하나는 丙火로 가고 하나는 陰으로 갔으니 壬水로 갔다. 그래서 따뜻한 난(暖)한 기운과 寒한 기운으로 갔다고 한다.

이것을 지구의 기운인 戊土가 머금은 것이다. 그리고 땅이 머금은 걸

己土라 한다. 그래서 寒한 기운에서 濕한 기운인 癸水가 나오고 暖한 기운에서 燥한 기운이 나왔으니 丁火라 한다. 이렇게 燥濕이 나왔다. 이렇게 天地가 조판이 끝난 것이다.

濕한 기운을 둘로 나누니 한습한 기운을 甲木의 기운이라 하고 난습한 기운을 乙木의 기운이라 하고 난조한 기운을 庚金이라 하고 한조한 기운을 辛金이라 한다. 그래서 天地의 조판이 四時의 조판까지 만들어졌으니 봄, 여름, 가을, 겨울이 만들어졌다.

그리고 이 기운에 이름을 붙였는데, 한습한 기운을 生하는 기운, 난습은 무엇이 자란다고 해서 長하는 기운, 난조는 무엇이 성숙하게 이루어지는 기운이라 해서 成하는 기운, 한조한 기운은 뜨거운 기운이 물러가고 차가운 기운이 남았다고 해서, 滅하는 기운이라 했다.

■ 오행家들이 이 기운을 풀 때

동지에서 춘분으로 가는 걸 化라고 하는데 동양철학은 겨울에서 봄으로 변하고 여름으로 변하고 가을로 변하는데, 겨울에서 봄으로 가는 化를 生이란 이름으로 명리학에서 바꾸었다. 그래서 겨울을 水로 놓고 봄은 木으로 놓아서 水生木이란 이름을 지은 것이다. 그다음 봄에서 여름으로 가야 하니 이 봄기운인 木이 여름으로 바뀌었으니 木生火라 한다. 그리고 여름에서 가을로 가는 기운을 火生土土生金, 가을에서 겨울로 가는 기운을 金生水로 붙인 것이다.

그리고 예기월령(禮記月令)이나 여씨춘추(呂氏春秋) 등에는 여기에 장소를 붙여 주었고 회남자(淮南子)는 여기에 바람의 이름을 붙여서 동식물의 변화를 설명하였다. 바람의 변화에 따라 벌레가 나온 것으로 동식물의 이동 경로를 붙였다. 여기에서 바람이란, 동식물이 어떻게 들어가고 나오는 동식물의 변화를 말하는 것이지, 바람이라 해서 풍(風)을 말하는 게 아니다. 여씨춘추와 예기월령에서는 장소적 개념을 가지고 동식물의 이동 경로를 써 놓았고 회남자에서는 온도적 개념을 가지고 동식물의 변화를 써 놓았다.

동식물의 변화를 쓰다 보니 水生木은 어류와 육상 생명을 의미한다. 이것을 명리학에서 상생상극으로 푸니, 金生水는 辛金과 壬水를 말하고 水生木은 壬水가 癸水로 바뀌어서, 癸水와 甲木을 말한다. 木生火는 甲木이 乙木으로 바뀌었고 丙火를 말하고 秋節은 丙火가 丁火로 바뀌었으니, 丁火와 庚金을 말한다. 이렇게 상생상극(相生相剋)을 한다.

寒暖이 인간에게 미치는 영향은 정신이다. 이는 물건의 쓰임을 알아내는 정신이다. 그러니 天干의 壬水는 물건의 쓰임을 알아내는 정신이다. 丙火는 사람의 쓰임을 알아내는 정신이다. 그걸 우리가 알아내야 하니 戊土가 있어야 한다. 알아내는 정신을 주었으면 내가 알아내야 한다.

■ 지지(地支) 土의 쓰임

조습(燥濕)이 인간에게 미치는 영향은 육체와 형체, 그리고 물건을 만든다. 그럼 地支의 丑中 己土가 癸水를 머금어야 하니, 어디에 쓰이는 물건인지 알아내는 정신이다. 그러니 사람의 정신을 물건화시켰다. 그 사람의 정신을 알아내는 게 아니라 지식을 알아내는 것이다. 그러니 地支의 土가 어떻게 天干(하늘)의 정신을 알아내느냐, 地支에 있는 것만 알면 된다. 그러니 巳中 丙火의 더위는 약 +25~29도 정도다. 그러나 天干의 丙火는 사람의 열정이니 온도로 표시가 안 된다. 온도로 나오지 않는다. 사람이 무얼 원하는지 마음을 알아내는 것이 戊土다. 그걸 알아내야 경영자도 되고 지도자도 될 수 있다. 그러나 地支의 辰戌丑未 계절 土는 그걸 알아낼 수가 없다. 그러니 辰中 戊土는 조금 있으면 땅 위의 온도가 몇 도가 되니 거기에 무엇을 해야겠다는 것을 알아내는 것이지, 사람의 마음이 어떻다는 건 알아내지 않는다. 戌中의 戊土는 좀 있으면 날씨가 추워져서 -20도가 되니, 이런 물건을 어떻게 팔아야 겠다는 것을 알아내지 사람의 마음이 어떤지는 알아내지 못한다.

壬水는 실제 차가운 게 아니라 차가운 마음이니, 戊土로 방풍을 하라고 했다. 이는 자제를 하라는 뜻이다. 마음 즉, 심상(心狀)을 이해해야 한다. 그 마음이 우리 행동을 좌지우지해야 한다는 걸 알아내야 한다. 戌中 戊土는 地支의 실제 온도의 壬水를 인지하는 것이다. 辰戌丑未의 土는 온도와 습도이다. 戌月은 서리가 내리고 辰月은 비가 내리고 丑月은 추위가 강해지는 것이고 未月은 더위가 강해지니 빨리빨리 과거를 정리하고 미래를 대비하라는 뜻이다.

戌中의 戊土가 있으면 추우니 옷을 따뜻하게 입으라 하겠지만, 天干에 戊土가 있는 사람은 따뜻한 옷을 주지 않고 춥다고 알려만 주는 것이다. 잠바를 사다 주는 사람이 옳은 것인지, 춥다고 말해 주는 사람이 옳은 것인지, 이걸 정확히 인식해야 한다.

　辰月은 戊土는 점점 날씨가 따뜻해지니 또 옷을 준다. 따뜻한 건 위에서부터 따뜻해지고 추워지는 건 밑에서부터 추워지는 것이다. 겨울에 나무가 옷을 입을 때는 밑을 싸 주지 가지를 덮지 않는다. 여름은 더우니 위를 가리고 차광막을 치는 것이다. 여름에 戊土로 태어났으면 그런 말을 안 해 준다. 그냥 알기 때문이다. 춥다고 잠바를 주어야 하는 건 아니다. 인식을 시켜 주면 자기가 알아서 해야 한다. 그러니 地支의 土는 물건을 쥐어 주는 것과 같고 天干의 土는 그렇다는 걸 알려 주는 역할이니 가격이 더 비싸다.

　독립운동의 최고 공로자는 金九라 한다. 그분은 총을 쏜 적도 없고 붙잡힐까 봐 이리 숨고 저리 숨었는데 왜 최고의 공로자라 하는가? 그 많은 청산리 전투에서 수많은 의병들이 총을 맞아 죽었는데 왜 이분들의 이야기는 하지 않는가? 이것이 地支에 있느냐, 天干에 있느냐의 차이다.

　天干이 地支의 마음을 알겠나, 地支가 天干의 마음을 알겠느냐, 그러나 명리학자는 다 알고 있어야 한다. 寅申巳亥의 土도 이해하려면 보통 복잡한 것이 아니다. 온도와 습도를 인식하는 辰戌丑未의 계토(季土)가 아닌, 寅申巳亥의 戊土는 온도, 습도를 인식하는 것이 아니라 물건의 쓰임을 인식하는 土이다. 디자이너가 물건의 색깔을 구분하는 건 寅申巳亥 土다. 물건의 쓰임을 잘 안다. 그러니 무슨 물건 사용을 잘하는 사람들이 대개 寅申巳亥 월에 태어났다. 물건을 잘 다루는 것이다. 물건의 배치를 매우 잘하거나, 반대로 물건을 아무렇게 던져 놓고 어지럽게 정리를 전혀 하지 않거나, 둘 중 하나다. 이는 陰陽의 장단점을 구분해야 하기 때문이고 인식체계가 서로 다르기 때문이다.

물건이 있고 정신이 있고 움직임이 있는데, 물건의 움직임을 잘 보는 건 寅申巳亥 土고 온도와 습도에 따라 변화되는 것은 辰戌丑未 土이고 모든 것의 변화를 하나로 알아보는 土는 天干의 戊土이다. 지구 안의 모든 것과, 지구 밖의 모든 걸 인식하는 것이 天干 戊土이다. 寅申巳亥 戊土는 감자가 좋으냐, 고구마가 좋으냐를 인식하는 것이고 辰戌丑未는 이때는 뭐가 나고 저 때는 뭐가 나는 것인지 때를 아는 土이다. 수학을 제일 잘하는 土는 寅申巳亥 土다. 중개나 시세차익을 남기는 건 辰戌丑未 土가 잘하고 天干의 土는 일상생활에서는 별로 써먹지 못한다.

천간 戊土는 우주의 평화나 세계의 평화를 인식하니 생활 속에는 별로 써먹지 못한다. 그러니 天干의 土는 생활에는 백해무익하니 써먹을 때가 없다. 어디에 쓸 때가 없다. 무언가 거룩한 뜻이 있으니 거룩하지 않은 건 가까이하지 않으려 하고 명분이 없으면 하려고 하지 않는다. 모든 걸 인식하니, 잘못되면 쓸데없는 부분까지 시시콜콜 인식하게 된다. 辰中 戊土처럼 고구마를 인식하고 살면 쓸모가 있는데 天干의 土가 있어서 왜 쓸모없는 것까지 인식을 하나? 戊土가 하나도 없는 것이 얼마나 편하냐? 天干에 戊土가 있으면 자기가 누구인지 안다는 것이다. 戊土는 자기와 자기가 대화를 한다.

■ 地支

음양(陰陽)	동지(冬至)				하지(夏至)			
사시(四時)	춘분(春分)		하지(夏至)		추분(秋分)		동지(冬至)	
四立	冬至	立春	春分	立夏	夏至	立秋	秋分	立冬
팔품(八稟)	子丑	寅卯	卯辰	巳午	午未	申酉	戌亥	亥子
당령(當令)	癸	甲	乙	丙	丁	庚	辛	壬

地支는 12개월이니 12개인데, 음양으로 나누면 동지(冬至)와 하지(夏至)이고 사계절(四時)로 나누면 춘분(春分), 하지(夏至), 추분(秋分), 동지(冬至)이고 8개로 나누면 四立이 들어간다. 1년을 여덟 등분(八稟)으로 나누는 것이 관례로 되어 있다. (위 표 참조)

동지부터 立春까지 양력으로 12월 22일부터 2월 4일까지가 子丑月 슈인데, 이때 장소로는 水中이 아니라 水上이 된다. 물과 땅인데, 子丑月 슈 동지부터 立春까지 45일은 물 바로 위에, 땅 바로 밑이 되는 것이나.

六十甲子에서 甲子 乙丑은 공간적인 의미는 水上이다. 水中은 아래로 가라앉았다는 뜻이고 水上은 위로 떴다는 의미이니 고기가 위로 올라오는 것이다. 연못, 水上, 어류가 수상으로 올라와서 활동한다. 사람들은 어업을 시작한다. 수달이 얼음을 깨고 들어가서 먹이활동을 하니 사람도 어업을 하는 것이다. 그럼 고기가 올라오고 얼음이 녹아서 둥둥 뜨는 시기이니, 책에는 '붕어가 어름 모자를 쓰고 나타났다'라고 쓰여 있다. 귀퉁이마다 얼음이 듬성듬성 있는 것이 봄이지, 꽃이 피는 것이 봄이 아니다. 꽃이 피는 것은 여름이다. 이것이 子丑月슈이다.

사람으로 말하면 甲子 乙丑은 이때 장소로는 엄마 배 속이다. 여기서 남녀가 구분된다. 배양된다. 알 속이다. 정신이 구분된다. 甲子 乙丑에서 부성(父性)과 모성(母性)이 구분되는 시기다. 나누어진다는 의미이니, 아직은 싹이 난 게 아니다.

그럼 寅卯月令이 되면 땅 위에서 동물도 나오고 싹도 나온다. 그런데 사람의 눈에는 아직 보이지 않는다. 나무가 나오는 건 보이지 않지만, 확대경으로 보면 보인다. 사람에게 비유하면 탄생한다. 학교 간다. 이런 의미이니 파충류가 알을 깨고 나온다. 엄마 배 속에서 나온다. 아이들은 배우고 어른은 가르친다. 그러니 세 명이 있는데 배우는 사람과, 가르치는 사람, 그리고 운영하는 사람이 있다. 밖에 나가면 가방공장 아저씨, 스쿨버스 운전사, 떡볶이 아저씨, 책 만드는 아저씨, 모두가 지식과 관련이 되었으니 글과 말이니 글과 말을 배우는 사람들의 모든 준비물을 여기서 취급한다. 寅卯月令에서 하는 일이다.

예기월령(禮記月令)에서 동식물이 탄생하니, 사람들은 어린아이를 기르고 누에를 쳐야 한다고 했다. 이걸 해석해야 한다. 누에를 친다는 의미 안에는, 온갖 의미들이 들어 있는데 그러려면 金生水가 되어야 가르친다. 水生木만 있으면 문방구를 운영하거나, 스쿨버스 운전을 하면 된다. 이렇게 子丑 寅卯 月令이 구성되어 있다.

卯辰月令은 춘분(春分)부터 입하(立夏)까지인데, 지엽(枝葉)에 나뭇가지에 잎이 나오니 곤충은 날개가 나온다. 모기가 날개가 달리고 사람은 학교에서 배우고 익힌 걸로 우열을 가리기 위해서 검증을 받아야 한다.

마치 동물이 엄마 배 속에서 자란 후 날개를 달고 각자의 생활전선으로 나가듯이 사람도 이때는 생활전선으로 나가야 하니, 새가 날기 위해 날개를 푸드덕거리듯 연습을 해야 한다. 이는 독립을 위한 시험과 검증을 의미한다. 이때는 아무도 도와주면 안 되는데, 아이들은 부모가 개입해서 이리 가라, 저리 가라 해서 날되 영원히 날지 못하는 사람을 만들게 된다. 이건 학부형이 개입해서 그런 것이다. 그러므로 개입하면 안 된다.

그리고 立夏가 되면 식물은 다음 세대를 위한 번식을 하는 것이 식물의 역할이고 동물은 부리와 발톱이 나와야 한다. 사냥을 해야 하기 때문이다. 사람은 배우고 익히고 검증을 받은 것으로, 사회에 나가서 써먹어야 한다. 어른들은 이때 그들에게 자리를 만들어 주어야 하니, 사회체제를 구축해야 한다. 행정체제, 사법체제 등을 만들어야 한다. 이때 태어나면 사회체제 운영자들인데 이들이 巳午月令이다.

午未月令은 차츰 초목은 시들어 가고 열매가 열린다. 그리고 동물은 부리와 발톱이 있으니 사냥을 해야 한다. 그러나 약한 식물성 동물들은 동물성 동물들의 사냥감이 되니, 약한 동물들은 벽으로 도망을 다닌다. 귀뚜라미가 벽에서 울지, 벌판에서 울지 않는다. 매미도 나무나 벽에 붙어서 운다. 날지 못하는 것은 울어 대고 날아다니는 건 사냥을 다닌다.

禮記月令은 여기에 초목이 시들어 가니, 이때 사람의 임무는 건초를 베어서 퇴비를 내는 달이라 해서 午未月令이라 했다. 이때 퇴비를 해야 잘 썩는다. 좀 젖은 걸 베어야 썩는다. 익은 것을 베어 내면 건축자재로 쓴다고 해서 갈대를 베어서 울타리를 만들거나 집을 짓는 것으로 쓰였다. 물가에 있는 식물은 일찍 피니 일찍 베어 내는 것이고 산으로 갈수록 늦게 피니 늦게 베는 것이다.

申酉월령은 입추(立秋)부터 추분(秋分)까지 45일을 말하는데, 우리나라는 지정학적인 특성상 우기(雨期)가 끝났다. 우란분절이라 해서 양력 7월 24일에서 7월 27일 사이에 우기가 끝난다. 양력 8월 4일에서 6일이 되면, 남태평양에서 열(熱)이 너무 지나쳐서 폭풍이 일어난다. 시계 반대 방향으로 불어오거나 시계 방향으로 불어닥치는데, 시계 반대 방향으로 부는 것은 일본 오키나와 쪽으로 가고 시계 방향으로 가면 중국 대만이나 홍콩 쪽으로 간다. 우리나라는 남태평양 중앙에 있어서, 중앙으로 돌진하는 건 흔치 않다. 이런 인식을 하고 해야 한다.

申酉月令의 식물은 이미 초목은 다 시들고 열매는 익어 가는 중이다. 열매는 단단해지고 뿌리도 튼튼해지니, 가지의 기운이 열매로 들어가고 줄기의 기운이 뿌리로 들어가는 시기다. 그러니 申月이 되면 가장 힘이 센 것이 木이다. 木의 기운이 뿌리로 들어갔으니 가장 세어진 것이다. 乙木인 가지의 기운은 庚金이란 열매로 들어가고 甲木인 줄기의 기운은 뿌리인 辛金으로 들어갔으니, 아주 단단하고 강력한 木이 생긴 것이니 최고의 목왕(木旺)이라 한다.

그런데 命理를 하는 사람들은 거꾸로 말을 하는데, 이런 잘못된 걸 인정하지 않으니 더 문제이다. 눈에 보이는 것은 왕하고 눈에 안 보인다고 약한 게 아니다. 그러니 木은 임무를 끝내고 왕강(旺强)한 뿌리로 돌아가는 것이다. 寅月부터는 木이 허약함을 드러냈지만, 이때는 왕강한 뿌리로 돌아가고 더구나 열매까지 남기니 木이 남긴 이 기운을 金氣라 한다. 庚金과 辛金의 기운이 나타나기 시작하는 것이다. 이것이 같은 類이기 때문에 金과 木은 교류가 가능한 것이다.

出産은 木의 引火와, 金의 水源이다. 동물은 본격적인 사냥을 하고 식물과 식물을 먹고 사는 동물들은 숨기 시작하는 시기다. 午未月은 벽에 붙지만, 申酉月은 숨기 시작하니 나는 동물과, 숨는 동물로 구분된다. 발톱이 巳月부터 나기 시작해서, 申月부터 발톱을 전면적으로 쓰게 되니 숙살지기(肅殺之氣)라 한다. 사람들도 이때는 배우고 익히고 검증도 거치고 업그레이드도 했으니, 가장 능력이 활발해지니 중요한 임무와 직책을 맡게 되니 어른들은 그들에게 중요한 임무도 맡기고 명령을 할 수 있는 직책도 맡기게 되는 것이다. 임무와 직책은 의미가 다르다. 젊은이들은 맡으려 하고 어른들은 맡기게 된다.

그리고 酉戌이란 추분(秋分)이 되면 숨는 동물들은 껍질을 뒤집어쓰고 나는 동물들은 털이나 가죽이 두꺼워지기 시작한다. 그래서 이를 종혁(從革)이라 한다. 가죽이 나온다. 두꺼운 털이 나온다는 의미다. 봄이 되면 털을 모두 벗는다. 그러니 굴을 찾아가는 것이 있고 더욱 기승을 부리는 것이 있다. 이렇게 사냥과 '숨다'를 하게 된다. 어린이는 자라서 어른이 되었으니 날아다니고 어른은 노인이 되었으니 방으로 숨는다. 그래서 나가는 자와 물러나는 자가 아주 뚜렷하게 나타나니 酉戌이다.

그러니 酉戌月生의 특징이 누구를 밀어내는 특징이 있다. 나가기 위해서다. 또 酉戌月生은 세상을 등지고 물러나는 특징이 있다. 그러니 이들이 질투하면 남이 물러나게까지 하게 되고 酉戌月生의 신선함은 사냥을 안 하고 산으로 물러나는 것이다.

이들이 卯辰月令에 가서 죽었는지 살았는지, 나타나게 된다. 죽은 것과 산 것이 표시가 난다. 酉戌月令은 죽이는 것과 산 것이 표시난다. 卯辰월령은 지난 시절에 죽은 것과 산 것의 과거형이지만 酉戌은 미래이니 너 죽고 나 살자는 식이다. 그러니 酉戌에 싸워서, 죽었는지 살았는지 확인은 卯辰에서 알게 된다.

亥子月令은 立冬부터 동지(冬至)까지 45일이다. 명리학에서 가장 유명한 말인 금백수청(金白水淸)이다. 하얀 것이 온 세상을 덮었다는 뜻이다. 이는 동물과 식물이 모두 물러갔다는 뜻이다. 모두 없어졌다는 의미이니 사냥도 할 수 없고 식물은 없어졌으니 잠을 자면 되지만, 동물은 잠을 자지 않으니, 그럼 식물과 곤충들은 숨는다고 했는데, 식물이 숨는 것은 申酉에 숨기 시작하고 곤충은 酉戌에 숨기 시작해서 번데기가 된다. 그런데 공중을 나는 동물들은 아무것도 없으니 이동을 한다. 새처럼 날아서 남쪽으로 가서 생명 활동을 하게 된다. 이때는 교역(交易)이 이루어지는 시기다. 그래서 인간의 가장 왕성한 활동은 亥子月令에 이루어진다. 인간은 숨는 동물이 아니라, 교역을 하니 공중을 나는 동물이 된다.

그럼 반대로 巳午月令은 동식물들이 다 만연하게 풍족하니 동물은 부리가 나오고 발톱이 나오니, 적당하게 사냥을 하고 식물들은 다 꽃이 피어서 왕성하니, 사람들은 그것을 관리하느라 꼼짝을 못 하는 것이다. 그래서 뜨거운 건 자기 고향을 지키는 의무를 타고났다. 그러니 실질적으로 자기 고향을 지키려고 하는 민족적 특징은 아랍 쪽 사람들이다. 火란 고정되어서 움직이지 않고 지키려고 하는 특징이 강한 것의 대표적인 것이 회교도들이다.

그러나 북방인들은 이동이 빈번하다. 북쪽에 있는 사람들이 남으로 내려와서 나라를 수도 없이 세웠다. 남쪽 사람들이 북에 가서 나라를 세운 적은 아직 없다. 북방민족은 이동이 아주 많다. 북방민족은 습기가 많은 나라에 가서는 적응하지 못하지만 몽고나 터키 등 습기가 없는 곳에 가서 정착한다. 노르웨이 바이킹족들이 프랑스 중간쯤 넘어오면 날씨가 따뜻하니 40% 이상이 병이 들어서 전멸을 하고 화살이 물을 먹어서 날아가지 못하니 프랑스 정벌을 영원히 하지 못한 것이다.

水生木은 어업과 같은 것이고 木生火는 농축산과 같은 것이고 火生土 土生金은 밭이면서 거주지가 되니, 거주와 임업이니 건축업 등을 많이 한다. 그런데 火生土에서 土生金으로 넘어가면서 육지에서 산으로 가면서 중간에 은행이 있다는 걸 알아야 한다. 돈 계산을 하고 가야 한다.

禮記月令에는 은행이란 말이 두 번 나오는데, 卯에서 辰月을 넘어갈 때 은행이 나오는데 농사를 지으려면 대출을 받아야 한다고 하고 午未月令에는 대출금을 갚아야 한다고 나온다. 2천 년이 넘은 책인데 벌써 이런 말이 나온다.

추분이 지나면 金生水가 되니, 산에서 공중을 가는 것과 같으니 새가 된다. 이동이 빈번하다는 뜻이다. 수송, 물류, 유통, 시장참여, 통상 등이다. 그리고 물건으로 金生水는 산속의 짐승이니 축산 중에서 육류유통, 가공, 생선류 가공 등이다. 기르는 게 아니라 죽이고 잡는 걸 의미한다. 火生土와 土生金 사이에는 은행이 있어야 하고 그리고 중요한 건 金生水 水生木 가운데는 종자은행이 있음을 알아야 한다. 종자 환경이 벌어진다. 가령 재산이 1조가 있는데 아들이 하나밖에 없다면, 종자 번식을 위해 분명히 좋은 종자를 구해 오려고 한다. 종자은행에서 종자를 구해 배양할 것이다. 명리학을 하면 이들의 생각도 읽어 내야 한다.

8. 상생상극(相生相剋) 활용법

　명리학은 주변 환경에 있는 만물을 기르고 가꾸어서 취하고 쓰는 게 목적이다. 그중에서 음양오행과 六神으로 구분되었으니 六神은 사람을 쓰는 방법이고 음양오행 물건을 쓰는 방법이다. 음양오행을 쓰는 것은 생존 때문이고 六神은 생활 때문이다. 생존과 생활로 구분한다.

　그럼 그것을 판단하는 근거는 ① 生의 상생(相生) ② 剋의 상극(相剋)으로 판단 근거로 삼으니 生이 무엇인지 剋이 무엇인지 공부해야 한다. 상생이란 균형을 맞추기 위해서다. 1부터 100까지라면 50이 균형이 아니고 100이 균형이다. 그럼 상생은 水가 木을 生한다고 해서 상생이라 하는데 소(牛)가 땅(一)에서 태어났다는 의미가 들어 있다. 소는 만물을 뜻하고 모든 걸 갖추고 태어났다는 뜻이다.

　극(剋)이란 걸어갈 克자이다. 행위 하다. 먹다. 자다. 활동하다. 이런 의미가 들어 있다. 우리나라에서는 극을 剋으로 쓰는 것이 관례이다. 걸어간다는 의미로 쓰지 않고 남을 쳐(刂) 가면서 걸어간다는 뜻이다. 극의 개념이 중국과 우리나라가 다르다. 상대를 적으로 취급하는 것이 우리나라 사람의 특징이다.

生은 태어나다, 剋은 움직이다. 그럼 生은 상생을 해야 하는데 + 상생을 지속하다. 生이 상생하면 상생을 지속할 수 있다는 의미다. 生이 不生하면 -가 되어서 용어로 말하면 설(泄)이 된다.

■ 상생(相生)의 종류

① 生을 해서 상생을 지속해 나가는 게 있고,(지속성)
② 生을 안 해서 상생을 지속하지 못하는 걸 泄이라 한다.(퇴보)
③ 生이 상생하면 +상극도 한다.(경쟁력)
④ 剋의 상극은 상생에서 오는 것이니 상생을 한 후 상극하는 것이다. 상극을 하면+다시 상생이 지속된다.(플러스 효과)
⑤ 만약 상극이 되면 상생이 지속되지 못하고 소멸된다.(마이너스 효과)
상생은 낳는다는 뜻이고 상극은 낳았으니 행위를 한다는 의미다.

①의 상생은 A와 B가 만난 것을 말하고 生이 상생으로 발전이 된 것이고 剋이란 A와 B가 만나야 剋이 되니 상극이란 용어가 나온다. 우주의 변화나 지구의 변화는 모두 상생과 상극으로 인해서 이루어지지, 生이나 剋이 그 자체로만 존재하는 게 아니다. 고정개념이란 건 없고 모든 것은 다 변한다는 개념이다.

① 상생은 癸甲, 乙丙, 丁己庚, 辛壬이다.
水生木, 木生火, 火生土生金, 金生水다.
이렇게 상생을 하면 상생이 지속된다. 나무가 계속 큰다는 의미다.

나무가 크는 것이 보여야 한다. 火生土生金은 상생을 하면 金의 부피가 막 줄어든다는 의미다. 부피가 줄어야 가치가 올라가는 것이다. 이렇게 상생은 상생이 지속된다는 의미이다.

② 상생을 하지 않으면 甲乙庚辛은 크고 안 크고의 문제가 아니라. 닳아서 없어진다는 의미다. 지치다. 다할 진(盡), 사람을 기다리다가 오지 않으면 몸과 마음이 지치는 것처럼, 자꾸 줄어든다는 의미다. 희망이 줄어들고 재능이 줄어들고 체력이 줄어들고 자본이 줄어든다.

③ 상생을 하면 상극을 하게 되어 있다. 그럼 경쟁을 통해서 우수한 사람이 된다. 그러니 상생은 자기 자신의 능력을 늘어나게 하거나 줄어들게 한다. 그럼 상극을 해야 늘어난 능력으로 경쟁하거나 줄어든 능력으로 경쟁을 해야 한다.

④ 다시 상생하니 癸甲+己처럼(水生木+木剋土) 상생 후 상극을 하고 乙丙+庚(木生火+火剋金)처럼 상생 후 상극해야 한다. 내가 癸甲으로 상극을 하면 己를 가져올 수 있고 乙丙으로 상생을 하면 庚을 가져올 수가 있다. 이건 반드시 경쟁을 통해서 가져오는 거지 저절로 가져오는 게 아니다. 그런데 가져올 수 없는 경우는 乙이나 丙이 하나만 있으면, 상생이 아니니 가져올 수가 없다. 다른 것도 마찬가지다.

丁己+庚(火生土+土生金=火剋金)이란 상극형태도 있다. 상생을 가져다 붙였는데 이것도 상극이라 하는데 이렇게 하지 말고 乙丁+庚(木生火+火剋金)으로 상극하는 것이다. 辛壬도 甲木이 丁火를 生하면 辛金을 가져가는 것이다. 즉, 甲丁+辛이 되니 그럼 경쟁에서 이긴다. 상생하고 상극하면 반드시 경쟁에서 이긴다. 이를 제화(制化)라 한다.

■ 상생의 형태

癸甲 水生木, 乙丙 木生火는 이렇게 생겼다.
丁己庚은 火生土生金은 이렇게 생겼다.
金生水는 辛壬이지, 庚壬으로 金生水한다고 하면 안 된다.
庚金은 火生土 土生金을 하는 것이다.
상생은 이렇게 네 가지이다.

나머지 상생은 명리학에서 존재하지 않는다. 癸水가 乙木을 생한다는 둥 이런 말을 하면 안 된다. 癸乙은 순수한 상생이 아니다. 상생하게 되면 지속적 상생이 되어야 한다. 乙丙하면 癸甲이 지속된다. 癸甲은 金生水든 木生火가 지속된다. 뒤로 가면 金生水, 앞으로 가면 木生火가 된다. 상극은 상생하면 상극을 한다고 생각하면 된다. 상생을 모르면 상극을 모르니 상생을 먼저 해야 한다. 水生木, 木生火, 火生土生金, 金生水 이렇게 네 가지가 상생의 형태다.

■ 상생의 시작

甲乙, 庚辛은 상생이 안 된다. 비조(比助), 협력.

水生木: 癸甲, 생명을 낳다.
木生火: 乙丙, 낳고 자라다.
火生土生金: 丁己庚, 火生土는 낳고 자란 것을 갈무리한다.
土生金은 金(열매)으로 다시 태어나다.
배우고 익힌 것을 사회에 나가서 쓰는 것이다.
金生水: 辛壬, 물러나다.

이 나머지 상생은 없는 것이다.
癸甲, 乙丙, 丁己庚, 辛壬, 水生木 火生土生金 金生水
첫 번째 기준은 월령(月令)이고 두 번째 기준은 연운(年運)이다.
이렇게 명리학에서 제일 먼저 만나는 것이 상생이다.

未月생이면 火生土生金 중에서 火生土이다. 火生土가 되면 生生을 이어가야 하니, 뒤를 보니 木生火가 나온다. 그럼 木生火가 된 것이다. 상생을 하나만 하면 牛牛이 되는 것이다. 앞으로는 庚金이 壬水를 생한 것이다. 상생하지 않으면 퇴보를 한다. 사라진다. 없어진다. 그럼 뒤로 가는 것이니, 火生土가 木生火를 하러 가야 한다. 앞으로 가면 金生水를 하러 가는 것이다.

午月생이 하지 前에 출생했다면 丙火 구역이니 乙丙이다. 상생이 안 되면 앞으로 나가지 못한다. 그럼 뒤로 가야 한다. 그럼 소멸할 시효를 받아야 한다. 상생하지 못하면 상극을 당하는 것이다. 그럼 辛金이 乙木을 剋 하는가, 壬水가 丙火를 剋 하는가 봐야 한다. 사주에 辛金이 있으면 퇴보이다. 경쟁이 붙어서 진 것이다. 壬水가 있으면 퇴보를 했는데 경쟁에 붙어서 앞으로 나가지 못한다. 퇴보의 종류가 두 가지인데, 辛金이 있으면 乙木을 剋하니 퇴보했는데 경쟁에 져서 뒤로 물러난 것이다. 壬水가 있으니 壬丙해서 퇴보했는데 뒤로 물러나지도 않고 앞으로 나가지도 못하는 것이다.

巳月生도 乙丙이다. 상생해야 앞으로 나가는 것이다. 火生土生金하러 가는 것이다. 상생하면 生生한다고 했다. 辛壬으로 상생이 되면 '앞으로 가서 癸甲을 하시죠' 해야 한다. 그리고 丙火나 丁火가 오면 상극당하는 게 아니라 상극해서 경쟁에서 이기는 것이다. 辛壬+丙(丁)이 된다.

酉月에 庚金이면 火生土生金인데 아무것도 없으면 퇴보이다. 멈춘 것이다. 壬水가 있으면 뒤에 丙丁火를 쳤으니 뒤로 물러나는 것이다. 앞으로 가지 못하는 것과 뒤로 물러나는 건 天地 차이다. 이혼해야 한다. 멈추었으면 이혼이 불가하지만, 뒤로 물러나면 이혼해야 한다. 남자가 이렇게 되면, 멈추었으니 진퇴양난(進退兩難)이다. 여자가 이러면 편안한 것이다. 항상 사주 볼 때 남녀와 나이가 있다.

다시 상생을 요약 정리하면
① 상생하면 상생한다.+② 상극도 할 수 있다.
③ 상생을 안 하면 퇴보한다.+④ 상극 당한다.
이렇게 네 가지다.

癸甲, 乙丙, 丁己庚, 辛壬 외에는 상생이 없다.
첫 번째 기준은 월령(月令)이고 두 번째 기준은 연운(年運)이다.

① 상생을 하면 상생을 한다.
② 상생을 하면 상극하는데 경쟁에서 이긴다.
③ 상생을 안 하면 퇴보한다. 그럼 돌아가서 다시 상생해야 한다. 만약 乙丙으로 상생이 안 되면 돌아가서 癸甲을 다시 해야 한다. 그러나 거의 하지 않는다.
④ 상생을 안 하면 상극을 당한다. 이는 다시 가서 할 수 없으니 퇴출당한다. 그럼 직업을 바꿔야 한다.

戌月에 辛壬이 있어서 상생하면 앞으로 가서 癸甲을 하면 된다. 辛壬은 있지만 丙火가 天干에 없으면 상극을 할 수 없으니 경쟁에서 이길 수가 없다. 그러니 주도권을 갖지 않도록 해라. 최고가 될 수는 없다. 다음 상생인 癸甲이 되는 운을 기다렸다가 한 번 더 하려고 노력해도 안 된다. 상생을 못 하면 이혼도 못 한다. 상생하면 하나를 더하려고 하니 運에서 丙火가 들어오면 경쟁을 한다. 이때 검증, 관문 통과, 패스하는 일들이 생기게 된다. 나이가 어리면 사회에서 만들어 주고 나이가 많으면 스스로 만들어야 한다.

사람이 사는 곳에는 항상 상생이 있는데, 상생이란 A와 B가 만나서 서로 도와주는 것이 상생이다.
① 상생을 하면 다시 또 다른 것을 상생할 수 있다.
② 상생을 하면 또다시 다른 것을 헨해서 취할 수 있다.
③ 상생을 못 하면 퇴보를 한다.
④ 상생을 못 해서 퇴보한 것은 분명히 상극을 맞는다.
그럼 ②에서 상생을 한 사람에게 부림을 당한다.

乙木 月令인데 丙火가 있으면 乙丙이 가능하다. 사주에 丙火가 없으면 年運에서 乙丙을 한다. 그럼 형편이 좀 나아진다. 오행으로 말하면 木生火가 온 것이다. 사주에 庚金이 없으면 상극을 못 한다. 그럼 계속 상생으로만 살아야 할 생각을 해야 한다.

그럼 丙火가 있는데 年에서 乙木이 오면 상생한다. 그럼 즉시 상극한다. 乙丙을 하는 목적은 丁己庚을 하기 위해서 乙丙을 하는 것이다. 그럼 사주에 庚金이 없으면 경쟁을 통해 시험을 보거나 하려는 게 아니라, 火生土生金으로 제2의 직업을 만들기 위한 것이다.

乙丙하고 庚金이 있으면 경쟁을 해야 한다. 그럼 대회에 나가야 한다. 엄마 나이에 이런 운이 오면, 자식이 시험을 볼 때가 왔다. 엄마가 경쟁하는 게 아니라, 아이가 시험을 보는 것이다.

辛壬하고 金生水했으면 癸甲을 해야 한다. 배웠으면 가르치라는 것이다. 癸甲이 상생했으면 乙丙을 해야 하니 배웠으면 써먹어야 한다. 乙丙을 하고 있다면 丁己庚을 해야 하니, 배웠으면 가서 돈을 벌어야 한다. 丁己庚이면 辛壬을 해야 하니 배웠으면 가서 팔라고 해야 한다. '만들었으면 가서 팔아' 해야 한다.

계속 연습하여야 한다.
상생하면 상생한다. 상생하면 상극하여 남의 것을 취한다.
상생을 안 하면 멈춘다. 이는 뒤로 돌아가서 번복해야 한다.

상생을 안 하고 상극을 당하면, 상생하고 상극한 사람이 취해 간다.

壬水가 甲木을 상생한다거나, 甲木이 丙火를 상생한다는 말은 하지 마라. 이런 상생은 때에 맞추어서 하는 상생이 아니기 때문이다. 庚金은 壬水를 生하는 것이 아니라, 火生土 土生金하는 것이다.

상생의 종류는 두 가지가 있다. 사주의 상생은 月令 내에 司令에 맞추어야 한다. 이는 사주를 보는 것이다. 運을 보려면 年에 맞추어야 한다. 庚子年이 왔다면 天干 丁火가 있어야 한다. 그럼 丁己庚이 되는 것이다. 그럼 상생을 했으니 辛壬을 해야 한다. 辛壬으로 시장을 알았으면 癸甲으로 가서 사람을 가르쳐야 한다. 그러나 丙火가 없으면 경쟁에서 이기려 하지 말라. 대회를 나가거나 경쟁을 하지 마라. 이것이 年運을 보는 법이다.

戌月의 辛金은 壬水가 있어야 하는데 없으면 퇴보이다. 그럼 丁己庚을 해야 한다. 만들어서 팔라고 했더니 시장 문 열 시간에 '아차! 내가 팔 물건이 없구나' 해서 다시 丁己庚으로 가서 만들기 시작하니 퇴보이다.

만약 乙丙인데 天干에 丙火가 없으면 大運이 아니라 年運에서 와야 한다. 암장에만 있으면 사람의 인도를 받아서 乙丙을 이루게 된다. 그럼 즉시 丁己庚을 하러 가야 한다. 그러니 乙丙으로 상생을 해 보니 이대로 살면 안 될 것 같아서 더 배우기로 하다. 그래서 주경야독을 해야 할 運이다. 丁己庚은 庚金이란 미래의 가치를 더 높이기 위해, 火生土의 행동을 취하다.

日辰이 乙亥日이라면 그날 공부가 잘되는 사람은 丙火가 있는 사람이고 암장(暗藏)에 丙火가 있는 사람은 선생님 말씀을 잘 들어야 한다. 天干이나 암장에 丙火가 없는 사람은 공부가 잘 안되니 그냥 앉아 있는 것이다. 이렇게 日辰에도 적용을 시킬 수 있다.

未月의 庚金이 丁火가 없으면 불생(不生)이니 퇴보하여 乙丙을 해야 한다. 이때 水剋火가 된다면 문제는 누가 내 것을 빼앗아 가지도 않는다. 그럼 주변에서 남편을 빼앗아 가지 않으니 속 썩이는 남편과 이혼도 하지 못한다. 기회가 생겨서, 주변에 불행을 겪은 인생이 있거든 그때 가서 지금 배운 것으로 도와주면 된다. 이혼이 안 되니 죽을 때까지 데리고 살아야 한다. 여자는 상생이 안 되면 안 될수록 답보상태인 것 같지만, 답보가 되어야 행복한 것이다. 상생상극을 모르면 공부를 하는 데 장애가 발생한다.

■ 상극(相剋)

1) 金剋木

상생하고 상극을 해서 무언가 경쟁에서 이기려고 하는 행위가 있는데, 상극은 상생한 후 상극을 해야지, 상생하지 않고 상극을 하면 경쟁에서 지는 것이다. 丁己庚은 甲과 乙을 상극하러 갔는데 庚金이 상생이 안 된 상태에서 상극하러 가면 오히려 甲乙木에게 당하게 되니 金을 뺏기게 된다. 그러니 경쟁에서 지는 것이다.

그러니 丁己庚의 金剋木 상극은 무엇인지 알아야 한다. 이는 다음에 쓸 것은 남겨 놓고 다 자란 것은 취한다는 의미다. 이것이 농부나 어부의 마음으로 보면 치어는 남겨 두고 성장한 것만 잡는다는 의미다. 사람의 마음으로 보면, 유효적절함과 실용성으로 생활을 한다는 의미이다. 미래에 더 키워야 할 것은 취하지 않고 남겨 두는 것이다. 그러니 먹을 것이 있어도 자식이 먹을 것을 남겨 두고 먹는 것이다. 그리고 미래에 쓸 자금은 남겨 두고 쓰지, 한꺼번에 모두 쓰지는 않는다. 이런 사람이 총칼을 들었으면 적만 죽이고 백성은 죽이지 않는다. 어떤 사람은, 적은 섬멸하지 않고 백성만 죽이는 사람이 있는데, 배우자와 싸우고 동료끼리 싸우고 친구끼리 싸우지만, 밖에서는 절대 싸우지 않는다. 丁己庚을 하지 않고 상극되었을 때를 말하는 것이다. 상생하고 상극을 하면 이 金剋木은 쓸 것만 취하고 다음에 쓸 것은 남겨 두니 유효적절과 실용성이다. 그런데 상생을 하지 않고 상극을 하면, 오히려 木이 더 큰 것이니 취할 건 안 취하고 취하지 말아야 할 것만 취하는 격이다.

① 상생하고 상극하면 경쟁에서 이긴다. 나무가 있으면 톱으로 잘라서 기둥으로 쓰지만 뿌리는 남겨 두고 간다. ② 그런데 상생이 안 되고 상극을 하면 죽이는 연장을 지녔으니 나무뿌리까지 다 파서 죽이는 것이다. 하지 말아야 할 건 하고 해야 할 건 하지 않는 것이다. 金剋木의 두 가지를 말한 것이다. 파괴와 재생을 뜻한다.

만약 火生土 土生金이 안 된 의사에게 수술을 맡기면 아들을 낳았는데 나중에 바뀌어서 오는 것과 같다. 이런 사람에게 요리를 맡기면, 내장은 튀기고 고기는 버리고 한다. 金剋木을 할 때 木을 죽이려는 마음으로 취하는 것인가, 木을 살리려는 마음으로 취하는 건가? 쌍끌이를 해서 작은 씨까지 몽땅 잡아서는 안 된다.

2) 水剋火

辛壬이란 金生水하는 내 능력을 보고 丙丁火가 밝은 마음으로 사 가는 것이다. 丁己庚은 내 능력을 발휘해서 金剋木을 하면 취해 오는 것이다. 金生水가 水剋火하면 내 능력을 사 가는 것이다. 어느 것이 더 비싸다고 할 수는 없다. 그러나 金生水 水剋火로 내 것이 나가는 것이 비싸지, 가져오는 게 비싼 것이 아니다.

그런데 金生水가 안 되는데 水剋火를 하면 상대가 나를 취하는 것이다. 내 능력을 사 간 게 아니라 사 간 걸 아예 반품한 것과 같다. 金生水가 안 되는데 火를 만났다면 시집을 갔다가 다시 온다. 대학 입학을 했는데 다시 재수하는 것이다. 클레임 당한 것이다. 그 행위에 대한 잘못을 지적받은 것이다. 그리고 잘못된 것에 대한 대가를 지불해야 한다. 대개 이런 행위는 비양심적으로 평가를 받기 때문에 부실이 되고 도덕적 평가까지 받게 되니 자기 생각과 전혀 다른 결과를 초래한다. 상생했으면 잘나가는 것이다. 잘 팔리는 것이다. 상생이 안 되면, 도리어 火가 환불 요청을 하는 것이다.

3) 火剋金

火剋金은 火生土 土生金이다. 火生土는 과거를 갈무리한 것이고 土生金은 미래로 나가는 것이다. 乙丙 木生火 상생하고 火剋金한다. 자기가 맡은 사회적 임무를 충실하게 실천하는 것이다. 乙丙은 출근 시간 하나만큼은 잘 지킨다. 직장은 한 번도 빼먹은 적이 없다. 사회적 임무에 충실한 것을 말한다. 癸甲은 학교에서 배우고 익힌 것에 충실하다. 사회적 임무에 충실했으니 火剋金으로 권한과 권리가 주어진다. 木生火가 안 되었다면 사회적 임무에 충실하지 않은 것이다. 그럼 나이 먹으면 먹을수록 지시를 받고 사는 인생이 되는 것이다. 나이 먹으면 먹을수록 계급이 자꾸 떨어지는 것이다. 이것이 火剋金이 되느냐 안 되느냐이다.

상생을 안 하고 상극을 하면 역효과가 벌어진다. 경쟁에서 지게 된다. 乙丙은 사회적 임무를 충실히 했으니 당연히 火剋金 하면 거기에 대한 권한이 주어지게 된다. 그런데 乙丙 木生火를 하지 않고 火剋金 하면 누군가가 나에게 권한을 부리는 것이 되니, 평생 나에게 권한을 부리게 된다. 그래서 평생 피교육자가 되는 것이다. 그러니 나이를 먹어도 젊은 사람의 말을 들으며 살아야 한다. 세상에는 걸레나 쓰레기가 더러운 것이 아니라, 자기 입장이 난처한 상황에 빠지는 게 더 더러운 것이다.

4) 土剋水

癸甲은 土剋水로 상극해야 한다. 그럼 배우고 익힌 것이다. 사람의 복 중에서 받을 복이 있는데, 癸甲은 받을 福이 된다. 유치원, 초등학교, 중학교까지 나랏돈으로 학교를 다니지만, 다음부터는 부모에게 돈을 받아서 다닌다. 그런데 癸水가 甲木을 生한 사람만 안 받았다고 한다. 통변은 거꾸로 하는 것이다. 받아야 한다고 생각하는 사람은 평생 못 받았다고 생각한다. 받아도 못 받은 것이다. 癸甲은 받은 것이 많다. 그럼 木剋土해서 내 것 化를 해야 한다. 부모에게 받고 남편에게 받았으면 내 것으로 만들어야 한다. 木剋土는 내 것으로 만들다. 내 능력으로 계발하다.

거꾸로 水生木이 안 되었으면 木剋土를 못 한다. 오히려 土가 水를 공격한다. 그럼 내 것으로 하겠다고 해서 내가 능력을 개발하는 것이 아니라, 남이 나를 통해서 자기 능력을 개발하는 것과 같다. 배우고 익혀서 내 것으로 만드는 것이 水生木인데, 배워서 내 것으로 만들지 못했으니, 사람들이 나의 미련하고 어리석고 바보스러움을 통해서, 타인이 능력을 개발하는 것과 같다. 그러니 다른 사람들이 나를 이용하는 것이다. 내가 미련하면 다른 사람이 나를 이용하는 것이다.

5) 木剋土

木剋土는 '내가 능력을 계발해서 나의 배움을 이루었다, 나를 계발했다'라는 뜻인데 水生木이 안 되었으면, 내가 무엇을 계발한 게 아니다. 그럼 다른 사람들이 나의 미련함을 이용해서 자기 능력을 계발하는 의미다. 사기당하고 돈 뜯기고 좋은 말로 희생과 봉사를 밥 먹듯이 한다고 한다. 세상에서 가장 미련한 사람은 억울한 사람이다. 서운하고 억울한데 이는 水生木이 안 된 사람이다. 이걸 이용해서 사람들이 돈을 번다. 요즘 돈을 가장 많이 버는 사업은 억울한 사람을 이용하는 사업이 가장 돈이 된다. 힐링센터, 티칭, 코칭과 같은 컨설팅 같은 업도 무언가 억울하다고 생각하는 사람들이 이용하는 사업이다.

임상 예)
甲 甲 丁 乙 坤
戌 寅 亥 丑

① 辛壬 壬水는 立冬부터 동지까지, 辛金은 추분부터 立冬까지니 기준은 壬水다. 辛金이 없으니 상생을 하지 못한다. 그럼 運에서 이런 시간이 도착해야 한다. 2019년 己亥年과 2020년 庚子年이 도착했다. 그럼 자기가 태어난 상생을 해야 할 시기이다. 그럼 2017년인 丁酉年과 18년인 戊戌年에 辛金이 왔다. 이 시기가 상생을 위해 보충해야 할 때다. 己亥年과 庚子年은 상생해서 써먹을 때고 丁酉年 戊戌年은 보충할 때다. 그런데 이 사람은 상생을 안 했으니 보충하려 하지 않고 무언가를 시작하거나 쓰려고 한다. 이 사람은 이때가 변화의 시기이다.

② 水剋火를 만나야 한다. 2016년이 丙申年이다. 그럼 상생을 하지 않고 火를 맞이하니 水剋火를 못 하고 오히려 火剋水가 된다. 丁酉年 戊戌年에 金生水를 했으니 무슨 물건을 내놓았다. 그런데 己亥 庚子年에 클레임이 들어왔다. 통변하면 2016년인 丙申年에 丙火가 天干으로 오니 검증을 받는 해였고 2019 己亥年, 2020年 庚子年은 능력을 내놓는 해이다. 2026년은 검증받을 때고 2019년은 능력을 내놓는 해이고 2017年 2018年인 丁酉年 戊戌年은 능력을 만드는 해이다. 자기 運이 들어오면 능력을 내놓는 것이다. 위의 사주가 辛壬이니 壬은 능력을 내놓는 것, 辛은 능력을 만드는 건데 상극당하면 능력을 검증받는다. 나이가 乙丑生이니 2016년에 능력을 검증받았다고 하지 말고 중간 검증을 받았다 해야 한다. 만약 乙酉年 丙戌年에 능력을 만들었다면 능력을 다시 만들어야 한다. 준비를 했나 안 했나 보는 것은, 사주가 辛壬으로 최종능력을 만들어서 내놓지 않고 뒤로 돌아간다. 그럼 丁己庚으로 계속 능력을 만들고 있다. 상품은 출시를 안 하고 만들기만 한다. 검증을 받아야 하는데 클레임을 받게 된다. 그럼 또 능력을 만들어야 하니, 이

는 능력을 만들지 않았다는 것이다. 세상에 필요한 능력을 만들라고 했는데 자기에게 필요한 능력만 자꾸 만든 것이다. 사주에 辛金이나 庚金인 年運이 들어오면, 이때 실패하지 않는 능력을 만들어 내놓아야 하는데 사주에 辛金이 없으니 능력을 만들지 않는다. 사주에 근거가 없으니 運에서 들어와도 모르는 것이다. 丁己庚은 행위만 보는 것이지, 맞추는 건 辛壬의 水剋火로만 맞추어야 한다. 水剋火가 되면 검증을 받는다. 그동안 네가 어떻게 했나 검증을 받는 것이다. 그러나 이 사주는 완성하지 못한다. 완성하기 위해 뒤로 돌아가서 노력하지만 완성되지 않는다.

③ 그럼 運에서 기회를 주게 된다. 시간으로도 주고 기운으로도 준다. 시간으로 주는 것은 酉戌年으로 주고 天干도 辛年이면 준다. 그런데 이 사주는 辛金의 根이 없으니, 지난 2021년 辛丑年을 무심히 넘기게 될 것이다. 그러니 시간으로밖에는 계산하지 못한다. 시간으로는 申酉戌 年에 주는 것이다. 이때 네가 부족한 것이 있으니 완성된 상품을 만들라는 것이다. 그런데 그해 즉시 클레임이 걸리게 된다. 내가 완성되었다고 생각해서 나갔는데 완성이 안 된 것이다. 그러니 한 발 또 물러나는 것이다. 2026년 丙午年이 오면 또 검증을 받아야 한다. 이는 내 시간이 아니라 외부에서 나를 검증하고자 하는 시간이다. 퇴보해서 뒤로 돌아갔을 때 丁己庚은 하나의 가상(假想)이지 사주에는 맞추지 마라. 辛壬의 완성품을 만들기 위해서 열심히 丁己庚으로 만들어야 하는데 이는 이 자가 하는 행위란 뜻이다. 완성품이란 고객이 사 가는 건데, 자기가 보는 완성품과는 다르다. 가서 팔면 되는데 이 자는 완성품을 갖지 않았으니 계속 완성품을 만들기 위해서 노력하는 것이다. 그러면서 辛壬은 하지 않는다. 丁己庚은 열심히 하지만, 辛壬은 안 하는 것

이다. 辛壬을 하긴 하지만 안 하는 것이다. 그럼 시간적인 기회를 주지 않고 天干으로 辛金이 오면 생각할 기회를 주는데 근본이 없으니 무산된다. 그러니 생각 없이 사는 것이다. 상생상극에 대한 정확한 개념 정리가 안 되면 이 말들이 이해가 안 될 수 있다.

9.

사계절의 활용법

■ 지구의 시간

동지에서 춘분까지는 木, 水生木 태어난다. 지식을 습득하다.
춘분부터 하지까지는 火, 木生火 자라나다. 활용하다. 쓰다.
하지부터 추분까지는 金, 火生金 중재를 한다. 번식한다.
추분부터 동지까지는 水, 金生水 수습하다. 전달하다.
土는 사계(四季)에 다 있다. 시간의 경계선마다 있다.
이것을 상생으로 하면 서로 누군가가 만났다는 의미다.

이 기간의 90일을 干支로 표시하면 癸甲, 乙丙, 丁己庚, 辛壬
이를 구분하면 四立이 들어가는데 立春, 立夏, 立秋, 立冬

이렇게 모두 8개의 계절로 나누어져 있다.
戊己土는 나중에 따로 논하게 된다.

癸甲의 木의 이름을 탄생하는 기운, 生이다.

출생한 후 중 1, 고 1, 대 1로 탄생하듯 탄생하는 과정이 여럿 있다.
乙丙의 火의 이름을 기르고 가꾸는 기운, 크다. 長夏, 길어진다.
丁己庚은 익어 간다. 成, 숙달되어 간다. 전문가가 되다. 단단해지고 견고해지다. 이때 夏節에서 秋節로 넘어가는 고통이 보통이 아니다. 이때 戊土가 세상을 이해하게 하고 己土로 나를 이해하게 해야 한다. 성숙해져 가는 고통이 매우 크다. 익어 가는 것과 익지 못하는 것이 구분된다.
인생의 중반을 과거에는 45세라 하고 요즘은 55세라 하는데 반드시 불목(不睦)과 불화(不和)라는 고통을 겪어야 한다. 넘어갈 때 지금까지 살아온 걸 갈무리해서 다시 태어난다. 中和하는 土가 없으면 못 넘어간다. 그럼 나이는 먹어 가는데 과거 내력이 미래로 넘어가지 못하면 내공이 없어서, 나이는 먹어도 철이 안 든다.
辛壬은 멈추고 전한다. 滅, 끝낸다. 인생이 끝났다. 끝난 것과 전해질 것이 구분된다. 여기서도 넘어가는 것이다. 이렇게 하지에 바뀌고 동지에 바뀐다. 춘분부터 추분까지, 추분부터 춘분까지 구분되어 있다. 이 기운을 形의 기운이라 한다. 몸을 다스리는 기운이다. 외공이라 한다.

추분부터 춘분까지를 神의 기운이라 해서 정신을 다스리는 기운, 생명의 기운, 생사적 생명이다. 이를 내공이라 한다. 이게 잘못되면 生死의 기로에 서게 된다. 秋節이 잘못되면 몸이 불구가 되거나 장애가 생긴다.

동지에서 춘분까지 태어난 癸水와 甲木을 用神이라 한다. 동지에서 立春까지 用神을 癸水, 立春부터 춘분까지 用神을 甲木이라 한다. 當令한 그 시기를 지배하는 것이 用神이다.

1차적으로 用神이 8개가 나온다. 1년 360일을, 45일씩 쪼갠 것이다. 또 다른 용신이 있는데 戊己土를 포함하여 총 10개의 用神을 넣는다. 用神이란 하늘에서 너에게 맡긴 임무란 의미다. 하늘에서 우리에게 무엇을 시켰다. 나는 그 임무를 맡는다고 해서 사령용신(司令用神)이라 한다. 임무를 맡지 않으려면 태어나지 말아야 한다. 司令이란 내가 임무를 맡겠다. 책임을 진다는 의미다. 나중에 格이란 건 내 이름을 걸고 책임진다는 의미다.

합성된 용어로 사령용신이라 이름 짓고 첫 번째 8개의 用神이 있었고 그 8개가 하나당 3개씩 用神이 들어가 있다. 동지에서 立春까지 癸水외에도 辛金과 癸水가 또 있으니 3개가 되었다. 그러니 3×8=24개의 司令用神이 나온다. 그리고 土가 여러 개가 있는데 계절마다 하나씩 있다. 8개의 계절이니 8개의 土가 더 있는 것이다. 45일마다 土가 있다.

그리고 또 하나의 土가 있는데 장하(長夏)에서 성추(盛秋)로 넘어가려면 고통을 견뎌 내야 한다. 내가 내 자식을 낳으려면 고통이 따른다. 자식을 키워야 하는 또 한 번의 고통이 있으니 모두 9개의 土가 있다. 그래서 모두 33개의 사령용신이 등장한다. 먼저 8개의 용신에 대해 철저하게 공부를 하면 나머지는 쉽다.

用神은 하늘에서 나에게 맡긴 임무, 그 임무를 수행하는 사람의 모양을 사령(司令)이라 한다. 이 이름을 사령용신(司令用神)이라 한다. 당령(當令)이란 45일간의 대표가 8개가 있고 대표 밑에 임무를 따로 맡는, 약간 서열이 낮은 司令用神이 각 當令마다 3개씩 있으니 24개가 되고 나머지 9개의 土를 합해서 총 33개의 司令用神이 있다. 공부는 이 司令用神에 대해서 하면 된다.

司令用神으로 태어난 곳이 고향이다. 내가 태어난 곳이 고향이 아니라, 아버지 어머니가 고향이 아니라, 자연이 창조해 주신 月令이 고향이다. 이곳에 담겨 있는 내용이 있다. 학습 방법을 알아야 한다.

■ 임무가 있다

子丑月令이면 癸水 또는 辛金 또는 己土 중 사령(司令)한 하나가 타고난 임무이다. 이곳에는 무슨 환경이란 것이 있다. 이때 환경은 동지부터 立春까지 45일이다. 이를 기후로 표시하니 子月에서 丑月이라 한다. 그러니 司令用神이란 임무가 있고 임무를 수행하는 子丑이란 환경이 조성되어 있다. 그럼 이 환경은 무슨 환경이고 임무는 무슨 임무인지, 또 癸水란 임무는 무슨 임무이고 子丑이란 환경은 무슨 환경인지 공부해야 한다.

그리고 임무 수행 방법을 공부해야 한다. 임무 수행 방법은 무엇으로 하느냐? 喜神으로 하느냐, 忌神으로 하느냐, 喜神이나 忌神으로 임무를 수행하다가 잘못된 것을 고쳐 나가는 방법이 있느냐? 유용한 것을 찾는다고 해서 有用之神이라 한다.

그리고 환경이란 고정된 환경이 아니므로 환경의 변화를 봐야 한다.

① 환경을 그대로 유지하느냐?
② 무언가를 유지하면서+다른 것이 겸해졌는가?
③ 다른 환경으로 전환이 되었는가?
이렇게 세 가지 논법으로 공부를 해야 한다.

■ 시간에 따른 상생과 용신

시간	冬至	立春	春分	立夏	夏至	立秋	秋分	立冬
상생	水生木 (生)		木生火 (長)		火生土生金 (成)		金生水 (滅)	
당령	癸	甲	乙	丙	丁己庚		辛	壬
24사령	癸癸辛	丙甲甲	乙乙癸	庚丙丙	丁丁乙	壬庚庚	辛辛丁	甲壬壬
土	己	戊	戊	戊	己	戊	戊	戊

먼저 지구가 돌아가는 시간이 보여야 한다. 그럼 시간을 정리하고 동지, 입춘, 춘분, 입하, 하지, 입추, 추분, 입동, 동지. 그리고 그 시간마다 하는 일이 있다. 木: 生, 火: 長, 金: 成, 水: 滅. 그리고 상생을 하고 水生木, 木生火, 火生土生金, 金生水. 그리고 用神을 한다. 임무를 수행하니 司令用神이라 한다.

이 속에는 임무란 用神이 있는데, 當令이 8개고 土를 합쳐서 33개가 된다. 그러나 午中 己土는 사령으로 잡지 않으니 32개의 格이 나온다. 그리고 환경이 있다. 임무와 환경 두 가지를 수행하는데, 임무 수행을 할 때 세 가지 방법이 있다. 먼저 두 가지를 배우고 잘못되었을 때 한

가지를 더 배우는 것이다. 상담하게 되면 잘된 사람보다 잘못된 사람이 오게 되니 유용지신(有用之神)을 공부해야 한다.

유용지신을 잡을 때는 시간에 맞추어서 잡지 않는다. 가령 子丑月은 癸水로 해야 하는데 그렇게 하지 않았다. 그러니 가을에 모를 심고 봄에 벼를 베는 사람이 있다. 이들이 77%~83% 정도가 되니, 반드시 잘못될 사람이 거의 대다수다. 이들은 나중에 기후의 조화가 필요하게 된다.

그리고 또 하나 잘못된 것이 있다. 내가 잘한다고 해서 잘한 게 아니다. 여기에는 반드시 균형 논리란 것이 있다. 그러니 변화에 맞춘 환경과의 어울림의 정도가 있는데 이를 왕쇠강약(旺衰强弱)이라 한다. 왕쇠강약(旺衰强弱)의 태과불급(太過不及)의 정도라 한다. 이 사람이 크면 나도 맞추어서 커야 한다. 사장은 작은데 직원이 너무 커도 잘린다. 이러한 왕쇠강약의 논리, 균형의 논리라 해서 태과불급의 논리라 한다. 불급(不及)한 곳에 가서는 불급하게 놀고 태과(太過)한 곳에 가서는 태과하게 놀아야 한다. 균형이 안 맞을 때 잘못되면 유용지신을 쓴다. 잘못된 것이 많으니 반드시 공부해야 한다.

그리고 내가 무슨 일을 할 때 주변 환경이 있는데, 그 환경이 바로 내가 사는 고향 사람들이고 물건들이다. 이것이 타고나서 평생 그대로 바뀌지 않는 사람이 있고 다른 환경이 들어오는 것을 겸하는 것이 있고 그렇지 않고 내 환경이 다른 환경으로 편입되어 버리는 경우가 있다. 이를 전환이라 한다. 이런 세 가지 방법으로 환경 변화를 알아야 한다. 이것이 학습 방법이다.

모두가 이 판에 들어가 있다. (위 표를 참고)

봄, 여름, 가을, 겨울

기후로는 木, 火, 金, 水, 기운으로는 生, 長, 成, 滅,

상생상극이란 용어로 生地를 水生木, 長地를 木生火,

成하는 곳을 火生土生金, 滅하는 곳을 金生水라 한다.

글자로 표시하니 生하는 기운을 癸甲, 長하는 기운을 乙丙,

익어가는 成하는 기운을 戊丁己庚이라 하는데, 줄여서 丁庚이라 한다.

滅하는 기운을 辛壬 金生水라 한다.

이것이 머릿속에 계속 익어야 한다.

순서대로 공부하는데

用神: 우리들이 그 임무를 수행한다고 해서 司令用神이다,

그 임무 수행 방법이 있는데,

天干에 癸水가 있는 사람은 癸水로 天干을 보고

그때 태어났으면 그 태어난 곳을 보는데, 天干을 보지 말고

어느 기간에 태어났을 때, 그 사람의 임무 수행 방법을 말하는 것이다.

자기가 어느 기간에 태어났는지 먼저 써 놓고 기간을 45일씩 정한다.

가령 卯月이면,

동지부터 춘분까지이니 生氣에 태어났다.

그럼 머리를 쓰는 기간, 아이디어를 만드는 기간에 태어났다.

8개로 쪼개면, 입춘부터 춘분까지이니,

머리도 쓰고 작업도 해야 하는 기간에 태어났다.

그 이름을 甲이라 한다. 司令도 甲이니 甲이 用神이다.

卯月의 卯中 甲木이면 대표도 甲木이고 司令用神도 甲木이다.
이때 임무 수행 방법에 따라서 그 사람의 삶의 방법이 바뀌게 된다.

子月 壬水라면
추분부터 동지 사이에 출생했다. 멸기(滅氣)이다.
거두어서 없앨 것은 없애고 전할 것은 전한다는 의미다.
그중에서 입동부터 동지까지이니, 辛金이 아니라 壬水다.
대표 用神이 壬水다. 그중에서 동지 前이니 司令用神도 壬水다.
이렇게 잡아 놓고 나서 임무와 환경을 따진다.
임무를 수행하는 방법이 喜神으로 하나, 忌神으로 하나?
판을 넓게 짜서 전체를 바라봐야 한다.

辰月 乙木
춘분부터 하지까지 사이에서, 춘분부터 立夏 중에 출생했다.
辰은 乙木이 대표 用神과, 當令이라 한다.
司令을 찾아야 하니 戊土가 司令用神이면,
하늘에서 부여받은 임무가 戊土다. 그런데 當令인 乙木이 있으니,
하늘에서 부여받은 일을 하는 사람 속에서 하는 것이다.
乙木이 當令이니 하늘에서 임무를 부여받은 사람은 乙木이다.
그 속에서 하는 것이다.

① 當令이 乙木이고 ② 司令이 戊土다.
司令用神 戊土는 當令인 乙木의 일을 받아서 수행해야 한다.
만약 當令과 司令이 같으면 일도 자기가 만들어야 하고

스스로 결정하고 스스로 처리해야 한다.

항상 ① 當令보다 ② 司令이 더 낮다. 當令과 司令이 같으면 모든 것을 스스로 결정하고 스스로 처리해야 한다. 모두가 다 자기가 결정하는 것 같지만, 사실은 그렇지 않다. 그리고 辰이란 계절이 환경이 변화함에 따라 유지하나 못 하나 보아야 한다.

① 巳가 있으면 환경이 변하지 않는다. 이어서 한다.
② 戌, 丑, 未가 오면 다른 환경이 침입해서 겸하게 된다.
戌, 丑, 未가 亥, 子, 午가 같이 올 수가 있다. (戌亥, 子丑, 午未)
그럼 환경이 완전히 바뀌어서 자기가 생각하지 않는 환경 속에서 살아가게 된다.

절(節)은 대개 양력으로 4일에서 8일 사이에 절기가 바뀌고 중(中)은 19일에서 24일 사이에 바뀌게 된다. 하지만 고정적 개념으로 많은 걸 생각할 때 하지점이 22일이고 동지점이 20일이다. 빠른 것을 애동지, 늦은 것을 늦동지라 한다. 입춘, 경칩(驚蟄)이라 하면 안 되고 우수(雨水), 경칩(驚蟄)이라 한다. 가운데 것을 22일 23일경으로 항상 계산한다. 춘분도 22일 23일을 기준해서 그 위는 甲木, 아래는 乙木이 된다. 양력은 거의 오차가 없지만, 음력은 따질 수가 없다. 대운수을 알면 양력 날짜가 나온다. 가령 午月生 대운수가 8이고 順行이면, 未月 시작이 7월 7일이라면 앞으로 남은 것이 8이니 24일가량 남았다는 의미다. 그럼 양력 6월 12일에서 14일에 태어난 것이다. 그럼 丙火가 司令이다.

다시 정리하면 춘하추동 사계절을 90일씩 나누었고 동지부터 춘분까지는 木의 生氣, 춘분부터 하지는 火의 長氣, 하지부터 추분은 金의 成氣, 추분부터 동지는 水의 滅氣이다. 生氣를 다시 둘로 나누니 45일씩이니 동지 입춘, 입춘 춘분이 성립된다. 立春까지 기운은 癸水, 춘분까지 기운이 甲木이니, 水生木이 되는 것이다. 癸甲을 用神이라 한다. 이 用神을 수행하니 司令이라 한다.

■ 임무를 수행하는 방법

임무수행을 하는 방법은 喜神의 방법과 忌神의 방법이 있다. 喜神이란 하늘에서 내려 준 임무를, 그 환경에 맞게 수행하는 것이고 忌神이란 그 임무를 나에게 맞게 수행하는 것이다. 즉 임무가 있는데 타인이나 환경에 맞게 수행하는 것은 喜神, 타인을 이용하기 위해서 나에게 맞게 하려면 忌神이라 한다.

1) 喜神

癸水는 동지부터 시작이다. 동지에 喜神 丙火가 마중 나오니(원래 입하에서 하지에 있는 丙火가 마중 나온다.) 丙火가 목적이다. 하지(夏至) 丁火의 喜神은 壬水가 마중을 나온다. 뜨거운 기운 속에 차가운 기운이 마중을 나온다. 그러니 壬水가 목적이 된다.

동지에 뜨거운 기운을 가진 丙火가 마중을 나오니, 모든 출발의 목적은 미래에 가 있으니 丙火가 목적이다. 이에 응(應)하니 이때 用神인 癸

水가 응한다는 의미다. 癸水가 丙火로 목적을 정하고 준비하는 것이다.

하지(夏至)는 丁火가 壬水를 목적으로 정하고 또다시 준비한다. 그럼 丙火가 정한 목적은 무엇이고 癸水의 준비는 무엇인지 알면 된다. 그럼 준비하고 목적까지 가기 위해서는 과정을 겪어야 한다. 목적까지 가기 위한 그 과정을 목표라 한다. 癸水는 甲木의 과정을 겪는다. 丁火는 庚金의 과정을 겪는다. 그럼 목적까지 가는 동안 내 자질이 무엇인지 알아야 한다. 내가 누군지, 내가 어떤 자질을 타고났는지, 점검해 봐야 한다. 癸水+己土가 자기 자질을 점검한다. 자기가 어떤 능력이 있고 나는 무엇이 필요한지, 자기 자신에 대해서 알아내야 한다. 丁火+己土도 마찬가지이다.

① 丙火, 壬水 목적
② 목적에 맞추어 준비한다. 癸水+己土, 丁火+己土, 癸水는 준비, 己土는 점검이니, 준비에 따른 자질점검이다.
③ 과정을 걸어가는 것은 甲木과 庚金이다.
이렇게 가는데 사람의 신분에도 우열이 있고 능력에도 우열이 있으니 가려야 한다. 남들보다 우월한 능력을 지녔거나 오랫동안 자리를 지켜야 하니 이어지고 이어진다. 전수하고 전수받는다.
④ 이어짐을 위해서 辛金이란 게 있다. 전(前) 것을 이어 와서 이어받아서 더 크게, 다음 것까지 이어지게 하는 것이다. 이어지는 과정이 원원유장(源遠流長)이라 한다. 春節의 辛金은 이어받다, 전수받다, 하지 이후 丁火도 乙木이 와야 하니, 乙木을 이어받아야 한다. 春節에는 癸水가 辛金을 이어받고 夏至가 넘어가면 丁火가 乙木을 이어받는다.

辛金: 뭐를 이어받았는데
甲木: 무슨 과정을 밟았는데
癸水: 뭐를 준비하는데
丙火: 뭐가 목적인데, 이것을 외워야 한다.

만약 여기에 忌神이 들어가면 목적이 무엇인지 모르게 되고 癸水가 잘못되면 준비를 안 하게 되고 己土가 잘못되면 자기 능력이 무엇인지 모르게 되고 甲木이 잘못되면 목적에 대한 과정을 밟지 않고 辛金이 문제가 되면 전수를 받지 못하게 된다. 이를 용어로 喜神이라 한다.

壬水 丙火는 하늘에서 온 것이라 했다. 하늘에서 온 壬水 丙火는 우리에게 정신이 된다. 癸水 丁火는 땅에서 온 것이니, 우리의 몸이 되고 행동력이 된다. 壬水 丙火는 항상 첫 번째 목적으로 등장한다. 만약 壬水 丙火가 天干에 없으면 미래에 자신의 목적이 무엇인지 모른다는 의미다. 목적이 없는 사람이 더 열심히 하기도 한다. 뭘 모르고 더 열심히 할 수도 있다.

癸水 丁火가 없으면 실행력, 행동력이 없는 것이다. 실천력이 부족하다. 甲木 庚金 등은 과정을 겪는다. 나중에 乙木 辛金이 과정이 된다. 水火 木金, 나중에 이어지고 이어지는 것은 木金이다. 이를 용어로 출산(出産)이라 한다. 丙火 癸水가 甲木을 낳는 것은 생성(生成)이라 한다.

① 陽干 水火는 목적이 되고
② 陰干 水火는 그 목적에 따른 준비하는 실천력이 된다.

③ 甲木 庚金은 과정을 겪는 것이고
④ 辛金 乙木은 전수, 이어지고 이어지게 하는 것이다.
여기서 무엇이 잘못되면 그것이 잘못되었다고 한다. 여기에서 土는 항상 자질점검이다. 동지와 하지의 첫 출발을 할 때는, 己土가 들어가고 나중에 戊土가 들어간다. 그러니 戊土는 외부를 검사하고 己土는 내부를 검사하는 것이다. 각각 45일씩이다.

만약 어떤 사람이 壬丙 丁癸가 없고 甲庚만 있다면 과정은 겪었는데 목적과 실천을 안 했으니 시간만 간 것이고 해 놓은 게 없는 것이다. 손님이나 다른 사람에게 이런 말을 하면 안 된다. 통변은 항상 거꾸로 해야 한다.

1, 2, 3, 4가 다 있는 사람은, '내가 준비를 덜 해서' 한다. 이런 것이 부족한 사람은 준비를 30년 했다고 한다. 그러니 말할 때 잘해야 한다. '당신이 몰라서 그렇지 내가 노력을 얼마나 했는데' 하지만 안 한 것이다. 우리는 동양철학을 하니, 동양철학에 주어진 일들을 의미하는데 자기가 자기 인생을 평가하는 일은 없어야 한다. 자기는 남의 인생을 평가하는 시청자일 뿐이다.

壬水와 丙火는 항상 목적,
癸水와 丁火는 준비에 따른 실천력
戊己土는 자질, 己土는 나의 자질 점검,
戊土는 외부환경의 변화조건, 시장조사이다.
시작에는 항상 己土가 들어가니 자기 능력을 잘 점검해야 하고 춘분부터 하지까지, 추분부터 동지까지는 戊土가 들어가니 시장조사를 해야 한다. 만약 추분부터 동지까지 태어난 사람이 '나 이렇게 하고 싶어요' 하면 그 사람은 망한 것이다. 대화에서 '나는', '내가' 이런 말 하면 안 되고 '요즘 시대는 어떤 상황이니 어떻게 대처해야 한다'라고 해야 한다.

만약 추분 동지에 己土가 들어가 있으면, 요즘 시대 상황에 대한 점검이 아니라 자기는 이렇게 하고 싶다고 한다. 그래서 '나는'이란 말을 쓰면 안 된다. 그러나 春節과 秋節에 태어난 사람은 '자기부터' 알아야 한다. 夏節과 冬節 生은 '나는'이란 용어를 쓰면 안 된다. '사장님 제가 몸이 아파서…' 그러면 안 된다. '사장님 참 힘드신 것은 알겠지만' 하고 일단 그렇게 말해야 한다. 그러니 말하는 기법, 글 쓰는 방법, 무엇을 창의적으로 행해야 하는가가 다 들어가 있으니 이걸 잘 숙지해야 한다.

■ 甲木, 庚金

甲木의 喜神
甲木은 立春부터 춘분까지 태어난 사람들이다.
庚金은 立秋부터 추분까지 출생한 사람들이다.
여기서는 戊土를 쓴다.
그럼 나를 알기보다 환경에 적응해야 한다. 환경을 알아차려야 한다. 환경은 항상 변한다. 내 나이만큼, 내가 해야 할 일만큼 환경도 변한다. 내 자질을 먼저 아는 게 아니라, 이때는 환경에 맞추어서 내 능력을 개발해 내야 한다. 다니는 학교에 맞추든, 회사에 맞추든, 아니면 남편에 맞추든 해야 한다. 春節이나 秋節에 태어나서 나는 '이런 배우자가 생겨야 해' 하면 안 된다. 배우자가 생기면 배우자에게 맞추어야 한다. 이는 戊土를 말하는 것이다. 환경을 알아차리다. 시장조사, 환경조사, 현장조사, 이런 걸 할 때 사용한다. 이때 나머지는 다 같은데 土만 바뀌는 것이다. 나를 아는 것과 남을 아는 것이 다르다.

이것이 밸런스가 안 맞고 戊土가 있어야 하는데 己土가 있으면 어떻고 癸水가 있어야 하는데 壬水가 있으면 어떻고 丙火가 있어야 하는데 丁火가 있으면 어떻고 甲木이 있으라니 乙木이 있으면 어떻고 이런 말들이 뒤죽박죽 바뀌게 된다. 춘절에 甲木이면 정상적인 과정인데 乙木이면 다른 과정을 밟아 나간다. 이미 설명했었지만 다음에 자세하게 다룬다.

■ 乙木, 辛金

夏節의 乙木은 춘분부터 立夏까지이니 乙木이 당령(當令)이다.
추분부터 立冬까지 酉戌月令이니 양력 9월, 10월생이다.
이때는 辛金이 당령(當令)이다.

夏節과 冬節에서도 똑같이 목적이 나오는데 과정이 다르다.
夏節은 과정이 乙木이고 冬節은 과정이 辛金이고
冬節의 辛金은 甲木이 목적이고 夏節의 乙木은 庚金이 목적이 된다.
戊土는 똑같다.

▪ 목적과 목적에 따른 준비

준비를 위해서 시장조사가 이루어져야 하고 辛金의 과정을 겪어야 한다. 天干에 透干되지 않으면 없는 것이다. 甲木은 이어받다. 이는 '전에 것을 이어받아서 이어 주다'이니 출산은 甲木이다. 만약 甲木만 있고 무엇은 없고가 있다. 甲木만 있고 나머지가 없는 사람은 이어받고 이어 주기만 하고 일은 아무것도 안 하면 된다. 이중에서 가장 행복한 것은, 丙火나 壬水란 목적이 없이 태어난 게 가장 좋을 수도 있다.

立夏부터 하지까지 45일간 丙火의 喜神
立冬부터 동지까지 45일간 壬水의 喜神이다.
이때는 전해 주어야 하니 己土로 바꾸어야 한다.
이때는 내가 누군지 알고 바꾸어야 하니 戊己土가 똑같으니 戊土도 관계가 없지만, 己土로 바꾸어 주어야 내가 누군지를 알게 된다. 이는 내가 누군지 알아차리고 다음 단계로 이어져 가는 과정이다. 번식에 의한 내가 누군지, 즉 夏節의 己土가 누군지는 알지만, 처음 시작할 때 己土와는 내용이 다르다. 처음 시작할 때 내가 누군지와는 의미가 다르다. 丙火와 壬水+戊土가 들어가야 한다. 立秋에서 立冬까지는 戊土였는데, 이는 壬水에 쓰는 것이다. 戊土는 항상 丙火와 壬水를 알아차리고 己土는 丁火와 癸水를 알아차린다.

▪ 연습

卯月 甲木이면 하늘의 기운으로 말하면 탄생하는 기운이고

水生木의 기운이며, 癸甲 중에 甲木의 기운을 말하며,
月令으로 말하면 甲木의 喜神을 구해야 한다.
寅卯 月支는 2차 산업이니 의식주 제조업으로 정해져 있다.
그러니 제조업 환경에 산다고 하면 된다.
春夏節이면 의식주 구역이고 秋冬節은 산업구역이다.
秋冬節은 金을 주조하고 春夏節은 木을 쓴다. 이런 환경을 만난다.
丙火가 목적이 되고 戊土가 있으면 내 목적이 타당한지 아닌지 점검을 하고 癸水 己土는 목적을 이루기 위해서 내 능력이 타당한지 아닌지 조사하는 것이다. 丙火가 있고 戊土가 있으면 타당성 조사를 하는 것이고 癸水에 의해서 준비를 철저히 해 나가는 것이다. 癸水는 준비력이란 정신적 힘이 된다. 丙火는 목적에 대한 정신이고 癸水는 준비에 대한 실천정신이다. 甲木으로 과정을 차근차근 밟아 간다. 甲木이 잘못되면 과정을 밟다가 '이게 아닌 것 같다' 하고 딴소리를 하기 시작한다. 또 능력을 배워서 취득한 것이냐, 전생에서부터 해 오고, 해 오던 유전인자를 받았느냐의 문제는 辛金으로 이어짐을 봐야 한다. 辛金으로 이어졌으면 타고 날 때 품질이 좋게 타고났고 辛金이 없으면 타고날 때 품질이 안 좋으니 죽도록 노력해야 한다.

■ 丙火의 喜神

丙火가 用神이면 立夏부터 하지까지 태어난 것이다.
丙火란 목적이 있다. 丙火의 목적을 이루기 위해서는 戊土가 가서 외부조건이 타당한 것인지 조사를 해야 한다. 목적을 이룬다면 富의 정도는 얼마나 되고 사회적 위치는 어떻게 될 건지, 자기의 자질 점검보다 이런 외부적 문제부터 조사하는 것이다. 그런데 戊土가 너무 많으면 헛조사를 한 것이고 戊土가 너무 적으면 열정이 흩어져 버린다.

그리고 癸水로 준비를 하는데, 이때 己土도 있어야 하는데 훗날 더 크게 공부하기 위해서는 내 자질도 맞추어 봐야 한다. 立冬부터 동지까지, 立夏부터 하지까지는 戊土만 있어서 되는 게 아니라 己土도 있어야 한다. 己土가 없으면 자기 자질 점검을 하지 않은 것이다. 그러나 둘이 있기 힘드니 둘 중 하나만 있어도 된다.

만약 己土로만 하면 내 자질 점검을 하고 그것이 어떻게 쓰이는지 환경조사는 하지 않았다. 그리고 과정을 겪는 것이니 乙木이 있어야 한다. 만약 乙木이 없으면 목적은 있고 준비도 했는데 그 과정을 겪은 것은 아니다. 그럼 지난 乙未年에 乙木이 왔을 때 그 과정을 겪어야 한다.

지도자가 아닌 이상, 甲木 庚金부터가 가장 중요하다. 지도자는 癸水 丁火나, 乙木 辛金은 필요 없고 입가에 미소만 띠면 된다. 癸水 丁火가 있는 사람은 손발을 움직여야 한다. 근엄함과는 관계가 없다. 乙木은 과정을 밟는 것이고 辛金은 이어받고 이어받는 것이다. 춘분이 지났으면 이미 庚金으로 가는 것이다. 그러니 辛金이 있으면 타고날 때부터 했고 전생에도 했고 앞으로도 할 것이고 죽어서도 누가 이어받아 할 것이다.

庚金이 없으면 이어받은 게 아니고 제2의 직업은 될 수가 있다. 그리고 庚金이 없으니 이어 주지도 않는다. 업적을 남기는 것이 아니라, 자기가 당대에 쓰고 죽는 것이다.

丑月은 癸辛己가 있는데, 己土분야에 태어났다고 해도 當令은 변하지 않고 癸水다. 立春과 춘분 사이는 甲木이 당령(當令)이다. 甲木은 生하는 곳이니 시작하는 지역이므로, 젊고 자식처럼 어린이들에게 가르치고 입혀야 하는데 그걸 가장 하지 못한다. 이는 자신의 임무를 사람들이 자신에게 해 주기를 가장 바라기 때문이다. 상대가 '원하는 만큼'이란 기대심리가 있다. 최선을 다해서 해도 부족하다고 하니 만족을 채우기가 힘든 것은 사실이다. 그러니 이 사람은 자식이나 제자나 사람들에게 가장 못하는 사람이 된다. 먹이고 입히지 않은 사람이다. 그 이유는 주변 사람들이 그걸 원했기 때문이고 원한 만큼 해 주지 않았으니 해 주지 않은 것이 된다.

만약 巳中에 戊庚丙이 있는데, 巳午月은 丙火가 당령이다. 그러니 戊土에 태어나든, 庚金에 태어나든, 丙火에 태어났든 무조건 당령은 丙火다. 그러나 어떤 사람이 庚金에 태어났다면 처음 출발이 庚金일 뿐이다. 司令이기 때문이다. 庚金에 태어났으면 이 사람의 임무는, 미래로 이어지게 하는 것이고 丙火에 태어났으면 사람들에게 삶의 목적을 심어 주는 것이 임무다. 그런데 자기가 태어난 곳에서 해야 할 임무를 가장 하지 않는다. 사람들에게 희망이나 목적의식을 주라고 했는데, 가장 하지 않는 이유는 주변 사람이 그것을 원했기 때문이다. 그러니 말이 서로 다르다. 사람이기 때문이다.

중간과정에서 태어났다면 辰月의 乙木이면 과정 중인데, 그 과정을 밟기 위해서는 목적이 필요하다. 辰中 癸水에서 출발하면 준비를 하기 위한 목적을 세워야 한다. 어디서 출발을 했느냐에 따라서 의미가 다르다. 司令이란 것은 영원히 바뀌지 않는 것이다.

■ 辛金의 喜神

辛金의 喜神이면 추분부터 立冬까지 태어났다. 酉月이나 戌月에 태어났으니 환경을 戌亥라 한다. 그럼 5차에서 6차 산업으로 넘어가야 하는 일을 해야 한다. 사람들이 몸이 지쳤거나 영혼이 지쳤을 것이다. 그들에게 서비스를 해야 한다. 영화도 보여 주고 마음을 달래고 무언가 법으로 잘못되었으면 고쳐 주고 몸이 늙었으면 보조해 주고 각종 지친 영혼이나 지친 몸을 달래 주어야 한다. 법률 서비스, 문화예술 서비스, 의료 서비스, 복지 서비스 등이 필요하다. 이런 환경에 산다는 것이다. 그것이 직업이 될 수 있다는 것이다. 그러려면 완전하게 戌亥를 갖추어야 한다. 그렇지 않으면 환경이 다른 쪽으로 바뀔 수가 있는 것이다. 그러나 戌이 지도자고 亥가 직원이니 환경을 지켜 가면서 바뀌니 겸해서 들어오는 것이다. 일종의 컬래버레이션, 다른 업종 간의 협업이라 한다. 그럼 丑 辰 未 중에 무엇이 있느냐이다. 未가 있으면 4차 산업이 들어오는 것이다. 의료 서비스에 금융 서비스로 돈 욕심이 생기는 것이다.

다음에 또 무엇이 있느냐. 寅申巳亥 중에서 하나가 있나, 子午卯酉 중 하나가 있나? 만약 寅이 있고 酉가 있다면, 그럼 寅과 酉를 戌에 넣어서 섞인 것을 보는 것이다. 寅이 있으면 애들을 가르쳐야 한다. 酉가 있으면 5차 산업이 끼인 것이니 치유나 복구를 해야 한다. 이렇게 환경이 바뀌는 것이다.

그럼 戌月의 환경을 보면, 먼저 壬水가 있으면 목적이 있는 것이다. 좋은 말로 목적이 있으니, 목적을 위해서 차근차근 준비해 나갈 수 있는 사람이지만, 나쁜 말로 목적은 항상 이루어지지 않으니 목적 때문에 힘든 것이다. 무엇을 이루어야겠다는 것 때문에 힘이 들다. 戊土가 없으면 목적이 수시로 바뀌게 된다. 戊土는 환경을 조사하는 것이다. 환경이란 시대적 상황에 따라서 바뀌는 것이다. 그러니 뉴스를 잘 보고 신문도 잘 읽는 사람이 되어야 한다.

丁火가 없으면 무엇을 하기 위한 정신적인 준비가 부족하다. 戌이니 실제 준비는 되어 있는 사람이다. 그럼 연장 가방을 들고 다니는 사람이다. 실무를 보는 사람이란 뜻이다. 丁火가 天干에 있으면 머리로 준비만 하면 된다. 辛金이 天干에 있으면 착실하게 과정을 겪은 사람이다. 사람들이 말할 때, 이 사람이 겪은 과정을 경력과 약력이라 한다.

寅中 甲木이 있고 天干에 甲木이 없으면 이어지고 이어지는 건 없다. 그러나 寅中 甲木이 있으면 배운 스승이 있고 가르친 제자가 있다. 그러나 이성적이나 감정적으로는 없는 것이다. 실제로는 있는 것이다. 天干과 지장간에 있는 건 금방 감정적으로 와 닿지 않아야 한다. 실제 제자는 있지만, 이어 줄 제자는 없다는 것이다. 일반 사람들에게는 地支가 天干보다 훨씬 낫다. 머리에만 있으면 생각으로만 존재할 뿐이니 백해무익할지도 모른다.

丙火가 없으면 목적이 가끔 헷갈릴 수 있다. 癸水가 있으면 기술적 준비보다는 이론적 준비를 더 하는 사람이다. 치과의사인데 치료보다는 말로 하는 걸 더 좋아하니 忌神으로 바뀐 것이다. 天干에 庚金이 있으면 과정을 겪어서 그 과정을 전수하는 게 아니라 내가 갖는 것이다. 과정을 겪는데 辛金은 남에게 치료해 주기 위한 과정이지만 庚金은 내가 좋아하는 걸 알기 위한 과정을 더 많이 겪는다. 辛金이 있으면 상대 평가이고 생산력이 좋지만, 庚金은 내가 습득하기 위한 것이다. 내가 배우기 위한 것이니 절대 평가적이다. 그럼 忌神이 癸水와 庚金이니, 실기보다 이론을 중시하고 상품 판매보다 내가 알고 싶은 과정이 더 많다는 것이다. 그래도 戌月이니 辛金의 성향을 빼고 말하면 안 된다. 내가 능력을 발휘할 것만 하는 게 아니라, 자기가 알고 싶은 것도 공부한다는 것이다. 甲乙이 運에서 오면, 戌月 生에게 甲乙이란 이어지고 이어지다이니, 戌月이니 전수를 받는 것이 아니라, 전수를 해야 하는 운세이다. 그럼 갑자기 전수해 주어야 하니 보약을 먹어야 한다.

戌月이면 壬水가 있는데, 丙火가 運에서 들어오면 목적이 따로 생기게 된다. 그러나 戊土가 없으면 丙火가 와도 인지하지 못한다. 그리고 年運이 와서 사주를 완전히 바꾼다는 상상을 하면 안 된다. 年運은 겸하고 겸한다는 의미이다.

運이 오면 그렇게 된다는 건지, 그렇게 되어야 한다는 건지 궁금한데, 運이 온다는 건 시간이 온다는 의미다. 그럼 그 시간에 할 일이 있는 것이다. 그럼 그 일을 한다, 못 한다가 정해지는데, 대개 90%가 넘는 사람이 運과는 아무런 관계없이 살아간다. 運이란 건 시간이 바뀔

運자다. 비척거리고 걸어갈 運이다. 시간이 바뀐다는 뜻이고 시간이 바뀌었을 때 내가 그 시간 내에 어떻게 하느냐, 하지 않느냐가 있다. 시간이 지나 버리면 해도 아무 소용이 없다. 해야 할 시간에 하지 않으면 타임아웃에 걸리게 된다. 대다수가 運은 그냥 지나가게 된다. 이는 사주마다 그걸 지니고 있는 사람이 거의 없기 때문이다.

만약 壬水 運이 왔다면, 평소에 壬水가 없이 살다가 壬水가 왔다면 목적이 생기는 건데 그런 건 없는 것이다. 일반 사람들이 運이 바뀌면, 무엇이 이루어진다, 안 이루어진다고 하는데, 이는 그냥 사람들이 하는 말에 지나지 않는다. 사실은 運과는 아무 관계가 없는 것이다. 그럼 이걸 인정해야 한다. 결론은 똑같은데 인정을 했나 안 했나이다. 목적이 없는 게 행복한가, 목적이 있는 게 행복한가의 문제인데, 목적이 없으면 불행한가, 목적이 있으면 행복한가? 만약 목적이 없이 태어났다면 그게 더 행복할 수 있다. 목적이 있으면 그 목적이란 것이 사람을 괴롭히게 된다.

■ 운명학적 시각으로 바라본 명리학이란

사실 명리학을 안다고 바뀌는 건 없다. 또 인생을 사는데 명리학이 전부도 아니다. 시간 속에서, 너는 무엇을 하는 사람이고 이 시기에 무엇을 해야 한다. 그런데 너는 그걸 한다, 안 한다를 정하는 학문이다. 그리고 六神은 사람들에게 너는 어떤 책임감을 가져야 하고 너의 의무는 무엇이고 너의 권리는 무엇이라고 알려 주는 학문이다. 어쩌면 이 학문을 하는 목적은, 네가 가진 권리는 네가 가질 수가 없고 네가 가진 의무는 네가 하지 않으니, 잘못만 계속 지적하는 학문이다. 좋은 점은 시간 낭비가 되니 다른 건 안 하더라. 명리학을 조금 알면 괜찮은 건 '내 인생 별 볼 일 없네' 하니 원하는 게 없어진다는 것이다.

壬水가 없으면 목적이 없는 사람이다. 丁火가 없으면 목적 따라 준비를 하지 않는다. 이때 辛金은 있으면 목적도 없고 준비도 안 하면서 과정만 겪는 것이다. 그럼 목적을 위한 과정도 아니고 목적을 향한 준비도 아니니, 과정만 계속 겪는 것이다. 壬水란 목적이 없으니 쓸 곳이 없다. 甲木이 없으면 과정을 겪은 것을 누가 이어받을 사람도 없는 것이다. 그러니 속절없이 왔다가 속절없이 가는 인생이란 것을 인정하면 된다.

그리고 명리학은 운명학이지, 점학이 아니다. 점학은 운세를 보고 이 운세는 나쁘다, 좋다는 O, X 문제이고 운명학은 이 시간과 저 시간 중에 '네가 무엇을 해야 한다'까지만 있는 것이 운명학이다. '무엇을 하면 어떻게 된다'도 없고 '무엇을 해야 한다'까지만 있는 게 운명학이다. 運=시간 속에, 命=사람을 뜻한다. 占學과 다르다. 그런데 사람들 대다수가 무엇을 하지 않는다. 그러니 자신의 내력을 후세에 남기지 못하게 된다.

명리학은 시간 학문이다. 직업으로 공부하는 사람들은 오행이 움직이는 것이 2개 이상 안 보인다. 여덟 글자 중에 2개 이상 보이지 않는다. 5개가 움직이지 않는다. 음양으로 나누어서 10개인데 3개 이상 움직이면 대박이다. 평생 자기 먹고사는 건 걱정 없다. 그러나 4개 이상 움직이면 그 사람 인생은 쪽박이다. 그런데 업적은 남기고 간다. 죽어서 200~300년 후에 그 사람이 참 훌륭했다고 하지만 그 사람 인생은 비참하다. 5개가 다 움직이면 그 사람은 평생 아무것도 안 하고 논다. 다 움직였으니 다 완성이 되었으니 할 일이 없는 것이다. 이 학문을 하는 사람 중에도 두 개 이상이 움직이지 않으면 악착같이 하니 성공하는데, 약 30~60% 정도는 다섯 개가 다 움직이는 사람이 있는데 놀기 위해 하는 것이다. 필요함이 없기 때문이다. 목적이 없어야 채우려고 노력을 하지 않는다. 타고난 것이 다 있으면 할 일이 없는 것이다. 기후 때문에 잘못되고 왕쇠강약으로 잘못되어야 그걸 고치려고 노력하다가 성공한다. 서울대 다니는 학생들 사주가 90%가 이렇게 생겼다.

바뀌어서 태어난 사람이 있는데, 丙火가 있어야 하는데 丁火가 있거나 癸水대신 壬水가 있는 사람이 있는데, 시대적 방법론으로 다시 살아난다. 변수가 매우 많은데, 運에서 만나면 무슨 운명 자체가 바뀐다는 둥, 운이 좋네, 나쁘네 하면 안 된다. 그래서 명리학에 중요한 것이 3개가 존재하는데, 남녀와 나이, 그리고 나이 속에는 자기가 사는 환경이 흘러가는 시간이 존재한다. 이것이 명리학의 기본이다.

명리학을 공부할 수 있는 기준이 정신병자는 아니어야 한다. 정신병자에게 기준을 맞추어서 공부해서는 안 된다. 이 기준이 보편타당한 상식이어야 한다. 특별한 학문이 아니라 상식적이어야 한다. 또 하나의 기준은 사람이어야 한다. 인명만 가지고 다룬다. 명리학을 하기 위해서는 대상이 반드시 사람이어야 하고 반드시 정신병자가 아니어야 하고 보편타당한 사람이 기준이어야 한다. 그럼 보편타당한 사람이란 어떻게 사는 사람인가?

① 가정에는 누구누구가 사나?
② 직장에서는 누구누구가 사는가?
③ 사업자로서 누구누구가 사는가? 이것을 풀어야 한다.

① 가정에는 부모, 형제, 부부, 자식 넷을 써야 한다. 이걸 모르는 사람이 너무 많다. 이런 사람을 기준으로 하는 학문이 아니다. 부부와 자식이 있다고 생각하지 않는 사람을 기준하면 안 맞아 들어간다. 생각이 다르기 때문이다.

② 직장은 출근과 퇴근을 한다. 이것도 사람이다. 직장은 사람이 모이는 곳이니 사람 간에 관계가 보편타당해야 한다. 그리고 上下가 있고 동료가 있다. 업무가 있으니 책임감이다. 그리고 동반자 의식이다. 이런 기준이 있어야 보편타당한 것이다. 내가 이 세상에 머무를 까닭이 없다고 하는 사람은 명리학을 하면 안 된다. 보편타당하지 않기 때문이다. 특별하게 대하면 안 된다.

③ 사업은 이윤추구다. 사업은 출퇴근보다 이윤추구가 먼저이다. 사람보다 물건이 먼저이다. 이런 보편타당한 생각을 해야 한다. 자기가 사업을 하는데, 마치 직장을 다니는 사람처럼 上下가 있다는 둥, 동료가 있다는 둥, 이런 식으로 하면 안 맞아 들어간다. 그리고 남녀와 나이를 구분하지 않으면 아무런 쓸모가 없다.

또 사람들이 오해하는데, 大運이 바뀌면 좋은 운인 줄 아는데, 명리학에서 大運이란 10년마다 바뀌는 시간이란 뜻이다. 내가 10년마다 바뀌는 게 아니라, 무슨 사람을 만난다는 것이 大運이다. 運이란 용어는 군대가 전쟁에 나가기 위해서 비척거리고 지그재그로 걸어갈 運이다. 전쟁에 나서는 모양을 運이라 한다.

명리학의 기준은 月支의 司令用神이기 때문에, 마치 결정권이 자기에게 있는 것처럼 연출하면 안 된다. 타고난 계절에 의해 자기 운명이 정해졌는데, 내 인생은 내가 결정한다는 것은 명리학에서 제외다. 月令은 壬水로 이렇게 살라고 했더니, 일간이 신태왕하면 절대 말을 듣지 않고 자기 고집대로 한다. 그럼 명리학으로 사주를 볼 수가 없는 것이다. 개인의 권리, 이런 논쟁 죽으라고 해도 소용없다. '내가 이렇다'라는 것이다. 자기 인생은 자기가 주도한다. 명리학의 출발은 月令, '너는 하늘에서 부여한 책임이 있으니 그 책임을 다하라'가 출발인데, '내가 싫다는데 나는 나대로 살겠다'라는 것이니 소용없는 것이다.

명리학에는 氣化, 生成, 出産, 用神, 喜忌神, 格이란 책임감, 財官의 사회적 임무, 日干의 권리가 들어 있다. 여덟 글자 중에 여섯 자로 편중된 사주가 무슨 말을 듣나? '안 되면 말지' 그런다.

사주에 用神이 있으면 '그렇게 해야 한다'인데,
用神이 없으면 '그렇게 하지 않는다'이다.
用神이란 그렇게 해야 된다. 喜神은 '그렇게 하겠다',
忌神은 '그렇게 안 하겠다'이다.
'하겠다'에서 이 중에 무엇이 부족하면 그것은 안 하는 것이다.
그럼 다 안 하는 것이다.
5개 배합 중에 2개가 없으면 2개를 안 하는 것이다.
그럼 둘을 안 했으니 셋이 남는데 이 정도만 되면 전문가이다.
그러니 다 한다고 해서 좋은 것이 아니다.
그리고 앞으로 80세 이상을 사는데 年運마다 다 하는 건 아니다.

用神대로 사는 것은 피곤한 것이다.
그럼 세상을 살면서 의무를 다하고 가야 하니 피곤하다.
用神대로 안 하니 이것도 안 하고 저것도 안 하니 편한 것이다.

사주에 喜忌神이 아예 한 글자밖에 없는 사람이 있다. 그럼 아무것도 안 하면 된다. 그럼 다른 사람이 나에게 무엇이 되기를 바라지도 않는다. '너 커서 뭐가 될래?' 물어보지도 않는다. 그러니 얼마나 편하냐?

가령 목적이 없어도 戊土가 있으면 세상을 관찰할 수는 있다. 그러나 목적인 壬水가 없으면 쓸 곳이 없는 것이다. 그럼 관찰하느라 쓰는 거지, 무엇을 하려고 관찰하는 건 아니다. 이때 庚辛金이 많으면 과정을 여러 개를 겪는 것인데 丁火가 없다면 직업으로 마땅하게 쓸 만한 것은 없는 것이다. 이런 식으로 喜忌神의 배합을 통해서 간명을 할 수 있는 것이다.

아무것도 없는 사람도 사는 법도 있고 다 있는 사람도 사는 법이 있는데, 다 있는 것은 없는 것이고 없는 것은 있는 것이다. 왜냐하면 사람이기 때문이다. 만약 호주머니에 돈이 한 푼도 없다면, 목적이 없어도 돈을 벌러 가야 한다. 목적이라 했더니 대단히 큰 목적으로 생각하지만, 10원이 목적인 사람도 있고 100원이 목적인 사람도 있고 그 목적이 한 번에 바뀌는 경우도 있다.

목적은 있는데 癸水가 없으면 준비를 안 한 것이니, 살면서 강제적으로 바꾸는 것이다. 喜神의 조합이 안 맞으니 자기가 탁월한 능력으로 사는 게 아니라 운 따라서 자꾸 바꿔 가면서 사는 것이다. 그럼 오늘 바뀐 목적이 내일 안 바뀌고 영원히 갔으면 좋겠지만, 내일 또 바뀌는 것이다. 그럼 오늘 상담을 하러 갔는데, 내일 자기 목적이 바뀌었으니 그럼 거기에 맞추어서 다른 말을 해 주어야 한다. 어제 했던 이야기를 할 수 없으니 바꾸어 말하는 것이다. 그럼 자기가 바뀐 것이냐, 상담자의 말이 바뀐 것이냐? 사주가 엉망인 사람은 바뀌지 않는다. 月支의 기운이 섞여 있으면 준비를 백날 해 봐도 환경이 안 받아 주니 하지 못한다.

주제가 用神에 따른 喜忌神이 있다. 喜忌神이 잘못되었을 때 바로잡는 有用之神이 있다. 그리고 月支가 있는데 환경이 자꾸 바뀐다. 집을 사 놓으면 안 오르는 것은 月支의 변화에 의해서 알아야 한다. 그리고 忌神 8개를 집어넣는다. 丙火에는 丁火를 넣으니 목적이 바뀐 것이다. 그럼 무엇으로 바뀌었는지 알아야 한다. 음양을 바꿔 놓은 것이 다 忌神이다. 그럼 수행방법이 바뀐 것이다. 丙火가 壬水로 바뀌게 되면 목적이 바뀐 것이다.

癸水가 壬水로 바뀌었으면 준비가 바뀐 것이다. 그런데 壬水는 원래는 준비가 아니라 목적이니 그럼 목적이 와서 준비를 바꾼 것이다. 丁火인데 丙火가 와도, 목적이 와서 준비를 바꾼 것이다. 그럼 이과생이 문과로 목적이 바뀌는 것이다.

좋은 상담자가 아니라 훌륭한 상담자가 되려면, 손님의 마음을 알면 안 된다. 저 사람이 잘되었으면 좋겠다는 마음을 지우고 있는 대로만 말하면 지구상에 따라올 것이 없는 학문이다. 그런데 사람이란 가끔 훌륭한 역학자보다는 좋은 사람이 되고자 한다. 그럼 그 사람의 정해진 삶을 이야기하는 것이 아니라 그 사람이 원하는 것을 말해 줄 수가 있다. 그러니까 안 맞는 것이다. 둘 중 하나를 정해야 한다.

현실은 현실인데, 바라는 마음이 들어 있기 때문에 그런 걸 말해 주면 안 맞는다. 손님이 원하는 걸 이야기해 주는 거니 안 맞는다. 그럼 현실과 희망 사항, 동떨어진 이 2개를 같이 말해야 하는데, 그럼 손님이 그 말을 이해해 주어야 하는데, 손님이 알아들어야 하는데 그런 손님을 만날 수 있는 사주인지는 자기 사주로 봐야 한다. 두 가지를 다 하려면 실력도 있어야 하지만, 자기와 인연이 있는 사주의 고객을 만나야 한다. 무척 잘 맞긴 하는데, 그런데 전혀 안 맞는다. 원하는 것이 있기 때문이다. 그러니 고객의 사건 사고를 해결해 줄 수 없는 것이다. 사주에 나오는 대로 했으면 사건 사고가 절대 발생하지 않는다. 그럼 그대로 안 해서 걸린 문제다. 이건 왕쇠강약을 공부하면 알 수 있다.

그럼 사건 사고가 일단 발생하면 해결이 안 된다. 그런데 99% 이상 하지 말아야 할 것을 하고 나서 해결점을 찾으러 오니 해결이 안 되는 것이다. 그런데 손님은 해결점이 없다는 생각은 하지 않고 해결할 수 있다는 생각으로 오니 참 위험하다. 살면서 아주 작은 재주를 빌려줄 수 있는 학문인데 명리학이 전지전능한 학문으로 알고 온다. 명리학의 이름이 '뭐를 해야 한다'인데, '뭐를 하셨는데?' 물어야 한다. 뭘 했는데 언제 돈을 버는지 물어보느냐고 물어봐야 한다.

명리학의 첫 번째 단추는 喜神이다. 당신은 뭐를 하셔야 하는데, 손님에게 '子月 癸水가 喜神으로 天干에 있으니, 당신은 모성을 가지고 자애로운 풍모와 성품으로 사람을 대해야 합니다' 하고 옷가게 아줌마에게 말하면 이해가 가지 않는다. 그럼 틀린 말을 한 것이다. 옷가게 사장이 손님들에게 인성으로 대하라는 건 추상적이고 말이 안 된다. 언제 잘되고 언제 돈을 번다고 말해 주어야 한다. 그런데 癸水인 모성으로 대해야 합니다. 자애롭게 대해야 합니다. 그럼 그 사람이 그 말을 알아듣고 가서, 모성애적인 말투와 자애로운 표정과 가게를 온화하게 해 놓고 좋은 글도 걸어 놓고 해야, 그 온화함에 감동이 되어서 장사가 잘되는 것인데, 그런 인식체계가 우리나라에 없는 것이다. 그래서 이것을 하다가 멈추게 되는데, 命理를 점으로 가져다 쓰게 된다. 그래서 癸水가 오면 잘되죠? 이렇게 물어본다. '어떻게 해야 잘된다고 했잖아요' 해도 소용이 없다. 명리학은 검증하고 확신하고 말하면 잘 맞는데, 점학으로 빠져나간다. 말로 빠져나간다.

나중에 格과 喜忌神을 하게 되면 길한 걸 버리고 망하는 방법으로 간다. 이런 것은 균형을 잡으면 잘되는데 이는 강제적인 조건이다. 그래서 방법론적 조건과 길흉적인 조건이 다른데, 방법론적인 조건을 먼저 인지하고 길흉론을 공부해야 하는데, 중간에 힘들어서 거의 대다수가 포기한다.

子丑月슭에 癸水가 喜神인데 부부싸움이 벌어졌으면, 싸움이 벌어진 이유는 무엇이고 해결점이 무엇인가? 부부싸움이 벌어진 이유는, 손님 말은 남편이 잘못한 것이고 命理를 하니 癸水가 喜神이니 인자하지 못해서이다. 癸水가 喜神인데 부부싸움을 한 이유는 인자하지 못해서이고 모성애가 없어서다. 남편이 성질난 이유가 부인이 인자하지 못해서이다.

만약 辰月에 부부싸움이 나면 남편이 잘못한 것이다. 여자가 잘못해서 부부싸움 하는 건 없다. 이것은 점괘에 무조건 나와 있다. 辰月癸水는 지혜를 주어야 하는데 지혜롭게 말하지 않은 것이다. 지혜를 주지 않은 것이다. '지혜롭게'라는 건 내가 하고 싶은 말을 하라는 게 아니라, 자기가 알아듣게 말해야 한다. 子丑寅卯의 癸水는 인자하게 해야 하고 춘분부터 하지까지 癸水는 지혜롭게 해야 하는데, 자기가 알아들을 수 있는 말을 해야 한다. 춘분부터 하지까지 癸水는 상대가 알아듣게 말하는 것이 아니라, 자기 혼자 웅얼거리듯이 말하는 것이다. 이것이 명리학이다.

사람들은 배운 대로 행동하지 않는다. 사주를 보면서 이것이 맞으리란 생각은 전혀 하지 마라. 그럼 그 사람은 지혜의 정반대로 행한다. 상대에게 알아듣게 말해야 하는데 거꾸로 말한다. 그것이 인명(人命)이란, 사람이란, 사람을 조금 더 알면 그런 것이다. 2017년부터 18년까지 병원에 클레임이 걸린 숫자가 한 병원당 30개씩 쌓여 가고 있다. 중국 사람 여행객들이 떼돈을 번다. 계속 소송을 넣는다. 잘못되어서 넣는 것이 아니라 돈 벌려고 넣는 것이다. 우리가 바가지를 씌웠기 때문이다. 이건 鬼神이 하는 짓이다. 인간의 잘못된 사고방식이면 돈을 벌고 인간의 사고방식이 제대로 박혔으면 처참하게 산다는 뜻이다.

그럼 동지부터 춘분까지의 癸水가 인자(仁慈)하라고 했지만 통변은 그렇게 하면 안 된다. 상대방의 약점을 잡아서 "지적질을 일삼으시는군요" 해야 한다. 우리나라 사람의 인성관을 알면 그렇다. 우리나라 사람의 인자한 충고는 격한 말투에 의한 지적질이다. 우리나라 사람들의 지혜로운 상대의 설득은 강요가 된다. 상대가 강요를 받았는데 이 사람은 강요를 안 한 것이다. 말을 한 癸水는 강요를 안 하고 설득을 했는데, 말을 들은 癸水는 강요를 받은 것이다. 소통 부재에서 온 것이니 둘 다 억울한 것이다. 배려에 의한 다툼이다. 중국 속담에 '배려는 상처를 동반할 수 있다'라고 했다.

喜神이 5개가 다 있으면 아무것도 안 한다. 3개가 있으면 전문가, 그리고 지도력이다. 2개가 있으면 전문가이다. 하나만 있으면 일꾼이다. 4개가 있으면 헷갈린다. 命理공부를 하는 사람이 네 가지 이상 있는 사람이 매우 많다. 한량이다. 이럴 수도 없고 저럴 수도 없다. 사주의 조건이 너무 좋으면, 조건이 없는 것이다. 조건은 정해진 것이 아니라 만들어 가는 것이다. 불행하게도 바다 멀리에서 태어난 거북이가 바다까지 들어가는 15초가 생명을 결정한다. 아무리 많아도 생존 확률이 20%가 채 안 된다. 직업으로 활용을 할 확률이 20%가 안 된다는 의미다. 대개 喜神이 하나도 연결이 안 될 확률이 높다.

그럼 이것을 상생으로 해야 하니 첫 번째 상생이 水生木이니 水生木에 의한 喜神이고 두 번째는 木生火를 위한 喜神이다. 그럼 여기서 乙木丙火는 연결이 하나도 안 되고 金生水 土剋水만 잔뜩 되었으면 기술 시간에 영어 배우고 영어 시간에 음악 배우고 하는 것처럼 쓸데없는 것을 하는 것이다. 火剋金할 때 火剋金하고 木生火할 때 木生火해야 한다. 초절전 전문가는 水生木할 때 水生木하고 木生火할 때 木生火를 해야 한다. 딱 2개만 하면 된다. 거기에 하나만 더 있으면 관리자가 된다.

丙火에 태어나서 乙木이 丙火는 상생하지 않고 다른 건 다 구비된 사람이 있다. 그럼 엉뚱한 짓만 하는 것이다. 진짜 해야 할 건 안 한다. 그러니 2개는 그때 당시에 해야 할 상생을 하는 것이 초절전 전문가가 되는 길이다.

丁火 庚金 火剋金 하는데, 庚金이 있고 丁火가 없으면 준비를 안 한 것이다. 乙丙계절에 乙丙이 진짜 상생이고 나머지는 직업과 아무 관계도 없는데 자기가 하고 싶어서 하는 것이다. 그런데 그것이 왜 잘되냐고 물어보는 것이다. 癸甲, 乙丙, 丁己庚, 辛壬 그 시기는 그것을 해라. 그걸 위해서 喜神의 상생상극이 존재한다.

그리고 또 忌神이 와서 癸甲을 괴롭혀야 한다. 癸甲을 안 괴롭히고 다른 것을 괴롭힐 수 있다. 그것은 癸甲은 자기가 하는 일인데, 다른 것 때문에 괴로운 것이다. 癸甲을 하는데 辛金을 누가 괴롭혔으면 내가 하는 일에 영향을 준 본사가 망하듯이 그런 여파의 문제가 된다. 신장병이 걸려서 죽지는 않고 눈이 아프거나 팔다리가 아파서 일을 못 하는 것과 같다.

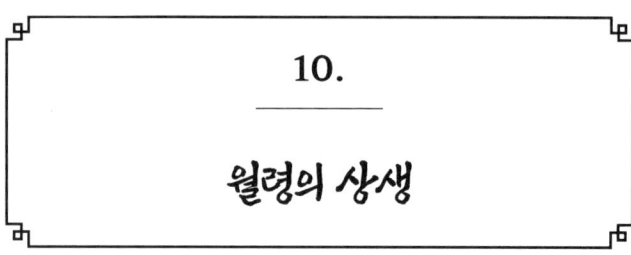

10.
월령의 상생

민주주의는 자기에게 맞는 걸 선택할 권리가 있다. 자기에게 맞는 걸 선택할 수 있는 권리가 있고 자기가 원하는 걸 구제받을 수 있는 권리가 있는 것이다.

月令은 환경이다. 또 한 배합이 되어 겸(兼)한다.
天干은 사람의 선택이다. 또 한 生剋이 되어 구역이 생긴다.
月令은 자기가 타고난 환경이다.
또 한 다른 地支와 배합이 되어 변할 수 있다.
天干은 자기의 선택이다.
하지만 生剋에 의해서 우열이 생긴다. 잘나고 못난 것이 생긴다.

戌月이면 戌月이란 환경 속에 살게 되는데, 다른 地支가 와서 섞이거나 배합이 되면 그 환경과 겸하게 된다. 이런 환경이 8개가 있다.

子丑, 寅卯, 卯辰, 辰巳, 巳午, 午未 辛酉, 酉戌 戌亥.
이렇게 8개의 환경이다. 자기가 태어난 곳이 환경이고 자기가 살아갈 곳이다. 45일씩 나누는 것이다.

子丑月令은 동지에서 立春까지, 寅卯는 立春에서 춘분까지, 卯辰은 춘분에서 立夏까지, 巳午는 立夏에서 하지까지, 午未月令은 하지에서 立秋까지, 申酉는 立秋에서 추분까지, 酉戌은 추분부터 立冬까지, 亥子는 立冬에서 동지까지의 환경 조건인데, 이것이 배합되어 나타나면 환경이 섞여서 나타나는 것이다.

1) 子丑月令: 동지부터 입춘까지 45일
전통을 계승하는 환경, 주로 인품을 중요하게 여기고 정신을 쓰는 환경, 창의적이고 창작적인 환경 속에서 산다. 대개 이 분야를 1차 산업이라 하는데, 지금은 변화하고 있다.

2) 寅卯月令: 입춘부터 춘분까지 45일
학교, 학생, 교육환경, 말과 글을 통한 지식환경이고 음악이나 그림 같은 것을 숙지하는 환경이기도 하다.

3) 卯辰月令: 춘분부터 立夏까지 45일
경쟁, 시험, 대회 등의 검증환경이다. 비교, 겨루기 등의 상대평가를 통한 경쟁력을 높이는 환경이다. 대개 70% 정도가 이때 탈락한다.

4) 巳午月令: 立夏부터 하지까지 45일
지도력, 리더십, 권위, 위엄 등을 통한 사회적인 능력을 발휘하는 환경이다. 커뮤니케이션, 거래, 설득 등, 경쟁력을 지나서 지도력에 가까운 의미를 가지니 위엄이나 인품이 필요한 환경이기도 하다.

5) 午未月令: 하지에서 立秋까지 45일

연구, 개발, 치료 등의 산업발전을 위한 연구와 같다. 그러나 子丑月令이 인간의 삶을 생각을 하는 환경이라면 午未月令은 물질과 형체, 육체 등을 연구하는 것과 같다. 요즘 1등 하는 아이들이 이 분야에 가장 많다.

6) 申酉月令: 立秋에서 추분까지 45일

제조, 생산, 기계, 육체, 제작 등이 포함된 환경이다. 영화 제작, 피트니스 등도 포함된다.

7) 酉戌月令: 추분에서 立冬까지 45일

A/S, 브랜드, 최고상품 경쟁 등의 품질 우수성을 경쟁하는 곳이다. 卯辰月令의 경쟁은 사람들의 능력 경쟁이라면, 이곳은 품질 경쟁, 출품, 전시 등을 의미한다. 품질이 우수하지 못하면 살아남지 못한다. 卯辰과 비교해 보기 바란다. 사람과 물건의 차이이다.

8) 亥子月令: 立冬에서 동지까지 45일

유통, 통상, 교역, 왕래, 해외왕래, 전수, 세미나, 교육환경과 같다.

子丑에서 寅卯로 넘어가는 환경은 물에서 육지로, 수생물을 말한다. 어류, 조선, 선박, 양어장 등을 말한다. 子丑에서 寅卯로 넘어가는 모양을 연출해야 한다.

寅卯에서 卯辰으로 넘어가는 사이에는 연못과 논 등이 있다. 연못에는 갈대나 작물, 초목작물, 농작물, 식물형 작물이다. 벌레가 나오는 때다. 벌레에서 가장 적합한 직업은 농약장사 등인데, 기생충 약 등 몸에 자생하는 기생충도 생각해야 한다.

卯辰에서 巳午로 넘어가는 환경은 연못과 논에서 밭으로 넘어간다. 밭작물, 밭 옆에는 택지가 있으니 거주지, 동물들은 날개가 달린 동물, 털 달린 동물, 파리, 모기, 사마귀 등 발이 달렸다. 식물은 가지가 무성하고 꽃이 피기 시작을 한다.

巳午에서 午未月令으로 넘어가면 밭 위에 택지가 있다. 택지에서 산으로 넘어가는 과정이다. 아파트 부지, 전원주택, 정원, 인간들의 삶의 터전, 공장 등을 의미한다.

午未에서 申酉로 넘어가면 山으로 간다. 이때는 초식동물들이 도망을 가고 숨는데, 육식동물이 나타나기 시작한다. 사람으로 말하면 군대와 같다. 군인을 양병하니, 죽이는 직업, 택지에서 산으로 넘어가는 것은 죽이는 것으로 넘어간다. 의사들이 가장 많이 죽이는 것이다. 살리는 것 뒤에는 죽이는 것이 있다. 午未에서 辛酉를 넘어갈 때 의사와 약사가 가장 많은데 삶과 죽음의 그림자가 여기에 있다.

申酉에서 酉戌로 넘어가면, 산에 가면 동물들이 산다. 부리가 달리고 털이 달리고 발톱이 달린 동물을 의미한다. 축산, 사냥 등을 의미한다. 요즘은 산에서 사냥을 하지 않고 바다에서 많이 하니, 바다도 여기에 포함된다고 생각해야 한다.

酉戌에서 亥子로 넘어가는 환경은 전달, 교류, 철새이동, 항공, 산에서 공중으로 날아드는 것을 의미한다.

亥子에서 子丑으로 넘어가는 환경은 저장, 응결, 포박, 임신 등을 의미한다. 쌀은 창고에 담겨 있고 창고에는 또 가마니에 담겨 있듯이 저장을 의미한다.

그리고 기타 정보는 水는 생각하는 기운이고 火는 활동하는 기운이다.
그리고 木은 초식동물이나 초목이 위로 오르는 기운을 의미하고
金은 육식형으로 사냥하는 기운이다.
土는 환경으로서 및 자기 자신을 인식하는 기운이다.

■ **상생(相生)**

'무엇이 무엇을 生하다. 준비하다. 준비가 안 되면 밖에서 망신을 당한다. 대개 사람은 23살까지 학창 시절을 보내고 55~58세까지 직장을 다닌다. 준비한 것을 쓴다.'라는 의미다. 그래서 30년 준비하고 30년을 쓴다.

1) 相生: 癸甲, 乙丙, 丁己庚, 辛壬

이렇게 네 가지가 상생이다. 준비한다는 의미다. 相은 서로 相인데 나무에 올라가서 눈을 부라리고 쳐다보며 재목감을 고른다는 의미다. 相剋은 경쟁한다. 서로 剋한다는 것은 경쟁한다는 뜻이다. 벤다는 뜻이

다. 상극은 경쟁한다고 해서 상승효과, 상생으로 준비하고 상극으로 상대를 베어 내야 하니 상승효과다. 만약 상생이 안 되었으면 내가 베어지는 것이니 반감효과이다. 상생과 상극 두 가지만 알면 되는데, 상극은 별도로 주어지는 건 없다. 戊己土를 제외하고 여덟 글자가 나왔다. 丁己庚에서 왜 火가 金을 상생하느냐 말할 수 있는데, 이는 金火교역의 자연원리이기 때문에 剋으로 취급하지 않고 生으로 취급한다.

癸水 甲木=水生木,
乙木 丙火=木生火
丁火 己土 庚金=火生土生金
辛金, 壬水=金生水

이렇게 이어지고 이어지는 것이다. 이것이 天干에 있는 상생 내용이다. 상생의 시작은 月支다.

子丑月令은 癸水, 寅卯月令은 甲木, 卯辰이면 乙木으로 시작한다.
巳午는 丙火, 午未는 丁火, 辛酉는 庚金, 酉戌은 辛金, 亥子는 壬水,
모두 8개로 시작한다.

癸水를 月令으로 치면 子丑月令이다. 이곳은 인성교육을 받는 환경이다. 癸水는 인성, 인품 등을 교육받는 곳이다. 天干에 癸水가 있으면 인성을 타고난 것이다.

寅卯月令은 지식을 의미한다. 지식은 타고났다고 되는 것이 아니라, 내가 지식을 계발해야 한다. 아무리 인품이 훌륭하게 타고나도, 계발하지 않으면 드러나지 않는다. 그러려면 己土가 있어야 한다. 己土로 머금고 내뱉어야 인품이 계발되는 것이다. 그런데 몇 월 달의 인품이냐가 중요하다. 가령 申酉월에서 인품을 따지는 것은, 산업 현장에서 인품을 따지는 격이니 장소와 환경이 중요하다. 甲木은 지식이다. 癸水가 甲木을 生하니 인품과 지식이다. 그럼 甲木이 지식을 쌓으려면 戊土가 있어야 한다. 戊土는 창고란 뜻이니 지식은 담는 창고다. 인품은 담는 게 아니라 나오는 것이다. 지식을 담는 건 戊土다.

  癸甲 중에 癸水구역에 태어나서 水生木을 한다면 인품을 위주로 지식을 공부하는 것이고 寅卯월령의 甲木에 태어났으면 지식을 위주로 인품을 공부하는 것이다. 순서가 매우 중요하다. 거대한 학습 과정을 절반으로 뚝 자르는 것이다. 甲으로 태어났는데, 戊土가 없고 己土만 있다면 혼란스러워하거나 갈피를 잡지 못할 우려가 있다.

  만약 子丑월에 태어났는데, 己土가 없고 戊土가 있다면 인품을 지식형으로 배우게 된다. 그럼 '인의예지신(仁義禮智信)이란 무엇이다'라고 말하면서, 밖에서는 망나니처럼 행동하니 안과 밖에 행동이 다르다.

  乙木 丙火는 木生火다. 이는 지혜(智慧)와 덕(德)을 경쟁하는 것이다. 寅卯월은 知, 子丑월은 德이라 하는데, 지덕을 경쟁하는 환경이다. 子丑월생이 乙木까지 왔으면 인품 경쟁을 하는 것이고 寅卯월생이 卯辰의 乙木까지 왔으면 지식 경쟁을 하는 것이다. 이때는 검증 시기이니 인품과 지식을 검증받는 것이다. 요즘은 인품 경쟁은 거의 하지 않는다. 乙木은 경쟁이다. 그럼 경쟁을 하려면 상대를 알아야 하니 戊土가 배합이 되어야 경쟁력이 크다.

丙火는 지도력을 갖추어야 하니 체제를 운영하는 통솔력이 있고 지도력을 갖춘다. 어른이 되어 가는 것이다. 자식을 낳고 아랫사람을 배려하는 사람이 되어야 하니 모범력, 지도력 등을 갖추게 되는 것이다. 사회적으로 반드시 필요한 사람이 된다는 뜻이다. 이건 또 자기 자신을 만들어 간다고 해서 己土가 있어야 한다.

자기 자신을 만드는 것은 두 가지인데, 子丑에서 인품으로 자기 자신을 만드는 것이 있고 공부하고 경쟁하는 것은, 남과 겨루기 위한 것이고 지도력은 자기 자신이 만들어 가는 것이다. 만약 木生火가 있으면 자기 자신이 지도력이 있는 것이다. 이때 己土가 아니라 戊土가 있으면 지도력이 자기 자신의 인품에서 나오는 게 아니라, 상대에 따라 다르게 된다. 己土가 있는 사람은 말없이 가만히 있어도 지도력이 나온다. 말을 하면 할수록 지도력이 더 없어 보이니, 己土가 있는 사람은 말하지 않는 지도력을 갖춘 것이다.

水生木은 인품과 지식, 木生火는 지식 경쟁과 인품 경쟁인데 지도력이다. 癸水는 인성적인 인품, 丙火는 사람들에게 내보이기 위한 인품이다. 癸水와 丙火는 짝이다. 癸水는 자신이 스스로 닦은 인품, 丙火는 남에게 보여 주는 인품이다. 天干에 丙火가 있는 사람은 남들이 인품이 참 뛰어나다고 한다. 인품은 뛰어나다고 하는데 乙木이 없으면 경쟁 과정을 거치지 않은 인품이니, 무얼 모르는 인품이다. 己土가 없으면 속에서 우러러 나오는 인품이 아니라 계산적인 인품이다.

丁火 己土 庚金, 火生土 土生金이다. 癸水는 정신이 만든 인품이라면,

丁火는 기술력이니 능력이라 한다. 癸水의 타고난 인품과 甲木의 지식으로, 乙木에서 경쟁도 해 봤고 丙火로 지도도 해 봤으니, 丁火는 능수능란한 전문성이 드러났다. 그러니 丁火는 水生木 木生火를 해 본 지나간 경험이 들어가 있다. 그래서 丁火를 전문성이라 한다. 과거 경력이 들어가 있다. 그러나 丁火가 잘못되면 경력 대신 징크스가 들어갈 수가 있다. 경력이란 나쁘게 기억될 수도 있기 때문이다. 그런 경력을 모두 올곧게 하여 내 것으로 만들어야 하니 己土가 있어야 한다. 그래서 己土와 丁火를 합해서 화로(홍로)라 한다. 대개 이 시기는 45세쯤 되는데 이때 사느냐 죽느냐가 결정이 된다. 지나간 시절을 결집해서 내 것으로 만들었느냐, 지나간 시절이 아무것도 없는 빈 것으로 왔느냐에 따라 丁火의 최고가 되느냐 못 되느냐가 결정된다. 그리고 그 경력과 전문성을 가지고 火生土 土生金을 해야 한다.

寅卯에서 甲木으로 지식을 습득하듯, 庚金으로 훈련을 해야 한다. 자꾸 쇠를 두드리는 단련과 훈련 등을 통해서 자기를 특별한 인물로 특기화, 브랜드화시켜야 한다. 이런 것도 하나의 훈련과정에 들어가는 것이다. 그러려면 戊土가 있어야 한다. 그러니 훈련을 다른 사람에게 받아야 한다. 독학은 안 된다는 의미다. 丁火로 지난 과거를 수집한 경력이 쌓였고 그것으로 庚金이 훈련을 받으니 더 큰 가치와 브랜드가 나왔다. 그래서 庚金에 대한 용어가 일곱 번 경험한 큰 가치 庚자이다. 경험 많은 庚, 일곱 번이나 경험했다는 뜻이다. 그래서 庚金이 과거를 많이 속인다. 아무 경험이 없으면서 경험이 많은 척하느라 과거를 속이는 것이다.

丁火에게 가장 많은 것이 징크스다. 그러므로 좋은 쪽으로만 생각해서는 안 된다. 命理를 많이 배우면 배울수록 인간은 거짓으로 운명을 개척하려 한다는 걸 알게 된다. 丁火는 지난 과거를 다 수집한 자기의 경력이 되는데, 좋은 것만 수집하는 게 아니라 나쁜 점까지 수집해서 과거의 징크스만 남아 있다. 많은 사람이 자기를 파멸로 이끌기 위해서 과거의 나쁜 기억만 계속 흡수하는 것이다. 그러니까 庚金은 경험 많을 庚자다. 경험이 많으니까 많아야 한다는 생각을 의식적으로 하게 되니 경력과 약력을 속이고 가짜로 자기의 위치를 만들고자 한다. 이런 것들이 바로 庚金 속에 들어 있음을 알아야 한다.

辛金은 상품이니 완성품이 되었다. 그럼 넓은 시장인 壬水에서 자신을 파는 것이다. 인정받다. 인정을 받았으니 상품이 壬水에게 들어간다. 이곳에서 金生水는 전한다. 유통한다. 상품과 시장의 유통적 요소를 지녔다. 상품은 내 맘에 드는 게 아니라 남의 마음에 들어야 하니 戊土가 있어야 한다.

水生木이란 인품과 지식을 말하는 것이고 木生火는 사회생활을 통해서 자기 자리를 찾아 나가는 걸 말하니 경쟁도 해야 하고 火生土生金이란 그동안 살아온 경력들을 모아서 전문성을 더 높이고 자기의 가치를 더 크게 만들어 가는 과정을 말하니 성숙된 과정을 뜻한다. 金生水는 자신의 성숙한 가치를 남에게 전하는 것이다. 상품을 팔듯이, 후대에 전하듯이 하는 것이다.

그럼 이런 것은 어느 月令에서 태어났나를 찾아야 한다. 子月 동지

이전에 태어났으면 壬水다. 그럼 시장은 타고난 것이다. 그러니 상품만 가져가면 된다. 원래 시장이 형성되게 태어났으니 나만 잘하면 된다. 辛壬의 金生水이다. 亥子月은 입동에서 동지까지니 壬水가 金生水를 하는 것이므로 상품만 가져오면 된다. 그럼 丁庚으로 돌아가서 과거 경력을 살려서 팔 수 있는지 봐야 한다. 그럼 사주에 癸甲이 있다면 인성과 지식으로, 乙丙이 있다면 시험을 봐서 국가 자격증을 따거나 과거 업적으로, 火生土生金은 전문성을 통해 가치를 높인 것으로 팔아야 한다. 과거가 없으면 그냥 가져다 파는 것이다. 亥子月이 과거가 없으면 내가 능력을 쌓은 것이 하나도 없으니 내 능력은 팔 수가 없다. 그럼 창고에 쌓여 있는 물건을 떼다 팔면 된다. 남들이 만들어 놓은 상품이나 가치를 팔면 된다. 도소매 유통업, 상표 차용, 지적재산권 차용, 프랜차이즈 사업 등을 하라고 한다.

■ 상극(相剋)

이제 지적을 받기 시작한다. 水生木으로 상생을 했으면 인품과 지식을 닦은 것이다. 그럼 水生木을 했으니 木剋土한다. 戊土를 木剋土로 상극한 것이다. 甲木은 지식인데 木剋土를 했으니 지식대회에 나간 것이다. 내가 이긴 것이니, 다른 사람은 떨어진 것이다. 그래서 '지식 경쟁에서 이기다'라고 한다. 만약 水生木이 안 되면 상극을 받는다. 庚金으로 金剋木 상극을 받는다. 甲木이 지식이니 지식이 부족한 사람으로 판정된다. 水生木이 안 되면 지식이 잘못된 사람으로, 庚金에 의해서 판정이 난다.

만약 水生木이 안 되면 癸水에게는 丁火가 와서 水剋火를 한다. 그럼 水生木이 안 되면 인품이 잘못된 사람으로 판정받는다. 인품이 잘못되었으니 잘못된 인품으로 할 수 있는 것을 해야 하니 망나니짓을 하든가 정신 나간 짓을 하면 된다. 水生木하면 인품과 지식을 이루어서 木剋土를 하러 가면 지식 경쟁에서 남보다 우월하다고 평가를 받는다. 그러니 서울대도 가고 특허도 내고 대회에서 상금도 받고 한다. 그런데 水生木이 안 되고 金剋木이 되면 내가 경쟁에서 지는 것이다. 水生木이 되고 金剋木이 된다면 지식 경쟁에서 내가 이긴 것이다. 水生木은 말과 글이니 기획안을 내고 소설책을 쓰고 하는 것들이 다 이 속에 있는 것이다.

水生木 인품과 지식을 이루다. 그래서 木剋土로 戊土를 상극하면 인품과 지식으로 남보다 우월한 평가를 받는다. 이 중에서 가격이 제일 비싼 것이 인품가격이다. 다이아몬드보다 더 비싸고 연봉도 가장 높다. 만약 癸水가 甲木을 잘 생하지 않았다면 戊土를 상극하더라도 잘못된 지식이 노출된 것이다. 편집도 하지 않고 책을 내거나, 연습도 하지 않고 방송에 출연하고 한다.

나머지는 다 똑같다.
乙木 丙火는 丙火의 火剋金,
辛金이 乙木을 剋하는 것으로 모양이 똑같다.

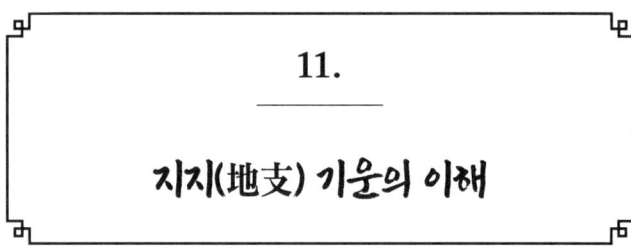

11.
지지(地支) 기운의 이해

春夏秋冬으로 土를 설명하면 丑 辰 未 戌이다.

丑未가 한서(寒暑), 辰戌은 우상(雨霜)이다.

丑은 차다. 未는 뜨겁다. 辰은 비가 온다. 戌은 서리가 내린다.

그럼 丑을 읽을 때 춥다는 개념으로 생각하고 읽어야 한다. 丑은 쌓일 丑, 무언가 쌓여 있다. 묶여 있다, 묶을 丑이다. 겹겹이 쌓여 있다.

丑의 모양은 손의 형상과 같은데 움직이기 시작한다. 행동하기 시작한다. 하지만 아직은 덮여 있다. 그러니 속에서 움직이니 땅속에서 씨가 나오려고 움직이는 것이다. 그런 다음 싹이 나서 가지가 나고 꽃이 피고 열매가 움직인다. 未에서 핵이 생겨나는 것이다. 丑에서는 핵에서 줄기가 생겨나는 것이고 丑月은 양력으로 1월이고 핵이 싹트기 시작한다.

반대되는 未의 해석은 똑같다. 양력 7월이다. 핵이 생겨나기 시작한다. 양력으로 4월의 정오의 온도와 양력의 10월의 정오의 온도는 똑같다. 그러나 10월은 점점 추워져 가고 4월은 점점 따뜻해져 가는 것뿐이다. 온도가 같으니 하는 짓도 똑같다.

丑은 사람으로 비유하면 손과 같은 것이고 나무로 비유를 하면 뿌리와 같은 것이다. 무엇이 생겨난다는 뜻이다. 그러므로 丑月에 만물이 움직인다는 것은 근본이 움직이는 것과 같다. 丑은 子 다음이니 子에는 마음이 생겨나는 것이지 몸이 생겨나는 게 아닌데, 丑부터는 質이 생겨나기 시작한다. 계란을 손에 깨트리면 흰자처럼 끈적거리는데 거기에서 형체가 생겨나기 시작하는 시기가 丑이다. 子가 하늘에 계신 神이라면 丑은 제사장과 같다. 형체가 생겨났다는 개념이 들어가는 것이다.

丑中에는 癸水라는 하늘의 기운이 들어 있다. 셋이 항상 들어 있는데 天地人이라 한다. 癸水와 辛金, 己土가 들어 있는데, 이는 丑月이나 丑시는 이 셋 중에 하나로 태어나서 살아간다는 의미가 된다. 癸水는 지식이다. 학교에서 배운 지식이 아니라 생각이 지식이 되어 나타난 것이다. 생각으로 나타난 말과 글이 지식이 되었다. 생각한 것이니 들은 말이 아니다. 丑中에 辛金은 부모로부터 물려받은 유전인자다. 癸水는 天氣이고, 辛金은 人이고 己土는 地氣다. 癸水는 생각이 지식이 되어 말과 글로 나타난 것이다.

丑中 辛金은 조상 대대로 전래되어 내려오는, 전달된 지식이다. 타임캡슐과 같은 것이다. 조상 대대로 내려온 것이다. 戌中 辛金은 자식들에게 전달해 주어야 할 당신들의 유전인자가 된다. 둘 다 있으면 인생이 피곤한 것이다. 丑中 辛金은 조상에게 물려받은 것이고 戌中 辛金은 자식에게 물려주어야 할 것이다. 그래서 거쳐 가는 역마살 인생이라 한다. 중간지점이 된다.

丑中 己土는 地氣다. 그때 당시의 땅속이 축축하다는 의미다. 濕이다. 그런데 고체인 얼음으로 축축하니 한습이라 한다. 얼었다는 뜻이다. 면면히 내려오는 기운이 쌓인 丑土다. 시간에는 시작이 있고 끝이 있는데, 어떤 일을 이루기 위해 시작하는 것은, 미래의 결과를 내고자 함이다. 오늘은 어제에서 온 것이고 내일로 간다. 1년 신수를 볼 때도 그해 일을 보는 것이 아니라 이것이 어디서 온 것인지 봐야 한다. 그래서 명리학을 할 때 가장 먼저 해야 할 일은 시간개념을 익히는 것이다. 丑中 辛金은 행복하다는 뜻도 되고 맵다는 뜻도 되고 날카롭다는 뜻도 된다. 처마 끝에 매달린 고드름처럼 날카롭다는 의미다. 동양철학은 은유로 표현이 되었으니 상상을 통해 현실과 접목을 해야 한다.

물건에서 물건이 나오는 건 없다. 아무것도 없는 무(無)에서 탄생한다. 辛金은 유전인자이고 己土는 그때 당시 환경을 표시하는 것이고 癸水는 하늘의 氣가 있다는 뜻이다. 정신과 지식 사이를 말하는 것이다.

子月 癸水는 지식의 前 단계다. 공부해서 정신을 차리는 게 아니라, 정신을 차려서 공부하는 것이다. 어떤 계기를 통해서 정신을 차리는 것이 있다. 그러니 정신이 아니고 뜻(志), 다시 세웠다는 뜻이다. 意란 것도 뜻, 의지이다. 의지를 다시 세웠다는 것이다. 처음부터 세운 건 오직 하나밖에 없다. 혼(魂)이다. 魂은 타고난 것이다. 모여서 단합대회 할 때 하는 구호나 결의는 志나 意이다. 원래는 魂이다. 魂 이전은 기운이다. 그러니 未가 가서 丑中의 辛金을 쳐서 부모가 물려준 유전자를 더럽게 만들고 癸水를 쳐서 좋은 말을 하라고 했더니 욕을 하고 한다. 丑中 己土를 쳐서 열심히 공부하라고 했더니 양이나 말을 키우니 잘못되

었다는 것이다. 그런 뜻이 든 것이다. 하늘의 뜻이 들었으니 丑月은 시간으로는 12월이다. 양력으로는 1월 丑月이다. 1년의 마지막 달이라 해서 섣달이라고도 한다.

■ 미월(未月)

未는 시간으로는 양력 7월, 음력 6월, 복서(伏暑)라고 해서, 한참 더울 때다. 味, 만물이 다섯 가지 맛이 들었다. 또한 만물이 색깔을 제 모양을 갖추었다는 뜻이다. 그럼 좋은 것이다. 산전수전 다 겪고 아이도 낳았다. 좋지만 丑의 순수함보다는 아닌 것이다. 未, 아닐 未자에 입구(口)를 쓰면 맛 味자인데 이 맛 저 맛 다 들었다는 뜻이다. 맛이 들었다와 맛이 안 들었다는 공용어로 쓰인다.

만약 丑이 양력 5월에 있으면 묶인 것이 아니라 풀려 있으니 함몰된 것이다. 풀려 있다는 의미이니 무엇이든 제자리에 있어야 한다. 모두가 다 정상적으로 태어나지 않은 것이다. 정상적으로 태어나지 않았으니, 정상적으로 살지 않는 것이 정상인 것이다. 오행으로는 未에서 늙어서 쇠하게 된다. 이 말은 부모 시대는 가고 자식 시대가 온다는 세대교체의 개념이다. 木이 시들었으니 金의 시대가 온다는 말이다.

未月은 더위가 기승을 부리니, 과일이 익어 가면서 맛이 들기 시작한다. 하지만 무성한 지엽(枝葉)이 시들어 가니 마치 세대가 교체되는 것과 같다. 未를 사람에 비유하면 왕성한 활동을 자제하고 방만을 벗어나 자신의 가치에 맞는 실용적 행동을 해야 한다는 뜻이다. 너무 펼치지만 말고 실용적인 것만 펼치라는 의미다. 이것이 丑과 未의 상대어이다.

未에는 丁火가 있고 乙木이 있고 己土가 있다. 丁火는 하늘에서 내려온 기운이니 天氣다. 丑中 癸水는 말과 지식이지만, 未中 丁火는 기술력을 말한다. 손재주 발재주와 같은 것이다. 丑中 辛金이 내가 태어나기 이전 세대가 물려준 유산인데 未中 乙木은 내가 태어나서 지식과 경험을 살아온 자기의 경력이다. 未中 己土는 그때 당시의 환경이다. 그러니 환경 속에는 기술도 들어 있고 그동안 쌓아온 경력이 들어가 있다. 여기에는 나만 들어간 게 아니라, 다른 사람들도 들어가 있는 것이다. 다른 사람들의 기술이 있고 다른 사람들의 경력도 들어 있는 것이다.

丑中의 癸水는 지식이니 丁火의 기술과 대비된다. 辛金은 부모에게 물려받은 유전이고 己土는 그때 당시의 환경이니 가정 환경과 학교 환경, 지식 환경이 들어가 있다. 未中 己土에는 산업 환경과 시장 환경 그리고 직장과 사회가 들어 있다. 셋 중에 어느 분야에서 태어났느냐에 따라 자기가 그런 자질을 타고 것이다.

■ 진월(辰月)

辰은 우레 辰, 별 辰이다. 의미는 천둥 번개와 더불어서 비가 온다. 농사를 짓는다는 뜻이다. 천둥번개가 치면 비가 온다. 그럼 농사를 짓는다는 뜻이다. 辰의 반대는 戌이다. 비가 온다는 말의 반대는 비가 그치는 것이 아니라 서리가 오는 것이다. 비가 그친다는 말은 하늘이 맑다는 뜻이다. 그럼 戌은 서리가 내린다. 하늘에서 무엇인가 계속 내리니 머릿속으로 계속 생각을 하는데 비가 오느냐, 서리가 내리느냐다.

양지바른 곳에 묘를 쓴다는 말은 조상을 바짝 말려 죽인다는 뜻이다. 그것이 양지바른 날 가뭄 든다는 뜻이다. 辰月은 비가 내리고 땅은 따뜻한 기운이 점차 늘어나 만물이 살기에 가장 쾌적한 환경이 된다. 그리고 자신의 힘을 과시하고자 뻗어 나가기 시작한다는 뜻이니 경쟁이 시작된다는 뜻이다.

천둥과 번개란 의미는 남쪽에서 올라온 구름과 북쪽에서 올라온 구름이 부딪쳤다는 뜻이다. 찬 공기와 따뜻한 공기가 부딪친 것이다. 이는 경쟁이 시작된다는 뜻이고 좋고 나쁜 걸 가리기 시작한다. 옳고 그른 걸 가리기 시작한다. 피차가 발생하기 시작한다는 뜻이고 세상이 물들기 시작하고 네 것과 내 것이 아닌 것이 가려지기 시작한다. 지친 모양이 아니라 앞으로 나가는 모양이고 戌은 지쳐서 들어가는 모양과 같다.

辰中에도 3개가 들었으니 乙木과 癸水와 戊土가 들었으니, 乙木은 사람이고 癸水는 하늘의 기운이고 戊土는 현재의 환경이다. 辰中 癸水는 지식은 지식이나 남과 견주기에 필요한 지식을 말한다. 戌中의 丁火가 나오는데 기술은 기술인데 남과 견주는 기술이다. 아무리 기술이 뛰어나도 남보다 못하거나 좋을 수가 있는 것이다. 똑같이 戌中의 辛金은 인간의 뜻이고 丁火는 하늘의 뜻이고 戊土는 환경인데, 丁火는 남과 견주어서 우열을 가리는 기술이고 辰中에 癸水는 남과 견주어서 우열을 가리는 지식이다.

未中의 乙木은 그동안 닦아 온 자기 경력인데, 辰中의 乙木은 앞으로 살아가야 할 경력이다. 未中의 乙木은 과거의 경력이고 남과 겨루어 본 경력이다. 그래야 未中까지 쌓이는 것이다. 庚辛金이 未中의 乙木이 없으면 기술이 쌓여도 경쟁력이 없는 것이다. 이런 것이 33개가 되는데 연결을 하면 인생이 나온다. 준비를 하고 언제 쓰이고가 나온다. 辰中의 戊土는 그때 당시의 환경이다. 지식경쟁 환경이다. 시험장, 게임장, 대회장 등 지식을 경쟁하는 환경이다. 戌中 戊土는 기술 경쟁 환경이다. 辰中 戊土는 지식 경쟁 환경이니 도서관과 같다면, 戌中 戊土는 물건을 쌓아 둔 창고와 같으니 장소적 개념이다. 물건들이 많이 나와서 거래가 되는 개념이다.

오행은 六神을 빼고는 한 치의 오차도 없이 사람은 그렇게 살고 그렇게 가고 있지만 볼 줄을 몰라서 판단하지 못할 뿐이다. 물론 얼마나 행복하게 사는지 사람들과의 관계 구성은 어떤 모양을 하고 사는지는 따로 구성되었을 뿐이지 사실은 한 치의 오차도 없는 것이다.

■ 술월(戌月)

辰은 비가 온다면, 戌은 서리가 내린다는 뜻이다. 戌이란 양기(陽氣)인 火를 땅속에 가두었다는 뜻이다. 戌中 丁火를 땅속에 가둔 것이다. 그러니 陽氣가 갇혀 있는 것이다. 오행에서 土는 戌에서 나고 戌에서 성숙해진다고 했는데, 이는 무성할 茂자, 무성한 곳에서 나와 땅속으로 모두 들어간 것을 말한다. 서리가 내리고 만물이 고개를 숙이니 이는 모든 핵이 열매 속으로 들어갔다는 의미다. 감이나 밤처럼, 모든 일을 마치고 땅으로 들어가는 시기다.

辰月의 솟구치는 기운이 사라지고 陽氣를 감추어서 다시 돌아가는 기운이다. 사람을 비유하면 풍부한 활동과 성패(成敗)를 경험하고 은퇴한 모습과 같다. 많은 것을 거두고 담으니 과거가 빛남이다. 그러니 무엇을 했느냐가 戌中에 들어 있는 것이다. 戌中丁火는 우열을 가리는 기술력이고 戌中 戊土는 우열을 가리는 기술력을 내놓는 장소가 된다. 戌中 辛金은 과거 丑中 辛金에서 물려받아 지금까지 지나온 행동의 결과들이다. 未中 乙木에서 그동안의 쌓은 경력이 있고 기술력까지 있는데, 戌中의 辛金은 살아온 모든 인생의 내력이 다 들어가 있는 것이다.

그럼 서리가 내릴 때, 머리가 하얗게 변해 갈 때 50 이후가 되면 검열을 받게 된다. 그리고 살아온 내력은 다음 세대로 또 넘어간다. 丑中 辛金에는 지식을 쌓은 것과, 戌中 辛金에서 기술을 쌓은 것이 모두 다 내력으로 남아 있다. 그러니 내공과 외공이 다 들어갔으니 지식도 들어갔고 기술도 들어간 것이다.

丑未辰戌은 한서우상(寒暑雨霜)의 절기(節氣)로 한난(寒暖)이 조습(燥濕)으로 기화(氣化)되어 기질(氣質)을 이루는 변화의 시기이다. 그러므로 이 시기를 지나면 만물은 전과 다른 형상이 된다. 丑月은 종자의 핵이 발아(發芽)하고 辰月은 지엽(枝葉)이 생기고 未月은 열매의 핵(核)이 생겨나고 戌月은 성체(成體)가 된다. 이처럼 月令의 틀은 만물의 형상을 시절에 맞게 변화시켜 주는 역할을 하기 위하여, 한난한 기운을 중화시켜

조습의 기운을 만들어 주는 땅의 시간 질서다. 丑月은 寒을 濕으로, 未月은 暖을 燥로, 辰月은 寒暖을 濕으로, 戌月은 寒暖을 燥로 변화시킨다.

丑月은 한습한 土로서 차가운 癸水를 머금어 보온하니 木의 뿌리를 뻗게 하는 양생(養生)하는 土, 생명을 부활하는 土다. 子月은 일양(一陽)이 化하여 습기(濕氣)가 발생한다. 이런 濕氣는 지기(地氣)와 합하여 종자가 발아(發芽)하는 역할을 한다. 丑중 癸水는 濕氣가 들어 있고 土는 머금은 땅을 말한다. 그중에서 조상이 남겨 준 辛金이 발아해서 甲木으로 化하는 것이다. 기질(氣質)이 만나는 시기로 甲木의 根이 辛金이다. 甲木이 象으로 나타나면 辛이 甲으로 나타나는 걸 말한다. 이런 말은 이해하기가 쉽지 않다. 化한다는 말이 어려운 것이다. 남녀가 잉태하여 열 달 후에 출산한 것이 甲木이다. 그러니 아기가 나와 닮은 것과 같은 이치이다.

또 辰月은 난습한 土로서 丙火의 양기(陽氣)를 받아, 木을 곧게 기르는 발생지토(發生之土)다. 丑은 싹을 틔우는 것이고 發生之土는 木을 크게 기르는 것이니 경쟁력 있게 기른다는 뜻이다. 陽火가 化하여 기질을 온습하게 한다. 이런 기운은 지상으로 濕氣를 발생시켜 天氣와 합하여 乙木의 지엽을 개화하게 하는 것이다. 乙木이 개화하니 가지에 庚金인 열매가 열린다는 뜻이다. 이는 아이를 다 키워서 직장에 보냈더니 부모 말은 안 듣고 직장 상사의 말만 듣는 것과 같다. 나가서 사회생활을 하니 독립한다는 뜻이다.

未月은 난조한 土로서 뜨거운 丁火를 머금은 온화한 기운을 지녔다. 午月의 열기가 化하여 지상에 퍼지는 濕氣를 거두어들이는 수렴지토(收

斂之土)다. 지상의 濕氣와 陽氣가 합하여 녹색과 핵을 만들기 위한 시기다. 未月이란 꽃 속에 핀 작은 열매가, 나무나 나뭇가지에서 양분을 다 끌어들이는 것이다. 습기를 다 빨아 먹는다는 것이다. 나뭇가지의 양분을 열매로 빨아들인다는 의미가 收斂之土란 의미다.

斂자는 사람을 죽일 때 손이나 발을 자르면 죽지 않으니, 단번에 죽이기 위해 목을 베는 것과 같이 정확하게 찌를 렴(斂)자다. 실용적으로 찔러라, 낭비하지 말라, 사치하지 말라. 정확하게 해 달라는 뜻이다. 지상의 濕氣와 땅의 陽氣가 합하여 녹과 핵을 만들기 위함이란 녹색을 모두 열매 안으로 끌어들여서, 나중에 봄이 되면 이것이 나와서 다시 녹색이 생기는 것이다. 이건 서리가 와서 그런 것이 아니라, 열매가 다 먹어서 그런 것이다. 巳는 庚金을 감싸니 乙이다.

戌月은 한조한 土로서 壬水의 陰氣를 받아, 陽氣를 누르니 변화지토(變化之土)다. 응결되었다. 맺었다는 뜻이다. 壬水가 化하여 地氣를 건조하게 한다. 견조란 濕氣를 빼서 견고(堅固)하게 한다는 뜻이다. 이런 기운은 지하로 濕氣를 모아 응결시키는 시기로, 象을 거두고 氣로 들어가는 시기다. 象은 辛金이 化하여 종자가 되니 甲인 것이다. 丑月의 氣에서 나와 열매란 형체를 없애고 다시 氣로 돌아간다는 뜻이다. 辰戌丑未가 나온 곳은, 子午卯酉에서 나온 것이다.

■ 子午卯酉

子는 흔히 동짓달. 동지에 一陽의 기운이 생긴다. 그래서 만물이 자라기 시작한다. 이때 자라는 것은 형체가 아니라 氣가 자라는 것이다. 생각이 자라는 것이다. 형체는 丑月부터 서서히 자라는 것이다. 형체가 땅에서 나오는 것은 寅月에 나오는 것이다. 그러니 생각이 자라는 것이다.

子는 사람을 칭한다. 우리나라는 子를 아들이라 하고 중국에서는 훌륭한 사람이라 하고 일본에서는 그냥 사람이라 한다. 子란 사람이란 의미고 남자란 의미이다. 子는 一陽의 기운으로 만물에게는 자양분과 같은 것이다. 그러므로 만물을 움직이는 근원적 원인이 된다. 子란 사람을 뜻하는 것으로 인간의 지혜를 상징한다. 亥가 몸을 상징한다면 子는 정신을 상징하는 것으로 대조를 이룬다. 그러므로 子는 水와 동의하는 것이다. 子는 사람이고 사람의 정신을 의미한다. 만물에게는 영양을 의미한다.

子를 불교적 용어로 자비라 하고 기독교적 용어로 사랑이라 하고 유교적 용어로는 지혜를 표시한다. 영양이란 것은 생명이란 뜻이다. 생명을 유지시키는 영양이란 뜻이다. 몸을 튼튼하게 하는 것이 아니라 죽고 사는 생명을 뜻한다. 生과 死를 결정하는 생명을 주관한다. 그렇다고 子가 있는 사람 옆에 가면 생명 유지가 된다고는 믿으면 안 된다.

■ 午

子의 반대말은 午이니 똑같은 것을 말한다. 子는 癸水를 말하는 것이다. 子月은 아직 땅을 만나지 않았으니 하늘의 기운만 들어가 있다. 丑

에 가야 땅을 만나는 것이다. 午는 정신의 반대이니 육체를 말한다. 건강, 체력, 근육 등을 뜻한다. 亥나 子가 있는 사람들은 '나 일찍 죽을 거야, 체력이나 건강은 필요 없어' 그러다가 50이 넘어서 몸이 아프면 나 일찍 죽으니 건강은 안 챙겨도 된다고 하면서 병원은 더 열심히 다닌다.

午는 육체 건강을 유지하기 위한 영양이다. 생명과는 무관하다. 그래서 丑中의 癸水는 지식이고 辰中의 癸水는 경쟁하는 지식, 未中의 丁火는 기술이니 육체가 있어야 한다. 그래서 午中의 丁火가 육체가 된다. 생명을 유지하기 위해서는 癸水가 필요하고 육체적 체력을 유지하기 위해서 丁火가 필요하다. 그래서 癸水와 丁火는 사람의 생명을 유지하기 위해 꼭 필요한 기운이다.

午는 거슬린다는 뜻이다. 땅을 뚫고 나오는 모양을 상형화했다. 활 궁(弓) 자를 써서 몸이 굳세다는 뜻으로 쓰이고 午는 활을 당긴 모양과 같고 주먹을 불끈 쥔 모양과 같다. 건강한 몸, 번쩍거리는 몸뚱이, 주렁주렁 걸친 아름답게 생긴 몸매, 잘생기고 멋있는 모양이 좋은 것들이다. 그러니 午가 있으면 모양이 예쁘다. 또 아주 못생겼을 수가 있다.

子丑이 있으면 정신을 바르게 쓰려고 하고 巳午가 있으면 외모와 체력에 공을 많이 들인다. 巳午未가 있는 사람에게 '예쁘시네요, 예뻐지려고 노력을 많이 하시네요' 이런 말을 하면 안 된다. 보편타당한 노력이기 때문에 노력하지 않았다고 한다. 그러니 그런 말을 하면 안 된다. 亥子丑 있는 사람에게 "마음 수양을 하시네요" 하면 그 사람은 보편타당한 기준점이 높기 때문에 하지 않았다고 한다. "너무 시간이 없어 못 하고 있습니다" 한다. 기준점이 높기 때문이다.

子의 癸水와 午의 丁火의 뜻이다. 이런 정신이 있다. 정신과 육체, 둘 다 생명을 주관하는 기운이 들어가 있다. 子중 癸水와 午중 丁火다. 子가 있다고 다 그런 것이 아니라, 동지가 지나면 그렇고 丁火는 하지가 지나면 그런 것이다.

巳는 다 자랐다는 뜻이다. 巳月은 六陽이니 다 큰 것이다. 색깔도 드러난다. 巳午未월 중 未에서 맛이 드러났지만, 巳月은 색이 먼저 드러나는 것이니 색과 맛 중에 색이 먼저이다. 색이 있고 나서 색이 무르익어서 맛이 생긴 것이지, 맛이 색을 만든 건 아니다. 음식을 먹을 때 맛이 먼저냐 색감이 먼저냐 한다. 여자는 비주얼이 먼저냐 마음이 먼저냐.

巳 자는 뱀을 상형한 것이다. 巳는 陰氣가 사라지고 陽氣가 몹시 강한 것을 말한다. 뱀이란 냉혈동물이라 陰氣가 있을 때는 움직이지 못하고 陽氣가 있어야 움직인다. 그러니 巳時부터 먹이 사냥을 한다. 남방의 뱀과 북방의 뱀이 다르다. 巳는 구부러지게 하는 陰氣가 사라지고 만물이 모두 곧게 펴진 모양으로 형형색색 꽃핀 모양을 상징한다. 巳는 순양으로 섞임과 거슬림이 없는 자연 그대로를 따르는 모습이다.

순음(純陰)과 순양(純陽)이 나오기 시작한다. 아무것도 섞이지 않은 깨끗함을 말한다. 간이 되지 않은 것들이다. 巳月은 戊 庚 丙, 午月에도 丙이 들었다. 이것이 純陽이다. 陰氣가 조금도 섞이지 않고 순전히 陽으로만 되었다는 뜻이다. 寅月은 음양이 절반씩 섞여 있다. 음양이 섞여 있으니 단단하다. 청(靑)만 있거나 백(白)만 있으면 탁기가 한 방울만 들어가도 그냥 탁해진다. 불면 꺼지고 안으면 으스러지듯이 보호가 필요하다. 純陽이니 탁한 짓을 전혀 하지 못하는 것이다. 섞인 게 없는 것이다.

巳月의 戊土는 지기(地氣)이고 庚은 사람이고 丙은 天氣가 된다. 戊土는 地氣이니 환경이 된다. 庚金은 미래의 자기 가치이다. 현재 만들고 있는 나의 능력이 미래에 자기 가치로 나오는 것이다. 미래의 가치에 투자하는 현재의 모습이 庚金이다. 미래에 투자하는 것이다.

丙火는 순양(純陽)으로 순리를 따르는 행위다. 巳中 丙火는 환경의 조건을 모두 받아들이는 순리에 따르는 행위지만, 午中 丙火는 옳고 그름을 가리게 된다. 巳月의 六陽은 陽和한 기운으로 純陽으로 골고루 키워준다. 다른 기운이 전혀 섞이지 않았으니 차별대우가 없는 세상이다. 그러나 午月로 넘어가는 순간 염상(炎上)이 된다. 그러니 온난한 것이 아니라 뜨거워지는 것이다. 그러니 어떤 건 뜨거워서 죽고 시들고 죽고 어떤 건 살아나고 한다. 그래서 처지는 자, 앞서는 자가 생겨나기 시작하는 것이다. 삶과 죽음이라기보다 지구력과 견디는 힘이 이 속에 들어 있다.

巳中에 庚金은 미래에 대한 가치를 나타낸다. 巳中의 丙火와 午中의 丙火를 구분해야 한다. 巳中의 丙火는 양화(陽和)한 기운이고 午中의 丙火는 염상(炎上)한 열기(熱氣)이다. 육체적 견딤이 필요하고 골고루 내리쬐는 게 아니란 것이다. 巳中에 戊 庚 丙이 있는데 巳中의 丙火도 끝으로 가면 염상(炎上)처럼 사용할 수가 있다.

亥月의 亥는 임신했다는 뜻이다. 뿌리가 박혔다는 뜻이다. 그래서 남녀가 만났다는 뜻이다. 위의 사람은 남자고 밑으로 삐져나간 사람은 여자란 의미다.《고려사절요》에서는 돼지라고 파자를 했다. 亥는 1부터 10까지 다 있는 것이니 처음부터 다시 시작한다는 1이다. 그러니 亥가 1이 될지 10이 될지 모르는 것이다. 모든 것은 1부터 5까지 세는 경우와, 1부터 10까지 세는 경우가 있는데 巳中의 丙火는 1부터 5까지 다 해서 6이란 뜻이고 처음부터 다시 시작한다는 뜻이다. 午中의 丙火는 6부터 다시 시작한다는 뜻이다. 亥도 亥中에도 戊 甲 壬이 있는데, 子月에 또 壬水가 들었는데 戊 甲 壬은 10이란 뜻이다. 그래서 1부터 다시 시작한다는 것이다. 같은 자리에서 끝나고 같은 자리에서 시작하는 것이다. 임신을 하는 순간 처녀에서 엄마가 되는 것이다. 같은 자리에서 끝나고 같은 자리에서 시작하니, 亥는 끝과 시작을 의미한다.

巳中丙火는 끝이 아니라 중간에서 시작이다. 亥는 다시 시작한다는 것이다. 그래서 丙火는 자기 자신의 가치교체이고 亥는 세대 교체적 의미가 있다. 巳는 진급적 의미가 들어 있고 亥는 퇴직을 의미한다.

다른 종자는 다시 子에서 배양되어 生을 시작한다. 그러므로 生을 시작하기 위해서 지난 시절이 나은 만물을 수확하여 핵(核)은 종자로 쓰고 나머지는 따로 쓰는 것과 같다. 巳에서 끝나고 午로 가고 亥에서 끝나고 子로 가는 것이다. 그래서 子午는 시작적 개념이고 巳亥는 끝나는 개념으로 받아들이면 된다. 亥中에 戊土는 모든 것이 마무리되는 장소를 뜻하고 亥中의 甲木은 마무리를 했으니 다음 세대가 온 것이다. 巳中의 庚金은 다음 시간에 낼 가치가 지금 온 것이고 亥中 甲木은 다음 세대에, 내가 키울 다음 세대를 이어받을 자가 온 것이니 전수자가 온 것이다.

亥中 甲木과 巳中 庚金이 둘이 만나면, 巳中의 庚金은 내가 다음 세대가 되어서 크려고 하지만, 亥中 甲木은 다음 세대가 와서 내 것을 가져가려고 한다. 이것이 둘이 만나 부딪친 것은, 현재의 자신과 다음 세대가 부딪친 것이다. 그러니 내가 크려는가? 네가 크려는가와 같은 의미다. 마치 이성계와 이방원이 싸우는 것과 같다. 이성계가 巳中의 庚金이라면 이방원은 亥中의 甲木과 같은 것이다. 이 싸움이 붙었을 때 이런 내용을 모르면 싸움이 붙은 내력도 모르는 것이다. 싸움이 붙어서 왜 싸우는지, 왜 옳고 그름을 주장하는지 봐야 한다.

寅은 양력으로 2월이니 음력 정월인데 만물이 모습을 드러내는 걸 말한다. 꿈틀거리고 튀어나오다. 벌레가 튀어나오다 등인데, 사람 머리에서 생각이 나오듯 땅속에서 샘이 나오지만 음기(陰氣)가 아직은 강하다. 이는 위에서 강한 음기가 눌러 움트기 힘든 모양을 상형화하였다. 날씨가 따뜻해서 튀어나오기는 하는데, 밤이 되면 몹시 추우니 들어갔다, 나왔다 하는 땅속에서 오르는 초목과 동물의 모양을 형상한 것이다.

卯는 창문이란 뜻이다. 문을 열고 나왔다. 눈을 떴다는 의미다. 寅에서 나올 듯 말 듯 하다가, 卯에서 나온 것이니 개벽을 말하고 뚫렸다는 뜻이고 하늘 문이 열렸다는 의미다. 寅에는 戊 丙 甲이 있는데, 戊는 지기(地氣)이고 丙은 천기(天氣)고 甲은 사람이란 뜻인데, 寅의 기운은 땅에서 나오는 것이다. 卯는 나온 곳에서 출발하는 것이고 寅은 땅속에서 땅 위로 나온다는 개념이다. 그럼 卯는 개업적 개념이다. 寅은 개업 준비와 개업의 중간과정이니, 寅에서 개업을 할 수도 있다. 그러나 준비가 철저히 되었나, 안 되었나 하는 의미다. 寅은 바깥 동정과 내 힘을 살펴본다는 의미를 가졌다. 寅中 甲木인 사람은 內에서 外로 출입한다는 의미가 들었고 丙火인 천기(天氣)는 미래에 내가 무엇이 될 것이란 목적이 된다. 삶을 이끌어 가는 목적의식이 된다.

子에 하늘이 마중이 나와서 寅에 동자(童子) 동녀(童女)를 걷게 하였다는 것이니 미래의 목적이 되는 것이다. 寅中 戊土의 지기(地氣)는 당시의 환경이 되니 학교가 된다. 寅中 甲木은 집에서 학교로 가는 모양이고 寅中 丙火는 학교에서 배워서 사회적으로 어디에 쓸까 하는 목적의식을 말한다. 寅中의 丙火는 이미 사회가 있는 것이다. 丙火가 子에 마중 나온 것과 寅에 마중을 나온 것이 다른데, 子에 丙火가 마중 나온 것은 가장이 되기 위해서 마중을 나온 것이고 寅에 마중을 나온 건 사회적인 계급으로 마중을 나온 것이다. 나중에 辰에 마중을 나오면 얼마나 큰 영역을 가지고 살 것인가 보기 위해서 온 것이다.

甲子 乙丑 丙寅 丁卯 戊辰부터 시작했다가 세월이 한참을 흐른 후에 丙辰이 오니 그 영역을 돌아본다는 식이다. 그리고 卯中에도 甲木이 있다. 이는 학습 과정이 된다. 卯에는 乙木도 있으니, 辰中의 乙木이 경쟁하는 지혜지만, 卯中 乙木은 경쟁하기 위한 학습 과정이 된다. 그러니 자기 자신의 성숙한 모양만 갖추면 이 세상을 살아가는 데 특별한 것이 없다는 존재감을 가지고 있는 것은 卯中 甲木이니 춘분까지이다. 춘분이 지나면 남을 이기지 못하면 살 수 없다는 걸 이때부터 배워 나가게 된다. 이것이 추분까지 그렇게 경쟁을 하면서 사는 것이다.

춘분부터 남을 이겨야 한다는 생각을 가지고 사는 기간이 추분까지
다. 춘분 이전에 추분까지는 존대(尊待)로 살고 춘분부터 추분까지는
경쟁으로 산다. 卯中의 乙木은 경쟁을 위한 준비과정, 辰中의 乙木은 경
쟁과정이다. 경쟁과 경쟁을 위한 준비과정은 다른 것이다.

申은 주렁주렁 열렸다는 뜻이다. 申이란 땅에 논이 여러 필지가 나누
어져서 모여 있다. 똑같은 것이 펼쳐져서 연결되어 있다는 뜻이다. 申
은 아침밥을 먹는다. 해가 뜬다는 의미로 쓰기도 한다.

寅은 해가 뜨는 것이다. 旭 해가 뜬다는 것이다. 寅時에 해가 뜨는 것
이다. 申時는 해가 진다는 뜻이다. 그럼 해가 지니 일을 멈추어야 하는
데 이때부터 일을 시작하러 나가는 사람도 있다는 뜻이다. 寅時에 일
어나서 申時에 퇴근하는 사람도 있지만, 땅이 넓은 나라는 申時에 일을
나가는 곳이 있다. 중국만 해도 이쪽과 저쪽이 하루 차이가 있을 수가
있다. 지구의 반대편은 우리와 정반대일 것이다. 우리가 申時에 들어갈
때 어느 곳에서는 寅時가 되어서 출근할 수 있는 것이다. 그리고 이것
이 연결되었다는 뜻이다. 寅에서 애벌레가 나와서 申에서 성체가 된다
는 것이다. 이렇게 연결되어 있다. 寅에서 학교 가서 공부를 한다면, 申
에서는 학교 가서 가르쳐야 한다. 온 곳으로 돌아간다는 개념이 있다.
그래서 申을 경험 풍부할 庚이라 한다.

申에도 戊 壬 庚이 들어가 있다. 庚은 사람인데 경험이 많은 사람이
다. 寅에 甲木은 이제 배우는 사람이란 뜻이다. 申中 壬水는 천기(天氣)
인데 내가 배운 것을 남에게 내놓을 때 어디서 어디까지 내놓을 것인

가의 문제이다. 寅中 丙火도 天氣인데 내가 배울 때 어디까지 배울 것인가 목적이다. 寅中 丙火는 지위적인 것을 말하고 申中 壬水는 양(量)을 말하는 것이다. 申中 戊土는 땅이니 장소적 의미, 외부환경이다. 寅中 戊土는 학교가 되는데, 申中 戊土는 현장이 된다.

酉는 술 주(酒) 자이다. 그릇 酉, 술을 담은 그릇이다. 위에는 남자고 밑은 여자라는 의미도 있다. 남녀가 만났다고 하기도 한다. 卯는 문을 열다이고 酉는 문을 닫다인데 봄 문과 가을 문을 의미하기도 한다. 열렸다. 닫았다, 똑같은 의미이다. 酉中에 庚金이 있고 辛金이 있는데 卯中에 甲乙과 같다.

卯中에 甲木은 자기가 크기 위한 학습이고

卯中 乙木은 자기가 경쟁하기 위한 학습이다.

酉中 庚金은 완성하기 위한 자기 가치다.

酉中 辛金은 남들에게 인정까지 받아서 완성하는 자기 가치,

그러니 성장의 크기가 다른 것이다.

■ 寅申巳亥

寅申巳亥는 辰戌丑未 바로 뒤에 따라오는 것이다. 중도와 마지막을 장식하는 것이니 어지러이 섞이면 호사다마(好事多魔)라 한다. 寅申巳亥는 하지(夏至)가 마지막이니 寅과 巳를 주관하니, 이것이 잘못되면 호사다마라 한다. 寅만큼 가서 잘못되거나, 巳까지 가서 잘못된 것이다. 寅에서 잘못되면 학교에 가서 잘못되고 巳에서 잘못되면 장가갈 즈음에 잘못되는 것이다.

辰戌丑未는 모든 걸 갖춘 자로서 이지러지면 자질이 드러나지 않는다. 갖춘 자질이 드러나지 않으니 변화가 없다. 나무가 칼자루가 되지 않고 쇠가 칼이 되지 않고 처녀가 아내로 변하지 않는다. 재산도 변하지 않는다.

子午卯酉는 형신(形身)을 주관하는 것으로, 子는 정신을 주관하고 午는 육체인 형체를 주관하고 卯는 형체 중에서도 기질을 주관한다. 나무와 가지를 주관한다. 酉는 열매와 종자를 주관한다. 종자로 쓸 건지 먹을 열매인지를 주관한다. 그러니 형질(形質)을 주관하니 형신(形身)을 주관하는 것으로 이것이 이지러지면 쓰임을 모르는 자가 된다.

寅申巳亥의 만남은 四立, 立春 立夏 立秋 立冬이다.
子午卯酉는 二分二至, 춘분과 추분, 동지와 하지가 만난 것이다.
辰戌丑未는 한서우상(寒署雨霜)이 만난 것이다.
이렇게 대입해서 기운이 이지러졌나 아닌가를 보는 것이다.

동지에 태어났으면 하지의 기운이 섞였나 봐야 한다.
없으면 충기(冲氣)가 없는 것이다. 다툼의 氣가 없는 것이다.

巳月생이면 亥의 기운이 있나 봐야 한다.
巳月이면 巳午未 여름에 태어났다는 뜻이다.
立夏에 태어났으니 立冬이 섞였나 보는데, 亥가 있으면 冲氣가 있다.
그럼 무슨 일이 있으면 싸울 준비가 되어 있는 것이다.
寅申巳亥는 행로(行路) 간이나 마무리의 기운을 가지고 있다.

巳와 亥는 마무리의 기운이니 호사다마(好事多魔)라고 해서,
5분 후에 마칠 일을 5분 전에 망쳐 버리는 것이다.
30년을 참았는데 한 달 후에 마무리되는 걸 기다리지 못한 것이다.
이것은 운명이니 맞게 되어 있다.

天干의 기운은 생각하는 기운이니 하려고 해도 안 되는 것이다. 성인(聖人)급이 되지 않으면 天干의 기운을 부려 먹지 못하는 것이다. 그러니 사람을 동물급이나 식물급으로 보는 것이다. 그러니 운명이 잘 맞는 것이다. 모든 건 월지(月支)를 중심으로 보아야 한다. 寅申沖은 행로 간에 잘못되는 것인데, 중간쯤에 잘못되는 것이다. 寅申巳亥는 시작할 때는 말이 없는데 중간에는 반드시 말을 하니 寅申巳亥가 있는 사람과 동업하면 반드시 뒷공론을 하게 되어 있다.

戌月에 태어났는데 寅이나 卯가 있다면, 申酉戌의 戌이니 가을 끄트머리 서리가 내릴 때 태어났으니 정반대 기운인 辰이 있나 보아야 한다. 이때는 서리가 내릴 시기인데 비가 내리면 안 된다. 서리가 내리니 개구리가 들어가고 모기는 입이 삐뚤어지고 천둥은 멈추었는데 다시 辰이 오면, 가을에 꿩이 울고 천둥이 치고 개구리가 다시 나오면 안 된다. 또 未가 가면 무슨 일, 丑이 가면 무슨 일이 있는 것이다. 沖氣가 없으면 다툼이 발생하지 않지만, 沖氣가 있으면 싸울 준비가 되어 있다.

戌月생인데 未시에 태어났다면 정충(正沖)은 아니나 서리가 내릴 시기에 뜨거운 기운이 생기니 바람이 불고 독충(毒蟲)이 나온다는 뜻이다. 겨울에는 검은 것이 나와야 하는데 未月이 오면 빨간 벌레가 침입

한다. 초겨울에 모기가 오고 귀뚜라미가 울고 하는 것이다. 겨울에 모기에게 물린 것이다. 그럼 이 사람은 실제로 그런 행동을 하는 것이다. 실제 그런 일이 생기는 것이다. 비정상적인 행위를 하는 것이다. 모를 심으러 갈 때 낫을 들고 벼를 베러 가는 것이다. 십이지지(十二地支) 글자 뜻을 풀어놓은 것이니 여기에서 머물면 안 된다. 동양철학 처음에 들어가면 입문에서 알아야 할 내용들이다.

이처럼 때에 맞추어서 살지 않으면, 즉 戌月에 맞추어서 살지 않으면 未가 오는 것이다. 그럼 서리가 내려야 하는데 장마가 오는 것이다. 그럼 무슨 일이 벌어지는 것이다. 장마가 오니 꽃이 지고 열매가 열린다. 그럼 추수를 해서 집에 가져다 놓았는데 열매에 싹이 나는 것이다. 투자해서 돈을 벌어 놓았는데 돈에 또 열매가 열린 것이다. 그럼 다시 투자해서 모두 날리는 것이다. 이를 冲氣라 한다. 상충이란 말을 하지 말고 冲氣라 해라. 이런 구성 말고 다른 구성도 있다. 삼합과 방합이 만났을 때 어떤 기운이 발휘되는지도 알아야 한다. 때에 맞지 않는 행동을 하는 사람들이다. 나이가 오십이 넘었는데 처녀 노릇을 하려는 사람, 처녀가 할머니 노릇 하려는 사람 등 때에 맞지 않는 행동을 하려 한다.

- 土

戊土는 하늘의 기운이 기화(氣化)한 음양(陰陽)을 머금고
己土는 내뱉는 땅의 역할을 한다.

십간(十干) 10개도 숙지해야 한다. 天干 10개, 地支 12개, 모두 22개를 했다. 첫 번째 일이 충기(冲氣), 두 번째는 합기(合氣)를 해야 한다. 冲氣와 冲和라 한다. 冲氣에 의해서 凶이 벌어지고 冲和에 의해서 吉이 벌어진다. 똑같은 冲이지만 어떤 건 凶이 되고 어떤 건 吉이 되는 것이다.

酉月에 子의 기운이 있으면 이것도 冲氣가 있는 것이다. 酉月이란 추분이면 곡식을 거두는 시기인데, 동지의 기운이 도착했으니 동지는 濕氣가 생겨서 싹이 나기 시작해야 하는 때다. 그럼 거두어 놓은 곡식에 썩은 싹이 나는 것이다. 酉中에는 庚金과 辛金이 있고 子中에 壬水와 癸水가 있는데 庚金이 썩으면 경쟁력이 죽은 것이고 卯中의 甲木은 공부를 열심히 하는 것이고 卯中의 乙木은 경쟁을 위한 공부를 하는 것인데, 酉中에 庚金은 기술을 열심히 연마하는 것이고 酉中 辛金은 경쟁을 위한 기술을 열심히 연마하는 것인데, 酉中 辛金이 죽으면 경쟁력이 상실된다. 그럼 酉中에 庚金이 섞였나, 辛金이 섞였나 구분할 줄 알아야 한다.

冲氣 중에서 손실의 차이를 보는 방법은 암장이 무엇인가 봐야 해결점이 생긴다. 정신이 잘못되었나, 지식이 잘못되었나, 기술이 잘못되었나, 물건이 잘못되었나, 장소가 잘못되었나 봐야 한다. 연구하면 다 나온다.

子午卯酉, 寅申巳亥, 辰戌丑未 역할에 대한 설명이다. 이들이 기운이 섞여서 환경변화를 어떻게 일으켰느냐를 보는 것이다. 地支는 환경이니 변화를 일으켰으면 문제가 생기게 되어 있다.

丑月에 未月기운이 오면 기운이 섞인 것이니 검증을 받는 것이다. 가령 丑月은 정신적 행동을 통해 말과 글을 배워서 쓰려는 기운인데 未라는 매우 왕성한 기운이 와서 검열하는 것이다. 쓸 만하냐 쓸 만하지 않냐, 떡잎부터 가리러 오는 것이다. 그럼 무엇이 검열을 당하는지 찾아봐야 한다. 상충이 전혀 없으면 검증을 받으려 하지 않으니 좋은 게 아니다. 스스로 독불장군이 되거나 독단에 빠질 우려가 있는 것이다. 그러니 상충을 꼭 받도록 해야 한다. 모두 月支를 기준한다. 삼합도 반드시 외워야 한다.

月支는 구분이 되어야 하는데 삼합이 충이면 中氣의 沖이다. 子午卯酉는 항상 자기 오행을 지키고 있다. 寅申巳亥는 자기 오행이 2개다. 子午卯酉는 누구를 만나느냐에 따라 태도가 달라진다. 寅卯辰, 巳午未, 申酉戌, 亥子丑은 木火土金水란 기운인데 변할 수 있지만 子午卯酉는 변하지 않는다. 申은 金인데 申子辰은 水가 된다. 그럼 申酉戌은 金이 되고 申子辰이 되면 壬水를 말하는 것이다. 방합이 되면 계절의 기운을 沖하는 것이고 삼합이 沖을 하면 中氣를 沖하는 것이다. 酉月의 子는 壬水고 卯月의 子는 癸水이다. 寅申巳亥와 辰戌丑未는 합의 조건에 따라서 오행 조건이 달라진다. 辰은 寅卯辰이면 木이고 申子辰이면 水가 된다. 그러니 상충의 조건도 다 다르다. 무엇을 만나고 있었느냐이다.

巳中에 戊 庚 丙이고 亥中에 戊 甲 壬인데 巳午未는 庚이고 亥卯未는 木이다. 그럼 庚甲이 沖이다. 기준은 月支이다. 그럼 巳月이면 丙火를 항상 유지해야 한다. 그러나 丙火는 用이 아니라 體가 되는 것이다.

巳亥는 정신적인 문제가 아니라 丙火란 용도, 쓰임에 대한 용도를 고민해서 상충이란 잘못된 것을 고쳐야 하는데, 用이 아니라 体만 했으니 쓸모 있게 고치지는 않는 것이다. 모양만 바꿨지 근본을 바꾼 건 아니다. 寅은 戊 丙 甲인데, 巳午未 丙火와 寅午戌도 丙火니 상충을 못 하는 것이다. 그러니 巳月이면 동식물이 날개가 달리고 꽃이 피는 시기인데, 이제야 애를 키우라는 것이다. 손자를 볼 나이에 아이를 낳으란 뜻이다. 이를 번복이라 해서 다 해 놓은 다음에 다시 시작해야 할 일이 생겼다. 巳午未 合은 丙火, 寅午戌도 丙火이니 다 똑같은 午이니 보이지 않는 속에서 작전을 짜는 것이니 눈속임 작전과 같은 것이다.

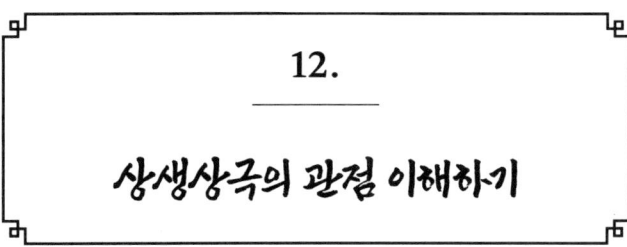

■ 상생(相生)

지식은 일정한 규칙이 있다. 누가 창조한 게 아니라 논리로 검증을 거친 걸 지식이라 한다. 명리학은 운명학이라 한다. 사람의 장단점을 고려해서 살리고자 하는 학문이니 현명해져야 한다. 지식만 가지고 되는 게 아니라 현명해져야 한다. 그 현명이란 게 무슨 뜻인지 알아야 상담을 한다. 그리고 명리학은 지식으로 모르면, 모르는 것이다.

■ 天干 10개와 地支 12개의 상생

생각을 시작으로 여기지 않고 행동을 시작으로 여긴다면 寅부터 시작하는 것이다. 体로 나타나는 것은 寅부터이기 때문이다.

먼저 상생과 상극에 대한 개념정리를 해야 한다.
상생은 시간에 맞추어서 순서대로 움직이는 것이다.

때에 맞추어서 시간에 맞추어서 활동한다.

상극은 상생 상태에 따라 경쟁을 통하여 상승하는 것이다.

모든 생명체는 시간에 맞추어서 성장한다.

하나의 생명체가 상극까지 한다면 다른 생명체를 잡아먹으니 더 큰다. (어리숙한 사람은 상극을 하지 못한다. 그럼 멈춤과 하락을 자초한다.)

상극을 하지 않으면 경쟁자가 잡아먹게 된다. 상극은 잡아먹는 것이다.

그러니 앞선 생각과 앞선 행동을 하지 않으면 몇 초 후에 잡아먹히는데 이를 14초라 한다. 뜨거운 차(茶) 한 모금 먹는 시간에 결정될 수 있다.

그리고 상승과 멈춤을 구분해야 한다. 이를 상생으로 구분하는 것이다. 시간에 맞춰 준비했느냐다. 그러므로 상생에는 시간에 맞는 준비가 들어가 있고 상극에는 준비한 것을 활용하는 경쟁이 담겨 있다. 상생을 하지 않으면, 상극은 때에 따라오니 멈추게 된다. 그러므로 상생은 시간을 말하지만, 상극은 포인트가 정해졌다. 1초, 1각으로 정해져 있다. 대개 올림픽이나 대회에 나가면 3분이라 한다. 그러나 실제 승패는 1초도 안 걸리는 것이다. 그러니 상승의 시각이란 포인트가 딱 정해져 있는데, 이걸 놓치면 오랜 세월 동안 상승하지 못하고 실패에 대한 복구를 해야 한다.

天干 10개, 地支 12개가 얼마나 많은 변화를 일으켰으면 공부하다가 지쳐서 대다수가 포기한다. 어떤 것은 상생하고 어떤 것은 상생을 하지 않고, 만약 상생을 하지 않고 상극을 하면 무슨 일이 벌어지고 상생하고 상극을 하면 生化尅制라 한다. 복잡하게 생각하지 않는다면 매우 쉬운 과정이다.

天干과 地支에서 60개의 시간이 나왔다. 육십진법을 10년씩 나누어서 할 수도 있고 1년씩 나누어서 할 수도 있다. 한 시간씩도 할 수 있고 分으로도 할 수 있다. 이 육십진법의 묘미를 알아야 한다. 이는 天地를 담은 뜻이라 매우 복잡하다.

① 春은 水生木, 夏는 木生火, 秋는 火生土生金, 冬은 金生水
이것을 干支로 표시하면 春은 동지부터 춘분까지,
여름은 춘분부터 하지까지 二分二至로 나눈다.
癸甲의 상생을 水生木이라 한다. 이에 대한 뜻은 자기 능력개발이다.
자기 능력을 만들어 가다. 배우다.

木生火는 乙丙 상생이다. 통변은 개발된 능력을 활용하다.
하지부터 추분까지는 丁火 己土 庚金, 火生土生金이니 丁火 庚金이다. 이는 배우고 활용한 경력을 더 단단하게 만들다. 성숙하게 만들다. 40대 중반이 지나면, 지난 시절의 경험을 더 큰 능력으로 만들어야 한다. 그런데 사람에 따라 능력을 만드는지 아닌지는 모른다. 사주에 따라 각기 다르기 때문이다. 버릴 것은 버리고 활용할 것은 활용하는 실용적인 방법이 들었다.

추분부터 동지까지는 金生水 辛壬이다. 이 金生水는 배우고 활용하고 더 크게 완성된 결과물이다. 그럼 전해야 한다. 내가 쓰거나, 쓰고도 남은 그 능력을 후세에 전하려면 甲木이 있어야 지식으로 받는다.

② 그럼 쓰고도 남는 辛壬을 유산으로 이어받아야 하니 辛癸 金生水

가 된다. 그러니 水生木에 金生水 水生木이 붙었다. 이는 처음부터 시작하는 것이 아니라, 이어받은 것이니 유전되다. 우성인자가 되다. 辛癸는 승계해서 받았으니 남들보다 뛰어나다. 기본원칙은 水生木인데 水生木하는 水를 生해서 金生水이다. 木을 낳게 하는 것이 기준이다. 金生水 水生木이 기준이다.

癸甲으로 배우고 乙丙으로 활용했다. 丁己庚은 배우고 활용한 것을 더욱 단단하게 한다. 그럼 그 배우고 단단하게 한 걸 가져와야 하니 乙丁이 되어야 한다. 木生火, 乙丁庚 引火가 된다. 乙木이 없으면 배우고 활용한 시간만 간 것이지 경력이 없는 것이다. 그러니 배우고 익힌 가치를 적극적으로 갈무리해야 한다.

辛癸 水源 金生水는 타고날 때 자체부터 완성품으로 타고난 것이다. 부모님의 계승자가 되는 것이니 水源이라 한다. 辛癸의 水源에는, 지난 시절 夏節과 秋節과 冬節의 완성된 것을 끌어다가 넣었다는 것이다. 이 자는 후천적으로 노력하면 남보다 우월한 사람이 되지만, 올라가서 출발했으니, 노력하지 않으면 밑으로 떨어질 일밖에 없는 것이다.

선천적으로 잘 타고난 辛癸, 후천적으로 성사시킬 引火라고 한다.

木生火 引火는 자기가 스스로 자기 가치를 높이는 것이다. 引火는 春夏節인 과거에 경험한 걸 끌어왔으니, 후천적으로 성사시킬 게 강하다는 뜻이다. 引丁, 지난 시절에 배우고 활용한 걸 가져와서 引火하니 자기 가치가 극대화된다는 뜻이다.

■ 춘분부터 하지까지

　춘분부터는 과거를 보고 사는 게 아니라 미래를 보고 사는 것이다. 내가 나중에 무슨 가치를 크게 내기 위함이다. 내가 10년 후에 큰 가치를 내어야겠다고 미래에 목표(辛壬)를 두고 끌어당겨서 이곳에 넣는다. 그래서 庚金으로 金生水를 하는 것이다. 水源을 용어로 交易이라 한다. 미래 준비를 춘분부터 하는 것이다. 春節 金生水 辛癸는 과거에서 온 것이고 庚癸 金生水는 미래에서 왔다. 그러니 최고의 장점은 미래를 미리미리 준비한다는 것이고 최고의 단점은 미래 준비를 안 했다는 것이다. 최고의 장점은 辛癸의 과거를 이어받아서 더 크게 하는 것이고 최고의 단점은 좋게 태어나서, 노력을 안 하고 힘들게 사는 것이다.

　상생의 두 번째 코스인 木生火는 배우고 활용한 것을 갈무리해서 나이 45세에 자신의 가치를 더 크게 만든다는 것이다.

　辛壬은 다 완성시켰으니 甲木에게 전해 주어야 한다.
　전해 주어야 하니 甲丁이 된다. 그러니 甲木도 교역을 하는 것이다.

　辛癸의 金生水는 과거, 지난 시절에서 온 것이다.
　夏節 庚癸 金生水는 미래의 목적의식으로 가는 것이다.
　冬節 甲丁의 引火는 미래의 전달 욕구에서 온 것이다.
　인간의 거룩한 정신 중에 과거를 이으려는 것과
　미래에 더 나은 삶을 살려고 하는 상생 두 가지다.
　그러니 이들은 오래가는 것이다.

金生水 辛癸는 오랫동안 전해져 온 것이고 庚癸 水源은 오랫동안 전해져 갈 것이니 원원유장(源遠流長), 오랫동안 자기를 만들어 간다. 대개 40년에서 50년 정도 자기 자신을 만드는 준비 기간을 가지고 나서 그 이후에 자기를 쓴다. 한 번도 활용하지 않으면서 준비에만 50년이 걸린다. 중간에 한 번이라도 활용하면 탁기(濁氣)가 쌓여서 포기하게 된다.

甲丁의 장점은 전할 사람이 있다는 것이다.
내가 이룬 능력을 받을 사람이 있다는 것이다.
甲丁의 단점은 전할 사람이 없다는 것이다.
甲丁은 미래가 없는 것이고 甲丁은 미래가 있는 것이다.
그러니 길흉은 항상 그 자리에 같이 존재하는 것이다.

된장찌개가 몸에 좋다고 일 년 내내 먹는다면 영양의 불균형이 온다. 그러니 좋은 것만 계속할 것이 아니라 좋은 거나 편한 건 물리치고 힘들고 험한 걸 자꾸 받아들이는 정신이, 발전하는 정신이다. 적응하고 또 어려운 걸 받아들이고 어려움이 지속되는 사주는 성공을 할 수 있다. "힘들어서 난 못 하겠어" 하는 사람은 어려움을 한 번도 겪어 보지 않은 사람이다.

春節: 水生木+金生水(水源 辛癸)
夏節: 水生木 木生火+金生水(水源 庚癸)
秋節: 火生土 土生金+木生火(引火 乙丁)
冬節: 金生水+木生火(引火 甲丁)

金生水는 春節 辛癸, 夏節 庚癸, 秋節 庚壬, 冬節 辛壬이 있으니 모두 4개가 있다. 木生火도 春節 甲丙, 夏節 乙丙, 秋節 乙丁, 冬節 甲丁, 4개가 있다.

① 세월이 흘러가는 시간의 변화에 따라서 세상 환경은 변한다. 환경의 변화에 따라서 우리는 그것으로 먹고산다. 시간의 변화를 안다는 것은 환경의 변화를 안다는 것이고 환경의 변화를 안다는 것은 환경변화에 따른 환경을, 내가 사용한다는 뜻이다. 그럼 그 시간의 변화를 알아차리는 데 春節의 시간 변화를 주관하는 것이 癸水다. 그럼 내가 이것을 알아차려야 한다. 癸水가 木이란 물건을 만드는 과정을 내가 알아차리면 그것을 활용할 수 있는 것이다.

변화를 알아차리려면 己土가 있어야 한다. 알아차리지 못하면 세상이 그렇다는 것이지, 자기는 모르니 변화와는 관계가 없다. 이를 土剋水라 한다. 田+水가 담겨 있다. 畜, 盒, 담았다. 알아차렸다는 의미다. 한자로 말하면 머금다 含, 토하다. 吐, 이렇게 木을 내는 것이다. 癸己甲은 땅이 물을 먹고 나무를 뱉었다. 땅이 물을 머금고 木을 생산한다. 그걸 알아차리는 것인데, 土가 없으면 그냥 그렇게 시간이 간 것이다. 네가 알고 있는 것 중에 네가 모르는 것이 더 많다. 부인에게 '네가 알고 있는 네 남편에 대해서, 네가 알고 싶은 것만 알았지 너는 네 남편을 모른다' 법관에게 '네가 알고 있는 법 중에 네가 모르는 법 조항이 더 많다' 그런 것이다.

土만 있다고 되는 것이 아니다. 水가 너무 많으면 다 흘려보낸 것이다. 또 水가 있다고 해도 土가 너무 많으면 水를 가두어 버렸다. 그럼 또 안 되니 이런 작용과 반작용이 계속 나온다. 春節의 주관자는 땅이 된다.

夏節의 주관자는 하늘에서 빛이 막 내려오는 것이다. 나무는 뿌리가 머리에 해당한다. 그러니 머리가 땅속에 있고 다리가 땅 위에 있다. 그럼 태양은 위로 올라오는 것이다. 사람에게는 물이 올라오는 것이고 태양은 위에서 내려오는 것이다. 夏節은 태양 빛이 내려온다. 인간을 기준으로 한 것이다. 乙木을 키우니 가을까지 살게 하려고 하니 金生水를 하는 것이다. 그럼 태양 빛이 내려온 이유를 알아차려야 한다. 태양이 내려온 이유는 활용을 통해 큰 결과를 주려는 것이다. 그러려면 戊土가 있어야 한다. 그럼 이것을 아는 것이다.

己癸는 내 능력이 무엇인지 알아차리는 것이고
戊丙은 활용할 곳이 어딘지 알아차리는 것이다.
戊丙의 최고의 장점은 내 능력이 활용될 곳을 알아차리는 것이고
최고의 단점은 내 능력을 활용하지 못할 곳만 알아차리는 것이다.

己癸의 최고 장점은 나에게 맞는 능력을 개발하는 것이고
최고의 단점은 나에게 전혀 맞지 않는 능력을 개발하는 것이다.
戊丙의 최고의 단점은 능력을 활용하지 못할 곳만 찾는 것이고
최고의 장점은 능력이 활용되는 곳만 찾는 것이다.

통변은 99%의 사람들에게는 부정적인 통변이 잘 맞는다고 할 것이

다. 1%의 사람들에게는 긍정적인 통변을 해 주어야 맞는다고 한다.

己癸에게 통변은 '자기가 선호하는 능력을 개발하지 못했네요' 하면 99% 다 맞는다고 한다. 사람들은 대부분 부정적인 생각을 하기 때문이다. 붕어처럼 의식이 없으면 저수지에 사는 것이 당연한 건데, 사람의 정신을 지녔으면 저수지의 고마움을 모르고 나는 왜 바다에 못 사느냐, 나는 왜 1급수에 안 사느냐는 것이다. 이런 부정적인 생각을 지녔기 때문에 모든 것이 그러한 것이다. 명리학을 공부해서 부정적으로 말하면 백발백중이다.

하지를 지나서 땅이 뜨거우니 이때 주관자는 丁火의 뜨거운 熱이다. 땅에서 熱이 올라오는 것이다. 熱이 올라가니 지구에 있는 건 두 가지 종류밖에 없다. 땅에서 나오는 건 나무와 쇠밖에 없다. 나무에서 열매가 열리니 음식이 되고 돌을 불로 지지니 쇠가 되었다. 살아 있는 생명체는 나무라 한다. 살아 있는 생명체는 모두 木이고 금강석, 다이아몬드, 석회, 게르마늄 등, 쇠의 종류도 모두 다르다. 그럼 땅에서 나오는 산물을 알아차려야 한다.

秋節은 물건이나 과학 기술에 대해서 알아야 한다.
春夏節은 정신과 지식에 대해서 알아야 한다.
秋冬節은 체력적 건강이나 상품에 대해서 알아야 한다.
秋節은 丁火이니 己土가 있어야 알아차린다.
그리고 冬節은 壬水이니 戊土가 있어야 알아차린다.
하늘과 땅에 온통 찬바람이 불어오니 죽을 날이 멀지 않았다.

그럼 죽기 전에 내 능력을 전하고 죽어야 한다.
전달받을 자는 누군가? 내 능력은 어느 정도 되는가?
나는 어떻게 살아왔는가? 앞으로 어떻게 전해야 할까? 알아야 한다.
사람들에게 어떻게 말해야 하나? 고객에게 어떻게 말해야 하나?
이런 것을 알아차려야 하니, 그것이 戊土가 하는 일이다.
그래서 己戊 己戊가 알아차려야 한다.
알아차리지 못하면 시간이 그렇게 가는 것이지, 내 것이 되지 않는다.

② 상생을 하면 남들보다 우월해야 한다. 그럼 열심히 일하지 않고도 살아갈 수도 있다. 고래와 새우가 사는 방법이 다르듯이 누구나 다 자기 신분과 자기 위치에 맞게 자기 역할을 해야 한다. 정복자가 되고 높은 사람, 많이 가진 사람, 적게 가진 사람, 먹히는 사람과 먹는 사람이 각기 다르니 자기 신분을 가져야 한다. 그러니 먹이사슬 중에 최고가 되어야 한다. 그러려면 특수 훈련을 받아야 한다. 지독한 고생을 통해 훈련받아서 특별한 사람이 되어야 한다. 깨친 사람이 되어야 한다. 깨어 있어야 한다.

그럼 丙火가 있어야 깨칠 수 있다. 이때 상극으로 깨쳐야 하니 火剋金을 해야 한다. 丙火가 春節에 辛金을 剋해야 한다. 丙辛합이란 말을 하면 안 된다. 火剋金을 하는 것이다. 辛癸의 물려받은 유전인자를 각성시키는 것이다. 배워서 하기보다는 몇천 년 동안 내려온 이치가 머리에 있다. 그것을 가져다 쓰라는 것이다. 유전으로 물려받은 머리를 각성시켜서 배운다고 하면 반드시 火剋金이 연결된 곳에서 공부하게 된다. 과거는 미래와 연결이 되어 있는 것이다. 그럼 丙辛 火剋金은 정신과 지식이 각성(覺醒)되어, 최고의 권위 있는 지식의 선구자가 되는 것이다. 이를 단련(鍛鍊)이라 한다. 심신을 단련해서 지식인이 되는 것이다.

夏節의 火剋金인 丙庚을 하면, 배우고 활용하는 것이 당장 쓰려고 하는 게 아니라 미래에 큰 인물이 되기 위함이다. 그래서 사회의 운영자나 지도자가 되는 것이고 조직 체제를 운영하는 사람이 되는 것이다. 이를 단련(鍛鍊)이라 한다. 사회를 운영하는 지도자. 정치, 행정고시 합격자 등을 뜻한다.

秋節은 丁火가 天干에서 庚金을 火剋金하니 이는 제련(製鍊)이라 한다. 배우고 활용한 것을 업그레이드해서 크게 성숙시킨다는 뜻이다. 春節은 인간의 심신을 단련하는 것이고 秋節은 물질을 개발하는 것인데, 가치 있게 개발하는 것이다. 그러니 가치가 서로 다른 것이다. 수없이 제련하고 수없이 반복한다. 거기에 乙木이 있으면 辛癸로 배우고 庚癸로 활용도 해 보니 乙丁으로 더 나은 걸 해 보겠다는 것까지 들어 있는 것이다.

冬節 丁辛도 제련이다. 辛壬은 완성품인데 완성품을 더 깎고 단련하니 아예 지적 재산권이란 브랜드가 나온 것이다. 영구적, 반영구적 가치를 만들어내다. 특허나 브랜드 가치인 것이다. 우리나라에서 영구적인 사람은 세종대왕, 이순신 장군 등이고 영구적 브랜드는 아직 우리나라에서는 없다. 丁辛은 최고의 가치들인데, 秋節은 물질문명의 상승효과이고 春夏節은 사람에 대한 가치의 상승효과이다.

③ 사람이란 끝없이 계속 발전할 것 같지만 안 되는 것이다. 반성도 할 줄 알고 참회도 할 줄 알고 잘못된 것을 고칠 줄도 알아야 한다. 그런데 잘못된 것이 생기면 대개 남의 탓을 한다. '내가 이렇게 30년이나 열심히 일했다'라고 하나 순전히 거짓말이다. 30년 동안 딴짓을 했으니 잘못되었거나, 열심히 하지 않아서 잘못된 것이다. 균형이 맞는 성실 근면이 있어야 하는데, 무조건적인 성실 근면은 잘못된 것이다. 이런 잘못된 부분을 보정작업을 해야 한다. 잘못된 것을 고쳐 나가야 한다. 癸水가 木을 만들었는데 잘못되었을 수가 있다. 글이 잘못된 것을 고치는 것은 편집이라 하고 말이 잘못된 걸 고치는 것을 언사 교정이라고 해야 한다. 생각이 잘못된 것을 고치는 것을 교정, 교화, 교육이라 한다.

④ 木이 잘못되었을 때 고치는 것이다.
春節은 庚甲
夏節은 辛乙
秋節은 庚乙
冬節은 辛甲
庚金이 甲木을 상극하는 것을 만나면, 잘못된 것을 고치는 것이다.
여기까지가 상생과 상극을 모두 다 표현한 것이다.

1) 상생

때에 맞는 준비, 생성(生成)이라 한다.
水가 木을 냈고 火가 木을 냈다.
火가 金을 내고 水가 金을 낸 것을 生成이라 한다.

2) 수원과 인화

자기 능력이 오랫동안 가고자 한다. 出産이라 한다.

태어났으면 무언가 내놓아야 한다. 모두 상생으로 구성되었다.

3) 중화

알아차리고 행하다. 알아차리다 → 中

行하다 → 和, 인식체계

남보다 인식을 잘했으니 경영이나 운영을 할 수 있다.

책임자나 운영자가 될 수 있는 것이다.

1)의 생성이 안 되는데 2)번의 수원을 하거나,

생성과 수원도 안 되는데, 3)의 중화를 하거나 하면 안 된다.

4) 火剋金과 5) 金剋木은 동일하다.

火剋金은 제련과 단련이다.

련(煉)은 불로 지진다는 뜻이다. 훈련, 연습, 제련, 단련이다.

丙火는 물건이 아니라 인격적으로 하니 사람을 만드는 것이고

丁火는 물건을 만드는 것이다. 건강, 체조, 몸은 물건으로 본다.

보정(補正)작용을 하는 상보(相補)작용을 벽갑(劈甲)이라 한다. 잘못된 것을 더 나은 작용으로 고치는 것이다. 병이 걸렸으면 고쳐서 낫게 하니 치유작용, A/S 등을 말한다.

辛金이 乙木 運이 왔다면, 辛金이 乙木을 剋하는 것은 무엇이고
庚金이 乙木을 剋하는 것은 무엇인가?

둘 다 잘못된 것을 고치는 것인데, 辛金이 乙木을 剋하는 것은 미래계획이니 미래계획이 잘못된 것을 고치는 것이다.

시간이 夏節이니 미래계획이다. 이런 시간개념을 가져야 한다.

庚金이 乙木을 상극하는 것은, 그동안 과거에 배우고(癸甲), 활용해 보니(乙丙), 그동안 몇십 년을 살아 보니 과거 수습을 잘해야 한다. 庚金이 있으니 미래의 계획을 새롭게 짜서, 과거를 수습해 오라는 것이다. 명리학의 상생상극을 시간표에 따라서, 과정에 따라서 모두 한 것이다. 이걸 터득하고 공부해서 이 법칙을 모두 외워야 한다. 생성(生成)과 출산(出産)은 같이 가는 것이고 中和는 따로 떨어져 있다. 그리고 훈련과 상보(相補)작업으로 나누는 것이다.

乙木이 왔는데 天干에 丙火가 기다리고 있으면, 출산이 아니라 생성(生成)이다. 그럼 뭔가 활용을 해야 한다. 이는 배우는 것이 아니라 쓰려는 것이고 미래의 가치를 더 만들어야 하니 庚金이 있어야 한다. 庚金이 있으면 미래가치가 있는 것이고 庚金이 없으면 그냥 실력을 크게 하려 하지 말고 때가 되면 다른 것으로 바꾸라고 해야 한다. 출산을 할 수 없으니 출산도 할 수 없는 것을 계속하면 안 된다.

地支 개념은 시간만 들어가 있다. 동지부터 춘분까지인데, 癸水의 水生木은 뭐가 쓰이고 辛金의 金生水는 무엇이 쓰이는지 알아야 한다. 辛金의 金生水는 丑中 辛金도 있고 酉中辛金도 있고 戌中辛金도 있지만, 丑中 辛金만 쓰이는 것이다. 그럼 酉中 辛金이나, 戌中 辛金은 辛壬 金生水로 쓰는 것이다. 그러니 丑中 辛金이 없는 酉中 辛金이나 戌中辛金은 水源이 아니라 찬바람이니, 나무를 따뜻한 곳에 심은 게 아니라 얼음 위에 심은 격이다.

夏節의 庚金 金生水는 巳中 庚金, 申中 庚金, 酉中 庚金이 있는데, 巳中 庚金만 쓰는 것이다. 申中 金生水는 가을에 壬水를 金生水하는 것이다.

상생은 生成이다. 착실하게 준비한다. 出産은 준비한 것이 오랫동안 가야 하니 내놔야 한다. 내가 먹고 내가 싼다. 辛癸 水源이 없으면 변비 환자가 된다. 출산이 안 되면 요로 계통이 고장이 난다. 水生木인 癸甲이 없으면, 머릿속으로 지식이 들어가지를 않는다. 中和가 안 되면 자기 맘대로 해석하고 세상을 바로 보지를 않는다.
天干 10개, 地支 12개, 상생상극을 외우는 것이다.
水生木, 木生火, 火生土生金, 金生水
癸甲, 乙丙, 丁己庚, 辛壬

春夏節의 水와 秋冬節의 水는 글자가 다르다. 癸水, 壬水
春夏節의 木과 秋冬節의 木은 하는 일이 다르다. 發生, 引火
春夏節의 火와 秋冬節의 火는 글자가 다르다. 丙火, 丁火

■ **추분부터 동지까지**

1) 가을 추(秋) 자이니 벼가 익었다는 뜻이다. 나누어졌다.
　추분부터는 가을이 나누어져서, 겨울로 간다는 뜻이다.
　추분 동지에서 겨울로 들어간다고 해서, 立冬부터 시작해서 冬至이다.
　겨울이 땅에 앉았다고 해서 동지(冬至)라 한다.

2) 상생을 구분해야 한다.

秋分부터 立冬까지는 辛金을 먼저 쓰고
立冬부터 冬至까지는 壬水를 먼저 쓰는 것이다.
立冬부터 冬至까지는 壬水를 기준으로 金生水하는 것이다.
秋分은 地支로 酉戌, 亥子까지 모두 90일인데, 가운데 立冬이 있으니, 秋分에서 立冬까지 45일이고 立冬에서 冬至인 亥子가 45일이다.
酉戌은 기운이 辛金이라 한다.

辛壬상생은 그동안에 배우고 활용하고 가치를 높여서 완성된 것을 시장이나 미래에 전한다는 의미. 亥子의 목적은 전하기 위해서, 거두어들인다는 것이고 酉戌月의 목적은 거두어들이고 나서, 전한다. 나중에 15일씩 나누고 5일씩 또 나누는 것이다.

어디서 태어났는지가 그 사람의 성품이 되는데 72개로 나누는데 土를 빼면 64개가 나온다. 이를 64괘(卦)라 한다.

3) 상생을 했으면 出産을 해야 한다.

이를 水源과 引火라 한다.
원원유장(源遠流長)인데 오랫동안 이어지고 유지한다는 뜻이다.
亥月에 出産을 하려면 먼저 辛壬 金生水를 해야 한다.
그리고 甲木을 붙여서 甲丁 引火를 해야 한다.
그럼 능력을 더 크게 만들어서 출산하는 것이고
丁火가 없어서, 壬甲으로 水生木을 하면 능력을 만들지 않았기 때문에, 남기지 못하고 나중에 자식이나 나라에 자기 몸을 의탁하게 된다.

진정으로 사람들에게 도움이 되는 걸 주거나 전달하는 사람도 있지만, 사실은 도움이 되지 않는데, 현혹한 후에 도움이 되었다고 착각하는 사람이 있다. 己土 壬水는 현혹된 경영으로 출산을 하는 것이다. 戊土 壬水는 바르게 出産한 것이다. 가령 상품을 잘 만든다면 품질이고 상품이 잘 팔린다면 흥행이다. 영화가 품질이 좋아야 하나, 흥행이 잘 되어야 하나? 흥행이 중요하니 己壬이 더 중요할 수도 있다.

이때 壬甲으로 하지 않고 壬乙로 하면, 또 甲丁을 하지 않고 甲丙을 하면 등의 변수도 알아야 한다.

甲丁은 미래의 브랜드가치, 지적 재산권을 만들기 위해서 지금 그 가치를 실천한다는 뜻이다.

4) 中和를 해야 한다.

그럼 미래에 내가 남길 능력은 무엇이고 미래에 내 능력을 받을 사람은 누구이고 지금 만들 건 무엇인지 알아차려야 한다. 무언가 열심히 연구했는데 그것이 쓰임이 없으면 필요가 없는 것이다. 그러니 그 환경에 맞게 그 시간에 맞게 조율해야 한다. 그러니 中和를 해야 하니 戊土가 가서 壬水를 中和를 하는 것이다.

5) 제련(製鍊)과 단련(鍛鍊)

품질도 다르고 하는 짓도 다르다. 메이커도 다르고 사람도 품질이 다른 것을 고객이 요구하는 최고의 품질로 만드는 과정을 제련(製鍊)과 단련(鍛鍊)이라 한다. 훈련과 제련으로 한다. 火剋金을 해야 한다. 亥月

이니 丁火가 辛金을 상극하면 최고의 품질이 된다. 고객에게 잘 맞추는 것이다. 이때는 품질우선 주의적 사고가 아니라, 고객 우선주의가 되는 것이다.

6) 벽갑(劈甲)

나무를 쪼개면 쪼갤수록 나무가 더 잘 타니 분별력이 더 좋은 것이다. 구별을 뚜렷하게 하는 것을 말한다. 정확한 판단력, 하나의 사건을 쪼개고 쪼개는 판단력, 하나의 물건을 쪼개고 쪼개는 분석력, 세밀한 분석력이 바로 벽갑이다. 辛金이 甲木을 쪼개는 것이다. 면도칼로 자세하게 쪼개야 한다. 예민한 조각상은 면도칼로 쪼개고 쪼개야 한다. 나무는 모두 도끼로 쪼개는 것으로 생각하면 안 된다.

亥月이면 壬水가 있는 것이고 辛金이 있으면 상생이 되는 것이니 꾸준한 연습을 하는 사람이다. 출산은 더 낫게, 오래가는 작용을 하는 것이다. 引火, 甲丁이 있으면 오래가는 능력을 만들 수 있다. 辛壬과 甲丁만 있어도 중류층으로 살 수는 있다. 다섯 가지 중에 2개만 있어도 중류사회로 진입해서 잘살 수 있다.

그런데 甲木이 없어도 亥卯未 삼합국을 가졌으면 甲木보다 더 큰 능력을 가질 수 있다. 甲木은 타고나는 것이지만, 삼합 局은 온갖 경험을 통해서 더 나은 사람이 될 수가 있으니 모진 고통을 겪으며 살아야 한다.

亥月인데 天干에 癸水가 있으면 이 사람의 인생이 속을 썩이기 시작한다. 자꾸만 무슨 생각을 하는 것이다. 논에 있는 나무를 잘라서 돈을 벌고 일을 할 게 아니라, 논에다 생각을 넣고 싶다고 한다. 癸水의 고향은 冬至를 지나서이니, 눈 오는 날 눈이 자꾸 비로 보이는 것이다. 그래서 불에 넣을 나무를, 辛金으로 깎았던 나무를 논에다가 심는 것이다. 그랬더니 癸甲으로 뿌리가 나는 것이다. 동경의 대상이 있는데, 亥月에 태어났으니 亥子丑 寅卯辰을 살고 나면 50이 되는데 이때 고목생춘(古木生春)이 된다. 죽은 나무에 꽃이 피는 것이 이 사람의 인생이다.

乙木이 運에서 왔으면, 乙丙과 乙丁도 있고 乙辛도 있다. 그럼 乙丙은 무엇이고 乙丁은 무엇이고 乙辛은 무슨 뜻인지 알아야 한다. 거기에 맞추어 무슨 일이 있다고 이야기를 하면 된다. 乙丙과 乙丁은 배우고 활용한 능력을, 갈무리해서 더 큰 능력을 만든다. 지나간 것을 정리하는 것이다. 그리고 乙辛은 무성한 가지를 절지(折枝)해야 하니 가지치기를 통해 내가 능력을 활용하는데 아무거나 활용하는 게 아니라 돈이 되고 쓸 만한 유효적절하고 실용적인 능력을 활용하는 것이다.

죽은 나무를 살린다는 뜻은, 활용한다는 뜻이다.
① 먹다: 음식, 식재료, ② 쓰다: 출판, 종이, 책상, ③ 입다: 의류,
乙辛: 부조화한 활용 가치를 구조 조정하다.
乙丁: 부가가치가 나오는 것을 재생산하다. 재연구하다.
乙丙: 丙火가 庚金을 火剋金하면 가치가 더 크게 나타나기 시작한다.
이렇게 세 가지를 통변하면 되는 것이다.

음양오행이 우리 인간들의 실생활에 미치는 역할이 무엇인지 학문적으로 알고 싶으면 生成을 공부하고 이 사람의 이상세계는 무엇이고 꿈

꾸는 것이 무엇인지, 무엇을 남기고 살고 싶은가가 있다. 그럼 秋冬節을 알아야 한다. 명리학을 직업으로 활용을 하려면 生成과 出産, 둘을 다 알아야 한다. 모든 것은 순서대로 이야기해야 한다.

■ 土: 중화(中化 또는 中和)

사주에 중화적인 土가 없으면 인식체계가 없는 것이니, 戊壬은 없고 己丁만 있으면 능력은 있으나 돈은 잘 못 번다. 辛壬으로 돈을 잘 벌고 甲丁으로 잘 만드나, 戊土가 없으면 인식을 하지 못하니 잘 못 버는 것이다. 辛壬으로 팔리는 것과 실제 현실은 다를 수 있는 것이다. 甲丁으로 잘 만들었다고 반드시 잘 팔리는 것은 아니다. 이것이 세상의 조화다. 생각 없이 보는 것이 진짜가 될 수도 있고 가상이 현실이 될 수도 있는 것이다. 공상과학 영화에서나 보았던 로봇이 인간들의 삶 속에 들어와서 현실이 되었듯, 상상의 세계가 현실의 세계를 만들어 내기도 하지만, 현실에서 바라는 이상들이 환상으로 끝나 버릴 수도 있는 것이다. 戊土가 있어야 바라는 것들이 현실이 될 수 있는 것이다.

사주 원국에 없는 土가 運에 와서 알아차림은, 내가 알아차림이 아니라, 남들이 나의 불법행위를 알아차리는 것이다. 그럼 불법이나 법을 어기는 사람은 드러나는 것이다. 辛壬은 완성품이나, 庚壬은 미완성품이니 잘못된 것을 먹였을 것이다. 허가가 있으면 사고가 아니나, 무허가는 불법이니 사고가 되는 것이다. 패인(佩印)이 되면 등록이 되는 것인데, 佩印이 안 되었으면, 나라에 등록이 안 되었으니 법을 어긴 것이 된다. 오행은 능력을 만드는 과정이고 六神은 생활 방법을 보는 것이다.

혼(魂)이라는 정신세계는, 어떤 정신세계를 갖추고 있고 무의식세계에서 출발한 나의 정신은 무엇이고 그것에서 행동은 어떻게 하는지 보는 건 六神으로 본다. 魂에서 인지해서 나온 건 실수가 없는데, 자기의 정신세계 속에서 무의식을 배제하고 자기가 알고 있는 세계로만 세상을 보면 실수를 하게 되어 있다. 목소리도 배에서 내면 힘들지 않듯이, 무의식으로 보면 생활이 힘들지 않지만, 눈으로 보이는 세계로만 세상을 사니, 목소리를 목에서 짜내는 것과 같은 이치다. 정신이 웽웽거린다.

그래서 졸리는 듯하고 쫓기는 듯하고 취한 듯하더라, 合이 들면 의심을 하고 沖이 들면 발악을 하고 그런다. 혼(魂)이 있나 없나? 영혼관이 어떠냐? 사물관이 어떠냐에 따라 달라지는 관점이 格局과 用神 그리고 六神에서 파악하게 된다. 세상을 살아가는 관점을 어떻게 파악했느냐다. 오행은 '너의 능력이 어떤데'인데, 이 능력을 사람에게 쓰는 것이다.

사주를 임상하려면 반드시 시간을 알아야 한다. 시간을 재고 나서 위에서 말한 다섯 가지로 검열해야 한다. 2)과 3)번은 검열하고 4)~6)은 초보자가 할 수가 없다. 쉬운 일이 아니다.

春夏節이 아닌 秋冬節에는 癸甲을 할 수 없는데, 나이가 들면서 亥子丑을 지나고 30대쯤에서 春節이 오게 되니, 어릴 때는 이 사람이 상상도 안 해 본 직업을 갖게 되는데, 나이가 들어서 생각하게 되니 직업의 변천을 하게 된다. 壬水가 들어갈 자리에 癸水가 들어가면 忌神이라 한다. 생각하고 또 생각하니 죽은 나무를 땅에다 심으면 살 게 분명하다고 믿는다. 天干에 있으면 연구가가 되고 地支에 있으면 요리가가 된다. 세상에서 가장 발달되고 발달된 것이 丁火의 조제법이다.

  1) 음양오행을 알아차리는 것은 시간만 알면 된다. 물이 겨울 물이면 고체이다. 바람이 겨울바람은 혹한이다. 이런 게 언제냐에 따라서 달라진다. 木도 겨울 木은 땅속에 있다. 여름 木은 땅 위에 있다. 봄은 땅속에서 하늘로 올라가는 중, 가을은 땅 위에서 땅속으로 들어가는 중, 겨울 木은 땅속이라니 정말 땅속에 있는 것이 아니라 열매껍질 속에 있으니 그것이 땅이다. 겨울의 木은 뇌에 들어가 있으니 생각에 들어 있는 것이다. 이런 생각을 해야 한다. 그러니 일찍 자고 일찍 일어나야 한다. 자는 것이 생각이다. 자기도 모르는 사이에 생각하는 것이니 좋은 생각을 할 수 있도록 좋은 마음을 먹고 자야 한다. 그러니 땅속에서 모든 것을 만들어 내고 계획을 다 짜고 아침에 실천하러 나오는 것이다. 그런데 卯時나 辰時에 일어나면 실천이 다 끝나고 활용할 때니 이때는 아무 소용이 없다. 그러니 꼭 아침에 일어나야 한다. 子時에 자고 寅時에는 일어나야 한다.

  무의식의 세계를 고요하게 놔두지 않으면, 잠을 아무리 자도 피곤하다. 무의식을 고요하게 잘 조종해 놓으면 10분만 자도 피곤한 몸과 정신을 다 조정해 준다.

  亥月은 壬水가 當令이고 甲木이 司令인데
  當令은 10년짜리 運이고 司令은 5년짜리 運이다.

當令이 天干에 뜨면 10년짜리 계획을 하는 것이다.
나는 10년 동안 어떻게 살아야 하나, 무의식에서 짜야 한다.
개인이 짜도 쓸 수 없다. 밖에 있는 나는 모른다.

그럼 司令이 세운(歲運)에서 들어오면 이는 행로(行路) 간에 바뀌는 令이다. 중간에 가다가 바뀌는 令이다. 행로 간에 運이 바뀌니 환경이 바뀌어서 내가 令이 되는 것이다. 그럼 최소한 단 하나의 실수도 하지 않겠다. 백발백중에 도전하겠다고 하면, 令 공부를 하면 된다. 令은 반드시 맞게 되어 있다. 그런데 그런 當令 급과 司令 급은 이복형제처럼 서로 움직이는 이치가 다른 것이다. 年運에 따라 令이 바뀌는데 이는 행로 간에 움직이다가 중간에 바뀌는 것이다.

생명체의 움직임은 다 맞을 수밖에 없다. 六十甲子 달력을 3500년 전에 만들었는데 맞지 않으면 이것이 바뀌어야 한다. 六十甲子는 생각으로 만들어 낸 것이다. 하늘의 별자리가 어떻게 움직였다는 것을 생각이 만들었지 관측해서 만든 것이 아니다. 몸의 인체구조도 해부해서 만든 게 아니라 생각이 만들어 낸 것이다.

인류 최초의 지식이 아무리 과학이 발전해도 바뀌지 않는 것이 있는데, 사람의 몸은 빛으로 구성이 되었다고 고서에 쓰여 있다. 사람의 몸은 빛으로 만들어져 있다. 수많은 광채로 만들어졌다고 한다. 몇백 나노급 현미경으로 보는 것과 생각으로 보는 것 중에, 생각으로 보는 것이 더 정확하다는 것을 알아야 한다. 생각의 힘을 믿으면 된다. 위의 의미를 시간대 별로 말하면 맞는 것이다.

乙木이 왔는데 乙辛인가, 乙丁인가, 고민하는 사이에 모든 생각은 사라지게 된다. 지금 정신 상태로 고민하면 지식도 아니고 현명도 아니고 망상이다. 딱 쳐다보고 고민할 시간을 주면 안 된다. 乙辛하면 보이는 대로 탁 말하면 된다. 運이 오면 年부터 본다는 둥 이런 이론이 이 학문을 왜곡시키는 것이다. 1초도 주지 말고 숨도 안 쉬고 말하는 것이다. 무의식이란 인격도 없고 생각도 없고 고민도 하지 않으니, 아무것도 따지지 않고 사실만을 말하는 것이다. 무의식을 버리고 의식 세계로 돌아오니, 인격을 따지게 되고 체면을 따지게 되니 의미가 없어진다. 즉시 말하면 백발백중이다. '이걸 어떻게 해야 하지?' 하는 순간 인생은 끝난 것이다.

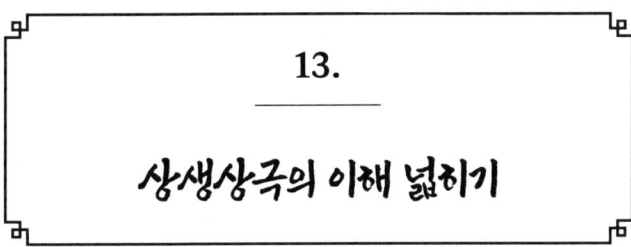

생각은 해결점을 찾고 불안은 문제를 가중시킨다. 생각과 불안은 다르다.

	춘절	하절	추절	동절
목적	丙火		壬水	
목표	癸水		丁火	
작업과정	甲	乙	庚	辛
생각	己	戊	己	戊
성장의 정도	辛	庚	乙	甲

학습 순서는

水火: ① 壬丙, ② 癸丁

③ 土: 戊土, 己土

④ 金, 木: 金生水, 木生火 (水源과 引火)

⑤ 火剋金: 丙辛, 丙庚, 丁庚, 丁辛

⑥ 金剋木: 庚甲, 庚乙, 辛乙, 辛甲

火剋金에서 丙火가 辛金을 상극하는 건 눈과 얼음을 녹이는 것이다. 나무가 水生木을 할 때, 물이 된 액체를 먹는 것이 효과가 있을까, 얼음을 먹는 것이 효과가 있을까의 문제이다. 나무가 물을 먹기가 쉽지, 얼음물을 먹는 건 쉽지 않으니 水生木의 효과가 있느냐이다. 그럼 고통이 만만치 않으니 그것을 견뎌 내는 것이 효과가 있다는 의미가 이 속에 담겨 있다. 그리고 겨울에 크는 나무는 일조량이 짧으니 40분, 아니면 두 시간을 일하는데, 그럼 겨울에 큰 나무와 여름에 큰 나무가 어느 것이 가격이 비싼 것인가? 이런 것들을 말하는 것이다. 그러니 계절을 모르면 안 된다.

■ 기후의 조후(調候)가 남긴 득과 실

겨울생에게 따뜻한 기운이 있다면 거기에 이로움이 있지만, 또한 거기에 불리함도 있다. 따뜻하니까 나태해지는 이런 득과 실을 반드시 짚고 넘어가야 한다. 그리고 무슨 일을 처리하는 방법이 있는데 처리해서 이로운 것도 있지만, 처리해서 이롭지 못한 것도 있음을 알아야 한다. 무슨 일을 처리한 후 힘이 들어 죽는 사람이 있다. 설(泄)과 진(盡)이라 한다. 처리해서 반생을 이루어서 큰 공을 세우는 사람도 있다. 문제의 크기만큼, 크게 흥할 수도 있고 크게 망할 수도 있으니 이런 득실을 따져 보아야 한다.

숙(熟)이란 익어 간다는 의미고 성(成)이란 익어 가서 이루었다는 뜻이다. 우리나라 말로 '장정이네' 하는 말은 다 컸다는 뜻이고 장성이란 말은 책임지는 사람까지 되었다. 가장이 되었다는 뜻이다. 이는 戊丙은 성장이라 했는데, 원래는 生長이라 해서 장성이라 해야 한다. 다 커서 책임자가 되었다는 뜻이다.

계절감을 익혀야 하니 二分二至로 나누어 놓은 것이다. 동지, 하지, 춘분, 추분으로 나누어서 춘하추동으로 했다. 8개로 나누어서 癸甲, 乙丙, 丁庚, 辛壬으로 했는데 이를 절반씩 나누어서 45일씩 쪼개면 立이 들어간다. 이렇게 四立을 넣어서 8개로 나누는 것이다.

첫 번째가 상생인데, 용어로는 만물 생성과정이다. 원래는 生成이란 용어를 쓰기도 하고 자라나는 과정을 설명하려면 생성이란 말을 쓰고 낳고 죽고 낳고 죽고를 표현하려면 생멸이란 말을 써야 한다. 生成과 생멸(生滅)인데 날生, 이룰成 자이니, 나서 커 가는 과정을 설명하겠다는 뜻이다. 동지부터 하지까지는 癸水와 甲木이라 한다. 癸水란 얼음이 녹아서 대지에 물로 된 것을 말한다. 그것이 甲木의 생명을 낳는다는 뜻이다. 이를 동양철학에서는, 바닷물이 육지를 툭툭 쳐서 민물로 변했으니 壬水가 변해서 癸水가 되었다는 뜻이다. 얼음이 녹아서, 물이 되었다고 했으니, 얼음은 壬水를 뜻한다. 癸水는 寒한 차가운 기운에서 왔고 녹았으니 濕이 되었다. 甲木은 차가운 기운의 濕한 액체에서 자라는 나무이니 이것을 水生木이라 한다. 통변은 자기 능력을 개발한다는 뜻이다. 자기 자신의 타고난 능력, 선천적인 능력을 개발한다는 뜻인데 이건 생각하는 기운으로서 지식과 지혜에 들어가니, 말과 글로 나타난다. 모든 창의와 생각은 차가움에서 비롯되는 것이다.

정반대로 뜨거운 것은 행동하는 기운이 된다. 그럼 알 수 있는 것은 한습한 癸水의 기운은 나를 생각하는 것이고 차가운 壬水의 기운은 너를 생각하는 것이다. 癸水는 차가운 기운에서 왔으니, 얼음에서 와서 물이 되었다. 한습한 기운에서 甲木이 크는 것이니, 차가운 기운은 생각하는 기운이고 뜨거운 기운은 행동하는 기운이다. 癸水는 내가 누군지를 생각하는 것이고 壬水는 네가 누군지를 생각하는 기운이니 장사를 하려면 壬水를 알아야 한다. 그래서 壬水는 유통시킨다는 말이 나오는 것이다. 이렇게 壬水와 癸水에 대한 생각을 하면서 공부를 해야 한다.

다시 동양철학의 시각으로 인의예지신(仁義禮智信)을 배웠는데, 水火金木土가 있는데 水는 지혜의 神이다. 정신을 말하는 것이다. 명리에서는 지혜를 둘로 나누어서 壬水와 癸水로 나누었다. 남을 보는 지혜, 나를 보는 지혜로 나누었다. 스님이 되려면 癸水가 있어야 하고 절을 개척하려면 壬水가 있어야 한다. 우울증이 걸렸는데 癸水로 걸렸으면 타고난 우울증이고 壬水로 걸렸다면 옆에 잘난 사람이 있어서이다. 장사를 한다면, 癸水는 나를 표현해야 하니 신용을 지켜야 하고 壬水로 하면 고객에게 필요한 상품을 제공해야 한다. 원하는 것이 있기 때문이다. 둘 다 있다면, 天干 癸水, 地支 亥가 있으면 현명한 사람은 둘 다 할 것이고 어리석은 사람은 혼란스럽게 살 것이다. 어떻게 해야 할지 몰라서 혼란스럽다. 그런 환경에 살게 된다.

天干에 壬水, 암장에 癸水가 있다면 어떻게 해야 하는지, 또는 암장에만 있는 경우는 어떻게 해야 하는지 알아야 한다. 공장을 한다면 癸水는 열심히 성심성의껏 하겠지만 壬水는 윗사람이 있을 때만 열심히 할 것이다. 이런 여러 가지 경우의 수를 얼마나 가지고 있느냐가 지혜인 것이다. 癸甲이 있고 辛壬이 있는데, 辛壬과 癸甲의 水를 구분해야 한다.

癸水는 잠재능력이고 甲木은 개발된 능력이다. 잠재능력이 개발되었다고 해서 개발된 자질이라 한다. 자질계발은 말과 글을 통한 지식과 창의력에 들어간다는 뜻이다. 여기에 나오는 기운을 탄생의 기운이라 한다.

癸甲을 보면 자질계발, 자기 능력을 탄생시키는 기운이 된다. 이런 것이 天干에 있으면 그 과정을 거친 사람이다. 그럼 이 사람은 나이를 먹으면 이런 잠재능력을 깨우쳐 주는 사람이 된다. 창의력을 개발시켜 주는 사람과, 말과 글을 가르쳐 주는 사람으로 남을 수가 있다.

■ 춘분이 지나서 하지까지 90일간의 乙丙의 木生火

癸甲으로 배웠으면 배운 것을 써야 한다. 배운 것을 쓸 때, 동료 간에 경쟁도 하고 경쟁을 통해서 사회에 나갔으면 거기서 또 경쟁해야 한다. 동료 간에 경쟁하는 단계와, 사회에서의 上下적 경쟁단계가 다르다. 동료 관계끼리 경쟁은 춘분부터 입하까지이고 입하부터 하지까지는 上下 간에 경쟁이다. 춘분부터 입하까지 출생한 자가 밖으로 나가면 친구와 다투었던 이야기나 친구와 즐거웠던 이야기만 주로 하고 입하부터 하지까지 출생자는 밖에서 늘 자기 회사나 상사 이야기만 한다.

또 동지에서 입춘까지, 입춘 前은 癸水인데 인성교육인 가정교육 기간이니 성품과 인품이 형성되는 기간이다. 입춘부터 춘분까지 甲木은, 학습을 통한 지식을 만드는 기간이다. 그러니 입춘 前에 45일에 태어난 사람은 누구 품성이 어떻고 인성이 어떻고 이런 이야기만 한다. 자기가 그런 것만 보니 그런 것이다. 그렇게 태어나면 환경도 그렇게 조성되게 된다.

입춘이 지나 춘분까지는 甲木으로 지식의 승부이니 누구는 공부를 잘하고 못하니, 이런 것으로 웃고 우는 것이다. 동지부터 하지까지 180일을 90일로 나누고 45일로 나누는 것이다. 계절을 8개로 나누는 과정이 20년이 걸린다. 처음에는 이것이 안 되더라도, 인생이란 과정을 여덟 단계로 나누어서 사는 것과, 모든 일의 과정을 8개로 나눌 줄 아는 성품을 길러야 한다.

모든 일의 과정을 2개로 180일로 나누는 사람이 있는데 이 사람은 큰 성인이거나 바보일 것이다. 4개로 나누어서 살면 중상류는 살 수 있다. 8개로 나누어서 바라보는 시각을 지니면 지도자가 될 수 있다. 그리고 24개로 나누는 사람은 분명히 컴퓨터 머리 소유자이거나 하루 일을 복기하는 사람이다. 1년을 15일 단위로 나누면 혼자서 연 15억 원 매출은 올릴 수가 있는 사람이다. 지금 시간의 질서를 논하는 중이다.

세상에서 가장 소중한 게 시간이고 시간 내에 무슨 생각을 하고 살았느냐를 묻는 것이다. 그럼 乙木에는 동기간에 동료 간에 경쟁이 들어가 있고 丙火에는 상하 간에 경쟁이 들어가 있다. 그러니 丙火에는 上

下의 경쟁이니, 진급이나 계급 사회로 가는 지배계층이 들어가 있는 것이다. 그럼 乙木 運에는 동료 간에 시험을 보는 것이고 丙火운에는 항상 진급 등의 문제를 말하는 것이다. 누구나 다 마찬가지다.

정리하면 春夏로 나누어서 둘로 나누고 넷으로 나누니, 乙丙을 통변으로 자질과 학습을 통한 능력검증과 사회활동으로 배출한다는 뜻이다. 乙丙이 오면, 癸水의 자질계발과 甲木의 학습을 통한 능력을 乙木의 동료 간의 경쟁을 통하여 검증을 받으니 좌우검증이다. 그리고 검증을 거치고 丙火로 가면 나보다 나은 사람이 수두룩하다. 사회를 통해 능력을 배출하는 것이다. 그러니 자질을 개발하고 학습을 개발하고 검증을 통해서 경쟁을 거친 다음 사회로 능력을 배출하는 것으로 네 단계로 나눈다.

또 줄이면 자질계발과 학습활동과 검증을 거쳐서이고 둘로 줄이면 자질계발과 학습을 통해서인데, 그럼 乙丙을 이루지 못하면 癸甲을 거치지 못한 것이다. 그럼 4개가 다 있다고 되는 게 아니라, 癸水와 丙火가 있으면 나머지 甲木과 乙木은 없어도 4개가 다 있는 것이 된다. 그러나 癸水와 甲木과 乙木이 다 있어도, 丙火가 없으면 乙木이 없는 것이다. 그럼 검증을 거치지 못한 것이다. 또 丙火만 있고 癸水가 없으면 癸甲이 둘 다 없는 것이다. 그럼 자질계발과 학습을 거치지 않고 경쟁을 나간 것이다. 배우지 않고 무작정 나가서 검증과 경쟁을 한 것이다. 그럼 학교에서 배운 건 못 써먹는다고 해야 한다. 乙木은 결국 따뜻한 것을 보고 자라는 것이고 甲木은 차가운 곳에서 견뎌 내는 것이다.

그럼 癸水와 丙火가 모두 있으면 따뜻함과 차가움을 두루 겸비하고 자라나게 된다. 癸水 丙火의 네 가지 단계가 된다. 癸水의 자질과 甲木의 학습, 자질계발과 학습계발, 乙木의 검증과 경쟁이다. 乙木은 따뜻한 곳에서 살고 丙火는 그 따뜻한 것으로 乙木을 키우니, 乙木의 검증과 丙火의 사회능력 배출, 이런 네 단계를 성장할 때 배우고 익힌 것이다.

어떤 이는 丙火의 사회적 능력 배출로 상하 관계를 인지한 자가 있고 乙木으로 동료 간의 경쟁을 인지한 자, 甲木으로 학습을 인지한 자, 癸水로 생각을 인지한 자 등 골고루 있다. 그리고 이것을 네 단계 모두 다 한 사람, 3개밖에 하지 못한 사람, 2개밖에 하지 못한 사람이 있다. 4개를 다 한 사람은 똑똑한 것 같지만 힘겹다. 이 4개를 다 한 사람을 운영자라 한다.

寅卯辰에 태어났으면 대체적으로 실무자로 들어가고 우수한 사람이 되려는 것을 포기하는 것이 좋을지 모른다. 亥子丑과 巳午未가 일단 우수한 인자로 태어났다고 보면 된다. 그런데 亥子丑과 巳午未에 태어난 사람이 가장 불쌍하다. 우성인자니까 경쟁이 더 치열하기 때문이다. 떨어지는 폭이 훨씬 더 크기 때문이다. 四星장군으로 제대하면 민간인이지만, 무궁화 2개 달고 제대하면 취직을 할 수가 있다. 직장생활 30년 장기근속을 하다가 퇴직하면 다른 일을 할 줄 모른다. 왜냐하면 한 가지 일에만 숙달되었다는 뜻은 다른 일은 하지 못한다는 뜻이기 때문이다. 이런 것을 다른 각도로 생각을 해야 한다.

丁火는 하지가 지나서 추분까지이다. 丁火와 庚金을 나누는 것은 입추(立秋)다. 癸水는 얼음이 녹아서 물이 되지만, 丙火의 뜨거운 기운이 땅에 담겨서 화로가 되었다. 이것이 丁火다. 그래서 무엇을 끌어안고 담는 것이 丁火가 하는 일이다. 丁火가 땅속에 열(熱)로 들어가듯 열매 속에 액즙으로 들어가서 사는 것이다. 사과껍질 속에 熱로 들어가서 자기 몸을 감추고 사는 것이다. 그럼 丁火 속에는 丙火가 들어가 있고 丙火 속에는 乙木이 들어가 있고 乙木 속에는 甲木이 있고 甲木 속에는 癸水가 있으니, 丁火 속에는 앞선 글자가 다 들어가 있으니, 丁火를 부르기를 재주가 있다고 한다. 그러니 과거의 능력이 담겨 있으니 부가가치가 높은 사람이 된다. 그것으로 金을 다스리는 것이다.

癸水가 甲木에게 능력을 주어서 자질개발을 하듯이, 丁火도 庚金을 개발하는 것이다. 이 庚金은 자질이 아니다. 자질개발은 乙丙에서 끝났다. 다른 외부의 것을 개발하는 것이다. 다른 사람을 개발하고 산업을 개발하고 물을 개발하고 에너지를 개발하는 개발 효과를 남기는 것이 丁火가 하는 일이다.

이를 불의 발견이라 한다. 이런 불의 발견은 인류의 과학 문명에 지대한 功을 세우게 된다. 처음에 불을 발견한 건 햇빛인데, 땅에서도 불이 자꾸 나니 자연발화라 하는데, 인간이 그것을 보고 보존하는 것이다. 불을 발견해서 불로 개발한 것이다. 불로서 모든 물건의 화학작용을 이루어 형체변형을 했다. 그래서 돌에서 구리도 빼내고 철도 빼냈다. 이런 화학작용까지 한 것이다.

丁火는 형체변화와 화학변화를 통해 庚金이란 산업상품을 만들어 낸다. 그럼 癸水와 壬水를 비교를 했는데, 癸水와 丁火를 비교해 보면 癸水가 자기계발이라면, 丁火는 환경개발이 된다. 물질을 개발한다. 다른 사람의 신체(身體)를 개발한다. 癸水는 나를 계발하고 丁火는 내 옆에 있는 환경을 개발하는 것이다. 丁火의 환경개발 능력은 쌓아 온 것이지, 타고난 것이 아니다. 丁火는 타고나지 못한다. 그 능력이 庚金의 산업개발로 이어지는 것이다. 요즘은 IT산업이라고 한다.

그러니 癸水의 계발과, 丁火의 개발이 다르다. 丁火는 능력이고 庚金은 환경이 된다. 癸水는 자기의 잠재자질이 되고 甲木은 개발된 자신이 된다. 丁火의 개발자질로 인해 庚金이 개발됨이다. 만약 입추 전에 있는 丁火로 태어나면 개발된 자질이 있는 사람이고 입추 이후 추분 전에 태어났으면 개발할 물건이 있는 것이다. 庚金은 개발할 물건, 丁火는 개발할 자질, 둘이 만나서 개발품이 된다. 그래서 丁火부터 시작을 했느냐, 庚金부터 시작을 했느냐에 따라 다른 것이다.

■ 金生水

辛金 壬水이다. 개발된 상품이 나왔다. 개발된 상품이 乙丙에서 乙木으로 나왔듯이, 辛金도 내가 만들어 낸 상품능력을 검증받아야 한다. 이때 들어서 상등품이냐, 하등품이냐, 특등품이냐, 辛金의 상품검증을 받는 것이다. 乙木이 丙火로 검증을 거친 연후 사회로 배출하라고 했듯, 辛金이니 그 상품을 배출하는 것이다. 辛金은 이미 壬水의 손에 들어가 있으니, 내가 만든 물건을 내가 사용하는 것이 아니라 남이 사용

하는 것이다. 그러니 壬水나 地支에 亥가 있는 자는 내가 나를 몰라도 남이 나를 아는 것이다.

이렇게 癸甲과 丁庚과 乙丙과 辛壬을 비교해 가면서 공부를 하면 된다. 그럼 丙火는 上下의 조절이고 壬水는 좋은 물건, 나쁜 물건, 쓸 만한 물건, 믿을 만한 물건이냐, 메이커냐, 메이커가 아니냐, 이런 걸 알아차린다. 上下는 두 가지가 있다. 丙火의 나의 지위의 품질적 상하와, 壬水의 내가 배출한 물건의 상하가 있다. 이렇게 丙火와 壬水를 나누는데 丙火의 인생을 살 것인가, 壬水의 인생을 살 것인가 정해야 한다.

그러므로 丙火와 壬水가 목적이다. 삶의 목적이 되니 누구나 예외로 비켜 간다고 생각하면 안 된다. 사람은 높음이 있고 낮음이 있다. 동일하다는 생각을 하면 안 된다. 사람은 위아래가 있고 물건은 좋고 나쁨이 분명히 있다. 모양도 좋고 나쁨이 있다. 丙火는 자기능력에 대한 가격, 壬水는 물건의 가치에 대한 가격이다. 사람도 물건 취급을 한다. 현대의 헤드헌터가 인간 시장이다. 똑같은 것이 이름과 형태만 다를 뿐 지금도 똑같은 것이다.

春夏節에 태어나면 丙火가 목적이니, 사람들의 고유한 능력으로 우열을 가린다. 우열을 가리는데 네 단계로 되었으니, 癸水의 생각하는 우열, 甲木의 지식에 대한 우열, 乙木의 경쟁에 대한 우열, 丙火의 능력 배출에 대한 상하적 우열이다. 아무리 공부를 잘해도 능력 배출을 하지 못하는 사람이 있다. 공부는 1등을 해도 설명을 하지 못하는 사람이 있다. 丙火가 부족해서 그렇다. 또 丙火가 많은 사람은 설명 욕구가 강해서 말이 너무 빨라 알아듣기 힘들다. 이미지가 그렇다. 머릿속 이미지가 무엇이냐에 따라서 표정이나 말투가 모두 달라진다. 丙火의 우열은 능력 배출, 乙木은 좌우 경쟁을 통해서, 甲木은 학습이나 지식 능력을 통해서, 癸水는 창의라는 생각을 통해서 우열을 가리는 것이다. 고시를 보는 것은 乙木에 속한다. 甲木은 고시보다 학위를 받으려 하는데, 이는 지식적 우위를 생각하기 때문이다.

목적을 이루기 위해서는 단계별 목표를 이루어 나가야 하는데 이는 癸水와 丁火가 하는 것이다. 동지에서 하지의 丙火에 이를 때까지, 동지의 癸水가 출발해서 목표를 하나둘씩 만들어 가는 것이다. 처음에 癸水의 자신을 알아야 하고 甲木을 만들어야 하고 乙木을 만들어야 하고 丙火를 만들어야 하니, 癸水의 네 단계 원칙이다.

癸甲 癸乙 癸丙인데 癸水자체는 壬水에서 나온 것이다. 丁火도 丙火에서 나온 자신을 만들고 丁庚 丁辛 丁壬 네 단계에 걸쳐서 목표점을 찾아내는 것이다. 그래서 이것이 목표 과정마다 능력이 늘어나는 것이다. 癸水의 실력에서 목표 중에 癸水만 할 수 있는 실력은 잠재능력이고 癸甲을 하는 실력은 지식력이고 癸乙을 하는 실력은 지식을 검증받아서 시험까지 합격을 한 것이고 癸丙을 한 것은 사회에 배출해서 실적까지 남긴 것이니, 이런 단계별 목표를 점령하는 것이다.

癸水가 목표를 점령할 때마다 과정이 있는데, 이것이 甲乙이다. 작업 공정이라 해도 된다. 목적과 목표는 눈에 보이지 않고 만들어 놓은 甲乙 庚辛으로 보이는 것이다. 상품을 보고 브랜드를 보고 능력이 얼마나 있구나(癸丁), 얼마만큼 인정을 받았구나(丙壬)를 보는 것이다. 물건은 庚辛金으로 나왔으니, 庚金이면 지금 실력이 늘어나는 과정이고 辛金이면 능력이 완성된 것이다. 그러니 庚金으로 태어나면 중간능력이라 살기가 편한데, 辛金으로 태어나면 60이 될 때까지 계속 능력을 만들어야 한다. 그러니 庚金이 더 낫다, 辛金이 더 낫다고 말하면 안 되고 그런 과정이 있다는 뜻이다.

사주에 庚金만 있고 辛金이 없거나, 甲木만 있고 乙木이 없다면, 아무 일이나 하면 그것이 자기 능력이 된다. 그러나 乙木이나 辛金밖에 없으면 30년을 공부하고도 "내가 아직 뭘 몰라서"라는 말을 한다. 그러니 자기가 능력을 어느 정도까지 끌어 올려야겠다고 생각하니 피곤한 것이다.

추분 이후에 태어난 사람은 제품 능력을 최고로 만들려고 하니 피곤한 스타일로 산다. 그리고 춘분 이후에 태어난 乙木은 자기의 가치를 고급화하려고 피곤하게 산다. 그러니 춘분 이후에 태어난 사람들은 자기가 제일 높다고 생각해서 아랫것들로만 보인다. 그래서 높은 사람을 능멸하는 습관이 있다.

추분 이후에 태어난 사람은 어지간한 상품을 보면 별로 쓸모가 없고 물건 취급도 하지 않는다. 밥을 먹어도 절대 맛있다고 말하지 않는다. 어딘가에 더 맛있는 것이 있을 것이기 때문이다. 이런 것이 발전을 이루기도 하지만, 자기를 피곤하게도 한다. 최고 맛있는 걸 먹으면 다음에 밥을 못 먹는다. 최고로 예쁜 여자를 만났으면 다음에 결혼을 못 한다.

13. 상생상극의 이해 넓히기

오빠가 서울대 가서 수석 졸업을 했으면 시집을 못 간다. 그런 남자, 그런 여자가 없기 때문이다. 자기 아버지 밑에 자란 딸들은 시집을 못 간다. 아버지처럼 자기를 예뻐해 주는 사람을 만나기 어렵기 때문이다.

戊己土는 알아차리기, 생각하기이다. 동양철학 용어로는 인식하기이다. 癸甲, 乙丙, 丁庚, 辛壬, 水生木, 木生火, 火生土生金, 金生水로 살아가는 과정이 있는데, 그 과정을 네가 아느냐? 네가 누군지 네가 아느냐? 이다. 그럼 癸甲에는 己土가 들어가야 한다. 자기계발인데 네 자질이 무엇인지 아느냐? 癸甲만 있다고 계발이 되는 것이 아니다. 네가 누군지 알아차리게 해 주는 것이 土剋水이다. 만약 土를 만나지 못한 癸水는 땅을 만나지 못한 癸水이니 하늘을 날아다니는 안개나 구름이다. 이것은 진실을 알아차린 것이 아니라 허상을 알아차린 것이다. 그럼 己癸는 내가 누군지 알아차린 것이다.

춘분부터 하지까지 木生火는 상대를 알아차려야 하니 戊土가 알아차리는 것이다. 태양열 발전소. 戊土가 햇빛을 가두는 것인데, 이는 상대를 알아차리는 능력이다. 상대에 대해서 알아차리는 것이니, 상대를 조사해서 내가 사용하기 좋게 알아차려야 하는데, 상대의 단점만 보는 사람이 있다. 己癸로 나를 알아차리라고 했더니 나의 슬픔만 알아차리는 사람도 있다. 戊土가 얕아서 햇빛을 다 가두지 못하게 되거나, 己土가 癸水를 다 담지 못하게 되면 모두 부정적인 것만 알아차리게 된다.

丁庚이란 외부의 재료를 보고 개발해야 한다. 물을 보고 수질개발을 하고 火를 보고 화력개발 등을 해야 한다. 모두가 개발된 것들이다. 丁

庚으로 개발하려면 己土로 알아차려야 한다. 이는 세상을 보는 자기 안목이 무엇인지 알아차린다. 己癸와 己丁으로 물이나 불을 보면 둘 중에 내가 무엇을 할 수 있는지 어떤 능력이 있는지 알아차리는 것이다. 己癸는 나의 자질을 알아차리는 것이고 己丁은 그동안 경력을 쌓다가 보니 그중에 무얼 할 건지 알아차린 걸 말한다. 己丁에는 경험을 해 본 것들이 들어 있고 己癸에는 경험이 아니라 자기 자질이 들어가 있다. 가치는 己癸로 계발하는 것이 최고의 가치다.

▪ 戊丙과 戊壬

丙火로 알아차리는 것은 나의 경쟁자를 알아차리는 것이지만 壬水를 알아차리는 것은 내 상품을 알아차리는 것이고 나의 고객을 알아차리는 것이니 시장조사와 같다. 그리고 고객도 둘로 구분되는데, 내가 추분부터 입동까지 酉戌月令이면, 상품을 먼저 완성시키고 지금 필요한 상품이 무엇인지 알아차리는 것이 戊土지만, 입동부터 동지까지는 고객들이 무엇을 원하는가, 먼저 시장조사를 해 보고 상품을 만드는 것이다. 그럼 亥子月에 출생했으면 먼저 상품을 만드는 게 아니라 고객이 무엇을 원하는가를 알고 상품을 만들어야 한다. 그런데 그렇게 하지 않는 게 사람의 마음이다. 왜냐하면 누구나 고유한 자기 능력을 갖고 싶기 때문이다.

辰月이면 乙丙 중에 乙木이니, 丙火면 먼저 고객을 알아야 하지만 乙木이니 내 능력을 먼저 만들고 나서 필요한 사람을 찾아야 한다. 癸甲

을 丁庚이라 생각하고 乙丙을 辛壬이라 생각하고 비교하면서 같이 생각하면 된다. 壬水에 태어났으면 사람들이 먼저 무엇을 원하는 것을 알고 거기에 맞추어서 辛金이란 상품을 내놓아야 한다.

丙火에 태어났으면 사람들이 무엇을 원하는지 알고 乙木이란 능력을 내놓아야 한다. 그러니 巳午나 亥子에 태어난 사람들은 먼저 능력을 만드는 것이 아니라 환경을 먼저 조사한 후에 능력을 만드는 것인데, 이들의 단점은 환경을 먼저 알아차리니 자기 능력이 부족하다는 것을 알고 능력을 내놓지 않는 것이다. 밖에 가면 호랑이가 기다리고 있는 줄 알고 머리를 안 내놓는 것이다. 乙木이나 辛金으로 태어난 卯辰이나 酉戌月에 태어났으면 능력을 먼저 만들어 놓고 능력이 필요한 곳이 어딘지 모르는 사람이 있다. 그러니 乙丙이나 辛壬으로 항상 짝이 되어 있어야 좋다.

癸甲 乙丙 丁庚 辛壬은 항상 둘이 짝이라 생각해야 한다. 己癸, 戊丙, 己丁, 戊壬은 생각하는 것이니, 이걸 알아차리지 못하면 실무자가 되고 알아차리는 土를 가지게 되면 지도자가 된다. 생각을 먼저 하기 때문이다. 그러나 土가 있어도 잘못된 게 있고 水를 가져도 잘못 가진 게 있으니 추후 이것은 다시 논해야 한다.

먼저 生成 단계에서 4개의 상생하는 짝을 알고 이것이 있으면 그 계통에 실무자가 되고 戊土가 있으면 그 계통에 지도자가 된다고 생각하면 된다. 생각하는 사람이 된다는 의미다.

癸甲이면 辛金이 癸水를 水源처럼 끊어지지 않게 상생을 한다. 오랫동안 전해져 내려오는 걸 받은 것이다. 우성인자와 같다고 했다. 癸甲이 계발하는 자질은 타고난 것이다. 그럼 辛金이 癸水를 生했으면, 저 위의 선대로부터 내려온 타고난 자질이다. 우성인자를 조상에게 받은 것이다. 조상 복이 있는 것이다. 돈 복이 아니라, 깨어 있는 쓸모 있는 우성인자를 전수받았다. 이는 오랫동안 갈 수 있다는 뜻이다. 위의 어른이 나에게 전달해 주었으니 내가 출산한 게 아니라 웃어른이 나를 출산한 것이다.

그래서 辛이 癸를 보좌하면 甲의 자질을 높이는 것이니 자질 계발도 남보다 우성으로 계발하고 그 계발한 자질을 평생 쓸 수 있는 지속성도 있다. 그래서 지속성과 부가가치성이 더하게 된다. 지도자가 되는 것과는 다른 의미다.

辛癸는 과거의 전통을 이어받아 현대의 나의 능력을 계발하여 평생 활용하다. 辛金이 너무 많으면 부모의 강요로 인해서 볼모로 잡힌 것이다. 나중에 왕쇠강약에서 달라지는 것이다. 그럼 辛癸는 머리가 먼 오랜 옛날에 가 있다.

춘분이 지나서 하지까지의 수원은 庚金이다. 이는 辛金의 정 반대말이다. 庚金은 원래 추분에 있는 것이니, 미래에 쓸 가치를 현재 능력으로 만들어 가는 것이다. 그러니 庚金은 미래를 보는 것이다. 30년 후 100년 후에 어떤 것이 펼쳐질 것을 예상하고 만들어 간다는 뜻이다.

辛癸가 근무하는 곳은 과거의 전통을 이어받아 현재의 나의 능력을 만들고 그것을 평생 활용하는 곳이니 박물관, 사학과, 문화공보부, 동양철학, 한복 입고 왔다 갔다 하는 사람들이다.

庚金이 근무하는 곳은 미래를 근거로 현재를 만들어 가는 곳이다. 미래창조과학부, 스카우트는 미래에 쓰기 위한 것이다. 장학재단은 학생들을 지원해 주는 곳이니 미래를 보고 주는 것이다. 이런 마인드가 어디에 가 있는지 나누어지게 되는데, 이를 水源이라 한다.

이를 그대로 甲丁과 乙丁으로 넣어서 말하면 된다. 乙丁은 과거의 내가 태어나기 전 과거가 아니라, 그동안 내가 쌓은 경력과 배우고 터득한 능력을 합산해서 더욱 키워 나가는 현재이다. 이것이 乙丁 引火라 한다. 난로에 연료를 넣는 것과 같으니 용광로와 같다.

庚癸나 甲丁은 같은 말이다. 후세들이나 고객들에게 미래의 가치를 크게 인정받기 위해서 준비해 나가는 현재 자신의 모습이다. 그러니 庚癸는 시각이 乙丁에 있고 乙丁의 시각은 庚癸에 있다. 甲丁의 시각은 辛癸에 있고 辛癸의 시각은 甲丁에 있는 것이다. 그러니 辛癸가 甲木을 키우러 온 것이고 甲丁이 辛金을 키우러 온 것이다. 제련과 벽갑은 이것이 잘못되었을 때, 보정하고 고쳐 나가는 작업이다.

첫째 癸甲, 乙丙, 丁庚으로 사주를 먼저 판단하고 이것을 알아차리는 중화를 보고 알아차리지 못하면 실무자에 불과하고 책임자는 되지 못한다. 만약 남자가 中和가 없으면 부인이 총괄한다. 여자가 中和가 있으면 자신이 가장이 되어야 하니, 없는 게 더 좋을 수도 있다.

그리고 수준이 어느 정도인지 그것이 얼마나 가는지, 보는 시각이 과거와 미래에 어디에 있는지 알기 위해서 水源과 引火라는 出産을 보는 것이다. 出産이라고 말하는 이유는, 다른 사람에게 여파를 미쳐서 업적이 되게 하는 것이라 해서 出産이라 한다. 자식이 금메달을 타면 엄마 덕이라고 하는 사람이 있는데, 이런 사람은 출산을 할 수 있는 사람들이지만, 무엇이 잘못되면 부모를 잘못 만난 탓이라고 하는 사람도 또 그렇게 출산을 하고 산다. 출산이란 이어짐을 말하는 것이다. 그러니 다른 것을 만들어 내는 것을 말한다. 이어지고 이어지는 것을 출산이라 한다.

① 生成, ② 中和, ③ 出産이다.

■ 다음은 초보자라는 마인드를 가지고 생각해 보자

1) 임상순서

언제 태어났나? 언제 태어났느냐를 보는 중에 4등분으로 구분해서 보기도 하고 8등분해서 보기도 한다. 亥月이면 4등분을 하니, 추분부터 동지까지이고 8등분을 하면 입동부터 동지 사이에 태어났다. 그러니 壬水月令에 태어났으니 壬水라 한다. 그럼 壬水 앞에 辛金을 붙여야 한다. 추분부터 입동에 태어났으면 辛金으로 태어났기 때문이다. 그럼 壬水로 태어났으면 완성된 상품을 먼저 아는 것이 아니라, 시장에서 무엇이 필요한지 안 다음에 만드는 것이다. 그럼 만들 능력이 있으면 만들고 만들 능력이 없으면 골라 오면 된다.

그러니 시장조사를 먼저하고 그다음에 물건을 알아야 한다. 그럼 시장에 내놓을 물건을 만들어야 하니, 丁火가 있어야 한다. 丁火가 있으면 만들면 되고 丁火가 없으면 맞는 상품을 찾아오면 된다. 목표를 결정하는 것이 재주이니, 丁火를 찾아야 한다. 물건은 辛金이고 태어나기는 壬水이고 재주가 있나 없나 목표를 정해야 하니 丁火이다. 여기까지가 1번 생성과정이다.

재주가 있으면 그 재주가 열심히 갈고 닦은 재주냐, 미래를 보는 재주냐이다. 이때는 미래를 보고 만드는 것이니 甲丁으로 해야 한다. 미래의 큰 인물이 될 수 있나 없나, 재목감이 되나 안 되나를 봐야 한다.

辛金은 시장에 낼 물건이고 그 상품을 다루는 재주는 丁火다. 그럼 특별한 재목감이 있느냐가 甲木의 引火이다. 다음에 中和로 알아차려야 하니 戊土가 있어야 한다. 시장조사를 한다는 것도 단위가 있는데, 戊土로 알아차리나 못 알아차리느냐이다. 이렇게 보는 순서가 있다.

① 시장에서 필요한 물건을 내야 한다. 먼저 壬水시장을 알아야 한다.
② 辛金이 있어야 물건이 있는 것이다.
③ 丁火가 있어야 물건을 만드는 재주가 있는 것이다.
④ 木은 있고 丁火가 없으면, 木도 저절로 없는 것이다.

시장조사를 해 보고 팔 물건을 알고 있으면, 실무자로서 아느냐 판매사원으로서 아느냐, 지도자로서 아느냐이다. 戊壬까지 있으면 경영자가 되고 辛壬만 있으면 판매사원인 것이다.

시장인 壬水가 있고 내놓을 물건인 辛金이 있고
그 능력인 丁火가 있고 더 큰 부가가치가 오래가는 능력은 甲木이다.
그럼 甲木 運이 오면 능력을 만드는 運이다.
그런데 사주에 木이 없으면 능력을 만드는 것이 아니라
무슨 능력을 만들까 고민을 하고 있다고 해야 한다.

亥中 甲木이 있는데 지금부터 능력을 만들어야 하는데, 甲木이 오면 미래에 어떻게 살까 고민을 하니, 戌中 丁火가 있으면 써먹는 것이다. 그리고 세운에서 丁火가 오면 '능력이 생기다'인데 원래 사주에 없었으면 고민을 하는데 몇 년이나 고민할까. 3년 동안 능력을 만들어야 하는데 3년 동안 고민만 할까? 실제로 능력을 만들까? 대개 고민만 하고 아무것도 하지 않고 그냥 지나가는 경우가 90%다. 누구나 다 그렇다. 30년을 그냥 까먹는 것이 기본이다. 시간 초과에 걸리는 것이다. 때가 지나가 버리는 것이다.

만약 亥月에 태어났으면 寅中 甲木이나 卯中 甲木은 써먹지 못한다. 亥中 甲木밖에 못 써먹는다. 대개 사주에 없는 것이 들어오면 걸림돌이 된다. 고민하는 운이다. 능력을 만들어야 하는데, 더 큰 부가가치를 만들어야 하는데, 고민만 하다가 만다.

辛壬 金生水가 되고 戊壬이 있으면, 나는 무슨 역할을 해야겠다는 알아차림이 있지만, 引火가 없으면 능력을 만들지 못한다. 그러나 10년마다 한 번씩 運이 들어오지만, 사주에 없는 것이 오니까 일정기간 헤매게 된다. 亥月生이 辛壬이 있으면 金生水이니, 배우고 활용해 본 것을

더 크게 완성시킨 결과물이다. 능력을 고급스럽게 만들어 활용한다는 뜻이다.

辛壬 丁庚 乙丙 癸甲 등 하나만 있으면 한 방면에 전문가이다. 모두가 그렇다. 그 자체를 더 크게 하느냐 못 하느냐 문제이다. 出産은 더 오래 가게 하느냐, 中和는 인식을 하느냐의 문제이지 모두 전문가이다.

사주에 없는 것이 왔을 때 허상이 2년 정도 지나가게 된다. 그리고 정착하게 된다. 사주에 戊土가 없으면 자기 성향을 더 많이 만들려고 하지 않는다. 戊土가 있으면 더 많은 걸 알려고 노력한다. 戌中 戊土는 天干戊土와 다르니 실무형 戊土라 한다. 亥月에 辰中 戊土는 봄 土이니 쓰지 못한다. 지금 무슨 運이 들어왔느냐 짝을 맞추는 것이다.

정신적인 마인드(壬丙), 목적이 들어 있다.
목표에 대한 (癸丁), 과정이 들어 있다.
甲乙庚辛은 작업과정이 된다.
목표에 대한 과정만 있고 庚辛金이 없으면,
작업과정은 실천하지 않은 것이다.
목표과정에 대한 시간은 간 것이지만,
庚辛金이 없으면 목표에 따른 작업공정이 나오지 않은 것이다.

오래가는 나를 만들고 싶다는 水源과 引火,
목적을 이루기 위한(壬丙), 목표를 정하는 것이고(癸丁),
그 과정(木金)을 실천하는 것이다.

목적과 목표, 그리고 그 목표에 따른 생산 과정은 庚辛,
그리고 거기에 따라서 목표까지 이르렀을 때,
얼마나 오랫동안 쓸 것인가는 水源과 引火다.
丁火가 庚辛金을 제련하거나, 癸水가 甲乙木을 生하면
목표에 따른 과정까지 겪는 것이니 주경야독이라 한다.

다시 돌아가서
癸甲의 癸는 자질이고 癸甲 水生木은 자질계발을 하는 것이다.
자기 자질이 어느 정도인지 알아차리는 癸水가 있으면
전부를 계발하는 것이니 지도자가 될 수 있다.

乙木은 경쟁하는 것이고 丙火는 배우고 익힌 것을
경쟁을 통해 실력으로 배출하는 것이다.
戊土가 있으면 내 실력을 배출할 위치나 장소를 알아차리는 것이고
戊土가 없으면 그걸 모르고 그냥 배출하는 것이고
乙丙만 있으면 단순 근로자이고 戊土가 있으면 지도자이고
庚金이 있으면 장기근속자이다.
水源과 引火는 지속성이니 장기근속을 의미하는 것이다.
天干에 甲乙木을 얻은 사람은 장기근속자이니 피곤한 스타일이다.
水源이나 引火가 없으면 내일은 무슨 일이 있을지 모르는 사람이다.
오늘 하는 일을 내일도 할 수 있다는 보장이 없다.
天干에 戊土가 있으면 무슨 일을 할지 이미 알고 있는 것이고
庚辛金이 있으면 그 할 일을 하고 있는 중이다.

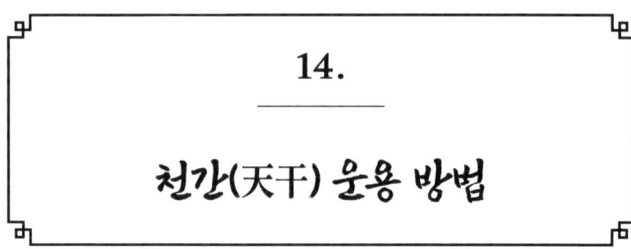

14.
천간(天干) 운용 방법

壬丙은 목적

癸水 丁火는 목적을 향한 행위적 목표, 단계별 목표다.

壬水 丙火는 정신적 목적이 된다.

이를 알아차리는 건 戊土가 인식을 한다.

戊土가 인식하지 못하면 목적에 대한 환경조사 등을 하지 않은 것이다.

인식에는 조사까지 이루어져야 한다.

癸水丁火는 행위적 목표가 들어가 있으니 1학년에는 뭐 하고

2학년에는 뭐 하겠다는 행위적 목표가 들어가 있다.

이렇게 단계별로 인식하고 실천하는 것을,

분별한다고 하고 판단한다고 하는 것이다.

모든 가격은 壬丙이 제일 비싸고 다음이 癸丁이다.

그리고 甲乙庚辛은 과정에 들어간다.

과정이란 단계별 과정에 들어간다.

그리고 이 과정을 보좌해 주는 것도 甲乙庚辛이다.

庚金과 辛金을 보좌해 주는 것은 甲木과 乙木이고

甲木과 乙木을 보좌해 주는 것은 庚金과 辛金이다.
이는 오랫동안 지속하게 하니 지속력을 말한다.
마르지 않는 샘물과, 꺼지지 않는 불꽃으로 오랫동안 지속력을 갖는다.
이뿐만 아니라 자기 가치를 상승시키는 역할도 하게 되는 것이다.
여기까지가 상생이다.

午月의 丙火司令이면 목적의식을 갖는 것이 좋은데,
먼저 계절의 기운을 알아야 하니,
子丑月 45일은 癸水, 寅卯月 45일은 甲木, 卯辰月 45일은 乙木,
巳午月 45일은 丙火, 午未月 45일은 丁火, 申酉月 45일은 庚金,
酉戌月 45일은 辛金, 亥子月 45일은 壬水다.
이것이 계절의 기운이다.

子丑月이면 癸水가 氣다.
이 氣의 이름은 배양하는 기운, 임신하는 기운이고
寅卯는 甲木의 氣, 탄생하는 기운이다.
이 癸甲 두 가지 기운을 生하는 기운이라 한다.
乙丙 두 기운은 長하는 기운, 키우는 기운이다.
乙木에서는 가지를 키우고 丙火에서는 꽃을 키운다.
庚金은 성숙시키는 기운, 辛金은 다 이루게 하는 기운,
壬水는 滅하는 기운, 다시 시작하는 기운이라 해서,
이 기운들은 生長成滅로 나누어진다.

이를 시각적으로 표시를 하면
子丑寅卯는 나무가 땅으로 올라온다.
卯辰巳午는 가지를 펼치는 것이고 午未申酉는 열매가 열리니 實,
酉戌亥子는 시각적으로 말하니 종자로 가 있는 것이다.
이는 시각적인 표시다.

인생의 역정으로 하면 生老病死, 元亨利貞으로 표시한다.
자기가 어느 때 태어났느냐가 출발점이 되는 것이다.

立冬부터 동지에서 태어났다면 干支로 표시하면 辛壬이다. 모든 일을 끝내고 새로 시작할 때 태어났다는 뜻이다. 그러니 누구의 종자로 태어난 것이다. 봄이란 미래로 가면 싹이 나는 것이고 여름으로 가면 크는 것이고 가을로 가면 익는 것이고 겨울로 가면 완성되는 것이다. 亥子는 다 키웠으니 유통, 통상, 거래하는 시점이란 뜻이다.

子丑月은 배우고 익히는 시기이다. 그래서 학습이라 한다. 학습에는 단계가 있는데 子丑寅卯는 배우고 익히는 것이고 卯辰巳午는 활용이니 배우고 익힌 것을 활용하는 것이고 추분이 지나면 완성품이 되었다는 것이다. 이때 최고의 부가가치가 나오니 지배자가 나온다고 한다.

壬水에 태어났으면 목적이 유통과 판매이다. 그럼 판매를 하려면 능력을 만들어야 한다. 그럼 순서대로 보면 된다. 능력을 파는 게 목적이니, 능력을 만들어야 한다. 그러니 자신의 목적을 먼저 정한 후에 과정을 겪는 것이다. 丁火가 없으면 준비과정도 없이 그냥 가져다 파는 것이다.

그리고 직업적 지속성이 있느냐 없느냐의 문제가 있는데, 亥子 月에는 甲木이 없으면 지속성이 없는 것이다. 그럼 순서에 맞추어서 통변을 하면 되는데, 사주에 없으면 그게 언제 오는지를 봐야 한다. 亥子月 사주를 볼 때는 팔 목적이 있는 것이니 그냥 가져다 팔면 되지만, 먼저 상대가 필요로 한 것이 무언지 알아야 한다. 그때 運이 3년짜리가 들어왔으면 목표가 3년짜리가 되고 30년짜리 大運이면 30년짜리 목표가 온 것이다.

午月에 태어났으면 출발이 午月이니, 하지 이후는 목적이 壬水가 되니 파는 것이 목적이 된다. 그럼 팔려고 하는데 능력을 만들어서 팔래, 그냥 물건을 팔래? 결정해야 한다. 丁火는 능력을 만들어서 팔고 丁火가 없으면 그냥 팔면 된다. 土가 있으면 인식을 하는데, 목표도 없는데 인식을 하니 불행이 된다. 중요한 건 언제 태어났느냐이니, 항상 月支를 먼저 보는 것이다.

巳月에 태어났으면 능력을 팔아야겠다는 목표가 있는 것이다. 癸水가 있으면 준비를 해야 한다. 그러니 불행이 온 것이다. 癸水가 없으면 그냥 팔러 가면 된다. 木이 없으면 과정을 거치지 않는다. 庚金 水源이 없으면 이런 과정을 밟다가 말게 되니, 결국 庚金이 없으면 水가 없는 것이다. 그럼 공부를 하다가 마는 것이다. 그러나 巳月이니 목적은 있는 것이다. 그러니 목표를 정해서 무엇을 한다고 해 놓고 水가 부족하니 辛金으로 중도에서 잘라야 하니, 하다가 포기한 중퇴자가 된다.

만약 어떤 사람이 寅卯辰月에 태어났다면 먼저 과정부터 겪어야 한다. 그럼 목적을 정해야 하나? 목표를 정해야 하느냐이다. 그런데 먼저 과정부터 시작이니, 과정을 겪으려면 목적이 있어야 하고 목적에 따른 목표도 있어야 한다. 그리고 그 과정에 대한 지구력이 있어야 한다.

亥子月은 판매를 해야 하는데, 甲木이 없으면 판매에 대한 지구력이 없는 것이다. 水源과 引火가 丁火를 生하고 癸水를 生하는 것으로만 보는데, 月令에 대한 지구력을 봐야 한다. 甲木이 없으면 능력 판매에 대한 지구력이 없는 것이다. 甲丁 引火가 없으면 파는 걸 하지 않으려 한다. 파는 것을 다른 사람에게 시키려고 하는 것이다. 그러니 어디서 태어났건 引火나 水源이 없으면 자기가 태어난 것에 대한 지구력이 없는 것이다.

만약 寅卯辰月生인데 水源이 있다면 과정에 대한 지구력을 가지는 것이다. 水源이 없으면 과정에 대한 지구력이 없다고 해야 한다. 古書 백권을 읽어도 이것 외에 다른 건 없다. 이것이 음양오행의 기본 자료다.

그리고 상생상극 중에서 제화(制化)를 해야 한다. 制化는 도토리가 키를 재듯, 너와 내가 무엇을 했는데, 그중에서 누가 이기고 누가 지는 걸 보는 것이다. 制化를 하려면 2개의 기준으로 해야 한다. 月令을 기준 하면 직업적인 걸 말하는 것이고 일간을 기준으로 하는 것은 개인적인 삶을 보는 것이다.

制化를 月令 기준으로 하는 것은 직업적인 성장척도를 보는 것이니 경쟁력을 보는 것이고 일간을 기준으로 하는 것은 개인적인 자기 능력의 활용도, 개인적인 힘, 자기의 행복지수 등을 보는 것이다.

* 土가 大運에서 20년씩 들어올 때 土의 용도는 대개 소토(疎土)와 동근(同根)이다. 戊土가 들어왔으면 乙木과 辛金을 보아야 하고 己土가 들어오면 甲木과 庚金을 봐야 한다. 夏節生이 戊土가 들어오면 乙木부터 들어오는 것이고 己土가 들어오면 庚金부터 오는 것이다. 土가 運에서 들어오면 火를 껴안든지 水를 껴안든지 둘 중 하나를 껴안는다.

大運 중에서 土가 들어오는 것이 가장 쓸모 있는 運인데 이는 자기 능력을 환골탈태(換骨奪胎)할 수 있는 기회이기 때문이다. 때가 늦으면 늦는 대로 빠르면 빠른 대로 써먹게 되는데, 土가 運에서 오지 않으면 환골탈태를 할 수가 없다. 그러나 사람들은 환골탈태를 하지 않으려 하니 대부분의 사람들이 실패로 끝나는 것이다. 그러니 대다수 좋은 運은 실패로 끝나는 것이다. 土는 氣를 質로 변화시키는 것인데, 대다수가 그렇게 하지를 않는다. 그러니 학교 다닐 때 배운 걸 쓰는 사람이 거의 없다. 土가 하는 일은 인지기능인데, 戊土가 와서 '내 목적이 뭔데' 하고 알아차리면, 목표를 향해서 전진하게 된다.

戊土가 壬水를 알아차리면 그 즉시 丁火가 발동한다. 그럼 庚金이나 辛金이 툭 튀어나온다. 戊土가 丙火를 알아차리면 즉시 癸水가 출전을 하니, 甲乙木이 바로 과정을 겪게 되는 것이다. 己土가 하는 것은 丁火를 껴안으면 화로가 된 것이니, 내가 어느 정도인지 자기 분수를 알고 己土가 와서 癸水를 껴안으면, 내가 가진 자질이 어느 정도인지 안다.

특별한 사람들은 壬水 丙火를 껴안아야 大 지도자가 된다. 평범한 사람들은 癸水나 丁火를 껴안아야 자기 분수를 아는데, 평범한 사람이 壬

水나 丙火를 껴안으면, 목표는 지도자인데 특별하지를 못하다. 그러니 남들을 모두 아랫것들로 보는 것이다. 자기가 높은 사람을 해야 하는데, 할 일이 없는 것이다. 그러니 丙火나 壬水를 허황하게 껴안은 사람들이 많다. 戊土가 壬水를 가두고 丙火를 가두어 버려야 한다. 가두지 않으면 안 된다. 만약 戊土가 壬水 丙火를 껴안지 못하면 목적은 없고 목표만 있다. 그럼 자기가 기계를 고치면서 이거 왜 고치지? 그런다. 자기가 일을 하면서 왜 하는지 목적이 없는 것이다. 목적은 명분과 같고 삶의 의미와 같고 궁극적인 삶의 결과론적이 되는 것이니, 대부분의 사람들이 壬水 丙火가 없다. 특별한 사람들만 壬水 丙火가 있고 대부분이 없는 것이다.

▪ 개인적 행복, 권리 등을 찾는 법

내가 언제 태어났는지 알아야 하는데, 언제 태어났는지 알려는 노력은 하지 않는다. 언제 태어났는지 확실히 알면 명리학을 공부하고 더 이상 전전(展轉)할 필요가 없다. 그런데 이것이 쉬울 것 같지만 잘되지 않는다. 대개 언제 태어났는지가 보이지를 않는다.

모든 이름을 부를 때 庚金 일간이면 '庚金이 子月 生'이라 해야 한다. 戊土가 辰月 生, 己土가 午月 生, 계속 이렇게 말하다 보면 계절 감각이 저절로 익혀진다. 자기가 태어난 계절을 모르면, 마치 몸에 맞지 않는 옷을 걸친 것과 같고 우물에 가서 숭늉을 찾는 것과 같다. 그런데 왜 맞느냐 하면 나이나 세대에 따라 보편적인 관심사는 누구나가 거의 같으니 맞지 않을 수가 없다. 사주를 보러 100명이 와도, 나이에 따라 똑같은 말만 계속해도 다 맞는다. 칠십 먹은 사람은 모두가 건강이 고민이다. 모두가 똑같은 것이다.

月支는 내가 태어난 환경이다. 환경을 1년을 기준으로 8개로 나눈다. 子月이면 壬水와 癸水가 있는데, 동지 前에 태어났다면 내가 할 일은 壬水다. 이를 司令이라 하고 子月을 月支라 한다. 이는 환경이 되는 것이다. 그럼 내가 중요한지, 내 환경이 중요한지, 내가 해야 할 일이 중요한지 선택해야 한다. 모든 古書에 사람 사는 것이 100이라면, 司令이 100이다. 모두를 司令에 맞춘다고 했다. 모든 사람에게 평가를 받을 때, 그 사람이 하는 일로 평가를 받지, 개인 그 자체로 평가받는 건 아니다. 사주팔자란 八字를 보는 것이 아니라 22자를 보는 것이다. 22자를 배합시킨다고 생각해야 하니 중요한 것이다.

그런데 이걸 알기 이전에, 모든 평범한 사람들은 일간이 중요하다. 자신이 중요하다고 생각한다. 그러니 누구도 자기가 하는 일로 자기를 평가받으려 하지 않으니, 그 누구도 자기가 살아온 환경을 소중히 여기지 않고 오로지 자기 자신만 소중히 여긴다는 시각을 지녀야, 저 사람이 누군지 알 수 있는 것이다.

사람들이 할 것은 하지 않고 하지 않을 것만 한다는 생각을 지녀야 한다. 그 누구도 예외가 되지 않는다고 생각해야 한다. 일반상식과 정반대로 하려고 한다고 생각해야 한다. 모든 건 환경이 시키는 대로 해야 하니, 일간은 선택권이 없는 것이다. 시키는 대로 해야 하는데, 대다

수가 잘못된 길로 자기를 인도해 간다고 생각하면 **훌륭한 상담사가 될 수 있다**. 그러니 손님들은 자기 파멸의 길을 상담하러 오는 것이다. 그럼 파멸을 하는 길을 이야기해 주면 잘 맞는다고 한다.

실제로 月令을 가장 많이 쓰는 자는 자연과학자들이지, 역학자들이 아니다. 그러니 환경에서 할 일을 내가 원하는 대로 골라서는 안 된다는 뜻인데, 명리 상담을 할 때 이 말을 하면 백발백중 맞는 말인데 지키지는 않는다. 그러니 月令을 이야기하느냐, 일간을 이야기하느냐다.

'너는 무엇을 해야 한다'를 말하려면 月令을 공부해야 한다. 月令과 아무 관련 없이 '나 뭘 하고 싶어요' 하면 일간을 공부하는 것이다. 그러니 일간을 공부하면 그 사람이 원하는 것을 볼 수 있고 月令을 공부하면 해야 할 일을 볼 수가 있다. 네가 할 일이 무엇인가를 알 수 있는데, 일간의 '나는 이렇게 살고 싶다'와 月令의 '너는 이렇게 살아야 한다'가 합쳐지면 금상첨화인데, 그렇게 된 사람은 거의 없다. 그러니 많은 사람이 절름발이 운명으로 살아가게 된다.

일간을 공부하는 이유는 내가 원하는 걸 알기 위해서이다. 자기가 원하는 걸 말한다. 그 사람이 원하는 것이 무엇이다. 그러나 동양철학에서는 1%도 중요하게 생각하지 않지만 공부해야 하는 이유는, 이들을 사회적인 삶으로 인도하기 위해서이다. 그러나 대개가 약간의 고정관념에 빠져서, 자기가 보기 편한 대로 해석한다. 그러나 시간은 끊임없이 변화하고 순환한다. 오늘 기준으로 15일 후에는 온도 습도가 바뀌게 된다. 그럼 환경은 변한다. 그러나 일간은 3년이 가도 바뀌는 것이 없으니 똑같이 보는 것이다. 환경에는 여름이 와도, 일간은 봄으로 보는 고정관념이 바뀌지 않는다. 그러니 원하는 걸 얻을 수 없는 것이다.

일간의 고정관념은 이런 변화하는 것을 보지 않겠다는 것이다. 시간은 가지만 이런 변화는 본 적은 없다. 그런데 어느 날 갑자기 가을이 와서, 성인이 되었으니 '이제 나가서 돈 벌어야지' 하면 '할 줄 아는 것이 없으니 뭘 하지?' 하면서 30년이 흘러가는 것이다. 이렇게 일간은 주어진 자기 인생에 대해 수단과 방법을 가리지 않고 방해를 한다. 그럼 어떻게 방해하느냐, 그 방해하는 것이 무엇인지를 알아야 한다. 세상 안 쳐다보기, 자기 자신만 바라보기이다.

그러니 앞으로 자기 이름을 부를 때, '甲木이 辰月'이라고 일간과 月令을 함께 말해야 한다. 그럼 甲木이 辰月에 합당한 것인가를 봐야 한다. 이때 일간에게 맞추는 것이 아니라 月令에 맞추어야 한다. 만약 맞추지 않는다면 月令 따로, 일간 따로 돌아가기 시작하는 것이다. 甲木이 辰月이면 맞지 않는 것이다. 그럼 月令에 맞추려고 노력을 하느냐, 자기 자신에게 맞추려고 노력을 하느냐이다.

戊土가 巳月이면 자기는 戊土고 자신의 환경은 巳月이란 말이다. 이렇게 연습이 되어야 한다. 그래서 '나는 뭘 하는 사람이고 나는 무엇이다' 하면서 자기 환경을 자꾸 존중하는 사람이 되어야 한다.

그럼 月令에 무엇이 있느냐? 月令이 있는 곳의 이름은 月支인데, 존귀하다고 해서 月令이라 한다. 月支를 붙이면, 일간이 사는 지역적 환경이 들어가 있다. 부모, 부부가 거주하며 자식이 자라야 한다. 집 택(宅) 자이다. 또 거기에는 계절이 들어가 있다. 계절에는 서로 다른 만물들의 움직임이 들어 있다. 갖가지 다른 만물들이 들어가 있으니 이를 百物이라 한다. 물건이 나오는 게 들어가 있다. 갖가지 물건이 다 들어가 있다.

巳月이면 꽃이 피고 만물이 화창한 것이 들어 있고 열심히 살아가는 사람들의 삶들이 들어가 있다. 그러니 月令에는 자기가 해야 할 일이 들어가 있다. 그래서 택(宅), 시령(時令)이라 한다. 자기 직업이 들어가 있으니, 자기 적성이 들어가 있는 것이다. 이것을 하느냐 마느냐, 인정해야 하나 말아야 하나는 일간이 결정하는 것이다. 그런데 '나 싫어서 못해'가 100%라 생각하면 된다. '난 남편이 싫어,' '일하기 싫어,' '내 환경이 싫어,' 백 명이면 백 명이 다 그렇게 생각한다고 보면 된다. 그러니 이런 진실을 깨닫지 말아야 한다. 이런 세상의 이치를 아는 순간, 그런 사람들이 상담하러 온다. 그러면서 역학자가 되어 가는 것이다. 생각하는 정반대로 말하면 잘 맞는다. 사람들이 생각하는 둘 중 하나만 말하면 된다. 주제가 아무것도 없다.

① 돈이 잘 안 벌리네, ② 인덕이 없으시네, 이 말은 백발백중이다.

이사 수는 月支로 보는 것이다. 부부나 부모, 자식이 月支에서 다 사니, 가족들이 月支에서 산다. 그래서 지장간을 人元이라 한다. 지장간을 사람이라고 쓰여 있다.

일간은 아픔이 있는데 자기가 태어난 환경을 인정하지 않기 때문이다. 사람들에게 '부모를 인정한 적이 있느냐?' 물어보면, 학생 시절에는 인정한 적이 조금은 있다고 하는데, 성인들 대다수가 부모에 대해서 불만이 많다. 두 번째가 부부이다. 子月이면 壬水 癸水가 가족이고 할 일이고 적성이 된다. 그럼 사람 취급하려면 六神으로 바꾸면 되고 물건 취급을 하면 오행으로 바꾸면 된다. 적성이나 자질을 알고 싶거든 月令의 喜忌神을 알면 된다.

상관(傷官)과 식신(食神)이라면 상관은 주변에 내가 하는 모든 걸 반대하는 자식과 제자들이 있다는 뜻이다. 그런 사람 옆에 산다는 뜻이다. 그러니 좋게 말하면, 상관이니 내 옆에는 상처를 당해서 돌봄이 필요한 사람밖에 없다는 뜻이다. 이런 공부를 하는 것이 명리학이라 한다.

① 子月이면 환경이 어떠냐? 子月이니 하얀 눈으로 덮여 있으니 처음부터 시작이냐, 하얀 눈을 녹여서 없앨 것이냐이다. 이건 세상을 바라보는 시각이 무엇이냐이다. 있던 것을 없앤다는 것은 가을 기준이다. 봄을 기준으로 하면 나오려고 새로 시작하는 것이다. 이런 음양적 판단을 해야 한다. ② 子月은 환경에 무엇이 있다가 아니라, 아무것도 없다가 된다. 보이는 게 없는 환경이다. 그래서 성공하는 子月 생들의 70% 정도가 아무것도 없이 태어난다. 원래 자기가 가지고 있는 건 써먹지 못하는 게 인간의 습성이다. 대개 있는 건 쓰지 않고 없는 것을 추구한다. ③ 그리고 적성이 있는데 子月은 壬水나 癸水가 적성이다. 壬水는 파는 게 적성이다. 팔려면 능력을 만들든지, 물건을 찾아오든지 해야 한다. 이렇게 세 가지로 구분한다.

이것을 받아들이는 일간은 무엇이 될까? 子月의 辛金은 잘 팔리는 물건 중 하나다. 그리고 물건이나 상품으로 따지면 동절의 辛金이니, 이때 辛金은 하얀 서리이니 원래 서리는 눈이 내리면 자기 땅이니 잘 맞는 것이다. 그러니 혼자 두면 잘 놀지만 여럿이 있으면 놀지 못하는 것이다. 辛壬이니 辛金이 동지 전 子月이면 자기 땅이고 섞인 것도 없다.

이때 四柱에 木이 있어야 죽은 것이 있는데, 한겨울에 살아 있는 게 없으니 죽은 것도 없다. 살아 있는 게 없으니 눈 쌓인 하얀 山에 나무 한 포기도 안 보인다. 그럼 산새조차 날아오지 않으니 아무것도 없는 황무지에서 태어난 것이다. 子月은 땅속조차도 생명체가 아무것도 없을 때다. 어쩌면 희망이 없는 것이, 가장 좋은 건지도 모른다.

辛金일간이 子月 동지 前이면 택궁(宅宮)이 壬水니 六神으로는 상관이고 癸水는 식신이다. 그다음 宮에 대한 合沖변화도 살펴보아야 한다. 合沖은 원래 年으로 맞추는 건데, 사람이 살면서 月에 맞추게 되었다. 태어나면서 年에 맞추고 살아가면서 月에 맞추는 것이다.

만약 살아가면서 상관(傷官)이 발동해서 官을 剋하게 되면, 官을 침범한 것이니 권한을 빼앗기는 것이다. 그럼 뺏겼다고 할 것인가, 주었다고 할 것인가의 문제이다. 똑같은 행위인데 생각하기에 따라 다를 것이다. 일간의 역할이 어떤가에 따라 생각이 달라지기 때문이다.

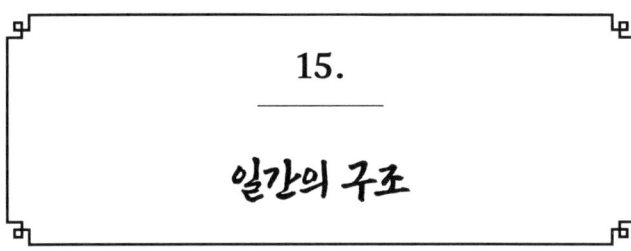

■ 甲木일간

일간을 상생하거나 生化하는 건: 壬, 癸
甲木일간이 상생 또는 설화(泄化)하는 건 丙, 丁
동기(同氣)오행: 甲乙
통근(通根): 寅卯辰, 未亥

甲木일간은 이렇게 구성되어 있다.
水生木으로 生化를 했다고 한다.
甲木일간 기준으로 木生火이니 泄化를 하고
甲木일간이 甲乙木을 얻었으면 同氣를 얻었다고 하고
地支는 通根을 했다고 하는데,
陽干은 5군데 通根을 하고 陰干은 세 군데 通根을 한다.
甲木이 일간이면, 일간을 상생하는 것을 生化라 하고
일간이 상생하는 것을 泄化, 일간과 똑같은 오행을 同氣,
일간과 같은 것이 地支(암장)에 있으면 通根이라 한다.

일간이 하는 일은 판단을 하는 것이다.
生化가 하는 일은 준비를 하는 것이다
泄化가 하는 일은 행위를 하는 것이다.
同氣오행이 하는 일은 협조를 한다.
通根이 하는 일은 의지(意志)를 갖게 하는 것이다.
根이 多하면 단단함, 根이 너무 많으면 똥고집이라 한다.

■ 庚金일간

일간은 판단하는 것이다.
戊己土가 상생을 하는데, 庚金으로 化했다고 해서 生化라 한다.
土生金으로 준비하는 것이다.
庚金이 壬癸水를 生하는 것은 설화(泄化)라 한다. 뺄 설(泄) 자이다.
일간에서 빠져나갔으니, 泄化되는 해에 행위를 하는 것이다.
출산, 개업, 배가 고프다. 많이 먹는다. 金生水를 하는 것이다.
庚辛金의 同氣가 있는데, 通根은 申酉戌 巳丑이다.
丑이 亥子丑이면 水다.

일간은 판단(判斷)한다.
일간이 판단했으니, 生化는 그것에 맞춘 준비를 한다.
판단하고 泄化하는 건 준비한 것을 통해 행위를 하는 것이다.
同氣오행은 이에 대해 협조를 하면 된다.
根은 근본으로서 단단한 힘이 되니, 의지가 되고 실천력이 된다.

亥子丑 수왕지절(水旺之節), 亥卯未 목왕지절(木旺之節),
亥는 수왕지절(水旺之節)에 태어났다.
甲木이 亥를 보면 生化도 받고 根도 된다.

未는 巳午未 화왕지절(火旺之節), 木生火이니 능력을 활용한다.
根이니 버티는 힘도 있고 火이니 활용도 한다.
이런 것이 없이 泄化만 하면 힘이 없어 탈진된다.
그럼 泄氣라고 한다. 氣가 빠져나갔다.
방합이란 그 계절의 힘을 얻었다는 의미다.
힘이란 계절의 기운을 얻어야 힘이 있는 것이다.
寅卯辰은 甲木이 목왕지절(木旺之節)에 났다.
甲木이 寅卯辰 月에는 同氣오행과 根이 있는 것이다.
辰은 生化와 根, 寅은 泄化와 根,
모든 오행은 이렇게 구분이 되어 있다.

음양이 다르게 상생을 한 것이 있고
음양이 같은데 상생을 한 것이 있다.
癸水는 음수(陰水)이고 甲木은 양목(陽木)이다.
陰이 陽을 상생한 것이니, 癸水는 甲木을 상생하려고 한 것이다.
그런데 壬水는 陽, 甲木도 陽이니 陽과 陽이다.
이것은 2차 목적이 있는 것이다.
壬水는 甲木을 직접 상생하러 온 것이 아니라,
亥子에서 金을 상생해서 가져온 것이다.
甲木 陽木이 丁火 陰火를 生하면, 甲木의 능력이 丁火에게 간 것이다.

甲木이 陽인 丙火 陽火를 生하면 2차 목적이 있으니,
火生土로 土를 상생할 목적으로 火를 生한 것이다.
그러니 丙火에게는 土를 상생할 의무가 있는 것이다.
壬水는 金을 상생해 온 것이다.

甲木 丙火는 상생을 해야 하니, 火生土를 하는 게 중요하다.
火生土를 하지 않으려면 甲木이 丙火를 生해야 할 이유가 없다.
그러니 甲木은 土를 위해서 丙火를 生하는 것이다.
※계절 감각이 익숙해지기 전에는 이 말을 이해하기는 좀 어렵다.

이렇게 甲木일간이면 水生木 木生火이다.
나중에 이 모두의 목적은 재관(財官)에 있다.

■ 戊土일간

丙火, 신령스런 정신세계를 준비하다. 이것이 生化다.
丁火, 쓰지도 못하는 기술을 배우다.
戊土의 同氣는 戊土 陽, 己土 陰이고
戊土가 泄化하는 것은 庚金으로 능력을 발휘하고
辛金으로 戊土를 泄氣하는 것이다.

戊土의 根은 辰, 戌, 巳, 午로 되어 있다.
戊土는 寅申巳亥에 根하지 않는다.

巳에 건(建)을 얻고 午에 왕(旺)을 얻어서 건왕을 얻었다고 한다.
巳午에 根을 하는 것은 화왕절이니 준비하는 곳에 根을 한 것이다.
庚金과 辛金이 있으면 泄해서 능력을 발휘하는 데 쓴다.
辰이란 목왕지절에 根을 했다면, 木은 일간인 土를 木剋土하는 거지, 生을 하는 것이 아니다.

그럼 木剋土하는 걸 생화 받아 오려면 丙火로 받아온다. 그럼 木이 하는 것을 받아다가 자기 것처럼 쓰면 되니, 브랜드 런칭, 차용, 모방 등의 능력이지, 자기의 창의력이 아니다. 戌에 根하면 土生金이니 능력을 발휘하는 것이고 辰은 남의 능력을 자기 것으로 만드는 것이니 창의적인 게 아니다. 陽干은 同氣오행만 있으면 地支에 있는 모든 걸 거느릴 수가 있고 陰干은 陽干에 根을 하지 못하고 陰에만 하는 것이다. 根이 있어야 木을 끌어들일 힘이 있는 것이다. 根이 없으면 하다가 포기한다. 그러니 辰中 木에 根을 하면 더 낫다. 根을 했으니 자기가 판단할 수 있고 자세히 아는 것인데, 만약 辰이 없고 土가 甲乙木을 끌어왔다고 해도, 즉 丙火가 알아차려서 木을 끌고 온다고 해도, 자기 根이 없으면 자기 전생에 해 본 게 아니라 믿음을 갖지 못하니 잘할 수 없는 것이다.

만약 戊土일간이 乙木이 와서 辰에 根을 했다면 丙火가 乙木을 가져올 수가 있다. 丁火가 있다면 주변에 좋은 여건이 있어도 가져오지 못하고 고민만 한다. 가져온다는 것은 교육을 받는다는 뜻이다.

일간은 根으로 판단하고 상생을 받음으로 준비하고

상생을 함으로써 준비된 내용을 활용하는 것이다.
天干의 同氣오행은 나와 협조를 하는 것이고
암장의 通根은 무엇인가 준비하고 실천하는 행위에 대한
판단에 영향을 미치는 것이다.

그러므로 일간의 根으로 구성되어 있으면 내가 하는 일이고 일간의 根이 없는 사람은 내가 하는 일이 아닐 것이다. 세상에서 가장 오지랖이 넓은 사람은 地支가 다 根인 사람이다. 地支에 根을 하나도 없는 사람은 판단하는 직업을 가질 수가 없다. 판단하는 사람이 옆에 있고 자기는 행위만 하면 되는데, 그런데 사람마다 자기 根이 運에서 오면 자기도 판단을 하려고 하니 수명이 10년씩 짧아진다. 根이 없으니 판단을 하면 안 되는 사주인데, 木 일간이 運에서 寅卯辰으로 오면 자기도 판단을 하게 된다. 판단해서는 안 되는 팔자가 판단하게 되면 긴장을 하게 되니 수명이 짧아지게 된다. 위장이 두근거리고 가슴이 두근두근 뛰게 되니 수명이 단축된다. 20년 동안 판단을 하게 되면 20년이나 단축된다.

판단력은 가장 많은 기운과 공력을 낭비하는 것이다. 운동을 많이 한다고 에너지를 낭비하는 것이 아니라 뭔가 판단하고 결정할 때 낭비가 된다는 걸 알아야 한다. 그래서 20년을 가도 단 하나의 판단도 하지 못하는 사람이 있다. 이 사람에게 용서하지 못한 자와, 용서받지 못한 자라 한다. 용서란 판단이 필요한 일인데, 판단을 못 하니 용서하지 못한 자가 되고 누구에게 빌어 보지 못한 자니, 용서받지 못하는 사람인 것이다. 사과하는 걸 굴욕적이라 생각한다. 이렇듯이 根이 없는 자에게 판단이란 가장 큰 힘을 낭비하는 것이다. 그런데 根이 있는 사람은 판단을 쉽게 할 수 있으니, 힘을 낭비하는 게 아니다. 그냥 일반적으로 하는 일이다. 사주에 根이 있다면 판단이 잘 서는 사람들이라 생각하면 된다. 그러나 根이 너무 튼튼한 사람은 독단적 판단이 된다. 가령 甲木은 寅卯辰 月令이 根인데, 준비하는 根도 아니고 활용하는 根도 아니고 그냥 根이니 판단은 잘하는데, 준비에 필요한 걸 판단하는 根인지, 활용에 필요한 걸 판단하는 根인지 명확하지 않다. 根도 여러 가지 종류로 나누어야 한다.

일간 하나당 5개의 根이 있다. 陰干은 3개로 해도 되고 5개로 봐도 된다. 戊土와 己土는 4개씩만 보면 된다. 己土도 巳午는 土의 건왕(建旺)이라 해서 土의 근본이다. 그것도 양인(陽刃)성 根이라 해서 무척 힘이 강한 根이다. 戊己土가 巳午를 보면 갓을 쓰고 양반으로 태어난 것이다. 그래서 태어날 때 巳午月에 태어나면 신태왕처럼 여기면 된다. 양인격(陽刃格)과 같다고 생각하면 된다. 土만 있으면 '신령스런 기운을 받아서' 이런 말이 있으니, 자기가 신령스럽다고 생각해서 '아랫것들이' 하면서 사람을 무시할 수가 있다. 丙火를 가지고 태어났으면 建이라 생각하고 丁火를 가지고 태어났으면 陽이라 생각하면 된다. 그래서 인도자 중에 최고의 인도자는 戊己土가 巳午를 가진 자이다. 丙火를 왕이라 하고 戊土를 왕이라 했다. 둘 다를 가졌다고 해서 왕다운 왕이라 한다.

土는 六陽이 根이니 巳中 丙火, 午中 丙火가 根이다. 건왕(建旺)이다. 戊土가 未에는 根을 하지 않는다. 착근(着根)정도이다. 通根, 유근(幼根) 정도이다. 根에도 정도가 있다. 未로서 준비하는 정도는 안 된다.

根은 네 가지 종류가 있는데 木 일간이면 목왕절(木旺節)이 根이다. 그리고 根이 2개가 더 있는데 生하는 계절에 根을 하거나, 剋하는 계절에 根을 하거나 하는 것이다. 이것이 네 가지 종류로 활용이 된다.

同氣오행이 있는 것이 좋다 나쁘다가 아니라, 그걸 사용하는 특징이 있는 것이다. 상생을 받는 건 준비를 하는 것이고 내가 상생을 하면 활용을 하는 것이다. 일간의 根은 판단하는 기능이고 일간의 同氣는 판단을 도와주는 것이다.

■ 己土일간

신령스런 丙火가 己土를 상생했으니 곧 신령을 이룬다. 영명(靈明)한 丁火가 己土를 상생하니 곧 화로(火爐)를 이룬다. 준비했으면 그 능력을 써야 하니 오랜 경험, 숙달된 경험으로 庚金과 辛金으로 나의 완성된 능력을 쓴다.

同氣를 구하니 戊土 己土,
通根을 구하니 丑土, 未土, 辰土, 戌土, 寅申巳亥, 午中 己土인데,
陰干이기 때문에 丑, 未, 午만 인정한다.
丑中에 己土, 未中의 己土, 午中 己土,
그래서 午未는 화왕절이니 火生土와 같으니
배운 것을 쓰기보다, 배우는 힘이다. 준비력이 철저한 사람이다.

丑월은 수왕지절이니 土生金 金生水로 水에서 쓰는 것인데, 己土도 陰이고 辛金도 陰이라 상생이 안 되니 金生水란 목적을 보고 상생하는 것이다. 그러니 목표에 도달하는 위해 쓰인다.

午中 丙火로 준비를 철저히 하자, 예방을 철저히 하자는 마인드를 가졌다. 그런데 金으로 활용을 하겠다는 것이다. 土生金으로 활용을 잘할 수 있다. 대신 그냥 활용하는 것이지, 어디에 쓰는지는 잘 모른다.

己土가 일간이고 辛金이 내 행위고 水가 돈을 버는 것이라면, 陰과 陰은 돈만 보면, 상대가 원하는 대로 얼른 취해 가지만, 己土가 庚金이면 음양이 다르니, 돈이란 水가 있어도 돈을 취하는 게 아니라 土生金을 하는 것이다. 이건 六神의 성격이 아니니 인간관계와는 다르다.

■ 庚金일간

庚金을 生하는 것은 戊土 陽, 己土 陰이다.
庚金이 生하는 것은 癸水 陰과 壬水 陽이다.
庚金과 同氣오행은 庚辛金, 通根은 申酉戌이다.
陽은 陰도 다 끌어들일 수가 있다.
그러니 庚金은 丑中 辛金, 巳中 庚金 다 가지고 있다.
申酉戌은 금왕지절, 丑은 수왕지절, 巳火는 화왕지절이다.
陰 己土로 陽 庚金을 生하니 상생을 한다. 영양가 없이 상생한다.
만약 戊土가 있다면 陽陽이니 상생을 못 하니, 火를 가져와야 한다.
火를 가져온 것으로 상생을 받는데, 이게 무슨 말인지 알아야 한다.

水는 亥가 있으면 壬水가 陽이니
능력을 밖으로 활용하려면 잘하지 못하는 것이다.
그럼 木의 요청을 받아야 하는데 사주에 木이 있으면,
내 능력을 요청하는 사람이 있으니, 능력을 내놓으면 된다.
그런데 내가 능력을 안 만들어 놓았으면 안 되고
土生金으로 능력을 만들어 놓아야 한다.
天干에 辛金이 있으면 겁재가 있으니, 옆 사람이 무조건 도와준다.
庚金이 陽이니 옆에 있는 陰을 부려먹는 것이다.

일간은 판단한다.
행위는 일곱 가지 근을 활용해서 하는 것이다.
준비하는 행위는 일간이 生을 받는 것이고
일간이 生하는 것은 활용하는 행위이고
同氣는 협조자이고 根이란 자기 판단에 필요한 정신력과 같은 것이다.
根이 없으면 판단력이 없어지는 것이다.

그럼 根 중에도 네 가지 根이 있는데, 준비하는 根도 있고 행위 하는 根도 있고 준비하는 根 중에 남이 한 것을 가져와서 하는 준비도 있다. 행위 하는 것도 자기가 알아서 행위를 하는 것이 아니라, 남이 원하는 것으로 행위를 해야 하는 것도 있다. 巳中의 庚金도 金이다. 그럼 火生土이니 남이 준비해 놓은 것을 가져오는 것이니, 차용을 하는 것이다. 브랜드 차용, 런칭을 하는 것은 다른 브랜드를 가지고 오는 것이다. 己土는 陽인 庚金을 生하니 브랜드를 붙이지 못한다.

庚金일간이 申에 根하면 튼튼해서 전생부터 내공을 쌓았으니, 申이면 700년 공력이 쌓인 것이다. 酉는 600년, 戌은 300년 내공이 쌓인 것이다. 丑은 수왕지절이니 강한 水를 가진 것이다. 능력 발산을 힘 있게 할 수 있는 사람이다. 힘이란 육체적인 힘을 말하는 것이 아니라 정신력을 의미한다. 왕성한 활동력을 가진 사람이다. 전생에 이미 다 준비했으니 활동을 하면 된다. 丑中 己土가 있는데 陰이고 庚金은 陽이니, 스스로 준비한 것이니, 이 사람은 아이템이 있는 사람이다. 同氣오행도 陽과 陽은 협조가 안 되고 陰과 陽이 협조가 잘되는 것이다.

■ 辛金일간

辛金을 상생하는 것을 戊己土다. 土生金이니 상생이라 한다.
인격화를 시켜야 하니 生化라 한다.
化란 마땅히 변화하여 이루었다는 뜻이다.
化란 물을 먹어서 나무가 되었다는 말이니
하나의 기운이 형질변경이 되었다는 것이다.
학교에 가면 시간만 3년이 가는 것이 아니다.
결혼하면 부인으로, 애를 낳으면 엄마로,
애가 학교 가면 학부형으로 역할이 바뀐다.
이렇게 변화를 했다는 말이 化이다. 土生金이라 한다.
일간이 상생을 하는 것이 있으면 金生水하니,
壬水도 生하고 癸水도 生한다. 泄化라 한다.

일간은 어떻게 살아야겠다고 판단을 하는데,
生化는 土生金으로 살아갈 준비를 하는 것이다.
泄化는 준비한 것으로 행위를 하는 것이다.
同氣는 辛金과 庚金으로 협조를 하지만, 나중에는 분쟁이 있다.
泄化는 행위를 하는 것이다. 나중에는 泄化를 하지 않는다.
生化는 준비를 한다. 나중에는 준비하지 못한다.
일간은 판단하는 것인데, 나중에는 덜덜 떨면서 판단하지 못한다.
그러니 판단을 同氣가 해 준다.
通根이란 地支 암장에 똑같은 기운이 들어가 있는데,
申酉戌 금왕지절과 丑中에도 辛金이 있다.
그리고 巳중에도 金이 있는데, 음양이 다르니
酉戌丑 3개만 인정하자는 설이 강하다.
根은 굳은 의지, 단단하게 버티는 힘을 상징한다.

일간이 根을 하고 있으면 어떤 판단을 하는데 신속하고 두려움이 없이 하는 것이다. 根이 없으면 '어떻게 해야지?' 하고 망설이고 판단을 했다고 해도 스스로 믿을 수가 없으니 실천력이 부족한 것이다. 그러니 판단을 했다고 해도 준비와 행위를 안 하는 경우가 있다. 그럼 판단을 안 한 것과 같다. 판단은 몇 년 전에 하고 준비는 몇 년 후에 하거나 한다.

辛金은 陰이고 庚金은 陽이니, 陰이 陰을 生하는 것과 陽이 陰을 生하는 것은 의미가 다르다. 陽이 陰을 生하면 生化라 한다. 土生金이라 한다. 그런데 陰이 陰을 生하는 법은 없다. 己土 陰은 火生土로 生化를 받아 온 것이다. 그러니 火를 金에게 전달하려 하는 것이다.

壬水는 陽이고 癸水는 陰인데, 辛金 陰干이 陽을 生하면 일만 하면 되는데, 陰인 辛金이 陰인 癸水를 生하면 水生木으로, 癸水는 木이 원하는 것을 펼쳐야 한다.

通根은, 辛金이 根을 했는데 申酉戌은 힘을 상징하고 丑은 수왕지절이고 巳는 화왕지절이다. 그럼 丑은 根도 되면서, 泄化도 하는 것이니, 내 능력을 쓰는 데는 아주 튼튼한 사람이다. 판단력은 좋은데, 배우는 데는 문제가 좀 있다. 巳도 根이 있는데 火生土 해 오는 것이니, 己土는 生을 받는 힘을 가지고 있으니, 己土는 저쪽에서 끌어오는 生을 받는 것이다. 멀리 있는 것을 끌어오는 것이다. 同氣인 辛金도 陰과 陰은 친하지 않다고 했다. 陰과 陽은 친하다. 그러니 同氣인 辛金은 목적이 있어야 辛金을 도와준다. 庚金은 음양이 달라 친하니 무조건 도와준다. 辛金은 2차적 목적이 분명히 있는 것이니, 辛金일간이 '泄化를 잘하면 내가 도울게', '네가 生化를 잘하면 내가 도울게' 하는 것이 辛金 비견의 행동이다. 이렇게 陰과 陰, 陽과 陽은 반드시 중간에 에이전시가 있는 것이다.

戊土는 陽이니 辛金일간을 잘 生化한다. 준비를 창의력으로 한다. 己土와 辛金은 陰이니 生化를 못한다. 己土를 生하는 건 丙火이니, 火生土를 받는 것은 원래 있던 것을 가져오는 것이니, 차용하는 것이고 뺏어오는 것이고 통해서 오는 것이고 泄해서 오는 것이니 에이전시이다. 火生土의 관계는 丙火와 泄化의 관계이다. 己土는 丙火가 泄化해 놓은 것에 들어가는 것이다.

辛金일간은 癸水를 잘 生하지 않으나 甲木이 원하면 生한다. 生化를 甲木이 받아야 주는 것이다. 甲木의 요청에 의해서 주는 것이니 甲木이 生化를 받아 가는 것이다. 이렇게 인식을 바꾸면 공부를 하기가 편하다. 己土에는 官인 火를 泄한 것이 들어가 있다. 偏印은 官의 장점은 두고 단점만 가져오니 언제나 偏印이란 여자는 남편의 단점만 안다. 언제든지 문제가 발생하면 즉시 단점을 공격하려 한다. 그래서 피를 말려 죽인다. 그래서 偏印은 泄化라 하지 않고 泄氣라 한다.

正印은 자체로 生을 하는 것이다. 그럼 또 음양이 달라졌으니 泄化가 되었으니 正印의 상생을 받았으면 상관으로 가야 生化가 된다. 만약 土生金을 해서 土가 癸水에게 갔다면 준비한 대로 못 쓰는 것이다. 甲木이 원해야 하니 土가 원하는 대로 준비한 걸 쓰는 게 아니라, 甲木이 원하는 대로 써야 한다. 나는 A를 준비했는데 상대는 B라는 것을 준비할 수 있다. 나는 된장찌개를 먹으려고 했는데, 김치찌개를 먹으러 가자고 하는 것이다. 안 맞아 들어가는 것들은 상호협조를 해야 한다.

만약 辛金이 癸水를 生하려고 한다면,
혹은 辛金이 壬水를 生하려고 한다면,
겁재는 음양이 다르니 무조건 돕지만,
비견은 똑같은 것이니 辛金이 무엇을 하느냐를 보고 돕는 것이다.
그러니 상관을 生하는 것을 돕는 것이다.
癸水를 生하려면 안 도와주려고 한다.

이 말을 그대로 들으면 되는데, 六神을 배웠으니 자꾸 六神에 연결되니 안 들리는 것이다. 酉戌은 根이니 버티는 힘으로 최고다. 丑은 金生水이니 내 능력을 쓰는 힘이 있는 것이고 巳는 화왕지절이니 일간의 根은 있는데, 일간을 상극하는 것이니 己土가 辛金을 상극하는 火의 힘을 빼서 辛金을 生하는 것이니, 己土가 있을 때 巳는 辛金에게 힘이 되는 것이다. 巳는 己土라는 중개자가 있어야 辛金의 根이 되는 것이다.

甲木의 판단과 己土의 판단은 기운이 각기 다르다. 甲木은 무엇인가 생산하거나, 시작, 준비하는 기운을 가지고 있고 乙木은 생산된 것을 활용하는 기운을 가지고 있고 庚金은 물건을 완성을 시키는 기운을 가지고 있는데, 乙木을 활용해 본 경험적 기운이다. 辛金은 완성된 완제품적 기운이다. 생산도 해 보고 활용도 해 보고 활용도가 높고 가치가 높은 庚金도 해 본 것으로, 완성제품으로서 더 보강할 필요가 없는 것을 辛金이라 한다. 甲木은 지금부터 생산해야 한다는 기운이고 辛金은 완제품이니 팔아야 한다는 기운의 특성이다.

일간은 판단하는 것이다.
판단 방법은 상생을 받았으면 준비를 하는 것을 판단하는 것이고
상생을 하면 활용하거나 행동하는 것을 판단하는 것이고
同氣가 있으면 같이 협력하는 것을 판단하는 것이고
根이 있으면 자기주장을 판단하는 것이다.

일간에게는 특성이란 말 대신 판단이란 말을 쓰는 것이 맞지만, 일간이 아니고 甲木이나 乙木이라면 특성이란 말을 써야 한다. 일간이란 용어가 붙으면 특성이 아니라 판단이라 해야 한다. 일간은 사람이기 때문이고 판단이란 옳고 그름을 구분하는 것이기 때문이다.

甲木일간에게 癸水는 자기 창의력으로, 자기 능력을 준비하는 것으로 판단하고 陽이 陽을 生할 때는 밖에 있는 것을 모방해서 판단하는 것이다. 陽이 陽을 生할 때는 자기 스스로 준비하지 못하니 준비해 놓은 것을 가져다 쓰는 것이다.

月令에서는 물건의 쓰임을 알아야 하고 인간관계를 알려면 일간을 알아야 한다. 일간을 生化하는 건 준비하다가 통변이다. 인간관계를 준비하다. 나는 사람들과 어떻게 살겠다는 것을 준비하는 것이다. 일간이 泄化하는 건 능력을 발휘하는 것이다. 준비했으면 발휘해야 한다.

일간을 제(制)
剋은 자른다는 것이고 制는 다스린다는 것이다.
다스리면 내 것이 된다. 사람은 자기를 잘 다루는 사람을 좋아한다.

일간을 制化하다: 일간이 적응하다.
일간이 制化하다: 취하다, 거두다.
일간이 通根하다: 스스로 집행할 수 있는 힘을 가지고 있다.
내공이 있다. 의지력, 주도력이다.
통근을 하지 못하면 의지력이 없는 것이다.
의지력이 없으면 아무리 힘이 있어도 소용이 없다.
사람은 의지가 없으면 항상 의심을 하게 된다.
매사에 믿음이 없는 것이다.
일간과 同氣: 협조, 대신해 주다.
이것이 일간에게 구성된 인간관계이다.

일간이란 자기 자신이다.

일간이 하는 일은 판단을 하는 것이다.

인성과 根과 식상은 행위에 들어가는 것이다.

재성의 취해야 할 것과, 官에 적응해야 할 것이다.

일간과 財官의 관계는, 官에 적응하면 財가 저절로 들어오고

財를 취하게 되면 官은 저절로 들어온다.

財와 官은 공통분모로 되어 있다.

財를 취하면 官에 적응하게 되고

官에 적응하면 財를 취할 수 있게 되니 이 둘을 富貴라 한다.

印을 하면 官은 저절로 되는 것이다.

준비하면 적응을 하는 것이다.

식상을 발휘하면 財를 취할 수 있다.

식상을 발휘하여 財를 취하면, 官은 얻을 수 없다.

인성을 준비해서 官에 적응하면, 財는 얻을 수가 없다.

官에 적응하면 財는 저절로 얻게 되고

財를 얻으면 官은 저절로 얻는다는 말은, 일간이 할 수 있는데,

인성과 식상과 관계없이 일간이 할 수 있는 것이다.

다시

일간이 인성을 준비하면 官은 저절로 되지만,

일간이 官이 있는데 인성이 없으면 官은 사라진다.

일간이 식상을 발휘하면 재성은 저절로 생긴다.

일간이 식상을 생하지 않으면 재성이 있어도 재성은 사라지는 것이다.

그러니 재성은 '취하다'가 있고 '사라지다'가 있다.
官은 '적응하다'가 있고 '부적응하다'가 있다.
인성은 '준비하다'가 있고 '준비하지 않다'가 있다.
일간은 '판단하다'와 '판단하지 못하다'가 있다.
根은 '의지가 있다'와 '의지가 없다'가 있다.
同氣오행의 '협조를 얻다'와 '협조를 얻지 못하다'가 있다.

협조를 못 얻었다는 건 반대편을 만들었다는 것이다. 적을 얻었다는 것이다. 취하다, 취하지 못하다, 에서 취하지 못하면 남이 취하는 것이고 내가 발휘하지 못하면 남이 발휘하는 것이다. 이것이 인간관계를 공부하는 방법이다.

일간과 財官과의 관계에서는 반드시 조화가 맞아야 하는데, 일간과 나를 제화(制化)하는 官과의 관계에서는 官이 반드시 힘이 더 강해야 한다. 그래야 일간이 적응한다. 만약 일간이 더 힘이 세면 일간이 적응하지 않는다.

일간이 制化하는 재성보다는 일간이 반드시 힘이 더 강해야 한다. 그리고 일간을 制化하는 官도 상생을 받아서 왕했는지, 같은 同氣가 있어서 왕했는지, 根이 있어서 왕했는지 따져야 한다.

내가 적응할 官이 상생을 받았으면 준비를 잘 한 것이고 官이 상생했으면 발휘를 잘 한 것이고 동기(同氣)가 여럿이면 협조가 잘 이루어지는 것이고 통근(通根)이면 의지가 강한 것이다.

일간이 官을 만났는데 官이 일간보다 더 약하다면 일간이 官에게 적응을 할 수 없고 오히려 내가 官에게 적응하라고 요구하니 이는 도리에 어긋난다. 직원이 사장에게 적응하라고 하니 이것은 깨지게 되는 것이다. 일간이 官에게 적응해야 하는 것이 순리다.

그럼 官이 어떻게 생겼나 봐야 하는데, 官이 상생을 받았으면 준비를 열심히 하는 것이고 泄化를 하면 능력을 빨리빨리 쓰는 것이고 根으로 되었으면 의지가 대단하다고 하고 同氣오행이 여럿이면 협조체제가 좋은 사람이라 한다. 그러나 중요한 건 根이 없으면 혹은 同氣오행이 없으면 어떤지 공부해야 한다.

배우자가 根이 없으면 의지가 없는 사람이다. 生化가 없으면 준비를 안 하는 사람이고 泄化가 없으면 자기 능력을 발휘하지 않는 사람이고 同氣오행이 없으면 사람 간에 협조가 없는 것이다. 일간도 마찬가지이다. 나를 生化하는 것이 없으면 준비하지 않는 것이다. 인성이 전혀 없는 사람들이 박사학위를 받는 이유는 균형 때문이다. 식상이 많은 사람은 능력을 발휘하기 위해서 인성의 준비가 있어야 한다. 그래서 학위를 준비하는 것이다. 그러니 필요하냐 아니냐의 문제지, 있느냐 없느냐의 문제가 아니다.

식상으로 발휘하다. 財를 취하다. 발휘한다고 다 취하는 것이 아니다. 만약 발휘하다가 인성이 없어서 발휘를 안 하는 사람이 있는데, 이는 同氣오행이 있어서이다. '발휘하다, 취하다'를 자기가 하는 것이 아니라, 同氣오행을 시켜서 하는 것이니 일간은 준비할 필요가 없는 것이다. 그러니 同氣오행이 없으면 자기가 해야 하니 이런 균형 논리가 필요하다.

인간은 이렇게 모든 관계로 연결되었기 때문이다. 명리학은 관계학문이다. 관계를 상생과 상극으로 맺는 것이다. 인성으로 적응하다. 식상으로 취하다, 인성과 식상과 同氣오행은 일간의 주체다. 일간은 판단하는 나, 인성은 준비하는 나, 식상은 발휘하는 나, 根은 나와 나의 의지, 同氣오행은 나와 상대방의 마음을 얻기 위해 환심을 사는 나, 협력하는 나(我)가 있다.

官으로서의 나는, 밖에서 잘하나 못하나 쳐다보는 나이고 財로서의 나는 나에게 지도력을 잘 펼치나 못 펼치나 바라보는 나이다. 官에서 볼 때는, 세상에 맞게 준비를 잘했나 쳐다보는 나이다. 그러니 검증은 두 가지가 있다. 적응하는 검증과 취하는 검증이 있다. 재성은 일간을 따라가니 취했다고 하고 官은 일간이 따라가서 적응해야 한다. 먼저 이걸 알아야 한다. 여기에 상생하는 글자가 둘이니 陽陽이 상생하고 음양이 상생하는 의미가 다르니, 그때마다 상생과 상극 속에 무슨 의미를 넣는 것이다.

일간은 판단하는 나, 일간이 地支에 같은 오행이 있으면 통근했다고 해서 의지가 있는 것이다. 根이 없으면 의지가 없다. 7개 중에 가장 중요한 것이다. 일간과 같은 오행이 天干에 있으면 同氣오행이라 한다. 이는 협조관계이다. 일간을 상생해 주는 것을 生化라 한다. 삶을 준비한다는 뜻이다. 이는 대개 초년 운이다. 작전을 짜는 것을 말하는 것이다. 계획을 짜는 것이다. 인성은 습득한 실력을 의미하고 식상은 능력 발휘에 속한다. 재성은 능력을 발휘해서 소유하는 것이다. 인성으로 준비했으면 관살에 적응하는 것이다.

일간을 生化하는 인성이 없으면 관살은 없는 것이다. 사주에 있어도 없는 것이다. 일간을 생화하는 인성이 있으면, 官이 없어도 있는 것이다. 일간이 능력을 발휘하는 것이 있으면 재성은 사주에 없어도 있는 것이다. 사주에 능력을 발휘하는 식상이 없으면, 재성이 있어도 없는 것이다. 그러니 일간이 반드시 가져야 할 것은 인성과 식상이다. 그럼 財官은 없어도 있는 것이다. 사주에 있으면 불편할 수도 있는데 있는 것에 적응도 해야지, 귀해지기도 해야지 하는 목적 때문에 준비를 더 하는 게 아니라, 목적만 있고 준비를 안 하는 사람이 되기 때문에 더 나빠질 수가 있는 것이다.

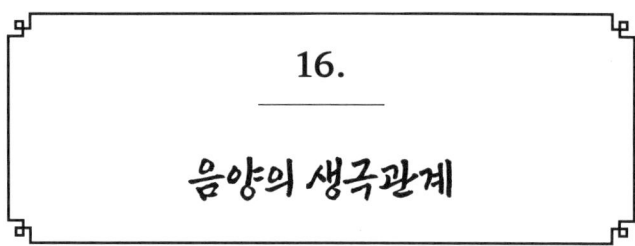

生이란

剋이란

生의 종류가 있고 剋의 종류가 있다.

상생의 종류는 水生木 木生火 火生土生金 金生水 네 가지로 보면 된다. 학습의 편의나 생활의 편의로 네 가지로 보지만, 원래는 水木火土金水가 다 있어야 한다.

상극이란 水火金木土로 되어 있다.

土에도 상극이 있는데 土剋水, 木剋土가 있다.

水火의 상극에는 土水 상극이 개입하고

金木 상극에도 木土의 상극이 개입한다.

이 土의 상극을 충화(沖和)라고 한다.

沖을 해서 화합을 한다고 해서 沖和라고 한다.

水生木, 木生火, 火生土生金, 金生水가 상생의 종류이다.

癸甲, 乙丙, 丁己庚, 辛壬, 生生의 표시이다.

상극용어는 水火가 만나면 기제(既濟),
金木이 만나면 벽갑(劈甲),
土水는 윤택(潤澤), 木土는 소토(疎土),
火剋金은 제련(製鍊)이라 한다.

기제(既濟)는 생각과 행동의 일치가 만났다.
벽갑(劈甲)은 잘못된 것을 골라 낸다. 구조조정.
윤택(潤澤)은 환경이 조성되었다.
소토(疎土)는 배우고 익히고 나를 계발한다.
제련(製鍊)은 전문가가 되려고 피나는 훈련을 한다.

상극도 干支로 표현을 해야 하는데
癸丙, 癸丁, 壬丙 壬丁 이런 식으로 40개가 나온다.

水火金木土, 상극이란 상승작용이다.
상생 5개, 상극 5개다.
土가 水에 개입하고 木에 개입한다.
그리고 水火와 金木이 만났을 때 상극해야 상승을 한다.
그런데 火剋金을 받아서 자르는 것은 나무를 살리려고 자르는 것이다.
감옥에서 교도관이 火剋金을 받지 않은 金剋木을 하면
나를 죽이려는 짓이지만, 火剋金을 한 사람이 나를 金剋木하면
나를 살리려는 매질이다. 하는 짓이 다르다.

生과 剋의 형태

상생의 형태

생화(生化)와 설화(泄化)가 있다.

生化는 상생받다. 泄化는 상생하다.

예) 水를 기준하면

金生水는 生化, 준비한다. 水生木은 泄化를 해 간다.

水의 기운을 빼 간다. 활용한다.

상극의 형태

剋을 받다. 극약(剋弱), 내가 剋을 받다. 당하다.

剋을 한다. 극강(剋强), 내가 剋을 하다. 해치다.

生을 받으면 왕해지고 生을 하면 쇠(衰)하다고 한다.

어떤 것이 더 좋고 어떤 것이 더 나쁘다고 하면 안 된다.

내가 剋을 당하면 약(弱)이고 내가 剋을 했으면 강(强)이 된다.

많으면 왕(旺)이고 적으면 약(弱)이란 건 맞지 않는 말이다.

이치는 상생상극으로 해야 한다.

봄, 여름, 가을, 겨울을 구분하는데, 봄기운이면 子부터 시작해야 하고 봄이면 寅부터 시작이다. 동지가 지났으면 봄기운이 오는 것이다. 모든 생각을 만들고 있는 중이니 동지부터는 계획을 짜는 시기다. 계획은 아직 드러나지 않았으니, 어쩌면 엉큼해 보일 수도 있다.

다시

生이 있고 剋이 있다. 상생상극이란 서로 관계가 있기 때문이다.
生化를 받는 것을 왕이라 하고 生을 하는 것을 衰라고 한다.
剋을 당하면 剋弱이라 하고 剋을 하면 剋强이라 한다.

그리고

陽이 陽을 生하고 剋하고 陰이 陰을 生하고 剋한다.
이는 이미 알고 있는 내용이다. 지혜와 같다.
陽 → 陰, 陰 → 陽의 生剋 관계는 배워야 안다. 지식과 같다.
그리고 陽 → 陽, 陰 → 陰은 이미 알고 있다.
지혜를 말한다. 나쁘게 말하면 잔꾀, 트릭이라 한다.
陽 → 陰, 陰 → 陽은 지식이고 배워야 한다.

命理에서 상생상극 관계는 상생의 종류는 40개이다. 중요한 상생은 5개, 삼극 5개, 상생은 모두 네 가지 형태가 나온다. 水生木도 네 가지 형태가 나온다. 그래서 모두 40개의 형태가 나온다.

오행	상생받다	상극받다
甲	壬甲, 癸甲	庚甲, 辛甲
乙	癸乙, 壬乙	辛乙, 庚乙
丙	甲丙, 乙丙	壬丙, 癸丙
丁	乙丁, 甲丁	癸丁, 壬丁
戊	丙戊, 丁戊	甲戊, 乙戊
己	丁己, 丙己	甲己, 乙己

庚	戊庚, 己庚	丙庚, 丁庚
辛	己辛, 戊辛	丁辛, 丙辛
壬	庚壬, 辛壬	戊壬, 己壬
癸	辛癸, 庚癸	己癸, 戊癸

상생상극表

이를 반대로 말하면

陽 → 陽의 반대는 '이미 알고 있다'의 반대이니 '생각이 안 남'이다.
아무것도 모른다. 智,
장점을 아는 것이 아니라 잘못된 것을 이미 알고 있다.
대궁(對宮)학이니 항상 반대도 해야 한다.

陽 → 陰은 '배워야 안다'인데 안 배운다는 뜻이다(知).

상생의 종류는, 중요한 것이 5개가 있고 상극의 종류도 중요한 것이 5개가 있다. 그리고 상생과 상극은 모두 20개씩 있다. 그러니 상생이 잘되는 것도 있고 안 되는 것도 있지만, 안 되는 것이 더 많다. 그럼 상생이 잘되는 것이 좋으냐, 안 되는 것이 좋으냐 문제인데 상생이 안 되는 것이 더 좋다. 왜? 노력해야 하니까, 상생이 잘되는 것이 좋다. 왜? 노력을 안 해도 되니까, 이런 걸 따져 보기 위해서 하는 것인데 총 40개이다. 그런데 이 상생이 陰陰, 陽陰으로 나누어졌는데 일단 외워야 한다.

生이란 것은 끝없이 순환하는 시간의 연속이다. 하나의 일을 끝없이 생산해 내는 것의 연속이다. 상극이란, 상생이 있어야 상극이 있는데 원래는 상승이라 한다. 끝없이 순환하는 시간의 연속성 속에서 무엇을 생산하는데, 그것을 멈추어야 하는 것이 있는데, 이는 끝없이 상생으로 생산이 되는데 그걸 소비해야 한다는 의미이다. 상생의 생산적 개념과 상극의 소비적 개념이다. 공장에서 계속 생산만 하는 것이 아니라 팔아야 한다는 것이다. 판다는 것은 상극이다. 생산과 소비적 개념이 상생과 상극이다.

25살이 넘으면 팔아먹어야 하니 취업을 하든 결혼을 해야 한다. 중학교 졸업하면 고등학교를 가야 한다. 이런 변화 시점이 상극이니 상극은 좋은 것이다. 어떤 사람은 상생으로만 된 사람이 있다. 그럼 효용성이 약하다. 어떤 사람은 상생도 없이 상극으로만 된 사람이 있다. 안 봐도 안다고 한다. 무엇을 하지도 않고 멈춘다. 학교도 안 간다. 안 배워도 다 안다고 한다.

상생은 생산적인 개념, 상극은 소비적 개념이다.
마디가 생길 때마다 검증을 받으니, 인생이 바뀌는 변곡점이 된다.
검증을 받아야 하는 것이 상극이다.

■ 상생상극 예제

1) 甲木 일간

상생하는 오행은 癸水와 壬水이다. 壬甲이 水生木 상생을 하니 안 배워도 이미 알고 있다. 생각해 보면 안다. 사(思), 이미 알고 있는 건 많은데 쓸려면, 무섭고 두려워서 생각을 안 하는 것이다. 반대말은 '하나도 모른다. 속이 비었다.'

癸甲은 배워야 안다. 지(知), 生化는 준비와 같고 계획과 같다. 癸水는 배워야 하고 壬水는 마음에 다짐을 잘해야 한다. 마음을 잘 먹어야 한다. 시험을 보러 가면 공부를 많이 한 癸水가 잘 볼까? 생각 잘하는 壬水가 잘 볼까?

반대로 말하면 壬水는 생각할 줄 모른다. 망상에 젖게 된다. 그러니 壬水가 잘못되면 어리숙한 사람이 되고 癸水가 잘못되면 어리석은 사람이 된다. 생각해 보고 마음을 단단히 먹는 것과, 공부를 단단하게 한다는 것이 다르다. 준비하는 것이란 마음을 단단히 먹는 것도 준비고 배우는 것도 준비다. 지도자가 되려면 공부 잘하는 사람과, 마음을 단단히 먹는 사람 중에 누가 더 좋을까? 癸甲은 정상이지만, 壬甲이 잘못되면 무슨 조치가 필요하다. 생각하지 못하게 막는 조치가 필요하다. 그래야 생각을 바로잡는다. 癸甲도 지식을 어지럽혀야 지식을 바로잡는다. 이런 것이 상극을 통해서 들어온다. 망상을 멈추어서 생각으로 돌리고 공부 안 하는 것을 공부하도록 상극으로 친다.

甲木이 상생을 하러 가는데, 丙火를 상생하고 丁火를 상생한다. 陽이 陽을 生하니 丙火를 生하고 陽이 陰을 生하니 丁火를 生한다. 그럼 일간이 生하는 걸 泄化라고 한다. 통변하면 '활용하다' 활(活)이란 입에 침이 튀도록 입을 놀린다. 혀를 놀린다는 의미가 들었다. 다 쓴다. 生化는 보충한다. 生化로 보충했으면, 泄化로 나가서 쓴다. 활용을 기준으로 상생받다는 보충하다. 상생으로 준비했으니 가서 쓴다.

甲丙은 陽陽이니 이미 알고 있다. 甲丁은 陽陰이니 배워야 한다. 그럼 쓰는 것도 배우는 것이다. 무언가 활용하다 보면 배우게 된다. 현장에서 배우다. 미용사 자격증을 따면(生化), 활용해야 한다(泄化). 甲丁은 쓰다 보니 배운다. 쓰면서 배운다. 甲丙은 현장에서 배우지 않고 계속 쓰기만 하면 늘어나지 않는다.

命理도 강의나 상담을 하면서, 쓰면서 공부를 하는 것이 있다. 甲丙은 이미 알고 있는 것이니 숙달을 안 해도 이미 알고 있다. 숙달이 안 되어도 알 수 있는 것은, 정성, 사랑, 아침에 일찍 일어나고 저녁에 일찍 자기, 성실, 근면 등은 안 배워도 알고 있는 것이다. 벽에 못 박는 것은 기술이니 숙달되어야 안다. 그러니 기술과 정성이 다르다. 甲丙은 정성을 쓰는 것이다. 홍수로 무너진 길을 고치려면 정성이 필요하냐? 기술이 필요하냐? 그 길을 고치고자 하는 정성이 먼저 들어가고 나중에 기술이 들어간다. 기술이 전혀 필요하지 않은 곳이 많다. 어떤 마음을 먹으면 된다는 것이 명리학이다. 거꾸로 말하면 甲丙은 정성이 전혀 없는 사람이 될 수도 있다. 甲丁은 기술이 전혀 없는 사람이 될 수도 있다.

■ 甲木일간의 상극 예제

庚金과 辛金이 甲木을 상극한다. 일간이 상극받다이니, 일간이 극약

(剋弱)이고 庚金은 극강(剋强)이 된다. 庚金이 甲木을 剋하면 陽이 陽을 剋하니 이미 안다. 辛金이 甲木을 剋하면 陰이 陽을 剋하니, 剋하는 이유를 배워야 안다. 庚甲은 이미 알고 있다. 쉬지 않고 술을 100일 동안 먹으면 체력이 탈진되어 병원을 간다는 것을 안다. 알고 있는데 고치고 안 고치고는 다음 문제다. 辛甲은 배워야 안다. 내가 剋을 당하면 경험해야 안다.

다시 甲木이 剋을 하면 戊戌年은 戊土를 運에서 만났다. 甲戊하니 甲은 剋强해지고 戊土는 剋弱해진 것이다. 내가 剋한 것이 약해지니, 부인을 약하게 만들고 내 아버지를 약하게 만들고 내가 쓰는 돈을 약하게 만든다. 특히 하체가 약해지는데 甲戊로 剋을 해서 그렇다. 甲戊로 剋하면 내가 약해진다는 것을 이미 나는 알고 있었다.

甲木이 己土를 剋하면 경험을 통해서 자꾸 배워야 안다. 甲이 戊를 보는 것을 여자를 본다고 하고 甲이 己를 보는 것을 부인을 본다고 한다. 甲이 戊를 보는 것은 여자에게는 잘해 주면 된다는 걸 이미 알고 있다. 甲己는 부인이니 살아 봐야 아는 것이니, 잘해서만 되는 것이 아니라 요령껏 잘해야 한다.

이미 알고 있는 陽陽이나 陰陰의 상생상극은 습관을 잘 다스리고 생각을 잘하고 마음가짐을 잘 가지면 되는 것들이다. 배워야 아는 것들은 모르는 것이니, 꼭 배우고 익혀야 한다. 甲木이 丙火로 식당을 한다면 정성을 가지고 하면 된다는 것을 알고 있다. 내 자식 먹이듯이 하면 손님들이 북새통이 된다.

甲木이 丁火를 生하면 활용하면서 배워야 한다. 눈치코치를 보면서 배워야 한다. 그런데 장사가 안 되는 것은 정성이 안 들었기 때문이다. 손님이 오는 것은 물건을 사러 오는 게 아니다. 사람은 정성에 대한 냄새를 머리로 맡을 줄 알고 소리는 가슴으로 들을 줄 안다. 상대가 말을 안 해도 더 잘 안다. 命理를 하게 되면 이것을 거꾸로 말할 줄 알아야 한다.

陽陽 陰陰은 다 알고 있다. 그 사람은 걱정만 하다가 아무것도 하지 못한다. 陰陽 陽陰은 배워야 안다. 이 사람한테는 상처만 당했다고 말할 준비도 해야 한다. 알고 있으니, 알고 있는 것이 나타나게 하려면, 생각해야 한다. 모른다는 것도 알고 있다는 뜻이다. 배워야 안다는 것은, 배울 욕망도 있다는 뜻이기도 하다.

甲木을 활용하려면 丙火가 있어야 하는데, 사주에 丙火가 없다면 지나 丙申年에 활용을 할 수 있는 運이 온 것이다. 그럼 뭣을 활용했느냐? 배운 것을 활용했느냐? 창의를 활용했느냐? 아니면 내가 당하고 당한 경험을 알고 있으니 그걸 활용한 것이냐? 아니면 戊土로 내가 상극한 걸 활용한 것이냐?

丙火로 하면 乙丙, 그리고 수화기제(水火旣濟)다. 火生土 丙戊도 있다. 그럼 水火旣濟로 했나? 甲戊로 했나, 丙戊로 했나? 火生土이니, 木剋土를 해 본 것이다. 내가 강하게 해서, 적을 약하게 한 것이니, 아무리 해도 돈이 안 벌린다는 걸 알았느냐? 그것을 알았으면, 활용하러 갈 때 돈이 안 벌린다는 것을 알았으니 돈이 안 벌리는 프로그램을 짜게 되는데 그것을 알았느냐? 리스크 계산을 했나? 어느 정도의 수준을 알았느냐? 이것이 火生土生金이다. 큰 것을 바라지 않는다면 활용하면 되는데, 사람은 자기능력보다 더 큰 결과를 바랄 수가 있는 것이다.

반대로 내가 저 일을 어떻게 하지? 내가 저 사람을 감당할 수 있을까? 내가 저 일을 할 수 있을까? 하는 사람이 있는데, 하면 된다. 甲木이 戊土가 오면 경쟁을 할 運이다. 그럼 무엇을 경쟁할 것이냐? 상극이란 경험을 하는 것인데, 내가 상극을 한 것은 내 실수로 망칠 수가 있고 내가 상극을 당한 것은 경쟁에서 질 수가 있는 것이다.

戊土 運에는 甲戊으로 했나, 戊壬을 했나, 戊癸냐, 丙戊냐이다. 戊土가 내 사주에 甲戊면 배운 것을 검증받아라. 丙戊는 활용을 하는 것인데 陽陽이니, 배워야 하는 게 아니라, 이미 아는 걸 하는 것이다. 그럼 경쟁에서 내가 취약하지 않다는 걸 아는 것이다. 丙戊는 이미 알고 있는 것으로 간다. 그럼 정성과 의지를 가지고 가야 한다. 丙戊는 꼭 알아야 하는 것은 아니다. 정성만 지니고 있으면 머릿속에 이미 알고 있다. 丙戊는 서비스를 갖춰라. 甲丁으로 오면 공부를 해야 하니, 기술을 더 배워야 한다. 활용하려면 더 많이 알아야 한다. 그러나 甲丙, 丙戊 같은 것은 많이 알면 알수록 안 되는 것이다. 올바른 마음가짐을 가져야 한다.

■ **연습**

태어난 날을 月令에서 司令을 잡는다. 乙木일간이 丙火에 태어났다면, '상생하다'이니 힘이 들더라도 배워야 한다. 현장에서 써가면서 배워야 한다. 이것이 통변 내용이다. 甲木이 木生火를 하면 陽陽이니 능력을 활용하는 것이지만, 배우는 것이 아니라 의지가 있어야 한다. 하고자 하는 의지가 있어야 한다.

辛金일간의 戊土 運은 '상생받다'이니, '준비하다'이니 무슨 일을 할 때 준비부터 해야 한다. 그럼 생각나는 것을 준비하는 것이 아니라, 배워야 한다. 그러나 저절로 아는 것도 있겠지만, 배워야 하는 것만 쓰지 영감이나 이런 것은 써먹지 못한다. 陽과 陽은 배운 것은 별로 중요하지 않으니, 그냥 쓰면 된다.

丙戌는 '준비하다'이다. 이것은 이미 알고 있는 것이니 마음가짐이나 결심을 잘해야 한다. 이미 알고 있으니 배우는 건 별로 중요하지 않다. 그러니 갖추어야 할 것은 정성이나 성실, 혹은 의지 등이다.

하늘에서 나에게 무엇을 내렸는지 알고 갖추는 것이 月令과 일간이다. 甲木일간이 壬水月令의 壬甲이면 陽이 陽이니 준비할 때는 마음가짐과 정성을 갖추는 것이다. 甲木일간이 辛金이면 金剋木이 陽陰이니 내가 세상에 나가면 상극당한다. 나보다 강한 놈들이 많다. 그러니 배워야 아니 반드시 배우고 가야 한다. 내가 상극을 당했으니 배워야 할 것이 많구나. 그럼 그것을 배워야 한다.

甲木이 戊土면 木剋土이니 陰陰 陽陽이면 내가 누군가를 약하게 만든다는 것을 알아야 한다. 내 손길이 필요한 사람이 있다는 것도 알아한다. 土가 약한 자이니 내 손길이 필요하다. 그걸 배워서 아는 것이 아니라 그냥 알고 있는 것이다.

戊土는 甲木을 모셔야 한다. 甲木은 戊土를 보호하고 다스려야 한다. 甲木은 辛金에게 보호받고 다스림을 받아야 한다. 내가 상극받다와 상극하다가 다른 것이다. 陽陰은 내가 배우거나 경험해 봐야 알고 陽陽은 그냥 아는 것이다. 타고난 특성이다.

내가 상극을 하면 그 사람을 내가 보호해야 한다. 내가 상극당하면, 내가 보호를 받아야 한다. 戊土를 갖춘 것이 丙戊를 갖춘 것인지, 戊壬을 갖춘 것인지 봐야 한다. 戊丁이나 戊癸로 갖추었나 보고 戊土가 간절하게 원하는 것을 해 주면 보호하는 것이다. 내가 그걸 알면 내가 능가하는 것이니 높아지는 것이다. 내 환경에서, 내가 剋한 사람들과 살아가는 방식이다.

甲木이 金剋木을 맞았으면, 나를 剋한 金이 어떻게 구성되었나를 봐야 한다. 그 사람이 하는 것을 내가 하는 것이다. 상극은 나와 남의 관계이다. 상생은 두 가지인데 生化와 泄化가 둘이다. 둘이 들어간다고 해서 서로 相이 들어간다. 관계학문이기 때문이다.

月令에는 만물이 있고 人元(암장)에는 타고난 임무가 있다.
八字는 오로지 司令에 맞춘다.
명리학에 喜忌神이 있는데 선택의 권리가 있다.
명리학에는 令이란 것이 있다.

사람에게 조심할 것이 무엇이냐 하면, 거꾸로 말하면 좋을 것이다. '이 運은 당신에게 좋으니 이 運에 성공합니다'라고 말하고 싶지만, 거꾸로 말하면 된다. 運이 너무 나쁘니, 무엇을 하면 안 된다. '運이 너무 나쁘면 반드시 성공합니다'라고 해라. 運이 나쁘면 열심히 일하지만, 運이 좋으면 일하지 않는다. 사주가 좋으면 아무것도 안 한다. 人命는 묘하다. 사주는 병이 들어야 약이 있으니, 아마도 인명은 노고와 수고로움으로 자기를 만들어 가기 때문이다. 주희(朱熹)선생의 말이다. 노고와 수고로써 만들어 가는 것이지, 저절로 되는 것은 아무것도 없다. 사주는 병이 들어라. 古書를 만 권을 읽어도 병약지설(病藥之說)을 이해하지 못하면 소용이 없다. 그러니 인간이 태어날 때 병들고 힘들게 태어나서 그 역경을 이기다 보면 성공하는 것이지, 편안하게 태어나면 쓸모가 없다.

명리학을 통해 상담하다 보니 많은 고객이 이렇게 말하더라, '나는 왜 이렇게 태어났나?' 그러니 자기 운명에 만족하는 자가 아무도 없다. 만고풍상을 자기만 겪는 것처럼 말하지만, 누구나가 그렇다.

명리학 최초의 서적인 연해자평(淵海子平)의 月令에는 만물이 있다. 자연이 만들어 놓은 만물이 있다. 子月에는 눈이 오고 丑月에는 얼음이 생겨났고 寅月에는 나무가 올라오고 卯月에는 가지가 나오고 辰月에는 꽃이 피고 이런 것을 자연이 만들어 놓은 것이다.

그리고 人元에는 네가 할 일이 있다. 그럼 자기가 할 일이 무엇인지 알면 된다. 모든 四柱 여덟 글자는 오로지 月令에 맞추어라. 조금만 배우면 자기들끼리 일간에다 맞춘다. 이것은 命理가 아니다. 명리학의 이론은 너무나 간단하다. 月令에는 만물이 있다. 司令에는 임무가 있다. 八字는 오로지 司令에만 맞추어라. 내 환경이 어떻게 된다는 것에 맞추어라.

일간이 상생하느냐, 설화를 당하느냐, 상극을 하느냐, 상극을 당하느냐? 司令에 맞추어서 구분하면 된다. 土剋水, 金生水 이것이 무슨 말인지 알면 되는 것이다. 중요한 상생 5개, 상극 5개밖에 안 된다. 그럼 이것을 40개의 역할만 하면 된다. 그럼 내가 놀아야 할 무대가 어딘지 아는 것이다. 이것을 희기신(喜忌神)으로 또 나누어야 한다. 좋아하는 것과 꺼리는 것의 선택을 해야 한다. 살아가는 방법론을 선택해야 한다. 또 司令이 天干으로 드러날 때마다 운명이 바뀌게 되는데 10년마다 드러난다.

亥子丑월생은 壬水가 천간에 투간되면 丙火가 와야 바뀐다. 月支가 亥子丑인 사람은 丙火가 들어와야 운이 바뀐다. 인간은 36.5도라는 체온을 가지고 있으니 모든 생명체는 온도가 올라가야 활동한다. 10년 후에도 壬水를 보존하고 있으면 업그레이드하여 바뀌지만 보존하지 못하면 다른 것으로 바뀐다.

辛金일간에 庚金이면 申月이니 첫째 상극이니 丁火로 본다. 辛金일간이 춘절에 태어나면 丙火로 본다. 天干에 庚金이 투간되면 壬水상관으로 봐야 한다. 天干에 비견인 辛金이 올라가면 癸水로 본다. 化法이다.

자평진전 論用神편에 '月令이 같은 오행이면 관살을 用 하느니라' 했다. '同氣오행이 天干에 향했으면 식상으로 보느니라' 했으니 水로 보는 것이다. 사주에 癸水가 없어도 관계가 없다. 辛金이 癸水로 化한 것이다.
　金生水가 되었으니 능력을 활용해야 하는데 陰과 陰이니 어떻게 활용할지 안 배워도 다 아는 것이다. 陰陰 陽陽은 다 알고 있으니 정성이 생겼을 때, 마음을 먹었을 때다. 運이 들어오면 마음을 먹는다고 생각하지 마라. 마음을 먹었을 때 하면 된다는 것이다.

　剋을 했다는 건 내가 가서 剋했다는 게 아니라 그렇게 타고났다는 것이다. 김치찌개를 하나 끓여도 발상(發想)이란 게 있다. 이걸 어떻게 전달할 것인지 생각해야 한다. 月令은 子月 丑月이란 시간인데, 그 月令에 만물이 있다. 계절마다 태어난 물건이 있다. 그리고 司令에 내 임무가 있다. 八字는 司令인 임무에다 맞춘다. 그것이 무엇인지를 아는 것은 일간인 내가 상생하느냐, 상극하느냐 관계를 알아내는 것이다. 司令이 자기 임무다. 일간과 月令만 알면 된다.

　壬水일간이 戌月 辛金이면 生과 剋 중에 상생이다. 生剋에 종류가 여러 가지인데 그중에 辛壬이다. 그럼 환경에서 상품이 있는 것이니 유통을 위한 다리가 되어 주어야 한다. 상생받는다는 生化이니 음양이 다르니 배워야 한다. 무엇을 배우냐 하면 지식을 배워야 한다. 그중에서도 종류가 있다. 5개의 상생 중에 辛壬이다. 그럼 물건을 가진 자의 물건을 가져다가 팔면 된다. 그럼 구성 요소가 중요하다. 사주에서 剋을 했느냐, 剋이 있느냐를 따지는 법칙이다. 내가 상생을 받았으면, 이 사람들이 원하는 걸 내가 배워야 한다. 이 사람은 자기가 무엇을 할지 모르고 태어났으니 金生水란 辛壬의 지식을 배워야 한다.

사주 天干에 戊壬庚丁이 있다면, 이 사주는 丁火가 있으니 火剋金으로 상극을 당한 것이니 이미 상품이 되었지만, 戊土가 있어서 壬水를 누르니 상품이 안 보인다. 土生金이면 상품 다루는 걸 배워야 한다. 그러나 戊土가 일간 壬水를 剋했기 때문에 보이지 않는다. 적당한 상품을 못 찾는 것이다. 내가 팔아야 할 적당한 상품이 있는데 보이지 않는 것이다. 상품을 눈으로 보는 게 아니라 마음으로 보고 마음으로 만지니, 마음에 들지 않는다는 뜻이다.

辛金일간이 壬水월에 태어났다면 나는 이미 상품이 되었는데 누가 사 가야 하는 것이다. 壬水일간이 辛金에 태어났으면 나는 팔 곳이 있으니 상품을 구입해 와야 한다. 상극을 받으면 상품이 이미 나와 있다는 뜻이다. 이때 戊土가 있으면, 이미 나와 있는 것을 배워야 한다. 그런데 戊土가 너무 많으면 안 보이는 것이다. 가까이에 있어도 안 보이는 것이다. 그럼 庚金이 올 때 강제로 가르쳐 주어야 한다. 그러니 물건도 골라 주고 가게도 차려 주고 자기는 가만히 있으면 된다. 그러니 자식이나 부인에게 일을 시키고 자신은 가만히 있으면 된다. 대개 이런 사주는 자식이나 부모가 무엇을 준다. 그것으로 사는 것이다. 이미 완성된 상품이 있는데 나는 안 하고 배우기만 한다는 것이다. 내가 하지 않을 뿐이지, 이미 하고 있는 중이다. 시간은 가고 있다. 본인이 안하고 있을 뿐이다.

月支가 甲木이면 寅月이나 卯月이니 무엇을 탄생시키는 환경에 태어났다. 항상 그런 것이다. 이걸 바꿀 수는 없고 그것이 인생이다. 卯辰月은 만들어진 것을 밖으로 내놓고 검증을 받는 것이다. 어떤 모습으로 있는 것인가는 상생상극으로 보는 것이다. 음양이 다르면 모든 것은 배워야 한다. 음양이 같으면 일단 알고 있으니 검증받을 마음을 먹어야 한다. 이 말을 거꾸로 해야 한다. 陰陰 陽陽으로 되었으면 '알면서도 두려워서 못 하고 있네' 陰陽 陽陰이면 '배워야 하는데 죽으라고 안 배우시네' 하면 백발백중이다. 사주 보는 법이다. 동양철학에서 배운 것을 거꾸로 말하면 된다.

좋은 조건이 있으면 그걸 살리려고 하지 않고 나쁜 것은 살리고자 하는 마음이 더 강하다는 걸 알아야 한다. 사람은 그래서 참 묘하다. 일간이 月令에서 상극을 받는 것이 많다면 나를 다스리는 사람이 있다는 것인데, 음양이 같으면 이미 알고 있는 사항인데, 음양이 다르면 배워서 새겨야 한다. 그럼 그 사람에게 충성을 다해야 한다. 그런 사주에게는 '상사의 언행이 눈에 거슬려 도저히 못 참으시네요' 하면 잘 맞는다.

'이렇다'와 '이렇게 해야 한다'를 구분해야 한다. 이걸 구분할 수 있을 때까지는 '해야 합니다', '…입니다' 하는 건 공부할 때 하는 말이고 손님에게는 '이렇게 해야 합니다'라고 말해야지 '뭐 뭐입니다' 하면 안 된다.

A라는 환경이 있으면 그 환경에 충성을 다하면 되는데 자꾸 C라는 환경에 마음을 두려고 한다. 누구나 다 거꾸로 된 마음이 자꾸 드는 것이다. 인간만 그렇다는 것을 알아야 한다. 한겨울에 태어났으면, 한겨울의 삶에 맞추어서 행동하기보다는, 자꾸 따뜻해지기를 원하니 망하는 것이다. 한겨울은 한겨울에 해야 할 것을 하면 흥하는 것이다.

用이란 말이 있고 用神이란 말이 있는데, 亥子丑이면 동출(冬出)이니 한겨울에 출생해서 추우니 用이 水이다. 한겨울에 얼음이 가득한데 추운데 물을 쓰라는 것이 用이다. 그런데 명리학이 淸나라에서 대만을 거쳐 우리나라로 들어오면서 사고가 발생한 것이다. 말이 바뀌어서 用을 用神으로 바꾸었으니, 亥子丑에 水를 쓰는 것이 아니라, 없는 火를 찾게 되는 것이다. 마음으로 원하는 것은 火이고 있는 것은 水이니 바뀐 것이니 잘못된 것이다. 없는 것을 찾는 것으로 습관이 되어 버린 것이다. 완벽한 거짓말에 속은 것이다.

巳午未 月令 생은 뜨거운 시기니 火는 있는 건데 땅도 뜨겁고 생각도 뻔한다. 그러니 炎上이다. 뜨거우니 水를 찾는다. 그렇다고 水를 찾으면 안 된다. 用神이라 해서 원하는 것을 찾게 된다. '있는 것을 쓰세요' 하는 것이 명령이다. 그리고 '이것을 실천하세요' 이걸 이치라 해서 명리학이라 한다. 그럼 '나는 그렇게 하기 싫어요', '나는 이렇게 하고 싶어요' 하고 하늘에 대고 삿대질을 한다. 이것이 占이다. '나는 이렇게 살고 싶은데 됩니까?' 하고 물어본다. 그럼 된다, 안 된다가 나온다. 육효(六爻)로 점괘를 뽑았으면 '됩니다, 안 됩니다'만 해야 하는데, 이건 이렇고 저건 저렇고 하는 상담은 안 된다. 운명학이란 지구상에 명리학밖에 없다. 占學으로 무슨 해설을 한다거나, 무슨 방법이 있다거나 이런 말은 들어갈 수가 없다. 이것을 用이라 한다.

명리학에서 말하는 用神은 月令을 쓰는 것이다. 반대로 말해야 하는 건 사람밖에 없다. 국화는 가을에 피지, 봄에 피지 않는다. 목련은 봄에 피지 가을에 피지 않는다. 사람은 봄에 피는 국화와 같고 가을에 피는 목련과 같다. 그러니 통변할 때는 거꾸로 하면 된다. 그럼 잘 맞는다.

巳午未 月令이면 水 이야기하면 잘 맞는다. 그런데 그건 그 사람에게 잘 맞는 것이지, 그 사람 사는 방법이 옳은 것이 아니다. 명리학은 그것을 고쳐 주는 것이다.

申酉戌 月令이 와서 물어보면 물건이 가득하니 사람이 없다. '사람이 없으시군요' 하면 된다. 아주 간단하다. 그러니 없는 것을 이야기하면 잘 맞는다. 있는 것을 이야기하면 안 맞는다고 한다. 命理하는 사람이, 占보는 것보다 백발백중인 것은 거꾸로 말하면 된다. 寅卯辰 月令에게는 '사람은 바글바글해도 복 주는 사람이 없네' 하면 기막히게 잘 맞는다고 한다.

巳午未月令 생이 오면 뜨거우니, 水를 원하니 평생 살면서 시원한 꼴을 한 번도 못 만났네, 개운하지 않네, 이렇게 말하면 된다. 그런데 占을 잘 보는 건 아무리 잘 맞추어도 3년이면 땡이다.

木이란 부피가 늘어나고 형질이 변화되니 숫자가 많은 것이다. 처음은 사람을 많이 알지만, 떼어 내야 하니 사람은 많은데 쓸 만한 사람이 없는 것이다. '돈 되는 놈이 없네' 한다. 申酉戌 月令 생은 물건이 많다. 寅卯辰 月令은 사람이 많다. 木은 사람, 金은 물건이다. 사람이 많으니 쓸 만한 사람이 그립고 물건이 많으니 사람이 그립다.

巳午未 月令은 뜨겁고 뜨거우니 炎上이라 한다. 뜨거우니 시원한 것이 필요하다. '왜 나는 죽으라고 일만 하고 남는 것이 없냐?'라고 한다. 水는 열심히 노력해서 얻은 결론과 같다. 죽으라고 부지런히 분주다사

하게 사니, 火는 퍼지는 것이다. 水가 그리우니, 열심히 하나만 잡고 응결하니 남는 것이 없다고 한다. 죽으라고 부지런히 일하고 남는 게 없다고 한다. 그럼 죽도록 일하는 게 자기 팔자이니 일이나 해야 한다. 남는 게 없나 하고 말하는 순간, 남는 걸 따지게 되니 일하지 못한다. 일해 봐야 노후대책도 안되고 일해 봐야 뭐 하나? 한다.

거꾸로 亥子丑은 동출(冬出), 겨울에 출생하니 집 벽에 구멍이 숭숭 뚫렸다. 그래서 콧구멍에 고드름이 얼었다. 외로워서 죽겠는데 왜 나를 찾는 사람이 없을까? 왜 고생했다고 나를 칭찬하는 사람이 없을까? 어떤 사람은 사람이 너무 많아, 없었으면 좋겠다고 하는데, 나는 왜 이렇게 마음이 가난할까? 왜 나를 인정해 주는 사람이 없을까? 그런데 사람을 원하는 게 아니라, 칭찬해 주는 사람을 원한다. 사람을 원한다고 했으면, 외롭게 살아야 하는데, 사람을 원하기 때문에, 사람에게 위로를 못 받고 사는가? 위로를 못 받을 팔자이니 못 받고 사는 것인가? 위로받지 못할 팔자이기 때문에 못 받고 사는 것이다.

亥子丑의 직업적 환경은 모두가 장사를 떠났다. 청운의 꿈을 품고 고향을 떠나 남쪽 나라로 농사를 지으러 떠난 것이다. 고향을 떠나는 것은 30대이다. 亥子丑 月令은 왕성한 활동을 하러 밖으로 나간다는 뜻이다. 이때 모든 만물은 활동을 멈추니, 자라는 것이 없고 조용하니, 먹잇감을 구하러 바깥세상으로 나간다는 뜻이다.

巳午未 月令에 출생한 사람은 만물이 무성하게 자라니 외부로 나가면 안 되고 그 자리에서 열심히 농사를 지어야 한다. 巳午未 月令은 여

름이니 만물이 왕성한 활동을 하니 사람은 그곳에서 일하라는 것이고 亥子丑月令은 만물이 활동하지 않으니 사람은 왕성하게 활동하라는 것이다.

亥子丑 月令은 차갑다. 만물이 활동하지 않으니 사람이 해야 한다. 巳午未 月令은 만물이 분주하게 자라나는 시기이니 사람은 가만히 나무를 기르는 것이다. 巳午未 月令은 만물이 활동한다고 해야지, 사람이 그렇게 활동한다고 하면 안 된다.

사람은 木, 물건은 金이다. 水란 亥子丑은 가을 다음이니, 물건을 들고 밖으로 나가니, 물건을 매매하러 다니는 것이다. 木이란 巳午未이니 사람이 크는 것이다. 사람을 키운다는 뜻이다. 물건을 키우는 것이 아니라 사람을 키우는 것이고 겨울은 물건을 유통하는 것이다.

봄, 여름, 가을, 겨울은 중요하지만 조금은 추상적인 이미지를 머릿속에 연출해야 한다. 계절에 맞는 이미지를 연상해야 한다. 여름은 덥구나, 겨울은 춥구나, 봄은 만물이 태어나는 때로구나, 이런 추상적인 이미지를 하나둘씩 채워 나가야 한다.

巳午未月令에 출생했거나, 亥子丑 月令에 출생했으면 추상적으로 말하면 이해가 잘 되지만, 寅卯辰 月令이나, 申酉戌에 출생했으면 추상적인 이미지보다 사실적 이미지를 연출하면 이해가 더 잘된다. 목왕절과 금왕절은 물건이 보이기 때문이다. 그러나 亥子丑과 巳午未 月令은 머릿속에 그림이 생각나야 한다.

빌 궁(窮), 비었으면 채워 넣어야 한다. 차곡차곡 쌓아야 한다. 생각한 다고 해서 궁리(窮理)라 한다. 寒, 추운 것은 겨울이다. 물이 고드름이 되었다고 해서 冷이라 한다.

寅卯辰 月令이면 '사람이 많은데 정작 내가 쓸 만한 사람이 없네'라는 것이 정상적인 내용이다. 申酉戌월생은 '물건은 많은데 쓸 만한 물건을 골라야겠네' 그러려면 壬水가 있어야 한다. 寅卯辰 月令은 '사람은 많네' 그럼 쓸 만한 사람을 고르려면 火가 있어야 한다. 巳午未가 있거나 火가 있어야 쓸 만한 사람을 키우는 것이다.

申酉戌 月令은 '물건이 많네' 그런데 쓸 만한 물건이 많으려면 亥子丑이 있어야 한다. 그럼 巳午未 月令에게 사람을 키우려면, 쓸 만한 사람을 키우려면 寅卯辰 月生이 있어야 한다. 亥子丑 월생이 쓸 만한 물건을 팔아야 하니, 申酉戌 月生이 있어야 한다. 이렇게 四時의 궁리를 계속해야 한다.

四時란 寅卯辰 申酉戌, 巳午未 亥子丑은 사계절로 얼버무렸는데 나중에 2개로 나누고 24개로 또 나누고 해야 한다. 寅卯辰 月令에 '사람이 많네' 하려면 火가 있으면 쓸 만한 사람이 있는 것이다. 그런데 '쓸 만한 사람이 하는 일은 무엇이네' 하려면 8개로 나눠야 한다. 그중에서 '실력이 어떻네' 하려면 24개로 또 쪼개야 한다.

寅卯辰 巳午未는 물건을 보지 말고 사람을 쳐다봐야 한다. 申酉戌 亥子丑은 공장이면 물건만 봐야지 사람을 쳐다보면 안 된다. 물건이 잘 나왔으면 돈을 더 주고 못 나왔으면 가격을 깎아야 한다.

春夏節이란 봄여름은 사람을 선택하고 기르는 것이고 秋冬節은 물건을 선택하고 파는 것이라 생각하면 된다. 그렇다고 申酉戌 月令 사람에게 물건만 취급하며 산다고 하면 안 된다. 寅卯辰 月令생에게 명화(名畫)를 가져다주면 소장품이 되지만, 申酉戌 月令에게 명화(名畫)를 주면 얼마에 팔아야 한다는 가격이 나오는 것이다.

巳午未 月令에 태어나면 '사람을 많이 키워야 하는 임무를 타고났네' 그럼 木이 있으면 그런 '키울 만한 사람을 만났네' 하지만, 木이 없고 가을로 넘어가는 사람이 金이 있으면, '사람을 키울 팔자로 타고났는데, 물건을 만드시네' 해야 한다.

만약 申酉戌月令생이나 亥子丑 月令생은, 물건을 만들거나, 물건을 팔아야 하는데, 그럼 亥子丑에 태어났으면 金이나 물건을 만나야 하는데, 金을 만나지 못하고 木을 만났다면, 물건을 팔아야 할 팔자가 사람을 키우고 있다면, 이 사람은 사람을 팔기 위해 키우는 것이다. 그렇게 타고난 것이다.

사람의 감정을 생각해 보면, 巳午未月令생은 木이 있으니 사람을 키워야 하는데, 교육학과, 행정학과, 법학과 등인데, 이는 사람을 기르는 것인데 木이 없으면 사람이 없고 물건인 金이 있는 것이다. 木이 없으면 金이 있고 金이 없으면 木이 있는 것이다. 누구나 마찬가지로 상대성이다.

사람을 만나서, 사람을 키워야 할 巳午未월생 성품이 말도 못 하는 金

을 만나서 키우니 마음이 답답하다. 선비라는 고유정신이 있는데, 이 정신을 못 알아보는 물건들만 상대하고 있으니 답답한 마음이다. 그래서 선비가 시장을 나갔다고 한다.

亥子丑月令에 출생해서 물건을 골라 팔아야 하는데 金은 없고 木만 있는 사람이 있는데, 그럼 물건을 팔아야 하는데 사람을 키워야 하니, 시장 상인이 선비가 된 것이다. 사업가가 선비가 되었으니 교육 사업이다. 1번이 학원인데, 대개 관공서에서 오더를 따오는 사업이 있다.

巳午未月令은 사람을 키워야 하는 것이 임무가 된다. 寅卯辰月令은 '사람이 많네'라는 건 환경에 대해서만 말하는 것이다. 巳午未月令에 출생하면 사람을 키워야 하는 것이 임무다. 사람을 키우려면 木을 만나야 한다. 寅卯辰月令은 배워야 한다. 배우려면 巳午未를 만나야 한다. 키워주는 사람을 만나야 한다.

亥子丑月令은 물건을 팔아야 한다. 그럼 물건이 보여야 하니, 물건을 찾으려면 申酉戌月令을 만나야 한다. 申酉戌月令은 물건을 만들어야 한다. 寅卯辰月令이 배워야 하듯이, 申酉戌은 만들어야 한다. 그럼 亥子丑月令을 만나야 한다. 申酉戌月令이 亥子丑이 하나도 없으면 안 팔리는 물건만 만든다.

寅卯辰은 배워야 하는 임무, 사람이 많은 주위 환경, 경쟁이 많은 환경이다. 申酉戌은 물건이 많은 환경, 물건을 만들어야 한다. 巳午未月令은 사람을 키워야 하는데, 木이 있어야 키우니 木生火라 한다. 그런데

木이 없고 金이 있으면 물건을 만들어야 한다. 만약 사람을 키우는 사고방식을 가진 사람이 물건을 만든다면, 이 사람은 물건을 보는 게 아니라 사람을 쳐다보니 친절과 아이디어를 앞세워야 한다. 이런 말이 나오려면 火剋金이 되어야 한다.

그럼 巳午未月令이면 丙火가 했나, 丁火가 했나, 구분해야 한다. 丙火가 했으면 '직접 만들지 말고 인사나 잘해' 해야 한다. 丁火가 했으면 '주방에 들어가 요리나 만들어'라고 해야 한다. 丁火는 자기는 친절하다고 생각하는데 그 친절은 손님이 보기엔 불친절이다.

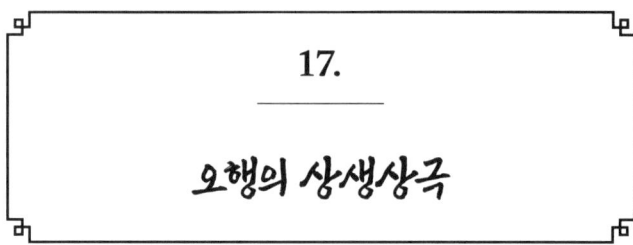

17.
오행의 상생상극

■ 壬水 丙火

우주의 氣가 변화되어 지구라는 戊土에 생겨난 기운을 음양이라 하며, 이 음양은 壬水와 丙火의 한난(寒暖)한 기운이 되었다고 한다. 그러므로 四時를 순환하는 지구의 기운은 戊土가 되며 순환과정에서 생겨난 寒暖한 기운을 壬水와 丙火라 한다.

壬水, 丙火에 대한 통변용어는 삶의 목적이 된다. 그런데 壬水, 丙火가 만나는 것은 미제(未濟)이다. 만났으나 만나지 않은 것이다. 壬水의 통변은 목적인데 '능력을 팔다'가 목적이고 丙火의 통변은 '능력을 만들다'의 목적이 된다.

그럼 목적을 이루려면 목표를 하나씩 점령해 나가야 한다. 壬水 丙火는 목적이니 반드시 天干에 떠야 한다. 天干에 뜨지 않은 것은 말하지 말아야 한다. 壬水나 丙火가 天干에 뜨면 목적이 생겨난 것이다. 壬水는 차가운 기운이니 대기 중의 濕氣를 긁어모아서 응결하는 기운인데, 파는 기운이니 전한다는 의미가 되고 丙火는 응결된 기운을 풀어서 펼친다. 능력을 만든다는 목적이다. 이런 것이 환경에 적합하다는 것은 戊土가 있어야 한다. 환경은 현실 환경이다. 丙火도 戊土가 있어야, 환경에 적합하게 능력을 만드는 것이다. 壬水가 戊土가 없으면 팔기는 파는데, 환경에 적합하지 않은 것을 파는 것이다.

■ 사시(四時)와 팔품(八稟)

四時의 기준이 나뉨에 동지부터 하지를 春夏節,
하지부터 동지를 秋冬節로 정한다.
또한 동지부터 춘분을 春節, 춘분부터 하지를 夏節,
하지부터 추분을 秋節, 추분부터 동지를 冬節로 구분하여
각각 90일씩 春夏秋冬으로 정한다.
다음에 만물의 탄생과 성장을 알기 위해 1년의 기준을 45日씩 8단계로 나눈다. 이를 팔품(八稟), 혹은 팔풍(八風)이라 한다.

1년을 2개로 나누고 4개로 나누고 8개로 나누고 24개로 나눈다. 나중에 72개로 나누어지고 365개로도 나누어진다. 45일 정도로 사람이 변화가 있다고 생각하고 나중에 5일 단위로 변화되는 일들을 다룰 수 있는 역량을 키워야 한다.

1) 중화(中和)의 함(含)과 토(吐)
지구의 순환과정에서 戊가 壬의 한기(寒氣)를 머금어(含), 지질(地質)

이 되는 己土에 의해 癸水라는 습기를 토해 내고(吐), 戊가 丙으로 난기
(暖氣)를 머금어, 지질(地質)이 되는 己土에서 丁火라는 조기(燥氣)를 吐
하니 四時에 한난조습(寒暖燥濕)이 생겨났다. (癸水와 丙火가 만난 것
과, 丁火가 壬水를 만난 것을 기제(旣濟)라 한다.)

결국 순환하는 地球의 기운인 戊土와, 땅의 地質이 되는 己土가,
함(含)과 토(吐)라는 中和작용을 통해 한난조습이 탄생한다.
戊壬(한조): 추분부터 동지까지, 己癸(한습): 동지부터 춘분까지
戊丙(난습): 춘분부터 하지까지, 己丁(난조): 하지부터 추분까지
春夏秋冬에 한난조습이 생겨난 것이다.

天干에 壬水가 있으면 누구든지 능력을 팔 목적이라고 통변하고
天干에 丙火가 있으면 능력을 만드는 것이 목적이고
天干에 둘 다 있으면 만들어야 할지 팔아야 할지, 현상이 맞지 않으니
미제(未濟)라 한다. 그래서 헷갈리니 진로가 안 나오는 것이다.

2) 목적 다음에 목표를 정해야 한다

壬水가 丁火를 보면 목적을 이루기 위한 목표를 하나씩 시작한다.
天干에 壬水만 있고 丁火를 얻지 못하면, 지장간에만 있어도 된다.
巳午月令이나 亥子月令에 출생했으면 壬水 丙火가 안 떠도 된다.
일단 壬水 丙火는 天干에 떠야 하지만, 壬水가 丁火를 못 보면
목적만 있고 목표를 정할 시도를 하지 않는 것이다.
그래서 壬水와 丁火가 만나면 기제(旣濟)가 된다.

丙火가 있으면 癸水로 목적에 대한 목표를 달성하게 된다.
만약 명리학을 점령하겠다고 丙火로 목적을 삼았다면,
癸水가 사주에 없으면 점령하겠다고 생각은 하면서
실제로 목적에 대한 목표를 실천하지 못한다.
天干에 丙火가 있다면 나는 능력을 만들 목적이 있는 것이다.
그럼 목적에 따라 목표를 점령해야 하니 癸水가 있어야 한다.
天干에 있으나 地支에 있어도 괜찮지만, 癸水는 세 가지가 있으니
거기에 따라서 목표점령의 모양이 달라지니 적성도 각기 다르다.

天干에 壬水도 없고 丙火도 없으나 亥子月에 태어났으면 壬水가 天干에 있는 것이다. 그럼 능력을 팔아야 하는데, 반대로 運에서 丙火가 왔으면 능력을 만드는 運이 온 것이다. 그럼 壬水는 능력을 파는 것은 평생 고유한 목적이지만, 丙火가 오는 운에는 능력을 만드는 목적을 하나 더 정한 것이다. 그럼 기제(既濟)를 해야 그 순서를 밟는 것이다. '능력을 만들 거야' 하면서 癸水가 없으면, 실제 행위는 하지 않는다. 그러나 癸水가 있으면 차근차근 목표를 정해서 가는 것이다. 그러니 항상 癸水가 먼저가 아니라, 목적이 먼저이다. 子中이나 丑中, 辰中의 癸水는 능력이 된다. 子中의 癸水는 고서나 원서를 하고 丑中 癸水는 학교 지식을 하고 辰中 癸水는 자격증을 따고 스펙을 쌓는다고 생각하면 된다.

壬水와 丙火를 만나서 목적을 정하고 목표를 실천하는데 항상 세 가지 방법이 있는데 "子 丑 辰, 午 未 戌"이다. 癸水와 丁火는 지장간에만 있어도 되는데, 이는 땅에서 나기 때문이다. 壬水와 丙火는 정신적 계획이 되고 癸水와 丁火는 그 계획에 따른 행위가 된다.

3) 삼원(三元)

동양철학은 天地人의 삼위일체(三位一體)를 삼재(三才)라고 했다. 干支를 기반으로 상생상극을 통하여 인명(人命)학을 판단하는 명리학에서는 三才를 三元이라 부른다. 三元은 天干을 천원(天元), 地支를 지원(地元), 지장간을 인원(人元)이라 부른다.

天元은 天地 간에 파동(波動)되어 있는 기운이다. 사람에게는 자신의 삶을 운영하기 위해서 정신적 이미지를 구축하는 데 필요한 정보가 담겼다. 자기가 어떤 삶을 살겠다는 이미지 구축에 필요한 정보가 天干에 담겨 있는데, 그중에 壬水 丙火는 목적 이미지를 구축하는 것이다.

地元은 자연이 정해 준 시간의 질서에 따라 만물의 동정이 존재한다. 사람에게는 생존에 필요한 만물을 기르고 가꾸어서 취하는 실질적 임무가 담겨 있다. 그러니 天干에 있는 것은 정신적 계획이니 목적이 되는 것이고 그리고 그 계획에 따라서 地支가 움직이는 것이다. 癸丙이나 丁壬이 만나는 것을 기제(旣濟)라 하고 壬丙이 만나거나 癸丁이 만나는 것은 미제(未濟)라 해서, 어느 것을 먼저 해야 할지 모르니 헷갈리는 것이다.

4) 생장성멸(生長成滅)의 氣

四時의 기운은 순환을 거듭하면서 기질(氣質)을 이루어 만물을 생성하는 기운이 마련된다. (氣質이란 水火旣濟가 되어서 만물을 만드는 환경이 되었다.) 四時의 기운이 순환하는 것을 상생이라 하며, 상생을 통하여 이뤄진 기운을 氣와 質이라 하며, 氣質에 의하여 탄생(誕生)한 물질을 만물이라 한다.

이와 같은 상생의 기운은 冬節에서 春節로 향할 때 水生木으로 생기(生氣)의 氣質이 생겨나고 春節에서 夏節로 향하면서 木生火로 장기(長氣)의 氣質이 생겨나고 夏節에서 秋節로 향하면서 火生土生金으로 성기(成氣)의 氣質이 생겨난다. (成氣란 숙성시켜서 완성시키는 기운을 뜻한다.) 秋節에서 冬節로 향하면서 金生水로 멸기(滅氣)의 氣質이 생겨난다.(거두어들여서 전하는 기운) 이와 같은 生長成滅의 기운은 四時를 순환하면서 만물의 生長과 生死에 관여하게 된다.

丙火의 運이 오면 '능력을 만드는 운에 오셨네요' 그럼 子中癸水와 丑中癸水가 일어나니 능력을 만드는 '행위를 하겠네요.' 子中癸水, 丑中癸水 속에는 根이 되는 甲木이 나온다.

■ **만물(萬物)의 출생(出生)**

四時의 상생작용으로 인해 생성된 만물을 팔품(八稟)이라고 한다. 팔품은 春節 水生木의 生氣에 의하여, 己癸는 甲으로 배양(培養)된 子丑月의 根과, 戊癸는 甲으로 탄생(誕生)된 寅卯月의 묘(苗)가 되는 출생과정이 있다. 이러한 배양과 탄생과정을 거쳐 根과 苗로 만물이 출생하게 된다.

夏節 木生火의 長氣에 의하여 戊丙은 乙木으로 산포(散布)된 卯辰月의 지엽(枝葉)과, 己丙은 乙木으로 번식(繁殖)된 巳午에 개화(開花)가 되는 生長과정이 있다. 이러한 산포와 번식과정을 거쳐 枝葉과 開花로 만물은 생장해 나아가는 것이다.

秋節의 火生土生金의 成氣에 의하여, 己丁은 庚으로 염상(炎上)에 의한 午未月의 結實과, 戊丁은 庚으로 수렴(收斂)되는 申酉月의 숙성(熟成)과정이 있다. 이러한 炎上과 收斂과정을 거쳐 결실이 익어 가는 것이다.

冬節은 金生水의 滅氣에 의하여, 戊壬은 辛으로 완성된 酉戌月에 成果, 己壬은 辛으로 종자(種子)를 전달(傳達)하는 亥子月의 과정을 거쳐 만사를 완성시키고 후세에 전하게 된다.

甲乙庚辛은 과정이 된다.
丁火 壬水에서 나오는 과정이 庚金과 辛金이 되고
癸水와 丙火에서 나오는 과정은 甲木과 乙木이 과정을 겪는다.
甲乙木이 없으면 능력을 만든다고 하면서 과정은 겪지 않는다.
과정은 안 겪고 능력을 만드는 행위를 하는 것이다.
실제로 탄생하는 건 아니지만, 행위는 하는 것이다.
木이 없이 나오는 것은 픽션, 정신, 거짓말, 가상, 창의력,
컨텐츠화 된 것들, 상상력, 이미지력, 종교, 사상, 철학 등이다.
지식뿐만 아니라, 귀신이라 해도 믿게 되는 것이다.
현상으로 나타나지 않는 것을 만든다는 것이다.

木이 하나라도 있으면 지식을 공부해야 한다. 木이 한 글자도 없으면 이미지만 만들어야 한다. 형체가 없으니 마음을 만나는 것이다. 이것을 픽션이라 한다. 사람을 정신으로 인정하지, 물체로 인정하지 않는다는 의미도 있다. 그런데 암장에 조금이라도 있으면 몸뚱이가 중요한 것이다. 그 사람이 '정신적인 것을 좋아해'라고 해도 거짓말이다. 甲乙庚辛

을 형체와 비형체로 나누는 것이다. 그러니 형체가 있는 행위를 하냐, 형체가 없는 행위를 하느냐이다. 1학년, 2학년 과정이 아니다. 그 과정은 丁火 癸水가 하는 것이다.

辛金이 子月 壬水라면 능력을 파는 사람이다. 목적은 능력을 팔아야 하니 프로 지향적 사고방식이다. 목적이 되는 팔기 위한 행위는 丁火가 하고 庚金과 辛金은 파는 형체가 된다. 만약 壬水 運이 또 왔다면, 목적이 있는데 또 목적이 왔다. 그럼 목적을 더 공고히 다져서 '더 큰 목적을 가졌네' 하고 그에 따라서 또 丁火로 계획을 실천하고 庚辛金으로 형체를 갖추는 것이다. 丁火가 運에서 왔다면 壬水로 된 목적을 실천하는 것이고 庚金이나 辛金이 運에서 왔으면 계획이 실천된 것의 실체가 나타났다고 통변하면 된다. 여기까지가 출생과정이다.

자기 사주에 출생과정을 따져 봐야 하는데 만약 申酉戌 月令으로 태어났다면 庚金과 辛金이니 형체가 있는 것이다. 그럼 '환경에 맞는 형체를 타고 나셨네'라고 해야 한다. 그럼 그 형체를 어떻게 해야 할지 목적을 반드시 만들어야 한다. 또 丁火가 있어야 이 형체를 팔기 위한 행위를 해야 하니 가공작업을 하는 것이다. 申酉戌에 태어났는데 목적이 없고 丁火만 있다면 파는 것인지, 능력을 만드는 것인지, 목적이 없는 것이다. 丙火가 있었다면, 丁火로 가공을 하는 것은 자기 능력을 더 크게 만들려고 가공하는 것이다. 壬水가 있으면 팔려고 가공하는 것인데, 둘 다 없는데 가공을 하는 이유는 그냥 하는 것이다. 자기가 어떻게 할 것도 아니면서 그냥 하는 것이다. 대다수의 사람이 그렇게 산다.

壬水 丙火는 天干에 드러나야 하고 癸水 丁火는 드러나도 되고 地支에 있어도 된다. 만약 天干에 壬水가 있다면 형체가 있는데 팔 목적은 있으나 丁火가 없으면 행위를 하지 않으니 가공하지 않고 그냥 팔면 된다. 돌 장사, 배추 장사 그냥 가져다 판다.

申酉戌月令에 출생하고 丙火가 있는 사람이 있다. 丙火는 癸水를 일으켜서 甲乙木을 잘 키우는 것이 목적이다. 그럼 木이 있어야 하는데 木이 없으니, 그럼 할 수 없이 庚辛金을 하는 것이다. 그럼 안 만들어지니 기다려야 한다. 저 金이 녹아서 물이 될 때까지 기다려야 하니 보통 60년을 기다리다가 시작하면 된다. 기다리면서 그냥 일을 하는 것이다. 목적은 다른 곳에 두고 일을 하는 것이다.

■ 출산(出産)을 위한 水源과 引火

四時의 순환에 의해 出生된 만물은 근묘지화실숙성종(根苗枝花實熟成種)이다. 이러한 만물은 氣의 氣化에 의하여 생성된 것이다. 이렇게 생성된 만물은 각자 같은 종류(種類)의 만물을 出産하게 된다. 그러려면 남보다 강한 생명력과 지속적으로 살아남는 지구력이 있어야 한다.

壬水 丙火로 목적을 세우고 丁火 癸水로 목표를 하나씩 실천을 해서, 甲乙 庚辛이란 형체가 나타나는 성과를 거두었다. 과정을 결과라고 바꾸어도 된다. 그럼 그 결과가 오래가야 한다. 2차 3차로 오랫동안 지속성을 갖기 위해서는 水源과 引火가 필요하다.

이러한 出産의 힘은 天干에 드러난 金生水인 水源과 木生火인 引火에서 이루어진다. 出産이란 자기가 만든 능력을 지속적으로 활용하는 걸 말한다. 木으로 丁火를 生해 주는 걸 引火라 한다. 또 金生水로 행위를 더 오래 해야 한다. 그러려면 天干에 드러나서 지구력을 갖추어야 한다.

水源은 春節의 水生木인 癸甲을 辛+癸甲으로 보좌함에서 이뤄지고 夏節의 木生火인 乙丙을 庚癸+乙丙으로 보좌함으로 시절에 맞게 지속적인 성장을 이루는 것이다. 引火는 秋節의 火生土生金인 丁己庚을 乙+丁己庚으로 보좌함에서 이뤄지고 冬節의 金生水인 辛壬을 甲丁+辛壬으로 보좌함에서 시기적절하게 지속적으로 성장한다. 그럼 오랫동안 자기 능력을 보존하고 후세에 능력을 남기게 된다. 引火와 水源은 근속성과 지속성을 의미한다.

사람이란 아무리 능력이 오래가더라도 능력의 가치가 있어야 한다. 그래야 수익의 차이도 있고 계급의 차이도 있는 것이다. 동물의 세계에도 신분이 있고 하늘의 별도 북극성을 기준으로 돈다. 그러니 사람이란 보편적 가치로서 지켜져야 할 인권은 평등하지만, 능력이나 신분, 富의 척도에는 분명히 귀천(貴賤)과 上下가 있게 마련이다.

■ 상승(上昇)을 위한 제련과 단련

水源과 引火는 지속적으로 발전해 나아가는 자신을 운영하는 것이라면, 제련과 단련은 신분을 상승하기 위한 단련과 가치를 상승시키기 위한 제련이 있다. 金을 제련하는데 丙火로 하느냐 丁火로 하느냐에 따라 의미가 달라진다. 木으로 된 것은 丙火로 하고 金으로 된 것은 丁火로 하는 것이다. 丁火는 능력이나 실력적 가치가 상승되고 丙火는 신분적 가치가 상승이 되는데, 신분이 상승되면 돈이 많아지고 돈이 많아지면 신분도 상승하는 것이다.

이러한 상승작용은 天干에 드러난 火剋金의 훈련을 통하여 이뤄진다. 단련은 春節의 水生木인 辛癸甲을 丙+辛癸甲으로 制剋함에서 이뤄지고 夏節의 木生火인 庚癸乙丙을 丙+庚癸乙丙으로 制剋함으로 시절에 맞게 火剋金을 함으로 성장을 위한 훈련과정을 통해 신분상승이 이뤄지는 것이다. 秋節의 火生土生金인 乙丁己庚을 丁+乙丁己庚으로 制剋함에서 이뤄지고 冬節의 金生水인 甲丁辛壬을 丁+甲丁辛壬이란 火剋金의 연습과정을 통해 가치를 상승시키는 것이다.

丁庚은 乙木이, 辛壬은 甲木이 生을 해야 출산을 해서 자기 직업을 오랫동안 유지하는 것이다. 木이 없으면 한 가지 직업에 지속성이 없는 것이다. 그리고 상승효과라고 해서 丙火로 다시 단련을 하거나 丁火로 제련을 해야 하는데, 天干에 뜨지 않았으면 하지 못하는 것이다.

天干에 丁火도 없고 甲木도 없으면 지속성도 없고 가치도 상승되지 않았으니 비싼 임금을 받는 사람이 되지 못한다. 木이 있어서 引火를 하면 직업을 오랫동안 유지하는 것이고 丁火로 제련을 해서 능력을 상승시키는 것이다. 丙火가 들어오면 단련이니 신분 상승을 꾀하게 된다. 天干의 大運에서 이런 게 들어오면 '더 많이 해야겠구나' 하고 생각하게 된다.

그런데 출생이 똑바로 되지 않는 사람은 출산도 할 수 없다. 즉 출생이 잘 안 되어 있는 사람은, 출산도 할 수가 없고 출산도 안 된 사람이 火剋金을 한다는 것은, 자기 능력도 안 만들어 놓고 가치를 올리려고 하니 이것도 픽션이다. 능력도 없이 가치만 많이 만들어 놓은 것이니 쓸모없는 가치와 같다.

壬丙, 癸丁, 甲乙庚辛까지가 출생과정이고 水源과 引火가 있으면 출산이다. 출생이 똑바로 되어 있지 않으면, 출산을 할 수 없고 출산까지 똑바로 된 사람만이, 상승을 할 수 있는 것이다.

■ 상보(相補)를 위한 벽갑과 절지(折枝)

出産과 상승을 통해 자신을 운영해 나가는 과정에서 잘못됨을 바로잡아 효율적인 삶을 설계하기 위한 상보(相補)작용이 필요하게 된다. 이러한 相補는 天干에 드러난 金剋木에 의해 실용성을 높여 나가게 된다.

春節에는 庚甲으로 자신의 성장을 위해 불필요함을 간벌(間伐)로서 제거하고 필요한 것만 구하는 이식(移植)행위와도 같은 것이다. 夏節에는 辛乙로 경쟁을 위하여 불필요함을 절지(折枝)하여, 필요함을 키워 나가는 것과 같다. 秋節에는 庚乙로 벽갑하여 과거의 학력과 경력 중에서 불필요함을 제거하고 현재 상황에 필요한 부분을 구하는 묘미가 있다. 이것은 시대적 상황을 고려한 특별함이 있다. 冬節의 辛甲은 벽조(劈彫)와 같은 것으로 낡고 닳은 물건이나 고리타분한 정신을 바로잡아 현실에 맞게 바로 세우는 것과 같다.

상보작용을 A/S작용, 잘못된 것을 고치고 바로 잡아 나가는 것이다. 실용적 작용을 의미한다. 상보(相補)의 秋冬節의 金剋木은 인화로 출산 작용을 하는 甲乙木을 剋하는 것이고 春夏節의 金剋木은 출생에서의 결과물인 甲乙을 剋하는 것이다.

이중에서 가격으로 말하면 상보작용인 金剋木이 가장 비싼 것이고 다음이 火剋金인 제련이고 다음이 水源과 引火다. 甲乙庚辛이란 출생까지를 평범이라 하고 출산인 引火와 水源까지를 지속성 효과이니 장기근속이라 하고 제련과 단련을 상승이라 하고 상보작용을 효율성, 낭비 없는 실용성이라 해서 가격이 제일 비싼 것이다.

상보작용인 金剋木은 아무것이나 하면 안 된다. 春節에 하는 간벌(間伐)은 甲木이 2개가 있을 때만 하는 것이고 秋節의 벽갑은 乙木이 根이 있을 때만 하는 것이지 아무것이나 벽갑을 하면 안 된다. 夏節의 辛乙도 乙木이 2개가 있을 때 하는 것이고 冬節에 辛甲 벽조(劈彫)는 甲木이 하나만 있을 때 하는 것이다. 2개가 있으면 면도칼이 부러지니, 과로로 쓰러진다.

1) 목적	壬水	丙火
2) 목표(목적을 실천)	丁火	癸水
3) 결과(과정)	庚金 辛金	甲木 乙木
4) 출산과정(出産)	引火 (乙丁, 甲丁)	水源 (辛癸, 庚癸)
5) 상승작용(제련 단련)	丁庚, 丁辛	丙辛, 丙庚
6) 상보작용(金剋木)	庚乙(劈甲), 辛甲(劈彫)	庚甲(間伐), 乙辛(折枝)

2016~7년 丙丁
2018~9년 戊己
2020~21년 庚辛
2022~23년 壬癸
2024~25년 甲乙

그럼 그 사주에 1번에서 6번까지 중 어디에 해당하느냐.
그것이 그 해에 그 사람이 할 일이다. 2년씩 끊어서 해야 한다.
항상 앞에 글자가 먼저 들어오는 것이 그 사람의 운명이다.

가령 癸水일간이면 戊己 運이면 정관부터 들어오고
식상 중에 상관부터 먼저 들어온다.
그리고 비겁은 겁재부터 들어오고 인성은 正印부터 들어오고
재성은 正財부터 들어오는 것이 운세이고 다음 것은 아니다.
그러니 陰일간은 항상 상관 運만 있는 것이지, 식신 運은 없는 것이다.
오행을 볼 때도 거의 마찬가지로 보는 것이다.

가령 丙火가 들어왔으면
1)의 목적이 들어온 것이다.
그리고 5번에 상승인 火剋金 단련을 보는 것이다.
그럼 상승이란 金이 왕할 때 火剋金을 하는 것이다.
出産이니 지속적으로 나의 능력을 더 업그레이드시킬 때
어떤 상승작용을 쓰나 보는 것이고 다음에 丁火인데
그럼 2)에 목표가 있고 5번에 상승작용인 제련이 있는 것이다.
그러니 丙丁 運은 1번의 목적이 아니면 2번의 목표로 가는 것이고

단련의 상승으로 가지 않으면 제련의 상승으로 가는 것이다.

그런데 출산도 안 된 것으로, 가치를 상승시킨다는 건 말이 안 된다. 그러나 출산이 안 돼도, 가치가 상승하는 효과는 있으나 지속성이 없는 것인데, 이때는 가격을 확 올린 후에 얼른 팔아먹는 것이다. 치고 빠지기라 한다. 변칙적으로 사용하는 통변의 묘이다. 법에 어긋나지는 않지만 약간의 변칙을 쓰는 것이다. 그러니 원칙적으로 출산이 안 된 것은 제련도 안 된다고 해야 한다.

그리고 出産이 안 된 걸 가지고 가서, 상승효과가 없는 것을 金剋木으로 수리를 해 주는 것이 있다. 상승효과가 없는 것으로 수리를 해 주는 것이 있다. 상승도 안 되고 오래갈 것 같지도 않은 걸 수리해 주는 것이니 金剋木으로 A/S를 해 주는 것이다.

이때 최고의 A/S는 술(酒)이나 영화 관람 혹은 여행을 가는 것이다. 그래야 에너지가 보충되는 것이다. 그러나 너무 여기에만 목숨 거는 자들은 자기 인생의 발전과는 무관한 것이다. 그래서 최고로 돈을 잘 버는 업종은 여행업과 영화업이다. 물론 코로나와 같은 비상상황은 예외이다. 그러니 우리 인간들은 자기발전과는 전혀 관계가 없는 곳에서 A/S를 하는 것이다. 이런 것이 바로 出産과 아무 관계도 없는 A/S를 하는 사람들이니 정신적 카타르시스를 하는 사람들이다. 이런 것이 가장 돈이 많이 되는 사업이다.

사람은 이렇게 6단계의 마음이 있는데,

① 인생의 목적을 가지고 싶다(壬丙).
② 그 목적에 따라서 차근차근 목표를 점령해 나가고 싶다(癸丁).
③ 그에 따른 결과를 얻고 싶다(甲乙庚辛).
④ 오랫동안 그것을 유지하고 싶다(水源과 引火).
⑤ 남들이 보기에 민망하지 않을 가치로 인정받고 싶다(火剋金).
⑥ 낭비 없는 인생, 실용적이고 효율적인 삶을 살고 싶다(金剋木).
이렇게 여섯 단계의 자기를 가지고 있는 것이다.

그런데 사람마다 이중에서 2개나 3개가 비어 있는 것이 있다. 그럼 그것을 채우기 위해서 허황한 무언가를 하게 된다. 그 허황한 무언가를 하는 사람들을 위해서 그 헛된 사업을 그들에게 채워 주는 것이다. 그것이 돈이 되는 것이다. 그들이 연예인이고 그것이 인기 종교인들이다. 그러니 이런 것을 알고 악심을 품으면 이런 심리를 이용할 수 있다.

사람들은 목적을 가지고 싶어 한다. 그 목적은 두 가지다. 壬水는 능력을 팔고 싶다. 丙火는 능력을 만들고 싶다. 丁火와 癸水는 그 목적에 대한 능력을 만들어 가는 과정이다. 그에 따라 甲乙 庚辛이란 형체가 나오는 것인데 과정과 결과이다. 그럼 그 결과를 오랫동안 유지하고 싶다는 引火와 水源의 출산 과정까지 계속 연습해야 한다. 다음 과정인 상승과 상보는 더 나은 가치를 만드는 것이다.

2020~21년은 庚辛金 운이다. 그럼 庚金은 세 번째의 결과를 내야 한다. 그런데 사주에 壬水가 없는 사람이 이런 運에 오면 목적이 없었다. 丁火가 없는 사람이 庚金 運이 오면 행위를 하지 않았기 때문에 결

과에 대한 검증을 거쳐야 하니, 그동안 아무 행위도 하지 않은 것에 대한 결과가 온 것이니, 잘릴 운세이다.

이렇게 짝을 꼭 맞추어야 한다. 짝을 맞추는 방법은 아주 간단하다.
① 壬水, 목적을 내기 위해서,
② 丁火, 목표를 차근차근 점령하는 행위를 한다.
③ 그에 따르는 결과가 庚辛金으로 나타난다.
④ 그런 다음 出産을 해야 하니, 乙木과 甲木으로 出産을 한다.
그러니 乙丁 引火로 하나를 나누고 丁庚으로 하나를 나누고
庚辛金과 壬水로 하나를 나누는 것이다. 乙丁, 丁庚, 庚壬, 乙丁庚壬
壬水는 목적이 되고 丁火는 목적에 따르는 목표이니 행위가 되고
壬水는 정신이 되고 庚辛金은 과정을 거쳤으니 결과가 된다.
乙木과 甲木은 고단가와 오래간다는 이미지를 넣는 것이다.
引火는 보좌라고 하는데 지속성이라 한다.

다시,
당신은 평생 시장성이 있는 인물로 태어났다(壬水).
그러니 팔아먹을 수 있는 시장이 있다.
그럼 그에 따라서 당신은 무엇인가 상품을 마련해야 한다(庚辛金).
그럼 당신은 상품을 파는 시장으로 갈 것이냐(庚辛壬),
아니면 개발을 해서 상품을 만들 것이냐?(丁庚 丁辛)
그럼 재주에는 부가가치가 각기 다르니
커다란 재목감이 되는 주특기를 갖는 것이 좋다(甲丁).
이는 자격된 인물이란 뜻이다.

丁庚은 재주가 있다.

戊己庚辛은 상품가치가 있다는 뜻이고 壬水는 시장성을 의미한다.

壬水는 亥子月令, 庚金은 申酉月令, 辛金은 酉戌月令, 丁火는 午未月令, 引火는 보좌이다. 계속 반복적인 연습으로 숙달되어야 한다.

秋冬節 生이 丙火 大運에 와 있으면, "당신은 2014(甲午年)~15(乙未年)에 더 크고 오래가기 위한 투자를 했다. 그러니 전문성을 더 크게 높여야 2020년(庚子年)에 크게 효과가 나타납니다"라고 해야 한다.

丙火를 기준으로 하면, 네가 크고 능력 있는 사람이 되거나, 세상을 운영하는 경영자가 되려면, 결과가 있어야 한다(癸水). 그러려면 학력을 만들어야 한다(甲木). 그리고 사람들에게 무언가를 보여 줌이 있어야 한다(乙木). 그러기 위해서는 학습에 전념해야 한다(丑月 癸水). 그러려면 마인드가 참 중요하다(子月 癸水). 그리고 오랫동안 가기 위해 더 깊게 공부를 해야 한다(庚癸). 깊은 학습을 해야 하고 남들보다 특별해야 한다(辛癸).

癸水부터 시작하면 子丑月令, 甲木부터는 寅卯月令,
乙木부터 시작하면 卯辰月令, 丙火부터 시작하면 巳午月令이고
水源은 보좌다.

■ **통변연습**

　丙火에서 출발했다면 巳午月슈이니, 丙火부터 시작하니 "당신에게 하늘이 준 명령은 큰 인물이 되라는 것이다. 당신은 큰 욕심이 없다고 하는데 기준을 저 높은 곳에 두고 큰 욕심이 없다고 말하는 것이다." "당신은 인물됨을 따지는 분야에서 태어났다. 그럼 무슨 경영이나 운영을 하기 위해 자기를 인물화 해야 하니, 먼저 공부를 해야 한다(癸水). 그리고 무언가 보여 줌이 있어야 한다(乙木). 오래도록 유지하려면 庚癸로 자격화 하거나 지적재산권을 갖추어야 한다. 만약 辛癸로 하게 되면 중도에 포기하게 된다."

　癸水로 열심히 乙木을 生해서 보여 주는 학력을 만들어야 큰 인물이 된다. 그리고 오랫동안 유지하려면 庚金으로 보좌해야 한다. 만약 辛金으로 보좌하면 乙木이 잘라지니 보여 줄 만한 결과를 내지 못하고 계속 중도에 포기하고 중도에 포기하고 하게 된다.

　亥月에 태어났다면 壬水부터 시작이니, 당신의 능력을 시장에 내놓고 팔려면 상품이 있어야 한다. 그럼 상품을 떼어다가 파는 것이다. 그런데 丁火가 있으니 당신은 무언가 전문성 있는 재주를 만들어야 하니, 능력이나 재주를 팔아야 한다. 庚辛金만 있으면 상품만 팔면 되지만, 丁火가 있으면 재주를 팔아야 한다. 그런데 引火가 보좌하면 남들보다 오랫동안 능력을 갈고 닦아야 하니 자격화나 브랜드화를 해야 한다. 2017 丁酉年은 引火하는 運에 왔으니 15년 乙未年에 이어서 자신을 크게 높이려는 계획에 의해서 전문성을 더 높여야 한다. 그러나 辛

金을 제련해서 시장에 내야 하는데, 이때 庚金이 사주에 있으면, "항상 모든 것을 처음부터 다시 돌려서 하는 것이 습관화되어야 합니다"라고 해야 한다. 庚金이 없으면 앞으로 나가기만 하면 된다. 그런데 辛金을 生해서 가야 하는데, 만약 乙木이 있으면 자르게 되니 후루룩 타서 없어지니 중도에 포기하게 된다. 辛金을 제련하기 위해서는 乙木을 하나로 안 되니, 甲木으로 引火를 하거나, 乙木은 집단으로 필요하니 地支에 삼합을 가져야 한다. 庚金을 제련할 때는 乙木, 辛金을 제련할 때는 甲木이다.

土가 빠졌는데 土를 적재적소에 넣어서, 戊土의 환경적응력과, 己土의 자기 적응력이다. 대개 자기가 자기에게 성질을 내는데 이는 己土가 하는 일이고 환경의 적합한지 않은지를 보는 것은 戊土가 보는 것이니, 土를 넣었다 뺐다가 중화를 보는 것인데, 사이사이에 다 들어가게 된다. 金剋木을 할 때도 중화가 되나, 土剋水를 할 때도 중화가 되나, 이런 것을 다 봐야 한다.

상생과 상극에 대한 이름이 다 있다. 辛壬을 도세(陶洗)라 하고 丁辛은 제련(製鍊)이라 한다. 화로에 불을 넣는 丁己는 홍로(紅爐)라 하고 木으로 연료를 준비하는 것을 벽갑(劈甲)이라 한다. 이런 용어가 들어가서, 지금 무슨 작업 중이라는 것을 내포하는 것이다.

水源과 상승(上昇)과 상보(相補)는 모두 天干에 있어야 한다. 목표가 되는 丁癸와, 과정인 甲乙庚辛은 天干에 있으면 이로울 게 없으니 地支에 있는 것이 더 좋다. 水源과 引火는 天干, 火剋金인 상승작용도 天干,

金剋木인 상보과정도 天干에 있어야 한다. 壬水 丙火는 무조건 天干에 있어야 한다. 그런데 天干에 없어도 타고난 자가 있는데, 亥子月生은 六陰이라 해서 陰이 극에 달해서 天干이라 말할 수 있고 巳午月生은 丙火가 六陽이라 해서 陽이 극에 달하니 天干이라 할 수가 있다. 만약 亥子月이 壬水가 天干에 透干되거나, 巳午月生이 丙火가 天干에 透干한 자는 하늘을 침범한 자라고 해서, 죄인으로 다스릴 수밖에 없다고 해서 天干에 透干된 것을 별로 안 좋게 생각한다. 亥子月生은 六陰과 巳午月生은 六陽인데, 天干에 透干되면 陽刃이라 한다.

만약 丙火가 물건을 팔려고 내놓았다면 물건을 보기 전에 나의 사람됨을 먼저 본다. 壬水에서 태어난 사람은 좀 억울하다. 늘 잘하는 말 1번이 '나는 최선을 다했는데'라고 말한다. 壬水에게 그런 말은 필요 없고 물건만 잘 만들면 된다. 丙火가 장사가 잘되면 소문이 나쁘게 나는데, 이 사람의 인간성을 씹게 되고 壬水가 장사가 잘되면 제품을 씹는다.

月令에 丙火가 있고 天干에 壬水가 있으면 丙火가 목적이다. 항상 月支가 출발이니 丙火부터 해야 한다. 그럼 丙火는 능력을 만들어야 하는데, 壬水가 가서 능력을 팔게 하니, 저 둘은 만나면 안 된다. 미제(未濟)이니 목적이 헷갈리는 것인데 목적의 혼동이다. 능력을 만들어야 하는데, 파는 능력만 만들려고 하니 혼동이 온다고 말해도 된다.

가령 月令이 壬水인데 運이 丙火부터 왔으면, 능력을 팔아야 하는데 능력을 팔 생각을 하지 않고 능력을 만들려고만 하니 잘못된 것이다. 丙火가 月令인데 壬水가 透干되었다면, 능력을 만들어야 하는데 능력을 팔려고만 하니, 壬丙은 만나면 안 된다. 미제(未濟)로 만나면 진로의 혼동, 목적의 혼동이 온다.

壬水 丙火 둘 다 없는 것은 목적이 없는 것이다. 대다수가 없으니 그냥 사는 것이다. 天干에 壬水 丙火가 없는 사람은 목적이 없으니 다른 사람의 목적의식에, 동참해서 사는 것이다. 그런데 天干에 壬水 丙火가 혼동된 사람은 동반의식을 인정하지 않고 자기가 목적의식을 만들려 하지만 계속 혼란스러워하는 것이다. 天干에 壬水 丙火가 올라가면 목적이 있다는 것이지, 좋다는 게 아니다. 天干에 丙火 壬水가 없으면 목적의식이 없는 것이니 책임의식이 없는 것이므로 스트레스를 덜 받는 것이다. 그리고 무엇이 잘못되면 남 탓을 할 수가 있지만, 天干에 壬水 丙火가 있으면 목적을 스스로 세웠으니 남 탓을 하지 못한다. 남 탓을 할 권리가 없는 것이다.

天干에 壬水 丙火가 없는 사람이 運에서 壬水 丙火가 온다면, 새로운 목적이 생기는 것이다. 목적이 생겼으면 기제(旣濟)를 해야 평생을 간다. 기제를 하지 않으면 허황한 목적이 된다. 大運 10년이 왔다고 평생 간다는 게 아니라, 배합과 조화만 잘 맞으면 45일만 들어와도 평생을 간다. 기제를 갖추긴 갖추었는데, 완벽하게 갖추지 못한 사주가 있는데, 이는 계속 '견학을 가세요', '계기(契機)를 만드세요' 해야 한다. 그러다가 運에서 오면 바로 쓸 수 있는 것이다. 하나만 연결하면 되는 뇌관과 같은 역할을 한다. 사람이 변하는 것도 1분 1초도 안 되어서 사주가 확 변할 수 있음을 알아야 하는데, 命理공부를 하는 사람들이 고정관념이 하나 있는데, 운명은 정해져 있다고 생각한다. 분명히 운명이 달라진다가 대표적인 단어인데, 정해진 운명이 없는 것이다. 運命이란 어제 다르고 오늘 다르다.

　여기서 土의 역할이 들어가서 중요성을 대변하는데 土는 모든 것을 기반으로 도와줄 수도 있지만 土는 모든 것을 망칠 수도 있다. 물을 막아서 흐르지 않게 하고 햇빛을 막아서 모든 것을 얼어붙게 하고 찬 기운을 막아서 모든 것을 더워 죽게 하고 뜨거운 기운을 막아서 모두가 추워 죽게 한다. 戊土가 가서 丙火를 막으면 한 방에 얼어 죽는다. 戊土가 가서 壬水를 막으면 찬바람이 와야 하는데 찬 기운이 오지 않으면 더워 죽는다. 丁火에 戊土가 들어가서 막으면 화로에 불이 새 나오지 않는다. 불을 꺼 버린 것이다. 그럼 지금까지 행위를 한 것이 한 번에 없어지는 것이다. 또 癸水에 戊土가 와서 물을 가두어 버리면 用水가 못 올라오니 한 방에 날아가는 것이다. 서울대학교를 졸업해도 인정받지 못한다. 壬水 丙火, 丁火 癸水 네 가지 水火의 기운을 북돋아 주느냐 막느냐다.

　壬水를 막는 것을 제방(堤防), 丙火를 막는 것을 간새(間塞),
　己土를 막는 것을 홍로(紅爐), 癸水를 막는 것을 윤택(潤澤)이라 한다.
　土가 하나도 없어서 찬바람을 쌩쌩 불게 해서 모두 얼어 죽게 하느냐,
　丙火를 막지 못해서 모두 시들어 죽게 만드느냐,
　癸水를 己土가 안 막아서 모두 濕해서 불어터지게 만드느냐,
　丁火를 己土가 막지 않아서 모두 불에 타서 화염에 휩싸이게 만드느냐,
　이런 문제가 土에 있는 것이다.

土라는 것은 中和라 해서 내가 누군지 알고 자기 분수를 깨닫게 하고 내가 참여할 세상이 어떤지를 아는 것이다. 이는 土가 있어도 없어도 알 수 있는 것이다. 꼭 있다고 알고 없다고 모르는 건 아니다. 이쪽과 저쪽을 연결하는 게 土인데, 숨 한번 쉬고 말투 한번 고르고 할 때 土가 필요하다. 土가 너무 많으면 고집불통이라 하고 土가 너무 없으면 생각이 모자라는 어리석은 사람이라 한다. 이 두 사람은 서로 친해질 수 없다.

그리고 土에는 꼭 오해가 있는데, 壬水를 막으려면 戊土가 있어야 하는데, 己土가 막으면 찬바람을 막다가 못 막았으니 오해가 생긴다. 丙火를 막으려면 戊土인데, 己土로 막으면 열(熱)이 샜으니 오해를 받고 만약 丁火를 막아서려면 己土로 해야 하는데, 熱을 막으려면 未中 己土나 戌中 戊土로 해야 하는데, 辰中 戊土나 丑中 己土로 하는 사람이 있는데, 이는 丁火를 꺼 버린 것이다. 연못 안에서 장작불을 피운 것과 같고 우물가에서 숭늉을 찾는 것과 같다. 그럼 오해가 되는데, 때와 장소에 맞지 않는 행동이나 일을 한 것과 같으니 모든 것을 거꾸로 한 것이다.

뛰어난 미모가 있다면 고상하고 우아하게 태어났다면 丁火와 癸水가 우아하게 태어난 것인데, 그럼 未中 己土나 戌中 戊土를 화로로 만들면 적당하고 마땅하게 사용하는데, 辰중 戊土나 丑중 己土로 했으면 인생을 반대로 이끈 것이다. 고상하고 아름다운 것을 辰중 戊土로 막으면 화류계로 가는 것과 같다. 그런 오해를 말하는 것도 土로 보는 것이다.

土는 壬水에 가면 壬水의 土가 되고 丙火에 가면 丙火의 土가 되고 癸

水에 土가 가면, 癸水의 土가 되어서 적절히 활용하면 되는데, 丁火가 未나 戌이 아니라, 丑이나 辰에 있으면 안 된다는 것이다. 그러니 옥상이나 방안에 감자를 심는 격이고 창고에 감자를 심는 격이니 안 된다는 것이다. 그러나 요즘은 옥상에서 감자를 심고 창고에서 버섯도 많이 심는다. 이런 약간의 특수기법을 사용할 수 있는 지혜를 빌려주어야 한다. 그런데 나이를 먹으면 말을 안 듣는다. 대화가 잘 안 된다. 무엇이든지 활용할 수 있는 지혜의 시대가 왔으니 안 된다고 생각하면 안 된다.

丁火가 불이고 癸水가 물인데, 癸水가 丁火를 꺼서 나쁘다고 하면 안 된다. 癸水가 丁火를 끈 이유에 대해서 알면 되는 것이다. 丁火가 꺼졌으니 공장이 중단된 것이다. 그럼 癸水가 丁火를 중단시킨 것이니 癸水가 丁火를 끈 이유에 대해서는 안 들어 보는 것이다. 그 사람이 왜 그랬는지는 관심을 갖지 않는다. 그럼 통변도 개떡같이 해서 사람들을 억울하게 할 수 있는 것이다. 丁火를 중단시킨 癸水의 꾀가 있을 것이다. 팔아먹기 위한 것이다.

乙木의 짝은 丙火, 丁火의 짝은 乙木이다. 夏節의 乙木의 짝은 丙火이고 秋節의 丁火의 짝은 乙木이다. 乙木이 運에서 들어오면, 丁火로 들고 가든지 丙火로 들고 가야 한다. 그럼 引火와 발생을 말한다.

冬節의 辛金은 상품인데 짝은 辛壬으로 시장이 되고
春節의 辛金은 지식인데 辛癸는 오래가는 지식이다.
辛金 癸水는 甲木을 生하기 위함이다.
항상 두 가지 짝을 가지고 가야 한다.

丙火는 乙木을 키우기 위함이다.

그럼 乙木이 잘 크려면 癸水가 있으면 잘 크는 것이다.

그럼 오래가는 것은, 얼마나 가는지 보려면

庚金이 있으면 10년이라 하고 庚金이 없으면 2년을 간다고 하면 된다.

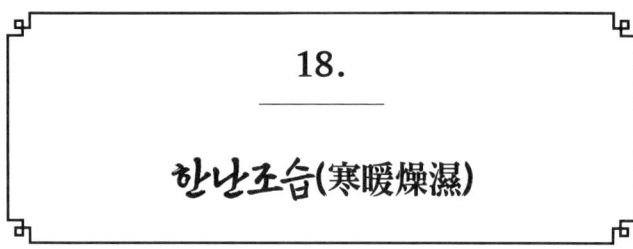

濕한 성질은 ① 붙는 성질, ② 부정적인 뜻으로는 집착하는 성질, ③ 더 부정적인 용어로는 떨어지면 내 편이 아니라는 성질이다. 이렇게 성질을 상중하로 나누어서 긍정적인 것, 부정적인 것, 그리고 더 부정적인 것으로 본다.

燥한 성질은 ① 독립적 성질, ② 부정적 용어로는 분리적 성질, ③ 더 부정적으로 말하면 반대편 성질이다. 아군, 적군으로 나누는 성질.

寒한 성질은 ① 생존력이 강한 성질, 생존 추구 정신, ② 부정적 용어로 가난한 마음을 내는 성질, ③ 더 부정적으로 말하면 소외당했다고 생각하거나, 비참하다는 생각.

暖한 성질은 ① 생활 추구 정신, ② 부정적으로 말하면 지위가 낮다고 생각하는 성질, ③ 더 부정적으로 말하면 차별대우를 받는다는 생각. 그러면서 寒暖燥濕이 모여 있는 성질 한습한 성질과 난습한 성질로 나누어야 한다. 난조한 성질과 한조한 성질로 나누어서 설명하면 된다.

한습한 성질은 水生木(癸甲)에서 오는 것이고
난습한 성질은 木生火에서 오는 것이다.
난조한 정신은 火剋金에서 오는 것이고
한조한 정신은 金生水(辛壬)에서 오는 것이다.

寒이란 성질은 수왕절이니 寒하다. 그런데 壬水의 金生水가 되었다면 한조한 성질이다. 출발은 寒부터 했으니 소외감을 느낀다. 생활 소외감이다. 생존력이 있다. 燥는 독립심이 있다. 그런데 독립적인 건 독단적인 일을 저지를 수 있다. 나쁜 말로 하면 남의 감정을 생각하지 않는다. 酉月이면 燥부터 시작해야 한다.

그럼 한조냐, 난조냐, 한조와 난조가 왔다 갔다 하느냐이다. 壬水가 있으면 한조이다. 酉月이면 燥부터 시작이니 독립욕구가 있다. 그런데 생존감이 부족하다. 壬水가 있으니 생존력을 길러야 한다. 그런데 丙火가 왔으니 暖한 기운이 왔다. 그럼 생존력 있게 생각하지 않고 생활만 생각하고 체면만 생각한다고 말할 수 있다.

생활과 생존의 차이는, 생활이란 삶의 목적이나 명분을 가지고 자아성취를 위해, 마음의 여유와 삶의 여유를 가지고 살아가는 삶이라면, 생존이란 살기 위해 하루하루를 힘들게 살아가는 삶이라 보면 된다. 흔히 생존은 살기 위해 먹는 사람들을 말한다면, 생활은 먹기 위해서 사는 사람들, 즐기기 위해 사는 사람들이라 보면 된다.

巳月이면 暖이다. 그럼 생활 중심적 삶을 살아야 한다. 행복한 운명을 타고 났으니 행복하게 살아야 한다. 그럼 木生火를 하면 난습이 되니 행복한 생활을 영위하려면 사람 간에 친분 있게 사귀어야 한다. 얼굴에 미소를 띠지 않으면 대인관계가 되지 않는다. 木生火를 해야 한다.

午月에는 중립구역이니 火剋金을 할 수가 있다.
그럼 暖에 燥가 들어가니 행복한 삶을 사려면, 독립심이 있어야 하고 사람 간에 친해서는 안 된다. 간격을 유지하라는 것이다.

土는 살고 있는 기준이 된다. 모든 사람의 土가 일간이라 생각하면 된다. 木은 生하는 것이고 탄생을 시키는 것이다. 그리고 火는 무엇인가를 기르고 가꾸는 것이다. 金은 탄생하고 기르고 가꾼 것을, 가서 취하는 것이다. 잘라서 가지는 것이다. 그리고 水는 기르고 가꾼 것을 잘라서 수집한 것을, 감춰 놓는 것이다. 쌓아 놓는 것이다. 저장하는 것이다. 金은 취하다. 水는 쌓아 놓다. 木은 시작하다, 탄생시키다. 火는 기르다. 戊己土는 자기 자신이다. 그러려면 성질을 알아야 한다.

火는 暖, 金은 燥, 水는 寒, 木은 濕의 성질이 있다.
누구에게나 다 土는 자신이다.
土가 없는 사람도 자기 자신이다.

학습할 때는 한난(寒暖)이 기준이지만, 우리가 살 때는 습(濕)과 조(燥)가 기준이니 濕燥에 맞추어야 한다.

■ 濕한 성질

① 붙는 성질, 어울리는 성질, 화합하는 성질, 정을 붙이고자 하는 성질, 협력, 화합 등이다. 天干 癸水, 암장 子 丑 辰, 계절은 春節이다.
이렇게 단어를 3개 정도는 만들어야 한다.
② 부정적: 집착하는 성질, 심하면 스토커가 될 수 있다.
③ 더 부정적으로 내 편이 아니면 인간적인 면에서 나쁜 사람 취급하고 적으로 취급하는 성질이다.

濕의 극단과 燥의 극단은 같은 것이다.
濕의 극단을 달리면 우울증의 최고가 된다. 우울증 성질이다.
환상과 망상, 허상, 귀신이 붙는다. 꼭 병원을 가야 하는 사람이다.

■ 燥한 성질

① 독립적 성질, 스스로 알아서 하는 성질, 의존적이지 않다.
天干 辛金, 申酉戌丑의 성질이다. 계절은 가을이다.
丑은 濕과 燥를 겸하고 있다. 속은 濕하지만 겉으로는 燥하다.
가장 강력한 燥 중에 하나다. 조금만 있으면 濕으로 바뀐다.
'안 가, 못 가, 못 살아' 하다가, '왜 그래?' 하면 금방 딸려 간다.
② 분리, 독립, 분리는 외면적 독립을 말한다. 결과론적이다.
③ 배신과 배반, 적으로 간주한다.
(이곳에는 실용적인 면에서) 내 편이 아니면 적이란 의미다.

■ 寒한 성질

① 생존력, 먹고살고자 하는 의지, 어려움을 극복하고자 하는 의지. 天干 壬水, 亥子와 地支 申, 계절은 겨울, 申月도 寒이다. 매우 춥다. 申月은 평균 기온은 +27도지만 오차가 -14도에서 10이니 추운 것이다.
일교차의 차이가 크다.
② 가난한 마음.
③ 가진 자들이 못 가진 자를 무시한다는 차별된 마음.

■ 暖한 성질

① 생활의 행복, 寒으로 돌리니 생존의 보장.
② 하천(下賤)하다고 생각, 미천하다는 생각, 불행하다고 생각한다. 내 지위로는 아무것도 할 수 없다고 생각한다.
③ 소외, 권력의 희생양이란 생각, 가진 자의 횡포가 있다고 생각한다. 暖은 天干 丙火, 地支의 寅 巳 午, 계절은 여름이다.

첫째 濕을 한습과 난습을 합치는 것이다. 그리고 난조, 한조를 합치는 것이다. 그럼 한습한 성격이 있는데 기준은 月令으로 잡는다. 겨울 생은 寒, 봄 생은 濕이니 한습을 같이 붙여야 하니, 그럼 水生木을 해야 한다. 겨울에 태어나서 水生木을 하면 한습이 되고 木이란 봄에 태어나면 濕이 먼저이니, 水生木을 하면 한습이 된다. 癸水가 濕인데 金生水가 한습, 丙火의 木生火는 난습이 된다. 한습한 성격은 생존력과 붙임성이니, 寒이란 생존력과 濕이란 붙임성이다. 한습이 지독하게 너무 높으면 가난한 마음에 의해서 붙임성 있게 굴어야 할 사람을 원수로 여긴다.

난습은 丙火의 木生火인데 木이란 濕과, 暖이란 丙火가 만났다. 그럼 난습이란 濕이란 붙임성에 暖인 지위의 상승이다. 그럼 지위가 상승하려면 붙임성을 가져야 하고 사람을 사랑하는 마음, 사람을 이롭게 하는 마음을 가져야 한다. 그러나 이것이 잘못되어, 너무 濕하거나 燥가 되면 분리심이 생긴다.

난조는 丁火의 火剋金이다. 暖의 행복감과 燥의 독립심이다. 행복하려면 남에게 불편을 끼치지 않고 독립심을 가져야 한다. 그러니 붙어 있으면 안 된다. 그것이 행복이고 생활이다.

한조는 壬水의 金生水다. 독립하려면 가난한 마음을 먹어야 한다. 그리고 생존력을 가져야 한다. 燥는 독립심이 있는 것이고 난조는 丁火가 金을 본 것이고 한조는 金이 壬水를 본 것이다.

그럼 난조의 독립심과, 한조의 독립심을 구분해야 한다. 난조의 독립심은 생활력이고 한조의 독립심은 생존본능이다. 어떤 사람이 같이 있자고 하면, 불편해서 독립하는 것은 난조의 독립심이고 도대체 저 인간과 같이 있으면 먹고사는 데 장애가 된다고 독립하면 한조의 독립심이다.

濕은 사람을 끌어모아야 한다. 그럼 한습은 金生水로 癸水를 生해야 한다. 그리고 난습은 丙火의 木生火이다. 한습의 붙는 것은 먹고살기 위해서 붙는 것이다. 난습이 붙은 것은 생활의 편의나 지위를 갖기 위해서이다.

사주에 겨울의 한조한 기운과, 여름의 난조한 기운이 섞여 있다면, 중심을 못 잡는 인간이라 하면 된다. 이랬다저랬다 한다. 초지일관하는 인간은 철저하게 한쪽 기운으로 몰린 사람이다. 한조한 사람이다. 중화가 맞는 사람은 어느 한쪽으로 치우치지 않은 사람이다. 중화가 맞는 사람은 생존력이나, 독립심과 같은 정신이 없는 사람이다.

이 기운을 읽어 낼 줄 알아야 한다.
寒暖이 섞이면 어떻게 할 것인가 알아야 한다.
月令중심 사고방식이다.

寒은 亥子丑이 寒이고 申도 寒이다. 가난한 마음이 생겼다면, 亥子가 있는 사람은 가난해서 가난한 사람이고 申은 일교차가 있어서, 옆에 사람이 부자여서 내가 가난한 것이다.

丙火는 寅이 있고 巳午가 丙火인데 행복해지겠다는 것이다.
'지위가 높아져야겠다'인데, 寅은 '남보다'라는 비교가 있다.

난습과 한조란 것은 첫 번째 공식이다. 癸는 濕, 丙은 暖이다. 중화가 잘 맞으면 극복할 일이 하나도 없다. 그럼 평범하고 아무것도 할 줄 모른다. 참 좋은 사주인데 무능력의 극치이다. 나쁜 사주라고 해서, 사주가 病 들어야 극복하기 위해서 처절하게 감내하고 인내하니 성공하게 된다.

해결해야 할 문제가 있다.
燥와 濕이 충돌했다. 癸丁,
寒과 暖이 충돌했다. 壬丙, 이런 것들을 해결해야 한다.

濕, 春節, 붙는 것이다. 燥, 秋節, 떨어지는 것이다.

濕한 春節에 태어났는데 丁火가 있다면,
붙어야 하는 상황에서 자꾸 떨어지는 것이다.

秋節에 태어나서 燥하니 독립해야 하는데,
癸水가 있으면 자꾸 붙는다. 시집간 딸이 자꾸 집으로 온다.
가을은 燥인데, 물건을 팔았는데 癸水가 계속 와서 붙으니 반품이다.
가을에 癸水가 하나도 아니고 地支에 子 丑 辰
이런 것이 있으면 물건이 안 팔리고 붙어 있다. 재고품이다.

燥는 가을에 病이 나서 수술해서, 떨어졌는데
地支에 癸水가 있으니 떨어졌다가 또 붙었다. 합병증 재발이다.

癸水가 濕인데 丁火가 위아래로 많다. 그럼 유산이다.
맹장, 자궁암 등 떼어 내야 한다.
붙어야 할 것은 떨어지고 떨어져야 할 것은 붙는다.

몸에 물건은 붙어 있어야 하고
실제 물건이나 상품은 팔려 나가야 한다.

寒, 겨울 亥子丑月令, 壬水, 亥 子 申中의 壬水
暖 여름 巳午未月令, 丙火, 巳 午 寅中의 丙火
濕, 봄 寅卯辰月令, 癸水, 子 丑 辰中의 癸水
燥 가을 申酉戌月令, 丁火, 午 未 戌中의 丁火

天干은 생각 만들기, 地支는 때가 되었음, 암장은 인간관계라 한다.
申酉戌月이 오면 전 인류는 스스로 독립할 때가 왔다는 것이다.
天干은 정신, 이미지, 생각 등을 만드는 것이다.

地支는 때가 되었다. 암장에 있는 寒暖燥濕은 인간관계이다.
사람을 보려면 암장을 봐야 한다.

戌中 丁火에 의해서 분리가 되었다면, 戌은 燥에서 寒으로 넘어가니 寒인데, 이들이 싸우고 헤어진다면 생존문제 때문인데, 남편이 돈을 안 벌어서, 부인이 돈은 안 벌고 집에서 뒹굴어서이다.

子月에 태어났으면 寒할 때 태어났으니 통변하면, 가난해서 생존이 걱정되는 시절에 태어난 것이다. 天干에 壬水가 없으면 본인은 가난하다고 생각하지 않는다. 환경이 가난한 것이지, 본인은 그런 생각을 하지 않으니 비참하지도 않고 소외를 당하지도 않는다. 시절이 가난할 뿐이다.

정반대로 巳午月에 태어났다면 모두가 행복하고 지위도 갖고 생활의 편의를 누리고 사는 때에 태어났다. 丙火가 투간되었으면 나도 그래야 한다고 생각한다. 丙火가 투간되지 않았으면 나도 행복해야 한다는 생각을 갖지 않는다. 어느 것이 더 행복한가? 항상 바보들이 더 행복하다.

燥濕에 맞추어서 寒暖을 끼워라. 우리들의 생활이기 때문이다. 이론을 할 때는 寒暖에 맞추어서 燥濕을 끼워야 한다. 자기 생활에 빗대어서 인생이나 삶을 논하는 것이 아니다. 근원적인 하늘의 뜻에 맞추어서 삶을 논해야 한다. 그러나 명리학은 자기 인생에 맞추어서 삶을 논한다. 자기 인생을 바라보고 세상을 논한다. 그래서 燥濕에 맞추는 것이다.

동양철학 기준으로 보거나, 명리학 강의를 하려면
寒暖에다 燥濕을 맞추어야 한다.
寒, 내가 생존할 마음을 가지고 있으니
燥, 독립해서 열심히 치열하게 살아야 한다.
寒濕하면 인간관계를 충실히 쌓아야 한다.

寒에 태어났다면 생존능력을 가져야 한다. 그러기 위해서 燥를 받아들여야 한다. 辛金을 받아들여 金生水를 했으니 독립심을 발휘해서 누구에게 기대지 말고 열심히 살아야 한다. 그럼 많은 사람이 너를 돕는다.

그러나 한습으로 갔으면 인간관계를 만들고 붙임성 있게 대하고 대인관계를 잘 쌓고 인덕을 만들어 가야, 협조를 받고 행복하게 잘 산다. 이런 것은 교육자들이 갖추어야 할 풍모이며, 인도자들이 갖출 풍모이다. 내가 붙임성 있게 생활하려면 濕에 맞추어야 한다.

寒은 가난한 마음, 돈을 벌고자 하는 생존능력을 가져야 한다. 공부는 燥濕부터 하지 말고 寒暖부터 해야 한다. 네가 마음을 어떻게 먹고 행동을 어떻게 해야 한다. 寒暖은 마음먹기이고 燥濕은 행동하기이다.

辰月이면 濕이니 붙임성 있게, 대인관계가 좋게 사람들과 어울려서 생활해야 한다. 그러나 天干에 癸水가 올라가지 않았으면 그렇게 하지 않는다. 그냥 그런 시절에 태어났다는 것뿐이다. 그럼 시절에 대한 명령을 들어야 하지만, 그렇게 하지 않는다.

金生水를 안 했다면, 사업하는 사람이라면 寒이 온다고 했으니 생존능력을 갖추기 위해서 붙임성 있게 하지 않으니, 생존에 대한 욕심이 없는 것이다. 구차하게 먹고살 욕심을 내지 않으니 사업이 잘되지 않는다. 木生火를 안 하면 생활에 만족하지도 않으니 전전긍긍이라 한다.

辰月에 태어나서 대운이 역행하면 木生火가 아니라 金生水를 해야 한다. 찬바람이 불어야 한다. 그럼 생존능력이 있게 행동해야 한다. 왜냐하면 생존능력이 있는 곳으로 운명이 가기 때문이다. 그럼 2020년 2021년은 金生水가 오니 생존능력을 한번 부려 보자고 했으면, 2018년에 인지한 후 환경에 맞게 준비해야 한다. 사람이 다 이렇게 생겼다.

寒暖燥濕으로 기본적인 성질을 알고 大運이 어디로 가는지 보고 그 환경에 맞게 부려먹어야 한다. 亥月에 태어났다면 寒이니 가난한 시절에 태어났다. 모두 생존문제로 왈가왈부하는 치열한 생존구역에서 태어났다. 그리고 평생을 생존현장에서 살게 된다. 壬水가 透干되지 않았으면 그런 현장에서 살지만 그런 마음은 먹지 않는다. 그럼 亥月이면 寒이니 寒부터 시작하니 壬水의 金生水를 봐야 한다. 그럼 燥한 기운이니 생존을 위해서 독립심을 발휘해야 하는데, 金生水가 안 되었으면 독립심이 별로 없는 것이다. 그럼 전전긍긍이라 해야 한다.

만약 이때 天干에 丙火가 투간되었으면 추워 죽겠는데 丙火로 木生火를 하고 있으니, 생존현장에 태어나서 생존을 위해 살아야 하는데, 생활을 위해 사는 것이다. 시장에 가서 생활을 이야기하며 사는 것이다. 亥月에 태어났으면 당연히 생존현장이고 金生水를 해서 독립심을 가지고 열심히 일하든지, 아니면 水生木을 해서 사람들과 인간관계, 친분관계를 유지해서 돈을 벌든지 해야 한다. 생존현장에서 생활 이야기를 하고 있다. 이 지겨운 인생에서 언제 벗어나느냐 이다. '전원주택은 언제 짓고 벤츠는 언제 타느냐'이다. '당신이 꿈꾸는 세상은 옛날에는 유럽에 있었는데 지금은 지구를 떠나야 있습니다'라고 말해라.

未月이면 난조이다. 暖으로 시작하니 생활의 편리함, 행복 추구 정신으로 생존에 집착하지 말고 행복하게 살아야 한다. 그럼 먼저 그런 마인드를 만들어야 하니 天干 기준으로 木生火가 안 되면 친분관계, 대인관계, 인간관계가 아주 드물다. 생활을 하려면 누군가에게 붙임성 있게 대해야 한다. 그런데 木이 없으면 방콕이다. 그리고 火剋金이 안 되면 독립심도 없다. 運에서 독립심이 오면 나도 독립해서 뭔가를 해야겠다고 하지만, 따뜻한 火가 오면 '내가 왜 그래야지?' 하고 그만둔다. 그럼 마음을 결정하지 않았으니 사주를 봐도 안 맞는다. 사람은 정신이란 것이 있고 정신은 寒暖燥濕에 따라 마인드가 결정되기 때문이다.

亥子月에 태어나면 壬水이니 寒이다. 그럼 생존능력을 발휘해야 한다. 먹고사는 힘을 가져야 한다. 이때는 金이 多하니 독립심이다. 그럼 독립을 해야 하는데 사주에 金이 너무 많으면 어릴 때 독립한다. 무엇이든 너무 지나치면 극단으로 치우친다. 寒이 지나친 게 아니라 金이 지나친 것이니 天干에는 丁火가 燥이지만 亥子月은 辛金도 燥인 것이다. 이런 燥가 지나친 것은 뭔가 분류를 하고 사람들과 엮이지 않으려는 성질을 가졌으니 싸늘한 성품을 가졌다. 인간관계가 엮이지 않는 것이다.

반대로 巳月 生이면 暖이니 행복하게 살아야 한다. 木生火가 되어야 하니 붙임성 있게 하면 된다. 그런데 이때 火剋金이 안 되었으면 독립을 하지 않는다. 壬水가 있으면 가끔씩 찬바람이 부니 나도 부자가 되었으면 좋겠다. 나도 생존능력이 있었으면 좋겠다고 생각하니, 생존을 위한 일거리를 가지려고 노력한다. 壬水가 庚金으로 金生水를 받으면 완성품이 아니니 열심히 배워서 독립하면 된다. 月令기준으로 보는 것은 환경이라 하고 天干으로 보는 건 이미지 연출이라 해서 자기가 만들어내는 것이다. 그러니 천간에서 방해하지 않아야 한다. 丙火의 계절에 壬水가 있으면 방해꾼이다. 丁火의 계절에 癸水가 있어도 방해꾼인데, 이때 서로 방해하지 않고 섞여서 같이 돌아가게 하면 더 큰 부가가치를 얻을 수 있다.

壬水는 地支에 申 亥 子의 근이 있을 수 있다. 그러면 壬水의 힘이 강해지니 추진력이 강해졌다는 것이고 壬水가 天干에만 있으면 그런 생각만 있을 것뿐이다. 암장에 있어야 실천을 한다.

寒은 天干으로는 壬水, 계절로는 亥子丑 冬節, 암장으로 申 亥 子 中 壬水다. 마음을 먹게 되면 행동은 저절로 하게 된다고 생각해라. 신주형종(神主形從)이니 정신이 만들어지면 몸은 반드시 따라가게 된다. 정신이 만들어지지 않으면 몸은 따라가지 않는다. 동물이나 식물은 몸이 가는데 마음이 간다. 사람은 마음이 가는 곳에 몸이 가는 것이다. 몸과 마음의 분리된 현상들을 찾아낼 때 마음이 움직여야 한다. 天干은 정신적 이미지를 연출하고 地支는 때를 말하고 암장은 인간관계를 말한다.

만약 巳午月에 태어났는데 天干에 壬水가 없고 地支에 亥만 있다면, 巳午月에 태어났으니 내가 원하는 생활을 하고 싶은데, 亥中 壬水는 생존을 위한 사람을 만나게 된다. 壬水가 透干되지 않으면 생존에 대한 이해를 하지 못한다. 巳月에 태어났으면 丙火이니, 나는 생활을 하고 싶은데, 壬水가 있으면 생존 문제를 논하는 사람이 주변에 있으면 서로 대화가 안 된다. 나는 생활로 사람을 대했는데, 저 사람은 나를 장사치로 보려 하니 이해가 안 간다. 壬水가 있으면 이해는 간다.

만약 命理로 개업해서 현장에 가 있다면 地支 암장만 보면 된다. 天干은 보지 않아도 된다. 天干은 써먹지 못하기 때문이다. 그러나 공부를 할 때는 이미지 연출을 해야 하니 天干을 반드시 봐야 한다.

辛金일간이 子月의 壬水라면, 天干에 있는 것이 모두 地支에 근을 하고 있으면, 같은 생각을 하는 사람이 자기 주변에 있는 것이다. 壬癸水나 丙火가 天干에 없으면 내가 생각해 보지 않았으니 이해하지 못한다. 누군가 물어볼 때 내가 생각하지 않은 것을 물어본 것이다. '거기까지는 내가 생각을 안 해 본 건데' 암장에만 있고 天干에 없으면 壬水나 癸水를 만나 본 적은 있어도, 이미지는 연출이 안 되고 암장에만 丙火가 있고 天干에 丙火가 없으면, 만나 본 사람이긴 한데 이미지가 없는 것이다. 天干에 기운이 하나밖에 없다면, 머릿속이 너무 단순한 이미지이다. 천간에 기운이 골고루 있으면 이미지도 골고루 있으니 만물박사다. 이런 경우의 수를 많이 알아야 하니 寒暖燥濕에 대한 이미지 연출을 끊임없이 궁리해야 한다.

자기를 己土, 戊土로 연결해 보자.
나는 寒暖燥濕으로 어떻게 구성이 되었는가?
寒暖부터 한다. 壬水가 들어가면 寒, 丙火가 들어가면 暖,
癸水가 들어가면 濕, 丁火가 들어가면 燥가 들어간 것이다.

첫 번째 주제가 土+寒暖燥濕을 넣는다.
土에 濕이 들어가면 탄생을 시키는 것이다.
土에 暖이 들어갔으면 기르는 것이고
土에 燥가 들어가면 취하는 것이고
土에 寒이 들어가면 축적(蓄積)하는 것이다. 쌓는 것이다.

여기에 月令을 붙이는 것이다.
亥子丑 月令은 겨울이다. 그럼 壬水나 癸水다.
壬水라면 寒을 지향하는 것이니 金生水를 하는 것이고
癸水라면 濕을 지향하니 水生木을 해야 한다.
壬水는 한조(寒燥)하니 생존을 위해서 독립심을 발휘해야 한다.

燥한 金은 취하는 것이고 壬水는 취해다가 쌓아 놓는 것이다.
夏節의 것을 취하면 길러진 것을 취하는 것이고
春節의 것을 취하면 갓 나온 새싹을 취하는 것이다.
모든 사람을 土로 생각하고 보면 된다.

사회적인 공부할 때는 六神으로 해야 한다. 자기 개인의 성향 분석이나 활동 내력을 볼 때는 일간을 土로 놓고 보면 된다. 자기 사주에 土가 있건 없건 관계없이 자신을 土라 생각하고 보면 된다.

金=金剋木, 木=木剋土, 水=水生木, 金生水, 火=木生火, 火剋金
상생상극은 모두 6개다.

金은 金剋木과 金生水를 한다.
水는 水生木과 金生水를 한다.
木은 木剋土와 水生木을 한다.
火는 木生火와 火剋金을 한다.

壬水月令에 태어났으면 水生木도 할 수 있고 金生水도 할 수 있다.
그중에서 金生水를 하는 것이다. 水剋火같은 것은 하지 않는다.
상생상극은 모두 6개다.

■ 지장간(地藏干)

寒暖燥濕으로
申酉戌은 燥한 시절이다. 환경이 그렇다.
寅卯辰은 濕한 시절이다. 환경이 그렇다.
燥한 시절에 태어났으면 따로따로 독립해서 개별적으로 자라야 한다.
寅卯辰에 태어났으면 꼭 협동심을 가져야지 혼자 하면 안 된다.
巳午未의 暖한 시절에 태어났으면, 품위와 생활능력이 있어야 한다.
인자하게 배려하고 베풀 줄 알아야 한다.
亥子丑은 가난한 마음을 가지고 생존능력 있게
치열한 전투적인 정신을 가져야 한다.

地支는 때라는 것이다. 때에 맞추는 것을 말하는 것이다.
지장간은 사람이다. 옆에 누가 있느냐이다.
이것을 모두 寒暖燥濕으로 취급해서 보자.
地支와 지장간을 한꺼번에 생각한다는 마음을 가져야 한다.

子月이란 때는 자라나는 만물이 하나도 없으니 왕성한 활동을 하면서 생존에 필요한 것을 구하러 가야 한다. 멀어서 걸어갈 수 없으니, 날아가야 한다. 그러니 몸이 먼저 가는 것이 아니라, 정신이 먼저 가야 한다. 그러려면 먼저 정보 수집을 하고 가야 한다.

그리고 지장간에 壬水와 癸水가 있으니, 寒暖燥濕으로 壬水라는 寒의 사고방식은 벽에 구멍이 뚫려서 바람이 쌩쌩 불고 양식이 동이 난 지

100일이 넘었으니, 가난하고 힘들고 배고픈 것을 먼저 해결해야 하니, 생존능력이 최고이다. 그러니 이때는 인덕이 아니라 악착같은 정신이 있어야 산다.

子月의 癸水는 濕한 기운이니 붙임성이다. 인덕이 있어야 한다. 그럼 癸水의 인덕을 바라는 사람과, 壬水의 악착같이 사는 두 사람이 만나는 것이다. 그럼 실제 그렇게 하느냐 안 하느냐를 보는 것이다. 자기 주변 사람은 생존능력을 지닌 사람과, 인덕을 원하는 두 사람이 있는데, 癸水가 붙임성 있는 행동을 하려면 水生木을 해야 한다. 木이 사주에 없으면 인덕을 원하는 사람이긴 한데 붙임성 있는 행동을 안 하는 것이다.

癸水는 생존능력이 아니라 붙임성을 가지고 살려고 하지만, 水生木을 안 하면 그런 행동을 하지 않는다. 그럼 金生水를 해야 한다. 붙임성 있게 해야 하는데, 그렇게 하지 못하고 金生水로 독립심을 발휘해야 한다. 자기 주변 사람들이 그런 것이다.

壬水로 태어났으면 붙임성 이야기는 하지 않는다.
壬水와 癸水의 성질은 이렇게 다르다.

申酉戌은 燥한 때이다. 그럼 독립심을 발휘할 때가 왔다. 그럼 壬水는 자기 세상을 만난 것이다. 癸水는 붙임성이 있어야 하는데 붙임성은 없어지고 독립해야 할 때가 왔으니 억울하다. 寅卯辰을 기다렸는데 독립할 運에 온 것이다. 이렇게 天干을 끌어다가 地支에 자꾸 맞추어야 한다.

壬水는 丙火와는 서로 아무 관계가 없다. 수승화강(水昇火降)이란 그 다음에 할 말이고 하나의 원판이 돌아가는 시간의 순환에는 水剋火란 말은 없는 것이다. 水 속에 火가 있고 火 속에 水가 있는 것이지, 따로 따로 水剋火한다는 말은 순환의 원리에는 어긋나는 말이다.

■ 寅申巳亥

巳는 暖한 시절이니 생활은 편리하고 행복하게 살아야 하는데, 장유유서(長幼有序)나 인본주의(人本主義)같이 법규를 잘 지키고 상대를 존중하고 배려하며 아름다운 생활을 할 줄 알아야 한다. 난습(暖濕)한 계절이니 계절상으로는 暖이란 생활과 濕이란 붙임성이 있어야 한다. 이때는 上下로 나누어지는 위계질서가 있어야 한다. 暖, 생활을 유지하기 위해서는, 濕 붙임성 있는 상하의 규칙을 가져야 한다.

庚金이면 丁火의 燥한 기운에 의해서 태어난 사람이다. 그러니 훈련과 독립교육을 받아서 태어난 사람이다. 庚金은 燥한 기운에 의해서 태어난 사람, 丁火의 독립교육을 받아서 새롭게 탄생한 사람이니, 항상 주변에는 독립교육을 받아야 할 사람, 칭얼대는 사람, 경험을 많이 쌓은 사람이 주변에 있는 것이다. 巳中 庚金에게는 독립을 꿈꾸는 직장인들이 7명이나 있다. 丁火에 의해서 독립을 꿈꾸는 직장인들이 7인이나 있다. 그것이 사람이다.

巳中 丙火는 暖이니, 나의 주변에는 생활이 윤택하고 멋들어지게 살

지만, 위계질서란 지위체계 환경에서 사는 사람, 상명하복의 규칙을 강조하는 사람이 옆에 있다. 피곤한 스타일들이 옆에 있는 것이다. 시대의 변화와 사회에 적응을 잘해야 한다고 생각하는 사람이 옆에 있다. 이런 사람들이 옆에 있고 평생 만나는 것이다. 내 안에도 있고 주위에도 있다. 이를 동기감응(同氣感應)이라 한다. 내 주변이 그러니 나도 그런 것이다. 강제적인 조항이고 명령이다.

명리학의 용어는 항상 '그러하다'이다. 남편을 만나든 자식을 만나든 다 똑같다. 적천수(滴天髓), 삼명통회(三命通會), 자평진전(子平眞詮), 연해자평(淵海子平) 등 4권의 책에서 그렇게 말했다. 개천에서 용 난다는 말은 사자성어 중에 희망을 주기 위한 말이지, 명리학적 용어가 아니다.

巳中에 庚金에 태어났으면 소속이 있다. 그럼 火剋金으로 독립을 꿈꾸며 자기를 만들어 가는 것이다. 巳月 丙火로 태어났다면, 上下의 질서와 규율을 정확하게 지켜야 하는 사람이다. 대한항공이나 아시아나항공의 승무원들을 먼저 생각해야 하고 호텔에서 안내를 담당하는 식원들을 먼저 생각해야 한다. 상하와 우선순위, 규칙과 규율을 생각해야 한다. 이렇게 산다는 것이다. 주변에는 火剋金으로 독립을 꿈꾸는 직장인이 있다. 丙火와 庚金은 서로 성격은 맞지 않지만 늘 같이 있어야 하는 것이다.

巳中 庚金은 丁火가 있어야 火剋金으로 독립이 가능한데, 丁火가 없으면 독립을 꿈꾸는 직장인이고 丁火가 있으면 서서히 자기를 개발해서 독립하는 사람이 된다고 해야 한다. 丁火가 없으면 꿈만 꾸는 사람이다. 司令을 했으면 본인이 그렇게 해야 한다.

巳中 戊土에 태어났다면, 시대의 변화에 따라서 사회에 적응하기 위해 나는 무엇을 해야 하는가를 컨설팅해 주는 역할을 하는 사람이라 한다.

子午卯酉보다 여러 개가 섞여 있는 것이, 경우의 수가 많으니 더 낫다. 여러 개가 섞여 있으니 경우의 수가 많으니 헷갈린다. 더 낫다. 더 못하다. 그럼 낫다는 것이냐, 못하다는 것이냐? 이는 우리가 정하는 것이 아니라, 경우의 수가 그러하니 그것을 인식하고 살아가라는 것이다.

巳中 丙火가 乙木으로 木生火를 하면 붙임성 있게, 자기가 지도자가 되는 것이다. 巳中 庚金은 丁火가 있어야, 하나둘씩 독립을 하기 위해서 자기를 연마시키고 능력을 만들어 가는 사람들이 주변에 있다는 것이다. 巳中 戊土는 머금어야 한다. 寒暖燥濕 중에 暖을 머금는 것이다. 네가 사회생활을 하기 위해서는 어떻게 해야 한다고 중재나 컨설팅을 해 주기 위해서 공부를 하러 가야 한다. 그러려면 丙火가 천간에 올라가야 한다.

巳月生은 주변 사람과 모두 뿔뿔이 흩어질 우려가 있다. 한 사람은 중재자가 되기 위해 공부를 하러 갔고 한 사람은 독립하기 위해서 자기를 연마하러 갔고 丙火는 暖이니 진급을 하려고 영업도 하고 친분도 쌓고 조직의 생리에 맞추려고 갔다. 그중에 나는 누구냐? 이렇게 月令적인 사고방식만 가지면 참 쉬운 것이다.

■ 辰月

지장간: 乙 癸 戊

辰月生 주변에 이런 사람들이 있다는 의미다. 乙木은 暖에 의해서 성장을 꿈꾸는 사람이다. 濕에서 暖으로 갔으니 대인관계나 붙임성에 의해서 사회지배자가 되고자 노력을 하는 사람이다. 생존이란, 먹고살기 위한 富적인 요소를 말하고 생활이란 貴적이고 지위를 뜻하니 높이 날고자 하는 사람이 있는 것이다.

癸水는 濕한 기운이니 水生木의 濕한 기운으로 써야 한다. 사람들에게 붙임성 있게 대해야 한다. 대인관계를 쌓고 많은 사람을 알고 다정하게 대해야 한다. 만약 水生木이 안 되면 金生水로 독립해야 한다. 그럼 癸水는 연계, 합작, 붙임성, 협력할 사람이 주변에 많은 것이다. 乙木은 법령을 중요하게 여기고 규칙을 중요하게 생각한다. 癸水는 濕하지만 暖을 원하니 계급의 서열을 중요히 여기고 上下를 중요하게 생각한다.

戊土가 있는 것은 인간관계와 사회적 제도의 지킴과 중재를 위한 컨설팅을 하는 것이다. 丙火를 컨설팅하는 것이다. 丙火는 사회적 제도이고 규칙이니, 이런 것과 연계하고 연결하는 것이다. 사회제도를 어떻게 지켜 나가는 것인가, 사회제도를 어떻게 활용하는 것인가를 알아차리는 것이다. 丙火를 중요하게 생각하기 때문이다.

그럼 나는 누구인가? 만약 乙木으로 태어났다면 사회질서라는 丙火를 통해 붙임성 있는 인간관계로 성장하는 사람이니, 丙火가 있어야 한다. 내 주변에는 지위를 요구하는 사람, 벼슬을 하는 사람, 귀하게 살고 자 하는 사람이 있다는 것이다. 그런데 사주에 丙火가 없으면 그런 사람이 되기 위한 꿈을 꾸더라도 그렇게 안 된다. 이런 것을 요구하는 사람이 주변에 있는 것이다. 丙火가 있으면 벼슬아치들이 주변에 많다는 것이고 丙火가 없으면 주변에 한량들이 많다고 하면 된다.

司令은 10일씩 셋으로 나누어도 되고 子午卯酉처럼 15일씩 나누어도 된다. 오차가 나는 것은 별로 의미가 없다.

辰中 癸水는 甲木이 있어야 하고
辰中 乙木은 丙火가 있어야 한다.

辰月 乙木에 태어났으면 벼슬을 하거나 지위를 갖거나, 나라의 녹을 먹으려는 의지가 있는 사람이 주변에 있고 내가 司令이면 내가 그렇다는 것인데, 天干에 丙火가 있으면 계급을 가지는 것이고 丙火가 없으면 낙향거사다. 天干에서 마음을 안 먹으면 행동을 하지 않기 때문이다.

年月日時 중 년지(年支)가 중요한데 요즘은 年支를 별로 안 본다. 年支는 지구와 각각의 행성들이 태양을 도는 궤도의 위치를 年支라 한다. 우주 공간에서 염소자리인가, 황소자리인가, 뱀자리인가, 그중에 지구가 있는 위치를 年支라 한다.

月支는 태양계에 있는 지구가 1년에 한 번씩 공전하면서 계절이 생겼는데, 이를 寒暖燥濕이라 하는데 온도와 습도에 변화를 증명해 주는 것이 月支다. 내 환경이 月支다.

日支란 月支 안에 10일, 10일, 10일씩 30일 중에 내가 태어난 날을 말한다. 그 주변의 온도 습도도 있고 만물도 있으니 내가 뭐 하러 태어났나? 그것을 증명해 주는 것이다. 月支의 환경에서 내가 뭐 하러 태어났느냐가 日支다.

時支는 시간의 질서를 의미하는데, 時에도 寒暖燥濕이 있는데 나의 가정생활이나 일상생활을 어떻게 한다가 들어 있다. 日柱란 月支에 가서 일하는 것을 보는 것이고 時에 가서 가정생활을 하는 것을 보는 것이다.

寒暖燥濕이니 '너 이거 할 생각 있나 없나?'를 공부하는 중이다.

天干은 무슨 생각을 하고 있는가, 地支는 무슨 환경에 왔는가?
지장간은 내가 무슨 사람들과 어울려서 사는가를 보는 것이다.

土는 자기 자신이다.
水火는 木金을 양쪽으로 상생상극 한다.
木과 金은 木剋土 金剋木밖에 없다.
土剋水를 일반사람이 할 수는 없다.
土剋水는 만인이 사는 환경을 내가 마련한다는 의미인데, 고아원이나 아카데미, 학원 등 사람들에게 필요한 환경을 제공하거나 기부하는, 그런 큰일을 해내는 것이니, 土剋水를 할 수 있는 자는 만 명 중에 한 명 정도이다. 만 명 중에 열 사람이 土剋水가 되어 있다면 열 명 중에 아홉 명은 되지도 않는 꿈을 꾸고 있는 것이다. 사주에 土剋水가 보이면 무엇인가 큰 재단을 만든다거나 사회적으로 통 큰 기부나 기여를 하려는 원천자, 시초자가 되려는 망상에 사로잡힌 자이다.

土剋水는 산에 불을 놓아서 화전을 일구어서, 밭을 만드는 것과 같다. 바다나 강을 막아서 연못을 만든 다음에, 연못을 논으로 돌린다. 이런 개간의 의미가 되는데, 이런 것을 해내는 것이다. 새로운 하나의 문화나 문명을 개척해 내는 것이니 아무나 되는 것이 아니다. 사주에 있다고 되는 게 아니다. 이것을 하나 하려면 최소한 60~70년이 걸리게 된다. 그러니 우리나라 사람들의 성향에는 할 수가 없는 것이다.

辰月은 계절적인 특징으로 濕이라 했다. 사람들이 서로 배려하고 어울리고 단합하고 붙임성 있게 살아가야 한다는 뜻이다. 그 속에 乙木이 있는데 이 사람은 그런 속에서 리더가 되고자 하는 사람이다. 그럼 丙火를 만나야 한다. 丙火가 없으면 주변에 이런 사람이 있다는 뜻이다. 사회적 지위를 노리고 도전했다가 실패한 한량들이 많은 것이다. 은퇴한 군인들이 많다는 것이다, 낙향거사라 한다. 지위를 가졌다가 내놓은 사람도 많다고 하는 것이다. 木生火를 하지 못했기 때문이다.

癸水는 원래 한습인데 먹을 것이 걱정이고 가난이 걱정이니, 붙임성을 가지고 의존하며 살아가야 하는데, 의지할 곳이 필요한 사람들이 있다. 癸水는 甲木으로 인덕을 받아야 하는데, 의지하며 살아갈 수 있는 의존이 필요한 사람들이 있다. 그들에게는 癸水가 있으니 甲木이 있어야 한다. 그럼 의존해야 할 사람에게 의지가 되어 주는 일을 할 수 있는 사람이란 것이다.

辰中의 戊土는 위와 같은 乙木과 癸水를 원활히 사용하기 위한 에이전시, 브로커, 중재 등을 할 수 있는 사람이 있다는 것이다. 戊土는 상생상극에 들어가지 않고 寒暖燥濕에 들어가는 것이다.

癸水가 조화로워야 하니 甲木이 있어야 한다. 그럼 甲木이 있으면 조화로운 것이다. 내가 그런 마음을 가졌으면, 그런 사람들을 받아 주는 것이다. 戊土에 태어났으면 그런 것을 중재하는 사람이다. 그런데 丙火를 봤으면 계급이 높은 사람을 중재하지만, 癸水를 봤으니, 온정을 바라는 사람들을 중재하는 사람이다. 만약 공무원이 중재한다면 외교 부서로 가는 것이다. 외교 분쟁 해결, 유엔 등에 가는 것이다.

辰戌丑未의 土냐, 寅申巳亥의 土냐,
즉, 四季의 土냐, 四生支의 土냐에 따라 다르다.
天干 土와, 四季의 土와, 四生支의 土가 서로 다르다.
辰月의 戊土는 丙火와 관련있지, 甲木과는 관련이 없는 것이다.

모든 것을 寒暖燥濕으로만 바라봐야 어떤 마음을 먹었는지 아는 것이다. 마인드 설정은 곧 행동으로 이어진다는 믿음을 가져야 한다. 月令의 암장에서 누구와 관련이 있나 찾고 月支에서 나의 환경이 무엇인가 봐야 하고 필요한 것은 天干에 가서 구해야 한다. 天干에서 구하지 못하면 암장에서 구해 와야 한다. 그럼 그걸 대신하는 사람이 생겼다고 하는 것이다.

子午卯酉는 좀 간단하다. 만약 酉月에 태어났다면 庚金과 辛金인데,

이때 庚金은 甲木을 취해 와서 내 것으로 써야 한다. 이렇게 쓰다 보면 능력이 쌓이니 金生水를 하는 것이다. 또 火剋金을 받아야 한다. 그럼 순서를 정해야 한다. 먼저 火剋金으로 취할 능력을 만들고 金剋木으로 취해서 쌓아 놓는다고 생각해야 한다.

庚金은 丁火로 독립능력을 만들고 燥이니 독립능력이다. 단결을 위해서는 甲木이 필요하니 甲木을 金剋木해야 한다. 甲木은 濕이니 붙임성, 어울림, 협동심의 金剋木이다. 붙임성 있는 곳에 가서 金剋木을 하여 분리성으로 만들어야 한다. 甲木이 붙어 있는 것을 분리하는데 暖과 燥가 있어야 한다. 暖으로 분리하면 붙여서 가지가 나오는 분리이고 燥로 분리를 하면 취해서 가져오는 것이다. 暖으로 분리하는 것은 분열을 만들고 金으로 하는 것은 잘라서 가져오는 것이다. 그럼 붙임성 있는 행동을 해야 한다.

庚金은 붙임성 있는 행위가 최고인데, 반대로 이야기하는 습관을 들여야 한다. 庚金이 바로 붙임성이다. 庚金이 군인이라면 제일 강조하는 것이 전우애이다. 내 옆의 동료를 살려야 한다. 동료가 죽으면 나도 죽는다. 庚金은 붙임성을 초월한 단결이다. 그러니 庚金이 없으면 단결력이 없는 것이다. 庚金의 단결력에는 목적이 들었고 甲木의 단결력은 성품이거나 인성적이다. 의미가 다를 뿐이다.

酉月의 辛金은 壬水란 寒이 필요하다. 그러니 생존능력을 발휘해서 자기를 생존에 써먹어야 한다. 이때 태어난 사람은 주변에 庚金과 辛金이 있는데, 庚金으로 능력을 만들어서 전문성 있는 경험자를 만들어서 확실한 전문가가 되려는 庚金과, 생존능력을 발휘해서 내 능력을 팔려는 辛金이 있는데, 그중에서 나는 전문가인가, 유통인인가?

辛金에 태어났으면 전문가들의 능력을 유통해 주는 사람이고 庚金에 태어났으면 내가 전문가이고 유통은 辛金이 하는 것이다. 그런데 庚金에 태어나서 내가 전문가가 되었는데, 사주에 辛金이 없으면 전문가인 내 능력을 팔아 주는 유통인이 없는 것이고 辛金은 있는데 壬水가 없으면 능력 없는 유통인을 둔 것이다. 그것이 자기 운명이다.

木과 金이란 자체적으로는 아무 능력도 없는 것이다. 寒暖燥濕이란 기운이 와서 능력을 만들어 주어야 한다. 寒은 壬水, 暖은 丙火, 濕은 癸水, 燥는 丁火인데 이들 중에 누군가가 와서 木과 金을 만들지 않으면 안 되는 것이다. 그럼 木은 2개가 있는데 甲은 濕이 만들고 乙木은 暖이 만든다. 金도 庚金은 燥가 만들고 辛金은 寒이 만든다. 그럼 甲木은 친분관계를 갖기 위한 끈끈한 마음을 가져야 甲木이 생기는 것이다.

그럼 甲木만 있고 癸水가 없는 사람은 그렇지 못하나요? 아니다. 사주를 믿지 말고 사람들과 어울려야 한다. 그런데 甲木이 癸水가 없으면 사람과 어울리려 하지 않는다. 사주가 맞지 말아야 하는데 맞으니 문제다. 사주에 癸水가 없으면 그렇게 하라고 해도 그렇게 하지 않는다.

그럼 乙木은 暖이 있어야 하니, 솔선수범하고 명예를 중요시하고 사람 간에 장유유서(長幼有序)와 삼강오륜(三綱五倫)을 중요하게 여기는 세상 속에 사는 것이다. 인성이란 근본주의를 가지고 사회생활을 해야

乙木이 크는 것이다. 그러나 乙木이 丙火가 없으면 솔선수범하지를 않는다. 그러지만 丙火가 없더라도 솔선수범하지 않으면 안 된다. 해야 한다.

庚金도 燥한 기운이 있어야 독립심을 가지고 자기를 전문화하고 만들어 가는 것인데 丁火가 없으면 하지 않는다.

辰月이란 환경에서 태어났다면 거기에 사람들이 모여 사는데, 그곳이 지장간이다. 乙이란 사람과, 癸란 사람과, 戊란 사람이 있다. 乙木은 暖이 있어야 포함되는 것이다. 辰月의 乙木이란 사람은 지위를 가져야 한다. 그럼 사회적 질서에 맞는 귀한 인물이 되어야 한다는, 분명한 목적과 명분을 가져야 한다. 그러나 丙火가 없으면 지위를 갖고자 하는데, 지위를 갖지 못한 사람들이 주변에 있다는 말이다. 낙향선비와 은퇴한 선비가 많다는 것이다. 乙木이니 한 글자만 있어도 숫자가 많다는 뜻이다. 乙木이 어디에 있어도 매우 많은 것이다. 甲木은 地支에 根이 없으면 天干에 아무리 많아도 없는 것이다. 辰中 癸水는 붙임성과 인덕을 원한다. 濕이기 때문이다. 그 붙임성이 해결되려면 甲木이 있어야 한다.

戊土는 이런 乙木과 癸水의 내용을 조율하는 사람이다. 乙木이 벼슬을 못 하고 다 은퇴를 했는데, 그런 사람들에게 '어떻게 사는 겁니다' 하고 말해 주는 것이고 癸水는 甲木이 있으면 붙임성 있게 사는데 '인덕은 어떻게 형성되는 겁니다' 하고 이야기하는 것이다.

癸水의 용어가 붙임성인데, 첫 번째 용어가 화합, 붙는 성질, 집착, 소외, 정신 이상자, 우울증, 똑바로 생각하지 못하는 자들이다. 그럼 사주가 어떻게 생겼느냐에 따라서 만나는 사람이 다르다. 辰月이니 내가 사회적 인덕을 원하는 사람을 컨트롤해 줄 의무가 있는 것이다. 사회적 배려를 원하는 사람이다.

癸水가 甲木이 없다면 붙임성 있고 배려를 원하는 사람을 방관하는 사람이 된다. 붙임성이 없는 사람은 스스로 독립을 하는 사람이다. 癸水의 반대 성격은 丁火의 성격이다. 그럼 스스로 독립해야 한다. 고아원은 배려가 필요한 곳이지, 독립이 필요하지 않다. 그러니 癸水가 필요하다. 노동부에서 하는 일은, 배려가 아니라 독립을 시켜 준다. 이는 丁火가 한다.

癸水의 붙는 성질, 丁火의 떨어지는 성질을 가지고 단어를 3개 이상 만들어 봐야 한다. 독립하다의 정반대는 배려하다. 네가 스스로 먹고살다의 반대는 내가 먹여 살리다이다. 이런 식으로 반대말도 만들어 가야 한다.

癸水가 붙는 성질인데, 甲木이 있어야 붙는 것이고 甲木이 없으면 붙지 않는다. 붙어서 인덕을 원하는데, 자꾸 떨어뜨려 놓는다. 그런데 떨어뜨리는 것은 丁火가 하느냐, 庚金이 하느냐, 辛金이 하느냐가 다르다. 방법론이 다 다른데, 학교에도 떨어뜨려 놓는 부서가 있는데 입시담당 교사, 취업 담당 교사이다. 그러니 어떻게 떨어뜨리느냐이다.

子午卯酉는 인간이 하는 것이 아니라 하늘이 하는 것이다.
辰戌丑未와 寅申巳亥는 복잡하지만 다양성이 있는 것이다.
子午卯酉는 복잡하지 않다.
辰戌丑未는 3개가 있는 것이 아니라, 6개가 있는 것이다.
그러니 분열이 된다. 辰中에는 乙木과 甲木을 동시에 보는 것이다.

寅中 丙火도 戊 丙 甲인데, 이 丙火도 한쪽 면만 있다. 寅中에 丙火는 오전에만 뜨고 오후에는 안 뜨니 火剋金은 하지 못한다. 巳中에 丙火는 오전과 오후에 다 뜨는 것이고 午中의 丙火는 오전 것은 하지 못하고 오후 것만 하니 木生火를 하지 못한다. 午中 丙火에게 식물을 가져다 놓으면 죽게 만든다. 그러니 午中 丙火는 강한 나무를 키우지, 채소나 풀은 키우지 못한다.

사주에 戊土가 있으면 뭐가 섞였는지, 月令으로 따지는 것이다. 壬水가 섞였다면 寒을 가지고 한습으로 할까, 한조로 할까 결정해야 한다.

辰月의 濕은 한습으로 할까, 난습으로 할까 결정해야 한다. 金이 없으면 난습으로 해야 한다. 그럼 난습은 뭐 하는 것이고 한습은 뭐 하는 짓인지 알아야 한다. 辰中 乙木에게 丙火가 없으면 난습할 수가 없으니, 난습해야 할 사주가 한습하고 있는 것이다.

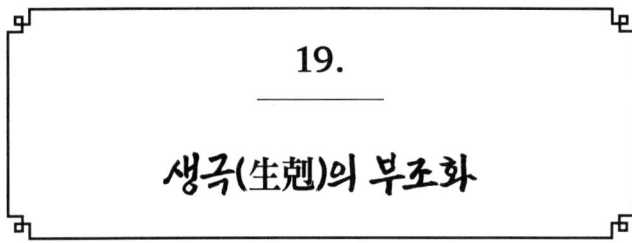

19.
생극(生剋)의 부조화

　천인합일(天人合一)이란 사람은 하늘과 같은 일을 한다는 뜻이다. 즉 맡은 임무가 같다는 뜻이다. 상생은 항상 같지 않다. 같다는 건 時에 맞게 化한다는 뜻이고 같지 않다는 건 변수가 있다는 뜻이다. 그러나 그 변수에 대해서는 아직 아무도 모르는 것이다.

　상극은 '멈춘다'라는 뜻보다는 '이어지게 한다'라는 뜻이다. 멈춘다는 것은 사라진다는 뜻이고 이어진다는 것은 다시 보인다는 뜻이다. 그럼 멈추게 하는 것은 무엇이고 이어지게 하는 것은 무엇인가? 멈추게 하는 건 낳아 준 부모가 하는 것이고 이어지게 한다는 건 자식이 하는 것이다.

　이어진다는 것은, 똑같은 것이 다시 태어난다는 뜻이다. 상극은 그것을 말하는 것이다. 낳게 한 것이 멈추게 하고 멈추게 한 것이 이어지게 한다는 것이다. 丙火는 낳게 했으니, 또 멈추게 하는 것이고 壬水는 죽이는 것인데, 또 이어지게 하는 것이다. 이런 바탕에서 상생과 상극을 시작하는 것이다.

그런 水火의 기운을 이어받았는데, 인간이 행하는 행위는 金木이다. 水火는 낳고 자라게 하고 멈추고 이어지게 한다는 體的인 것이다. 그럼 그런 행위를 인간이 해야 한다. 木이면 낳게 하고 자란다는 의미다. 丙火가 木을 낳게 하는 기운이지만, 낳는 것은 木이 나오는 것이다. 水火의 개념으로 사람을 설명할 것이냐, 木金에다 사람을 붙여서 설명할 것이냐? 이다. 자신이 하늘을 닮은 사람으로 생각된다면 자기 자신을 木金에다 붙이고 그렇게 행위를 하는 것이다. 그래야 하늘을 닮은 사람이 되는 것이다.

■ **총론(總論)**

1) 甲木 癸水 〉丙火

 인간은 하늘을 닮은 사람으로서, 스스로 자기를 키워야 한다. 甲木은 癸水의 한습한 기운이 강하고 丙火의 난습한 기운이 약할 때, 甲木이 되는 것이다. 그럼 天地의 기운을 타고난 대로 실천하는 것이다. 이어받아서 사는 것이니 나를 잘 기르는 것이다.

2) 乙木 癸水 〈 丙火

 乙木은 癸水의 한습한 기운에 비해, 丙火의 난습한 기운이 더 왕할 때 乙木이 무럭무럭 자라나는 것이다. 그러니 계절의 기운에서 甲乙木을 찾고 水火의 기운은 사주에서 찾으면 된다. 동지에서 춘분까지 甲木을 찾고 춘분부터 하지까지 乙木을 찾으면 된다. 사주에 없어도 찾으면 된다. 그 계절에 그것이 있다고 생각하면 된다.

만약 水火의 기운이 반대이면 하늘을 닮아서 하는 게 아니라 자기 마음대로 하게 된다. 그래서 본연(本然)과 기질(氣質)로 나누게 된다. 만약 甲木 癸水가 丙火의 기운이 전혀 없고 한습한 기운만 있다면 하늘을 그대로 닮기는 닮았는데, 이어짐이 아니라 사라짐이 있는 것이다. 그러니 전에 기운을 잘 봐야 한다.

3) 庚金 丁火 〉 壬水

庚金은 난조한 기운이 꽉 차고 한조한 기운이 더 약해야 하늘을 닮은 사람으로서 본연을 지키며 잘 개발해 내는 것이다. 그래서 春節을 계발(啓發)지역이라 하고 秋節을 개발(開發)이라 한다. 春節은 자기를 자기 마음에 들게, 쓰임이 있게 자기를 啓發하는 것이고 秋節은 밖에서 쓰이도록 開發하는 것이다.

4) 辛金 丁火 〈 壬水

辛金과 丁火의 난조한 기운보다, 壬水의 한조한 기운이 더 왕한 것이 자연의 규칙이다.

春夏秋冬인데 水火가 木金을 키우는데, 春節은 한습한 기운이 난습한 기운보다 더 왕해야 한다. 만약 春節인데 地支에 巳나 寅이 있으면 난습해진다. 그럼 못 쓰는 것이다. 그럼 자기 기질로 나가는 것이다. 癸水는 地支에 있어야 하고 丙火는 天干에 있어야 하는데, 거꾸로 있으면 안 된다는 것이다. 그러니 한습한 기운이 더 왕하고 난습한 기운이 더 약해야 한다. 거꾸로 되어서 난습한 기운이 더 왕하고 한습한 기운이 더 약하면 하늘을 닮은 사람으로 자기를 키우지 않는 것이다. 秋節은 남을 다스리는 것을 말하고 春節을 나를 다스리는 것을 말하는데 거꾸로 되었으면 자기 기질대로 살고 때에 맞추어서 살지 않는 것이다.

■ 춘절(春節)

1) 癸水 〈 丙火

자연 그대로 살아야 하는데, 丙火가 더 왕하면 자기 기질대로 사는 것이다. 丙火가 더 왕하면 甲木이 나와야 할 시기에 기질대로 乙木을 키우니 너무 속도를 낸 것이다. 고등학교를 졸업하고 취직을 한 것과 같다.

2) 癸水 〉 丙火

이어지는 것은, 낳고 또 낳는 것을 의미한다.

3) 癸水 》 丙火

한습이 너무 지나친 경우는, 자연을 닮고 하늘을 닮은 행위를 하기는 하되 멈춘 것이니, 이어지게 할 수는 없는 것이다. 나타남이 없는 것이다. 이어짐이 없다는 것은 낳고 또 낳게 할 수는 없다는 것이다. 누가 이어서 나에게 주지 않는다는 뜻이다. 前代로부터 나에게 이어짐이다. 이렇게 세 가지 방법으로 구분하는 것이다.

■ 夏節

1) 癸水 〈 丙火

乙木을 키우는 것인데, 丙火는 天干에 있고 癸水가 地支에 있어야 火가 더 왕한 것이다. 그래야 충분히 자기의 능력을 내보내는 것이다. 능력을 내보내는 것도 교육이니 현장 교육이라 한다.

2) 癸水 〉丙火

水가 더 왕하면 기질대로 하는 것이다. 나가서 경쟁하라고 했더니, 자기가 좋아하는 甲木만 계속 키우고 있다.

3) 癸水 《 丙火

丙火가 지나치게 많으면 중도에 정지하는 것이니 이어짐이 없는 것이다. 내가 이어서 주지 않는다는 뜻이다.

■ 秋節

하지가 지나면 난조한 기운인 丁火가 더 커야 한다. 뜨거워야 하지만, 丁火가 天干에 올라가면 화다목분(火多木焚), 화다수갈(火多水渴), 화다금소(火多金銷)가 된다. 그러니 午未月令에 출생하면, 아버지가 언제 죽나 보고 남편이 언제 죽나 보고 자기가 언제 죽나 보는 것이다. 만약 이 사람이 돈을 많이 벌었다면 돈 때문에 빨리 죽는다. 정신이 병들어서 죽고 몸이 병들어서 죽는다. 火는 낳게도 하고 멈추게도 하지만, 火가 왕하면 무엇이든지 죽이는 역할밖에 하지 않는다. 그러나 그 사람의 정신은, 낳게 하는 곳에 있으니 억울한 것이다. 왕하니 죽이는 것이다. 죽이는 것은 이어지게 하는 것이다.

1) 丁火 〉 壬水
하늘을 닮은 때가 되어서 나의 개발된 능력을 밖으로 쏟아 내니, 외부를 개발하고 신체도 단련하고 한다. 이것은 자만에 빠지지 않는 사람들의 이야기다.

2) 丁火 〈 壬水
壬水가 더 왕하다면 나를 개발하는 것이 아니라 모든 일을 남에게 맡기고 자기는 하지 않는 것이다. 너무 서두르거나 빨리한다. 내일 할 일을 오늘 하지 말아야 한다.

3) 丁火 〉〉 壬水
지나치게 丁火가 왕하면 하늘을 닮은 사람처럼 열심히 노력은 하나, 드러나 보이지 않으니 번식이 안 된다. 그럼 이어짐이 없으니 자기 자신에 대한 성장의 문제가 발생한다.

■ 冬節

1) 丁火 〈 壬水
자연을 닮은 사람처럼 때에 맞추어서 열심히 개발하는 것인데, 이때는 철저하게 고객에게 맞추고 타인에게 맞추는 것이다. 자신이 아무리 하찮은 사람이라도 따뜻하게 해 주는 정신이 있는 것이니 자기에게 맞추는 게 아니라, 때에 맞추어서 이어받는 사람에게 맞추어야 하니 고객에게 맞추어야 한다.

2) 丁火 〉 壬水

능력을 내놓지 않고 개발 중이니 남에게 맞추지 않고 자기에게, 운명을 맞추는 것이다. 빨리 나가서 일해야 하는데 지금도 준비 중이다. '내일 해야 할 일을 오늘 하라'라고 해야 한다.

3) 丁火 《 壬水

壬水가 너무 지나치면 모두 이어진 것이 아니라 뺏어 가는 것이다. 도난당했다. 설기(泄氣)되었다. 탈진되었다이니 이어 주는 것이 아니라 뺏어 가는 것이다.

1)은 정상적인 것이고 2)는 천지를 닮은 사람이 아니니, 자기가 편한 대로 하는 것이고 3)은 멈추었으니 이어짐이 없다는 뜻이다. 그럼 春節은 이어받음이 없다는 뜻이고 秋節은 이어 줌이 없다는 뜻이다. 그럼 酉月인데 3)이면, 정상이 아니라 비정상이니, '자식에게 이어 주지 않으시네', '자기만 잘 먹고 살려고 하네'라고 말하면 된다. 子月이 3)이면, 이어받음이 없는 것이다. 부모에게 효자 노릇을 해야 하나, 유산을 못 받으니 엄마처럼 살면 된다고 하면 된다. 정상적인 사람이 거의 없기 때문이다. 午月은 '타고난 능력은 좋은데 살아생전 자기 능력을 키우지 않으셨네' 하면 된다. 잔재주만 피운다는 뜻이다.

1)의 정상적인 스타일은 고객으로 오지 않는다. 그러나 공부를 해야 하니 세 가지 방법을 다 알고 있어야 한다. 1)은 正, 정상적이니 때에 맞추어서 한다. 시화연풍(時化燕風)이라 해서 '때에 맞추어서 잔치를 벌이다'라는 의미다.

　2)는 偏, 때에 맞춘 게 아니라 너무 이르다. 멈추지 않고 계속 앞으로 가니 스피드를 발휘했다는 뜻인데 통변 내용 1번이 '채무독촉에 시달리시네', '지나친 투자를 했네' 하면 백발백중이다. 너무 일찍 시작한 것이다. 소년 소녀 가장이란 말보다는 이 말이 더 적합하다. 때에 맞추지 않으니, '너무 빨리 가다. 너무 늦게 가다'의 시기(時期)의 문제가 된다.

　3) 멈출 지(止), 자기 계절에 왕해야 할 것이 너무 지나치게 왕한 걸 말한다. 春節에 癸水가 왕하라고 했지만 旺해도 너무 지나치게 旺하니 丙火가 들어설 자리가 없는 것이다. 그럼 멈춘 것이다. 보이지 않는다는 뜻이다. 그럼 언제 볼 수 있느냐고 하면 다음 代에 보인다고 해야 한다. 그러면 너무 서운하다고 하니 '다음 大運에 보입니다'라고 해 주어야 한다. 대개 '60년 정도 걸립니다' 하는 것도 거짓말인데 이것도 서운하다고 하니 '나를 살리지 말고 남편이나 부인, 자식을 살리도록 노력해야 합니다, 그것이 일입니다'라고 해 주어야 한다.

　사회적인 이슈는 자기 자신이 무엇을 하는 것이 중요한데, 모든 것이 자기를 위해서 존재하는 것은 잘나가는 사람이고 다른 사람을 위해서 희생하는 것은 잘못된 것으로 되어 있다. 이것이 멈추어서 있는 의미이다. 한쪽으로 지나치면 항상 그렇다.

冬節에 壬水가 너무 지나치면, 成을 너무 이르게 하다. 지나친 것인데 일찍 멈추었으니 다 크지 않고 멈춤을 말한다. 조기 은퇴를 한 것이다. 일을 일찍 멈추는 첫 번째 이유는 아파서이다. 몸이 아프거나 정신이 아파서 일찍 멈추는 것인데, 대개 취직해서 3년 안에 멈춘다. 그리고 뭔가를 하는데, 그건 해야 할 일을 하는 것이 아니라 먹고살기 위해서 하는 것이다. 오래가는 사람은 6년에서 8년도 갈 수가 있는데 그다음에 멈추어서 성장하지 않고 생존만을 위해서 존재하는 자들이 壬水가 너무 지나친 자들이다.

夏節에 丙火가 너무 지나치면 배움을 일찍 멈춘 것이다. 이 말은 長을 너무 빨리 시작했다는 뜻인데 이는 자기 능력을 만드는데 자기 성장을 너무 빨리 멈추었다는 뜻이다. 대개 3년에서 7년이라 생각하면 되는데 10년을 채우지 못한다.

春節에 癸水가 지나쳐서 丙火가 적으니 얼어붙은 것이다. 이는 계발을 하지 못하니, 生을 하지 못한다, 탄생하지 않으니 자기계발을 하지 않는 것이다. 능력을 계발하지 못한다고 할까? 하지 않는다고 할까? 좋은 말로 '집안 사정상 자기계발을 하는 데 시간이 늦었습니다' 그러나 지금은 그런 말을 하면 안 된다. 1970년생 이후로 가정형편이 어려워서 공부를 못 했다고 하는 건 가장 나쁜 경우의 수로 자기를 몰아가는 방법이다. 아무리 어려워도 공부를 많이 한 사람들은 수두룩하다. 癸水가 지나치게 많아서 자기를 계발하지 않았다. 자기를 탄생시키지 않다. 자기가 누군지 밝혀 내지 않는다. 자기 자신에 대해서 자기가 소홀한 것이다. 사주가 싹이 안 나게 생겼다고 하면, 부모가 어려워서 자기 투자를 못 하셨네, 하더라도 좋지만, 용서가 되는 건 아니다.

秋節도 丁火가 너무 지나친 경우가 있는데, 이는 지나간 시절에 배우고 익힌 것을 키워 나간 경험이 없어지는 것이다. 木이 타 버렸기 때문에 번식이 없어진 것이다. 그럼 生長이 사라짐이다. 배우고 익힌 것이 없어진 것이다. 학교 때 배운 것과 직장에서 경험한 것이 없어진 것이다. 이것도 변화하는 세상이 어떤지 모르는 것이다. 무작정 가출, 무작정 이민을 간 사람들, 앞으로 대책을 세우지 않고 무작정 퇴직을 한 사람들을 의미한다.

  夏節에서 秋節로 가니 乙에서 庚으로 나가고 冬節에서 春節로 가니 辛에서 甲으로 나가는 것이다. 冬節이 秋節에게 전달받아서 春節로 전해 주니 크는 것이고 夏節의 경험을 살려서 秋節은 더 크게 만드는 것이다. 그러니 夏節에 태어난 사람에게, 秋節 말을 해도 되고 秋節에 태어났어도 夏節의 말을 하는 것이다. 그러니 중복지역이 巳午未와 亥子丑이다. 이렇게 중복되는 지역은 중복되게 해야 한다.

  夏節에 태어난 사람에게도 秋節에 대한 말을 해야 하는데, 말할 시기는 45세 정도가 되면 秋節에 대한 이야기를 해야 한다. 亥子에서 태어난 사람도 45세 즈음에 子丑의 이야기를 하면 된다. 옛날에는 35세쯤에 했는데 이제는 평균 수명이 길어져서 10년이 늦추어진 것이다. 亥子에서 태어났으면 亥子에서 시작하는 것이고 子丑에 출생했어도, 亥子에서 시작하는 것이다.

  甲乙庚辛이라 해서 春節에 태어났으면 夏節로 간다고 하면 안 되고 초년에 준비할 것은, 이어받아야 하니 亥子에서 출발해야 한다. 亥子에서 공부하는 건 누가 가르쳐 주어서, 전달받아서 하는 것이고 春節에 공부하는 것은 스스로 개발하는 것이다. 그러니 亥子丑에 태어난 사람은, 亥子에 전달받아서, 받은 걸 가지고 子丑에서 스스로 공부하는 것이다.

巳午에서 태어난 사람은, 경험을 쌓아서 경험을 바탕으로 午未에서 스스로 공부를 하는 것이다. 午未에서 태어났으면, 스스로 공부해서 자기를 개발시키려면 巳午에 가서 경험해야 한다.

子丑에서 나를 계발시키려면, 亥子에 가서 배워 와야 한다. 그러니 배우는 과정은 2개밖에 없다. 경험을 통해서 하든지(巳午), 나를 개발하든지(午未), 누구에게 전달받아서(亥子) 하든지, 개발해서 하든지(子丑) 이런 식으로 하는 것이다.

亥子에 태어났으면 누구에게 능력을 전달받아서 계발해야 한다. 전달받았으니 능력을 계발할 수 있다. 그럼 배울 때 능력을 전달받아서 계발했으니 또 전달해 주는 것이다. 夏節과 秋節을 일생으로 보고 夏節에 태어났으면 秋節까지가 일생이다. 그러니 亥子丑, 巳午未가 일생이 되는 것이다.

春夏秋冬을 감지하는 개념이다. 시작이 壬水에서 癸水로 왔다. 그리고 丙火에서 丁火로 넘어간 것이다. 결국 하늘의 변화는 동지와 하지부터 바뀌는데, 땅의 변화는 춘분과 추분부터 바뀐다는 의미다.

■ 生헨이란

生하는 것이 있고 헨하는 것이 있는데 하늘을 닮았으니 모든 사람은 土다. 땅에서 산다. 만물이 자라듯 나도 자란다(木). 자라게 하는 것이 火다. 木은 자란다. 火는 자라게 한다. 어디서? 나에게(土)서, 金은 취한다. 잡는다. 모신다. 제사상에 올라가는 것을 말할 때나, 임금에게 진상하기 위해 취할 때는 모신다, 받든다고 한다. 木을 취하는 것이다. 水는 그런 축적된 기운을 모아 놓는다는 뜻이다. 金의 취하는 방법과, 잡는 방법을 모아 놓은 것이다. 木은 크는 것을 모아 놓은 기운이고 火는 자라는 것을 모아 놓은 기운이고 水는 가서 취해 오는 것을 모아 놓은 기운이다. 이것이 상생상극이다.

金이 木을 취해 올 때, 火가 없으면 자라지 않은 것을 취해 왔으니 어른이 아니라 아이를 취해 온 것이다. 그럼 장사를 한다면 문방구나 장난감 가게를 하고 영화를 만든다면 애니메이션을 만든다. 이것이 상생상극이다.

月令에서 土 月令이란 건 없다.
寅卯辰, 巳午未, 申酉戌, 亥子丑 月令이 있다.

亥子月令에서 태어났다면, 취하고 잡아 오는 법을 모아 놓은 것이다. 취하는 방법을 모아 놓은 것이다. 그럼 잡는 방법이 쌓인 것이다. 그런데 잡는 방법이 쌓였는데, 火가 없으면 어디서 무엇이 자라는지 모르는 것이다. 그럼 金生水가 잘되면 잡는 방법 등이 쌓여 있는데 火가 없으면 쌓이긴 했는데 허구(虛構)이거나 거짓말이 쌓인 것이다.

丙火가 있으면 때라는 정보를 아는 것이고 木이 있으면 '무엇을' 취해 와야 할지를 안다. 木金은 '무엇'이고 丙火는 '어느 때'다. 만약 丙火가 아니라 丁火라고 하면 어느 때를 아는 게 아니라 '어떻게'라는 기술적인 요소를 아는 것이다.

巳午에 태어났다면 '자라게 한다'이니, 때에 맞추어서 '자라게 한다'이니 木을 자라게 해야 한다. 그럼 무엇을 자라게 한다는 건, 좋은 말로는 인도라 하고, 나쁜 말로 서비스라 한다. 그것이 무엇이냐는 내용은 木이 된다. 만약 丙火가 아니라 丁火라면, 金에게 취하는 방법을 木에게 가르친다는 의미이다.

火는 무엇을 자라게 하는 방법과 무엇을 살리는 방법이 쌓여 있다. 그런데 木을 자라지 못하게 했으면, 자라게 한 내역이 없으니, 누군가를 위해 준 적이 없는 것이다. 그렇게 30년을 위했다고 하더라도 위한 정보가 없으니 위한 것이 아니라 부림을 당했다고 하는 것이다. 그렇게 되면 쌓은 것이 30년이 되더라도, 그 功을 버리는 것은 아주 순간이다.

亥子에 출생을 했으면 취하는 방법이 水 속에 들어 있는데 金이 없으면 취하는 방법을 모르는 것이다. 그러니 水가 가서 할 일이 없는 것이다. 그럼 火를 剋해서 자라지 못하게 하는 것이다. 나무가 잘 자라는 것을 못 자라게 한다는 뜻이다. 이 말은 취하는 방법으로 하라고 했는데, 취하지 못하니까 자라지 못하게 한다는 말이다. 그럼 이 말은 방만하게 자라지 못하게 하는 것이니, 감사, 사감, 리스크 계산을 하는 사람들이다.

그럼 자라야 하는데, 자라지 못하게 하는 것도 있어야 한다. 木을 자라지 못하게 하니, 그러니까 정상적으로 자라지 않는 건 못 하게 하는 거니 구조조정을 하는 것이다. 그러니 그냥 다 자라게 하는 것이 아니라, 취할 것만 자라게 하는 것이다. 취할 것만 자라게 하는 정보는 亥子의 壬水에 들어 있는 것이다.

未月에 태어났으면, '丙火의 자라게 한다'에서 넘어왔으니 취하는 방법을 가르쳐 주는 사람이다. 어느 때 취하는지는 모르고 어떻게 취하는지, 취하는 방법을 가르쳐 주는 사람이다. 그러나 사주에 木이 없으면, 자라게 하는 것을 해야 하는데 하지 않고 남에게 취하는 방법을 가르쳐 주니까, 丙火는 언제 취한다는 시간적 개념이지만, 丁火는 어떻게 취한다는 방법론적 개념이다. 그럼 상담기법은 '언제'가 중요한 것이 아니라, '어떻게 하는 겁니다'를 가르쳐 주어야 한다. 그러나 알아야 할 것은 '언제 어떻게'이지, '어떻게 언제'는 없다. 그런데 '언제 어떻게'에서 '어떻게'가 먼저일 수도 있는 것이다.

酉月이면 농부들이 추수하기 시작한다. 그럼 계절을 보고 농부가 추수한다는 것을 알겠느냐, 추수하는 것을 보고 가을이라는 것을 알겠느냐? 가을이란 계절을 아는 것은(언제), 농부가 추수를 하는 것은 '어떻게'라는 방법이 된다. 그러니 농부의 행위를 보고 '언제'라는 때를 안다. 그러니 '어떻게'를 보고 '언제'를 아는 것이 있다.

'어떻게' 한 후, '언제'는 시간을 기다려야 한다.
춘하절은 '언제'라는 때에 맞추지 않으면 '어떻게'가 안 된다.

추동절은 '어떻게'를 하고 있으니, '언제'는 나중에 해도 된다.
춘하절은 때에 맞지 않으면 할 수가 없다. 바꾸어도 소용이 없다.
춘하절에 태어난 사람들이 된다고 해 놓고 왜 안 되냐고 한다.
사람들은 때라는 것에 대해서 이해하지 못한다.
춘하절은 때를 놓치면 할 수 없는 것이다.
丙火가 너무 많으면 때가 오기 이전에 한 것이니 때를 놓친 것이다.
癸水가 너무 많으면 때가 와도 움직이지 않는다. 이런 때가 중요해진다.

'어떻게'와 '어느 때'에 대한 기준을 정해야 하는데, 과거에는 '어떻게'는 사용하지 않고 '어느 때'가 되면 된다고 했다. 고려 말 이후까지는 원시적인 발상이었다. 때가 되면 된다고 한다. 때를 놓친 줄은 모르는 것이다. 한번 지나가면 8년에서 10년은 기다려야 다시 오는데, 그때 오는 것은 이미 나이가 들어서 오는 것이니 원래 있던 것과는 비교가 안 되게 차이가 많은 것이다.

土가 자기 자신인데, 水火에 초점을 맞추어서 시작할 것이냐, 木金에서 시작할 것이냐? 아니면 月슈을 보고 시작할 것이냐? 사주를 써 놓으면 몇 월 달에 태어났다는 것을 10년 정도는 생각하지 못한다. 이것 하나만 인식하면 99%는 끝난 것이다. 그런데 거의 대다수가 일간만 쳐다보는 것이다. 그리고 일간을 기준으로 왕쇠강약을 고른다. 왜 고르는지도 모르면서도 고르는 것이다.

그리고 뭐가 있으면 '뭐가 어떻다던데'가 있다. 寅申沖이 있으면 '뭐가 어떻다던데' 하는 것이 머릿속에 들어가 있는데, 정식으로 배우지 않고 위기에 닥쳤을 때나 마음이 급할 때 들은 말이 머릿속에 꽉 막혀서, 마귀처럼 윙윙거린다. '뭐가 있으면 뭐가 어떻다'는 잘못된 인식에 의해서 정착된 것들을 빨리 몰아내야 발전할 수 있다.

木金이란 물건이 있는데, 모두가 땅에서 나온다. 木은 땅에서 나오는데, 시간이 가면 부피와 질량이 바뀐다. 丙火가 없으면 부피와 질량이 늘어나지 않는다. 丁火가 있으면 부피와 질량이 줄어든다. 재(材)가 되었으니 줄어든다. 이것으로 상생상극이란 이름을 짓기 시작한 것이다. 힘이란 것은 질량과 가속도의 문제이다. 힘이란, 부피와 질량에 대한 속도가 붙는다. 질량이 많을수록 가속도가 붙으니, 그럼 위치에너지가 바뀌는 것이다. 그럼 수직으로 바뀌느냐? 수평으로 바뀌느냐, 그러니 위도로 바뀌느냐, 경도로 바뀌느냐이다. 이런 한계를 벗어나지 못하고 묶여 있다고 한다. 지구 밖은 벗어나지 못한다고 해서, 한계가 있다고 했는데, 우주선은 지구 밖을 벗어나 버렸다. 그러니 이 한계 이론도 이제 쓸모가 없어져 버렸다.

金도 땅에서 나오는데 金의 부피와 질량은 절대 바뀔 수가 없다. 돌을 녹여서 쇠를 추출하지만, 그 질량과 부피는 부서져서 다른 곳에 가 있는 것이지, 그대로 유지를 하는 것이다. 지구에서 木 이외에는 부피가 늘어나거나 줄어들지 않는다. 그럼 木이란 乙木은 하나이지만, 丙火가 天干이나 암장에 있으면 乙木이 하나당 270여 개나 된다는 걸 알아야 한다. 그런데 乙木이 암장에 있으면 없다고들 한다. 그것은 원소와 자연법칙에 어긋나는 말이다. 부피에 대한 개수가 늘어난 것이니, 부피가 늘어났다고 한다. 癸水와 甲木이 있으면 甲木은 커지는 것이니 부피가 아니라 질량이 늘어났다고 한다. 癸水 丙火가 있으면 부피와 질량이 늘어나는 것이다. 그것이 개수로 이어지는 것이다.

金도 庚金이 가서 木을 취할 때와, 辛金이 가서 木을 취할 때 어떤 식으로 취하느냐가 다르다. 辛金이 甲木을 취할 때는 甲木을 남겨 두기 위해 취하는 것이다. 그런데 辛金이 乙木을 취할 때는 乙木을 가져오려고 취하는 것이다. 그러니 辛金이 甲木을 취할 때는 남겨 두려고 취하는 것이니 못 쓰는 것을 취해 오는 것이다. 辛金이 가서 乙木을 취할 때는 좋은 걸 취해야 옷도 만들고 음식도 만드는 것이다. 다 죽은 것을 취하면 만들 수가 없는 것이다.

壬水가 있으면 이런 취하는 능력이 쌓인 것이고 癸水가 있으면 취하는 방법이 쌓이는데 그 취하는 방법을 알아서 전달도 하는 것이다. 가는 길을 가르쳐 주는 것이 좋은 것인지, 가르쳐 주지 않은 길을 닦아 가며 가는 게 좋은지는 모르지만, 金을 癸水에게 전할 때는 취하는 방법을 문서화해서 전했지만 壬水에게는 취하는 기운이 쌓여 있다는 의미다. 그것을 너에게 전했나, 전하지 않았나 의미가 다르다. 天干에 壬水가 있고 地支에 癸水가 있으면 둘 다 할 수 있다. 그것을 壬子라 한다.

거꾸로 되어 있는 것은 癸亥다. 그럼 자기도 기운이 쌓인 것이 아니고 남에게 전하는 것도 쌓이지 않았지만 취하는 방법을 분명히 전할 것이다. 거꾸로 된 방법인데, 터득은 된 것이다. 그러니 실패하는 방법을 축기(蓄氣)로 쌓고 남에게 실패하는 방법을 방법이라고 가르쳐 주는 것이다. 이것이 거꾸로 방법이다. 이 말이 그 유명한 癸亥 丁巳이다.

癸亥와 丁巳는 干支가 거꾸로 된 것이니, 그 사람이 말을 할 때는 바르지 않는 말만 하는 것이다. 丙午와 壬子는 바르게 되어 있다. 丙午와 壬子의 말은 맞는 말이긴 하지만 바른말을 하니 듣기가 거북하고 힘들다.

甲子日柱에서 甲은 자라다, 이다. 자라려면 寒과 暖을 만나야 한다. 子中에 癸水는 축기(蓄氣)이다. 壬水는 쓰기 위한 축기지만 癸水는 전해주기 위한 축기이다. 이것이 子丑의 癸水이다. 그러니 甲子는 전달되어 온 것이 있다는 의미이다. 그러니 甲子는 金이 되는 것이다. 金에서 전달이 된 것이니, 甲子를 金이라 한다.

상생은 항상 똑같은 방식이 아니라 난기(亂氣)가 있음을 알아야 한다. 자기 맘대로 하겠다는 것과 기존 방식을 따르겠다는 것이 있는데, 기존 방식을 따르고 싶지만 알아들을 수 없는 것도 있다. 이런 기본바탕에서 상생상극의 시작이 되는 것이다.

공부하기 좋은 시간은 寅卯時가 좋은데 이때는 정신과 몸이 함께 일어나는 때이기 때문이다. 공부를 잘하기 위해서는 어떻게 하면 좋은지를 묻는데 이는 특별한 방법이 있는 게 아니라 쉬지 않고 열심히 하면 되는 것이다.

丙火와 壬水는 '언제'라는 시간적인 개념이고 癸水와 丁火는 '어떻게'라는 방법론적 개념이다. 춘하절생은 때를 놓쳤으면 내가 사용하지 못하고 남이 나를 사용하는 것이다. 돈을 벌 때를 놓쳐 버렸으면 때를 한번 놓쳤으니 거기에 대한 대가를 지불해야 한다.

또 돈을 쓸 때가 있는데, 써야 할 때 못 쓰면, 쓰지 못한 대가를 지불해야 하니, 이는 사람이 떠나간다. 4년쯤 후에 떠나간다. 丙火는 자기 성장을 할 때가 되었는데 하지 않았다면, 그럼 2년쯤 후에 사람이 떠나간다. 돈은 써야 할 때 못 쓰게 되면 사람이 떠나간다. 그럼 능력을 만들 때 능력을 만들지 않았다고 왜 사람이 떠나가느냐고 한다. 능력을 만들 때 만들지 않았으니 떠나가게 한 것이다. 신분 상승을 해야 할 때 안 한 것이 나쁜 것이지, 떠난 것이 나쁜 게 아니다. 동양철학은 항상 쌍방적인 개념이다. 일방통행이란 건 항상 쌍방이다.

木은 자란다. 火는 자라게 한다. 金은 자란 것을 취하는 것이다. 그럼 자란 것만 취한 것인지, 자라게 하는 것까지 취했는지 알아야 한다. 丁火가 있으면 자라게 하는 것까지 취한 것이다. 사람이 식물을 키우는 이유는 생존을 위해서고 사람이 동물을 키우는 이유도 생존을 위해서이다. 그러니 사람이 동물에게 예의범절을 가르칠 필요가 없다. 이런 상생은 생존을 위한 방법이니 먹고사는 문제와 밀접한 관계가 있는 것이다.

金剋木은 취하는 것이다. 그럼 火剋金을 하고 취했나, 하지 않고 취했나?
火剋金을 하고 취했으면 '언제 어떻게'를 안다는 것이고
金生水를 하고 취했나, 하지 않고 취했나?
金生水를 했으면 그 능력이 자꾸 쌓여 가는 것이다.
金生水가 안 되었으면 능력으로 취한 게 아니라 누가 시켜서 한 것이니 취하는 방법을 모르는 것이다. 그러니 일이 끝나도 그 일은 자기 경력이 되지 않는다. 그것을 쌓아 놓지 않았기 때문이다.

상극은 金剋木을 보는데, 이때 火剋金과 金生水를 따로 보는 것이다. 火剋金은 丙火는 언제, 丁火는 어떻게, 金生水는 축적된 능력이 쌓이는 것이다. 내가 경험한 취득 방법이 축적되었다는 壬水, 그걸 전한다는 癸水, 방법이 거꾸로 된 것은 癸亥 丁巳이다. 이것이 상극이다. 이것은 생존이니 먹고사는 게임이다. 명리학에는 사람들의 생존과 생활이 들어 있는 것이다.

■ 영(令)과 혼(魂) 그리고 신(神)

하늘에 내려진 令은 8개다.
癸 甲 乙 丙 丁 庚 辛 壬
癸甲, 乙丙, 丁庚, 辛壬,

영(令)을 生함은 혼(魂)과 같다. 魂은 神을 지킨다. 神은 정신이다.
令이 化하는 것은 생활과 같다. 생활이란 用이다. 用은 쓰는 것이다.
이것을 모두 합쳐서 인간의 생활이라 한다.

壬水가 令인 사람은 辛金으로 令을 生해야 한다. 그럼 魂이 있는 것이다. 魂은 神을 지켜야 하고 神은 정신을 의미한다. 令을 서로 生하는 것이 있으면 정신이 있다는 뜻이다. 化라고 하는 것은 壬水는 甲木을 生해야 한다. 辛金을 甲木으로 바꾸어 주는 것이 壬水의 역할이다. 그럼 癸水가 받아서 키우는 것을 化라고 한다. 그럼 化하는 것은 생활과 같은 것이다. 생활은 用이다. 用은 쓰는 것이다. 자기를 쓰는 것이다. 쓴다는 것은 用을 말한다. 癸水만 있고 甲木이 없으면, 정신만 있고 用이 없으니 쓰지 않는 것이다.

만약 午未에 태어났다면 丁火이니 乙木으로 상생을 시켜야 한다. 그럼 庚金으로 활용이 되어야 한다. 이런 것을 말하는 것이다. 卯月의 乙木이 더 크냐, 未月의 乙木이 더 크냐? 당연히 未月의 乙木이 더 크다. 乙丁은 산전수전을 다 겪고 얻어 낸 것이다. 庚金이 있으면 남을 믿는 것이고 乙木만 있으면 자신만 믿는 것이다.

乙丁을 부모, 부부라 하고 丁庚은 자신과 자식관계라 한다. 만약 이런 믿음이 없으면 안 된다. 그래서 魂이 중요한 것이다. 魂은 나와 남을 믿는다는 뜻이다. 상신이 없으면 魂이 없는 것이다. 그럼 생활이 아니라 생존을 하는 것이다. 그럼 절대 발전이 없다.

혼신(魂神)이 있고 마음이 일어나는 것은, 문제가 있으면 그 문제를 해결코자 하는 것이고 魂神이 없다는 것은, 문제가 있다면 그것을 벗어나려고 하는 것이다. 문제가 없는 사람은 없는데, 문제를 해결하려는 사람이 있고 문제를 벗어나려고 하는 사람이 있고 문제를 남에게 떠넘기는 사람이 있다. '누구 때문에' 이것이 인생을 망치는 사람이다. 절대 남의 탓을 하면 안 되는 것이 있다. 魂神이 있으면 문제를 해결하고자 하는 의지가 있는 것이다. 의지를 세운다는 것이다.

마음을 세운다는 것이 있는데, 마음은 정신보다 밑에 단계이다. 정신에는 의지가 있는데, 마음으로 의지를 또 만드니 작심삼일(作心三日)밖에 안 되는 것이다. 생존으로 일하는 사람과 생활로 일하는 사람이 다르다. 생활로 하는 사람은 혼신으로 즐거워서 하는데, 생존으로 하는 사람은 똑같이 일하는데 전파력이 다르다. 魂神으로 하는 것과 몸으로 하는 것은 전파력이 다르다. 열심히 일했다는 사람 중에, 생존으로 하는 사람은 죽을힘을 다해서 일했다고 하지만, 생활로 하는 사람은 '뭐가 부족한 것 같아', '뭐가 부족한 것 같아' 한다. 당당한 것과 뻔뻔한 것이 다르듯이 이렇게 생각이 다른 것이다.

格에서 相神이란 말이 들어가면, 상생하거나 상극하면 자기 능력을 발휘하는데 그것이 이 말이다. 그러나 癸甲 乙丙 丁庚 辛壬은 보좌라는 것을 알아야 한다. 甲木은 癸水로 보호받고 乙木은 丙火로 보호받고 庚金은 丁火로 보호받고 辛金은 壬水로 보호받는다.

그러나 甲木이 癸水로 보호를 받으려다가 얼어 죽을 수가 있고 乙木이 丙火로 보호를 받으려다가 말라 죽을 수 있다. 나를 보호해 주는 것이 나에게 너무 잘해 주면 오히려 해로운 것이다. 모든 관계는 간격을 유지해야 한다. 그 간격은 개인마다 다르니 6개월에 한 번을 만나는 것이 간격인지, 아침 6시면 정확히 출근하고 저녁 5시 반이면 정확히 퇴근하는 것이 간격인지는 개인마다 다르다. 간격이 좁아지면 간섭이 되고 간격이 너무 넓어지면 이별이 된다.

만약 지구와 태양이 간격이 좁아지면 파괴가 된다. 너무 가까우면 타서 죽고 간격이 너무 멀어지면 얼어 죽는다. 이처럼 모든 것은 관계가 있고 간격이 있다. 자기 마음도 관계가 있고 '나'라는 정신도 의존이란 관계가 있다. 사람이 사는데 의존과 의지라는 밀접한 관계가 있다. 그럼 슘이 상생을 받는 것이다. 그리고 의지를 남에게 전파해야 하니 이것은 사랑이 된다, 자비로운 행위, 자애로운 행위를 하다가 되니, 이는 생활이 된다. 둘 중에 神이 없거나, 魂이 없으면, 생존에 매달릴 수밖에 없는 것이다. 그러니 相神이 있어야 한다.

壬水가 辛金이 없으면 정신이 없으니 의지가 흔들린다. 그럼 化가 되어도, 의지가 없이 化가 되면, 泄이 되었다고 한다. 쉽게 지친다는 말이다. 相은 있고 用이 없으면 의지는 매우 강한데, 化가 되지 않으면 꽉 찼는데도 쓰지 않으니, 내놓지 않으니 질려 버린다. 정신이 워낙 강해서 질려서 죽겠다이다. 흔들리는 것 같은데 다시 잡고 흔들리는 것 같은데 다시 잡고 한다. 그러니 이런 사람을 보면 질리는 것이다. 정신 상태나 행동 같은 걸 조금도 내놓지 않는 것이다.

壬丙과 戊己는 天干에 있어야 하고 乙과 辛은 天干에 올라가도 된다. 나머지는 地支에 있어야 한다. 天干과 地支의 위치는 水火만 바꾸지 않으면 된다. 木과 金은 신경을 크게 쓰지 않아도 된다. 그냥 이론과 실기에 부합된다고 생각하면 된다.

巳月의 丙火라면 자칫하면 炎上이 될 수가 있다. 巳月의 丙火가 지나가고 午月이 지나가면 炎上이 된다. 그럼 乙木이 있어야 한다. 그럼 상신이 있는 것이니 의지가 있는 것이다. 그럼 정신이 있는 것이다. '나는 누구다'라는 정체성을 찾는 것이다. 辰中의 乙木이니 정체성은 없어도 행위는 한다. 乙木이 오면 내가 어떻게 살아야겠다는 의지를 세운 것이다.

만약 天干에만 있고 地支에 없으면, 이렇게 살아야겠다고 이론만 세워 놓고 실천은 하지 않는다. 그런데 乙木이 세운 정체성이 丙火에 의해서 시들어 버릴 우려가 있지만 그건 그다음의 문제이다. 그리고 丙火가 능력을 발휘해야 하니 庚金을 火剋金을 해야 한다. 庚金이 없으면 계획은 세우고 실천하지 않은 것이다. 乙木은 있으니 의지는 있는데, 用이 없으니 활용은 안 한 것이다. 그러니 온종일 생각만 하는 것이다. 魂은 밤에 찾아오고 用은 낮에 찾아오는 것이다. 그러니 魂은 밤이라 하고 用은 낮이라 한다. 魂이 없으면 밤도 낮이 된다. 낮에도 일하고 밤에도 일하는 것이나, 밤에도 누워 있고 낮에도 누워 있는 것과 같은 것이다.

辰月이면 乙木이니 辰中의 癸水가 있으면 혼(魂)이 있는 사람, 의지가 있는 사람이다. 그런데 丙火가 없으면 의지가 있지만, 쓰지를 않는 그럼 머릿속에 아이디어는 돌아가는데, 내놓는 것은 별로 없는 것이다. 이걸 가지고 시간이 남아돈다고 한다. 생활의 用인 丙火가 들어오면 이제 쓸 때가 들어온 것이다. 丙火의 생활은 庚金이고 丁火도 생활이 庚金이다. 丙火는 火生土가 아니라 火剋金을 하는 것이다. 몸이 아픈 것도 안 써서 아픈 게 있고 써서 아픈 게 있다. 의지는 강한데 몸이 움직이지 않아서 아픈 것이다. 생각하다 魂, 활동하다 用. 이런 말이다.

혼(魂)인 정신 상태를 말했으니, 생각하는 대로 행동하게 되어 있다. 정신은 내 주인이고 몸은 정신을 따라서 행동하는 것이니 신주형종(神主形從)이라 한다. 오행을 이와 같은 내용으로 보라는 것이다. 정신과 행동을 관찰하기 위한 방법이다.

신(神)이란 것이 있다. 영(令)을 神이라 한다. 令을 生하는 것을 혼(魂)이라 한다. 魂이 없으면 삶의 의지를 내세우지 않는다. '내가 왜 살아?', '이건 해서 뭐 해?' 이런 생각을 한다. 魂이 있어서 삶의 의지가 강해도, 쓰지 않으면 안 된다. 用이 있어야 움직이고 쓰는 것이다. 박자가 서로 맞아야 한다.

魂이 없으면 '나는 뭐 하지?' 하는 자기고민이 없는 것이고 用이 없으면 '내가 어떻게 해야지' 하는 생활철학이 없는 것이다. 자기가 누군지를 모르는 것이다. 그래서 이 사람이 아픈 이유는, 둘 다 없으면 아픈 이유조차 없는 것이다. 둘 다 있으면 아플 리가 없다. 혼과 용이 둘 다 없으면 아파도 왜 아픈지 모른다. 몸을 고쳐 놓으면 마음이 아프고 마음을 고쳐 놓으면 몸이 아프다. 둘 다 같이 아프면 몸이 아픈 것이다. 통증은 정신을 지배한다. 정신은 몸을 지배하지만, 통증은 정신을 지배한다. 졸음이나 추위도 정신을 지배한다. 예수님도 필요 없는 통증이 있다. 이 통증은 정신을 지배한다. 그때마다 왜 아픈지 모르는 것이다.

魂이 있으면 의지가 정신 속에 들어 있고 魂이 없으면 의지가 따로 들어 있다. 그래서 매일 따로 정하는 것이다. 年運에서 魂과 用을 보강하는 것은, 다른 사람에 의해서 모범을 받아 계기를 마련하는 것이고 大運에서 혼과 용을 보강하는 것은 자기를 어여삐 여겨서 스스로 마련하는 것이다. 자기가 누군지 설명하지 못하는 사람은 자기 운영에 관심이 없는 자이니, 사회적으로도 도움이 안 된다. 그런데 그런 사람들이 극성은 더 부린다.

大運에서 魂이나 用이 상처를 당하면, 자기 자신을 어여삐 보지 않는 것이니 자기 투자를 하지 않고 年運에서 저 둘이 상처를 당하면, 다른 이들에 의해서 흔들림을 받는 것이다. 옛날 말에 이르기를, 귀로 먼저 듣고 나중에 보는 것과, 눈으로 먼저 보고 나중에 듣는 것을 논한 적이 있는데 귀는 마음으로 전달되는 것이고 눈은 행동으로 전달이 되는 것이다. 눈과 귀를 구태여 따로 논하면 그런 것이다.

그러니 아무리 육체가 죽어도 귀신은 귀가 달려서 듣고 있으니 정신 차려야 한다. 魂이 듣고 있다. 말은 나를 위해서 하지 말고 상대를 보호하기 위해서 하라는 것이다. 또 무슨 일이든 확정적인 말은 하지 마라. '그렇다'라는 말은 하지 마라. '그럴 수 있다'라고 해라. 다시는 되돌릴 수 없는 것이 말이다. '이렇게 되었다'라고 하면, 다시 돌릴 수 없으니, 그런 말을 하지 마라.

壬水인데 丁火가 오면 辛金이 상처를 받는다. 그럼 나를 어여삐 여기는 마음이 들지 않는다. 年運에서 丁火가 오면 상처를 받는다. 그럼 외부의 상처에 의해서 혼(魂)이 흔들리는 것이다. 辛金이 흔들린 것이다. 그럼 보호는 壬水가 해야 한다. 그러니 슈도 튼튼해야 한다. 이렇게 상호 도와주는 것을 억부(抑扶)라고 한다. 이 말을 심정으로 받아들여야 한다.

여기에 원진(怨嗔)과 같은 말은 개입시키지 않는 것이 좋다. 원진이란 간절하게 원했는데, 보이지 않으니 원망스런 별이 되었다는 뜻이다. 희망에서 원망으로 바뀐 것이다. 내 것이 아닌 것을 내 것이라 생각하니 원진살(怨嗔殺)이 되는 것이다. 별을 볼 날을 기다리지 않으면 해결된다. 내가 간절하게 원하는 것은 내 것이 아니니 그에게 세상을 마음껏 주유하도록 해라. 그럼 어느 날은 보였다가, 어느 날은 보이지 않다가 한다고 생각하면 된다. 사실 원진살(怨嗔殺)이란 일본인들이 우리 민족을 이간질하기 위해 적극 권장한 이론이다.

癸丁은 지장간에 있어야 잘 쓸 수 있다. 壬丙은 天干에 있어야 한다.
戊己土는 天干에 있어야 잘 쓸 수 있다. 사계(辰戌丑未)의 土는 다르다.
乙木과 辛金은 天干에 있어야 잘 쓸 수 있다.
왜냐 하면 乙木과 辛金은 자라나서 외부로 노출되어야 하기 때문이다.
甲木과 庚金은 지장간에 있는 것이 더 좋다.